职业院校计算机应用基础课程教材

基于"职业岗位能力培养模式"的教学改革项目研究成果

计算机应用基础

项目化应用案例与实训

JISUANJI YINGYONG JICHU
XIANGMUHUA YINGYONG
ANLI YU SHIXUN

U0659745

主　编◎蒲先祥

副主编◎龙　敏

参　编◎张晓翠　徐　亮　冷春霞
　　　　先虹伶　姚建凤　黄春灵
　　　　蒲贤甫　吴　芳

PRACTICE

TARGET

ANALYSE

P

APPLY

W

X

TASK

PROJECT

Windows 10+Microsoft Office 2016

北京师范大学出版集团
BEIJING NORMAL UNIVERSITY PUBLISHING GROUP
北京师范大学出版社

图书在版编目(CIP)数据

计算机应用基础项目化应用案例与实训/蒲先祥主编. —北
京：北京师范大学出版社，2025.8
ISBN 978-7-303-26222-9

Ⅰ. ①计… Ⅱ. ①蒲… Ⅲ. ①电子计算机－高等职业教
育－教材 Ⅳ. ①TP3

中国版本图书馆 CIP 数据核字(2020)第 156487 号

出版发行：北京师范大学出版社 https://www.bnupg.com
　　　　　北京市西城区新街口外大街 12-3 号
　　　　　邮政编码：100088
印　　刷：天津中印联印务有限公司
经　　销：全国新华书店
开　　本：889 mm×1194 mm　1/16
印　　张：18
字　　数：440 千字
版 印 次：2025 年 8 月第 2 版第 6 次印刷
定　　价：49.80 元

策划编辑：周光明　　　　　责任编辑：周光明
美术编辑：焦　丽　　　　　装帧设计：焦　丽
责任校对：陈　民　　　　　责任印制：赵　龙

内容提要

本书是"'计算机应用基础'课程基于'职业岗位能力培养'的教学改革研究"项目及"《大学计算机应用基础》省级课程思政示范课程"建设的成果结晶。依据教育部《高等职业教育专科信息技术课程标准》和《全国计算机等级考试 MS Office 应用一、二级考试大纲》的要求，本书以 Microsoft Windows 10 操作系统和 Microsoft Office 2016 等应用软件为平台，采用项目化教学模式构建内容。

学校教师与企业专家共同遴选、设计了 16 个典型职业应用教学项目和 2 个附录，以项目化、任务化架构组织，共设计了 48 个教学任务，并辅以 52 个拓展技能案例和 30 个强化技能案例。核心教学项目包括：Windows 10 基本操作、Word 2016 应用(涵盖图文混排、表格应用、页面设置与打印输出、高级应用)、Excel 2016 应用(涵盖数据输入与打印输出、工作表编辑与表格制作、公式与函数应用、数据综合分析与处理、数据图表制作)、Word 和 Excel 邮件合并、PowerPoint 2016 应用(涵盖演示文稿制作、放映与导出)、计算机网络基本应用、常用工具软件使用、台式计算机组装与系统维护，附录部分包含信息技术基础和计算机等级考试专项实践。每个项目均明确了知识、能力与素质培养目标。本书依托互联网建设有 200 余个配套微视频教学资源(通过二维码链接访问)和 600MB 以上匹配全书案例的实操训练素材资源，辅助教学和读者举一反三实践训练，提升技术能力。

编写团队以习近平新时代中国特色社会主义思想为指导，落实立德树人根本任务，将党的二十大精神等思政育人元素有机融入教学内容，在文本、表格、插图和案例中精心设计了 50 余处思政融入点，力求在教学中"处处含思政，时时在育人"，将课堂思政落细落实，着力培养学生的理想信念、家国情怀、人文素养、道德修养、改革创新精神、时代精神和科学精神。

本书适用于职业院校、技师学院的"计算机应用基础"或"计算机办公自动化"公共基础课程教学(作为教材或教辅)或各类计算机办公软件应用培训，也可用于计算机应用基础自学或技能提升。

前　言

　　信息无处不在，广泛存在于自然界、人类社会等各领域，深刻影响着人们的工作、学习、生活和生产等方方面面。信息化是当今世界社会和经济发展的必然趋势，也是产业转型、优化升级，实现工业化、现代化和强国发展的关键环节。为了适应全球信息化社会的快速发展，人们需要具备相应的信息素养和信息能力，这主要体现在对基本信息知识的掌握和信息技术基本技能的应用上。信息知识是基础，信息技术是工具，而计算机技术是信息技术的核心组成部分。在计算机信息技术应用普及的当今社会，计算机应用能力在一定程度上成为人们职业工作中最基本的信息处理能力。计算机应用基本能力通常包括操作系统应用、文字处理、电子表格数据处理与分析、演示文稿制作、互联网及常用工具软件的使用，以及计算机常见故障与问题的处理等。它是现代信息技术应用的重要基础，正在各行各业的日常工作中发挥越来越重要的作用，这也对从业人员提出了更高的信息技术能力要求。

　　本书基于"计算机应用基础"课程的"职业岗位能力培养"教学改革研究项目，研究思路立足于陶行知先生"职业学校之课程，应以一事之始终为一课"的理念，设计构建既独立完整又相互衔接关联的教学项目或任务。学校教师与企业专家共同遴选、研究和设计职业典型应用案例或项目，并通过"五化"构建教材内容体系（即：项目设计系统化、项目任务典型化、项目技术完整化、项目内容实践化、项目实施层次化），使每个项目既具有独立完整性，又具有相互间的衔接性、递进性和关联性。项目按"项目化—任务化—子任务"三层结构分解编排，逐级反向支撑项目教学目标。编写团队以习近平新时代中国特色社会主义思想为指导，落实立德树人根本任务，在案例文本、表格、插图中融入党的二十大精神等丰富的思政元素，实现"处处有思政、时时皆育人"，充分体现课堂思政和教书育人相统一。同时，配套的案例素材资源、拓展技能案例资源、强化技能案例资源及微视频教学资源等，便于读者对照使用、反复练习，从而有效提升操作技能。全书包含16个教学项目，涵盖操作系统、Word图文混排、Excel数据处理、演示文稿制作、网络应用、常用工具软件的使用以及台式计算机的组装与系统维护等日常应用内容。"附录1"对信息技术基础知识进行了专题讲解，涵盖计算机基础理论、现代信息技术基础、信息安全基础知识与技术，帮助读者全面了解计算机的发展历程，以及云计算、物联网、大数据、人工智能、网络化、移动应用、多媒体和区块链等新技术的广泛应用。"附录2"针对全国计算机等级考试MS Office一、二级的操作模块，以扩展知识、增强技术、助力考级为目标，设计了基本技能专项实践训练案例。本书各项目案例和任务均具备一定的典型性和普适性，读者直接引用或优化、改进后可应用于实际工作中，从而学以致用，提高工作效率，打造工作的特色与亮点。因此，本书不仅是一本零起点的学习用书，也是一部实用工具书。

　　本书编写团队成员均有多年从事计算机应用基础课程的一线教学经验，积累有丰富的实践经验。项目案例的遴选与任务分解设计得到了泸州禾苗通信科技有限公司孙海涛、四川国创成电池材料有限公司梁孜、吴天文等企业专家的参与和帮助；张雪平教授、吴郁魂教授等多位校内专家亦对编写工作给予了悉心指导。

　　本书图文并茂，语言平实，以典型应用案例凸显职业能力培养。全书配套的学习素材资源可通过扫描右方二维码下载或使用，或通过邮件联系作者获取，电子邮箱为Lzpuxx@163.com，或通过百度网盘链接 https://pan.baidu.com/s/1LtwzaD6E1hPHxO6qfbdHrw 下载，提取码为5g59。

本书素材资源下载

　　限于编者水平，书中难免存在疏漏与不足，诚望广大读者批评指正。

目　录

项目1

Windows 10基本操作

一个完整的计算机系统由硬件系统和软件系统两大部分组成,其中计算机软件系统通常分为系统软件和应用软件两大类。操作系统(Operating System,简称 OS)是最重要的系统软件之一,它是用户和计算机之间的接口,它的功能主要是管理计算机的软件、硬件资源,组织、控制、协调计算机的工作流程,给用户提供操作计算机的环境。常见的计算机操作系统有国产中标麒麟、银河麒麟、统信 UOS、红旗 linux、深度 Deepin 等操作系统,美国微软 Windows 等。本项目以常用的 Windows 10 作讲解。

本项目包括 Windows 10 中文简体版文件及文件夹的管理、系统信息及系统设置等内容,使读者能掌握 Windows 10 的基本操作,为其他计算机软件软件学习与操作奠定基础。

培养目标

【知识目标】

1.了解常见的计算机操作系统。

2.掌握 Windows 文件及文件夹管理的相关知识。

3.掌握 Windows 系统优化设置的相关知识。

【能力目标】

1.具有 Windows 中的图标、窗口、菜单操作,以及计算机软硬件资源管理、任务管理、文件管理的能力。

2.具有对 Windows 系统功能进行优化设置的基本能力。

【素质目标】

1.具备尊重客观信息,对信息文件作清晰分类、归纳、管理的素质。

2.具备计算机信息系统、信息数据安全保护的基本素质。

任务 1.1 文件及文件夹的管理

任务描述

Windows 文件及文件夹管理的主要内容包括新建、复制、移动、删除、更名、查找、属性更改等。Windows 文件资源管理器是用于对资源进行管理的工具。本任务是对文件及文件夹进行常规管理操作,操作对象目录结构如图 1-1 所示。

图标与窗口操作　　文件及文件夹管理　　文件及文件夹管理操作案例

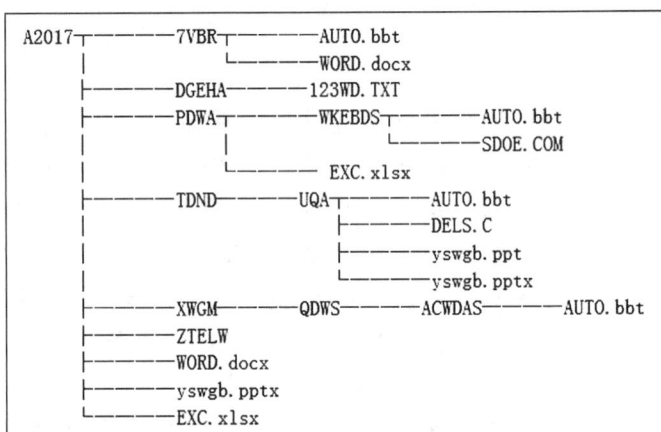

(1)在 A2017 中新建一个 KAOP 文件夹。

(2)将 TDND\UQA 文件夹中的 DELS.C 文件重命名为 CAB.C。

(3)将 DGEHA 文件夹中的文件 123WD.TXT 移动到上级文件夹中,并重命名为 AKFS.IMG。

(4)将 PDWA\WKEBDS 文件夹中的文件 SDOE.COM 复制到 XWGM 文件夹中。

(5)对 ZTELW 文件夹建立名为 DKQN 的快捷方式,存放在 7VBR 文件夹中。

```
A2017┬─────7VBR┬────────AUTO.bbt
     │         └────────WORD.docx
     ├─────DGEHA───────123WD.TXT
     ├─────PDWA┬───────WKEBDS┬──────AUTO.bbt
     │         │             └──────SDOE.COM
     │         └───────EXC.xlsx
     ├─────TDND───────UQA┬─────AUTO.bbt
     │                   ├─────DELS.C
     │                   ├─────yswgb.ppt
     │                   └─────yswgb.pptx
     ├─────XWGM───────QDWS───────ACWDAS───────AUTO.bbt
     ├─────ZTELW
     ├─────WORD.docx
     ├─────yswgb.pptx
     └─────EXC.xlsx
```

图 1-1　树形目录结构示例

(6)将 TDND\UQA 文件夹中的 yswgb.ppt 文件属性更改为只读属性。

(7)将 7VBR 文件夹中的 WORD.docx 文件的隐藏属性取消。

(8)将 A2017 中的 EXC.xlsx 文件复制到同一文件夹中(同一文件夹下再复制一份),并命名为 EXC2.xlsx。

(9)删除 PDWA 文件夹中的 EXC.xlsx 文件。

(10)在 A2017 中搜索 AUTO.bbt,然后将其删除。

任务分析与实践

本任务对文件或文件夹进行新建、复制、移动、删除、更名、属性更改等操作,可在 Windows 资源管理器窗口中,通过菜单或快捷键操作完成。

▶子任务 1.1.1　在 A2017 中新建一个 KAOP 文件夹

◎ 任务分析

新建文件(夹)时,要注意命名规则,英文字母不区分大小写,但要区分先后顺序,个别特殊字符不能作为文件或文件夹的名称字符。

文件是计算机中数据信息的保存形式,而文件夹则是用来协助操作者管理文件的集合容器。文件根据占用磁盘空间多少而有大小之分,文件夹则没有大小之分,但文件夹中可以包含文件和文件夹。

计算机中每个文件和文件夹都必须有自己的名称,且同一位置不能有同名文件或同名文件夹。文件名的格式通常为"文件名.扩展名"。文件名长度不超过 255 个字符,可以是任意汉字、大多数英文字符,可以包含空格,但不能有如下字符:

＊(星号)　　?(问号)　　"(双引号)　　:(冒号)　　＞(大于号)
＜(小于号)　　/(斜杠)　　\(反斜杠)　　|(管道符)

其中,"＊"和"?"系统定义为通配符,"＊"可代替该符号位置上的任意一串字符,而"?"可代替该符号位置上的任意一个字符。

扩展名常称为后缀,一般用于表示文件的类型,也就是说属性类型不同的文件其扩展名可能不同。在 Windows 中常见的文件扩展名有:docx(Word 文件),xlsx(Excel 文件),pptx(PowerPoiont 文件),txt(文本文件),wps(Wps 文稿),et(Wps 表格),dps(Wps 演示文件),jpg、jpeg、png(图片文件),avi、mp4、wmv、rm、flv(视频文件),wav、mp3、aac、m4a(音频文件),html、asp(网页文件)等。

文件夹的命名类似于文件的命名,只是通常不用扩展名。

在工作中可以根据实际情况对文件和文件夹进行命名,且名称与其内容有一定的关联性,以方便后期使用。如,存放课程成绩数据的 Excel 文件,其名称可命名为"XXX班 XX课程成绩表.xlsx"。

◎ **任务实践**

在 Windows 文件资源管理器中打开 A2017 文件夹;在文件(夹)对象列表窗格空白处单击鼠标右键,依次选择"新建"→"文件夹",空白区域中立即出现一个新文件夹,其名称为默认的"新建文件夹",并处于可编辑状态;删除默认名称,输入新的名称"KAOP"并确定,如图 1-2 所示。

图 1-2　新建文件夹示例

▶ **子任务 1.1.2　将 TDND\UQA 文件夹中的 DELS.C 文件重命名为 CAB.C**

◎ **任务分析**

文件重命名,即更改原名称,命名规则同新建规则,此时要特别注意文件扩展名不能被误改。在更改带有扩展名的文件名时须保持 □ 隐藏已知文件类型的扩展名 未选中(见图 1-8)。

◎ **任务实践**

在 Windows 文件资源管理器中打开 A2017\TDND\UQA 文件夹;在文件(夹)对象列表窗格中单击选中 DELS.C 后按 F2 键或右键单击 DELS.C 选择"重命名",此时此时文件名"DELS.C"处于可编辑状态;删除原文件主名字符,输入新的文件主名字符"CAB"并确定(扩展名保持不变),如图 1-3 所示。

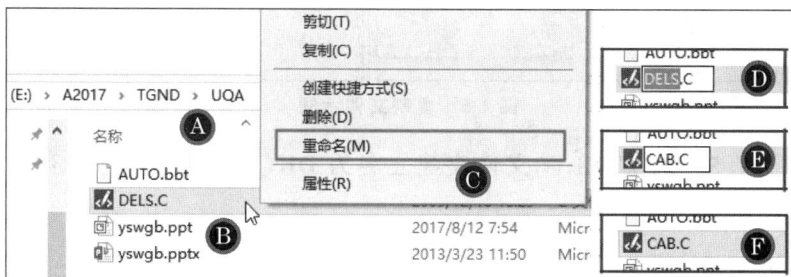

图 1-3　重命名文件示例

笔记区

▶ **子任务 1.1.3　将 DGEHA 文件夹中的文件 123WD. TXT 移动到上级文件夹中，并重命名为 AKFS. IMG**

◎ **任务分析**

移动文件或文件夹，须采用"剪切—粘贴"法，要特别注意移动到的目标位置，移动成功后，原位置不再有该对象。

◎ **任务实践**

在 Windows 文件资源管理器中打开 A2017\DGEHA 文件夹；在文件（夹）对象列表窗格中单击选中 123WD. TXT 后按组合键 Ctrl＋X 或右键单击 123WD. TXT 选择"剪切"项，将其移动到剪贴板临时存放；打开目标位置（"上级文件夹"即 A2017），在列表区域空白处单击鼠标右键，选择"粘贴"项（见图 1-4），最后将 123WD. TXT 重命名为 AKFS. IMG。

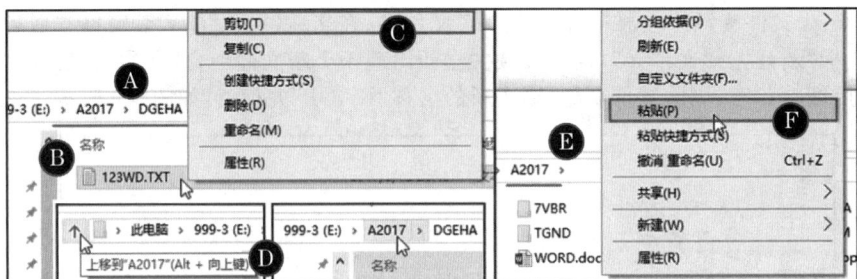

图 1-4　移动文件示例

任务中由于目标位置是当前位置的"上一级"，是一种特殊情况，确定方法是在地址栏内单击目标地址 A2017 ，或在地址栏左侧单击 ↑（上一级）按钮切换过去。

▶ **子任务 1.1.4　将 PDWA \ WKEBDS 文件夹中的文件 SDOE. COM 复制到 XWGM 文件夹中**

◎ **任务分析**

复制文件或文件夹，须采用"复制—粘贴"法，要特别注意复制到的目标位置，复制成功后，原位置依然存在该对象。

◎ **任务实践**

在 Windows 文件资源管理器中打开 A2017\PDWA\WKEBDS 文件夹；在文件（夹）对象列表窗格中选择 SDOE. COM 后按 Ctrl＋C 组合键或右键单击 SDOE. COM 选择"复制"项，将其复制到剪贴板临时存放；打开目标位置（XWGM），在列表区域空白处单击鼠标右键，选择"粘贴"项（见图 1-5）。

图 1-5　复制文件示例

▶ **子任务 1.1.5　对 ZTELW 文件夹建立名为 DKQN 的快捷方式，存放在 7VBR 文件夹中**

◎ **任务分析**

"创建快捷方式"不同于复制文件，仅是对原文件创建链接的快捷打开方式。

◎ **任务实践**

在 Windows 文件资源管理器中打开 A2017 文件夹；在文件（夹）对象列表窗格中单击选中 ZTELW，再右键单击 ZTELW 选择"创建快捷方式"项，在列表框中立即出现"ZTELW"的快捷图标，将其重命名为"DKQN"，然后将其移动到 7VBR 文件夹，如图 1-6 所示。

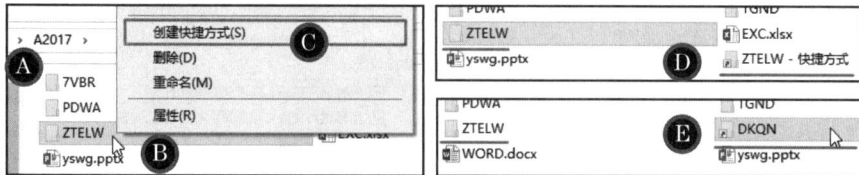

图 1-6 创建快捷方式示例

快捷方式图标与原图标的区别在于前者左下角出现小箭头标志。

▶ **子任务 1.1.6 将 TDND\UQA 文件夹中的 yswgb.ppt 文件属性更改为只读属性**

◎ **任务分析**

文件属性常用的有"只读"和"隐藏"两种，在文件属性对话框中进行设置，加上文件属性。

◎ **任务实践**

在 Windows 文件资源管理器中打开 A2017\TDND\UQA 文件夹；在文件（夹）对象列表窗格中选择 yswgb.ppt，再右键单击 yswgb.ppt，选择"属性"项，弹出"属性"对话框，选择 ☑只读(R) 项，如图 1-7 所示。

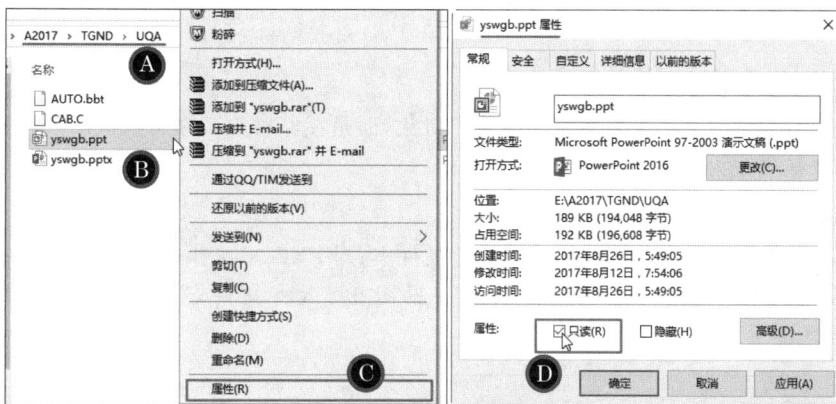

图 1-7 文件属性设置示例

▶ **子任务 1.1.7 将 7VBR 文件夹中的 WORD.docx 文件的隐藏属性取消**

◎ **任务分析**

取消文件对象的"隐藏"属性时须在"文件夹选项"中将"隐藏文件和文件夹"项设置为"显示隐藏文件、文件夹和驱动器"，否则具有隐藏属性的对象不被显示而造成对象不存在的误区。

◎ **任务实践**

在 Windows 文件资源管理器中打开 A2017\7VBR 文件夹；在文件（夹）对象列表窗格中寻找 WORD.docx 并取消其"隐藏"属性。

由于 WORD.docx 具有隐藏属性，因此在列窗格中默认情况下并没有显示出来。单击文件资源管理器的"查看"选项卡中的 ▦（选项）按钮，弹出"文件夹选项"对话框；在"查看"选项卡的"高级设置"列表中选择 ◉ 显示隐藏的文件、文件夹和驱动器 项，隐藏属性对象被显示，然后右键单击 WORD.docx，选择"属性"选项，在弹出的属性对话框中取消"隐藏"项前的选中标志，如图 1-8 所示。

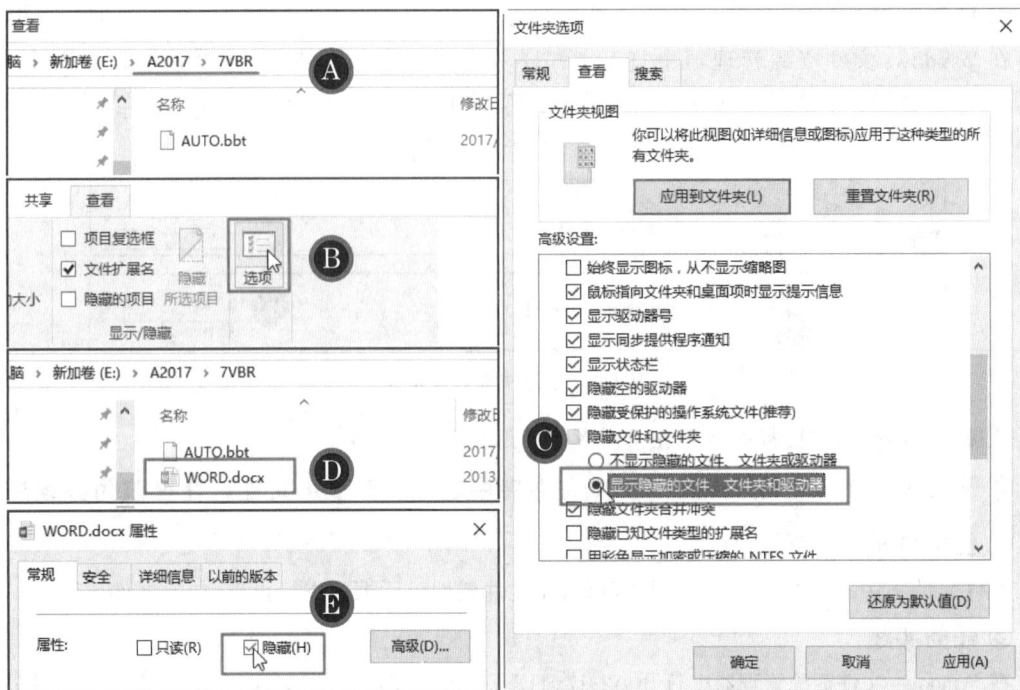

图 1-8　文件属性更改示例

▶**子任务 1.1.8**　将 A2017 中 EXC. xlsx 文件复制到同一文件夹中(同一文件夹下再复制一份),并命名为 EXC2. xlsx

◎ **任务分析**

文件对象复制到同一位置时,系统不覆盖原对象,而是在原对象名称后默认加"-副本"标记以示区别,用户可将其更改为所需的名称。

◎ **任务实践**

在 Windows 文件资源管理器中打开 A2017 文件夹;对 EXC. xlsx 执行复制、粘贴后,该列表中得到"EXC. xlsx"的副本文件"EXC-副本 . xlsx"(见图 1-9),将文件名"EXC-副本 . xlsx"更改为"EXC2. xlsx"。

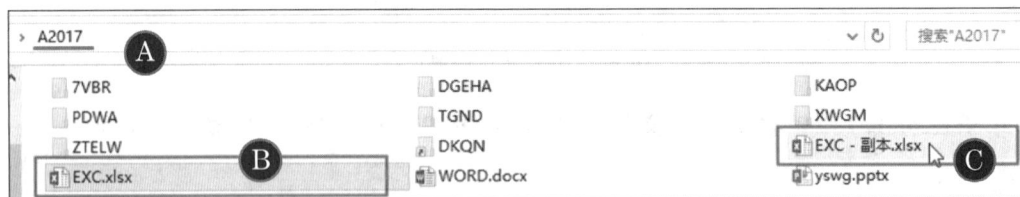

图 1-9　文件复制示例

▶**子任务 1.1.9**　删除 PDWA 文件夹中的 EXC. xlsx 文件

◎ **任务分析**

删除文件时,默认情况下删除的文件被移至回收站临时存放,以供误删时可恢复。用户可在回收站属性中设置为"不将文件移送到回收站",则文件被彻底删除,难以恢复,所以删除文件一定要谨慎。

◎ **任务实践**

在 Windows 文件资源管理器中打开 A2017\PDWA 文件夹;选择 EXC. xlsx 后,按 Delete 键或单击鼠标右键选择"删除"菜单项,如图1-10所示。

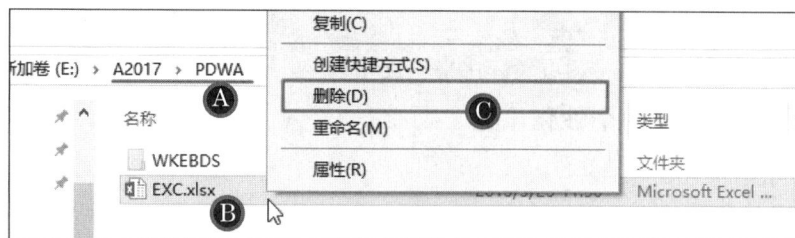

图1-10 文件删除示例

▶ **子任务1.1.10 在A2017中搜索AUTO.bbt.然后将其删除**

◎ **任务分析**

通过文件资源管理器可以在指定文件夹及其下各级文件夹内搜索指定的文件。双击打开搜索文件夹("地址"栏中对应显示搜索位置),在"搜索"栏中输入或选择搜索的关键字。

◎ **任务实践**

在Windows文件资源管理器中打开A2017文件夹,在文件资源管理器右上角的"搜索"框中输入AUTO.bbt,在下方列表窗格中即刻显示出当前文件夹内搜索到的AUTO.bbt,按Ctrl+A组合键全选,然后按Delete键或在选中的任意文件名上单击鼠标右键选择"删除"菜单项,如图1-11所示。

图1-11 文件搜索示例

任务1.2 Windows 系统设置

任务描述

通过Windows系统功能,开展桌面个性化设置、回收站属性设置、调整日期/时间、软件安装与卸载等操作,达到方便用户操作、提高工作效率、优化系统性能等效果。

任务分析与实践

本任务可通过 Windows 自带的有关程序来完成。

▶ 子任务 1.2.1 桌面个性化设置

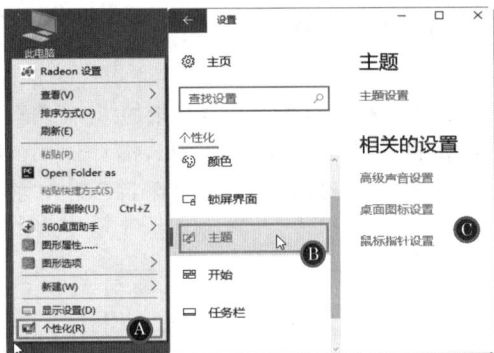

◎ 任务分析

Windows 10 系统的个性化设置功能强大,用户可以在个性化设置中对系统的背景、颜色、主题等进行设置。

桌面个性化设置

◎ 任务实践

右键单击桌面空白处,选择"个性化"项,弹出"设置"窗口;在窗口左侧类别中选择分类,在右侧列表中选择设置项,如选择"主题"类别中的"桌面图标设置"项(见图 1-12),弹出如图 1-13 所示的"桌面图标设置"对话框。

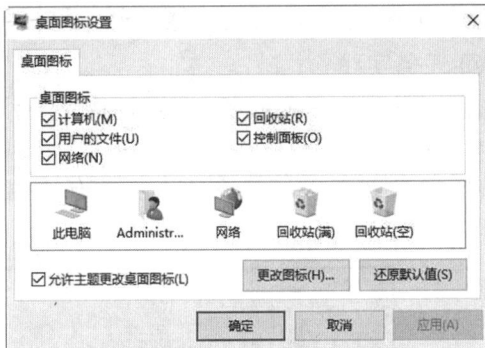

图 1-12 桌面图标设置示例　　　　图 1-13 桌面图标设置对话框

▶ 子任务 1.2.2 回收站属性设置

◎ 任务分析

通过"回收站属性"可对回收站进行设置,优化使用。将回收站中暂存的"已删除"的文件(夹)"真删除",可以减少占用存储空间。

◎ 任务实践

在桌面右键单击"回收站",选择"属性"项,弹出如图 1-14 所示的"回收站属性"对话框,在其内可自定义回收站空间值,以及是否显示确认删除对话框等。

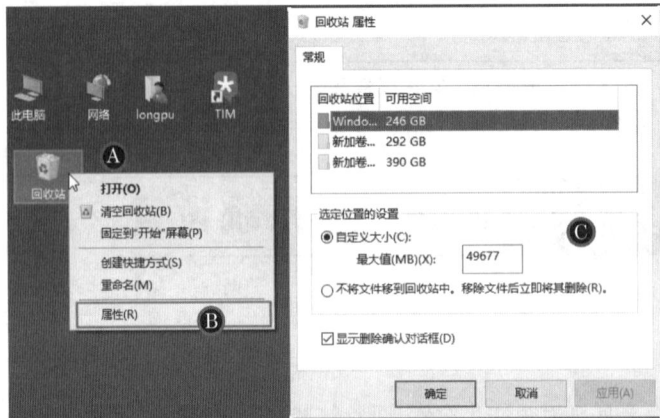

图 1-14 回收站设置示例　　　　**回收站属性设置**

▶子任务 1.2.3 调整日期/时间

◎ 任务分析

通过系统的"日期/时间"功能,可调整计算机系统的当前日期、时间。

◎ 任务实践

在任务栏右端右键单击"日期时间"选择"调整日期/时间"项,或在系统设置中单击"时间和语言"项(见图 1-15),切换至如图 1-16 所示的"日期/时间"设置窗口,在其内进一步完成日期、时间的设置。

图 1-15　日期/时间设置示例(一)

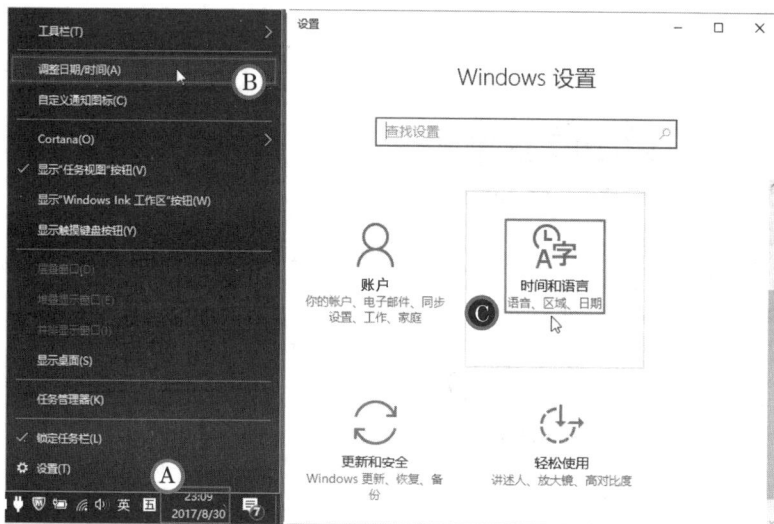

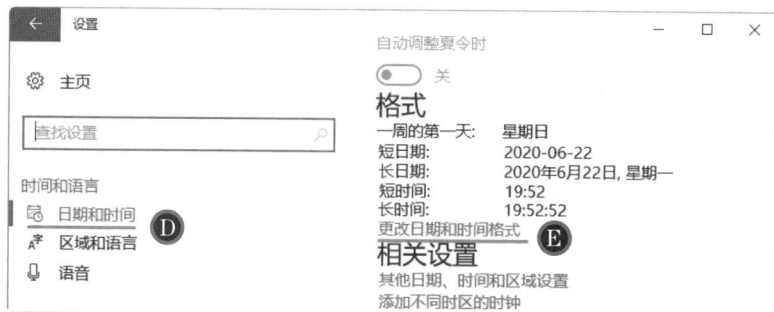

图 1-16　日期/时间设置示例(二)

▶子任务 1.2.4 软件安装与卸载

◎ 任务分析

计算机软件需要安装在计算机系统中才能运行,一般是通过其安装程序进行安装。不再使用的软件可通过 windows 软件卸载功能或软件自带卸载程序来实现。

◎ 任务实践

软件安装过程实质是对软件本身的各种子程序、数据文档等文件的解压,在操作系统进行软件运行环境参数配置的过程。

由于有的软件有捆绑安装其他程序的行为,因此在安装时,用户应该认真阅读各安装步骤的提示信息并对捆绑安装项进行取舍。本任务以安装 Adobe Reader 9.4.0 为例示范软件安装,安装过

程如图 1-17 至图 1-20 所示。

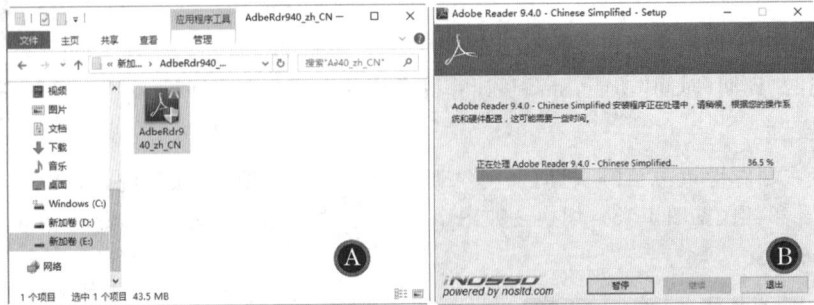

图 1-17 软件安装示例(一)

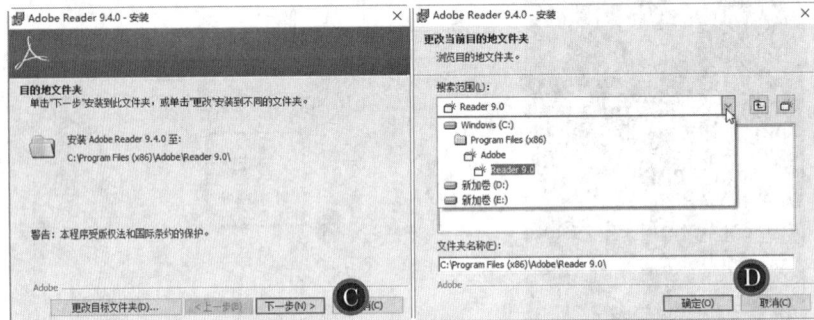

图 1-18 软件安装示例(二)

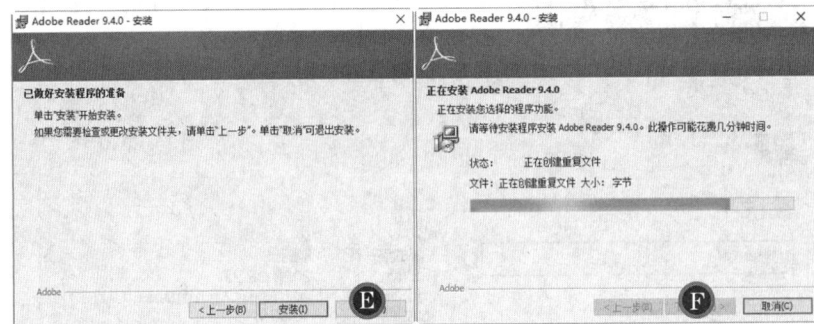

图 1-19 软件安装示例(三)

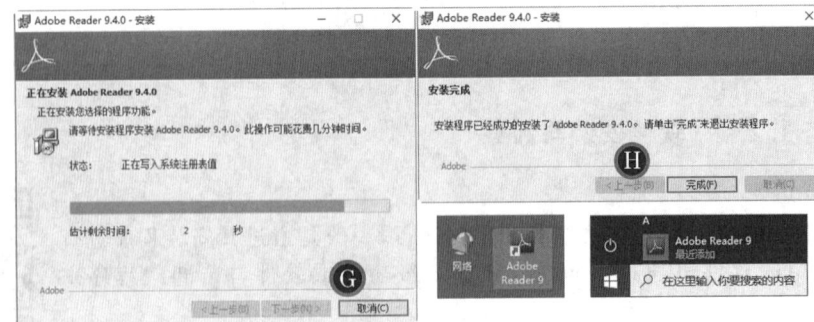

图 1-20 软件安装示例(四)

不需要某款软件时,可以将软件从计算机系统中卸载,以释放其占有的存储空间,提高计算机的运行效率。软件的卸载不能错误地在文件资源管理中直接将其程序及文档删除,应当正确使用软件自带的卸载程序或 Windows 系统的软件管理功能进行卸载。

本任务以卸载 Adobe Reader 9.4.0 为例示范软件卸载。在系统"设置"窗口中单击"系统"按钮(见图 1-21),切换至"显示、通知、应用、电源"窗口,在左侧类别中选择"应用和功能"类,在右侧"应用程序"列表中选中 Adobe Reader 9.4.0 后,其右下角出现"卸载"按钮(见图 1-22),单击"卸载"按钮,即可自动卸载该程序。

笔记区

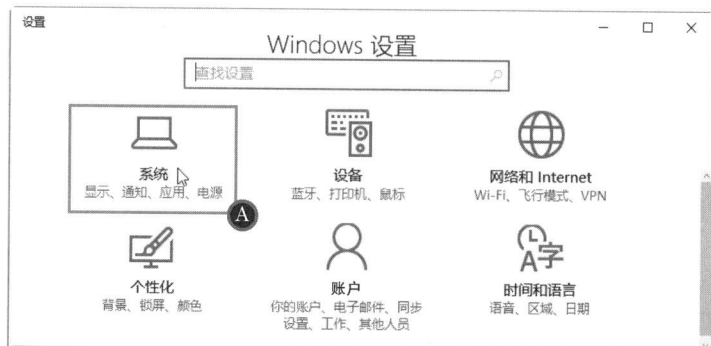

图 1-21　软件卸载示例(一)

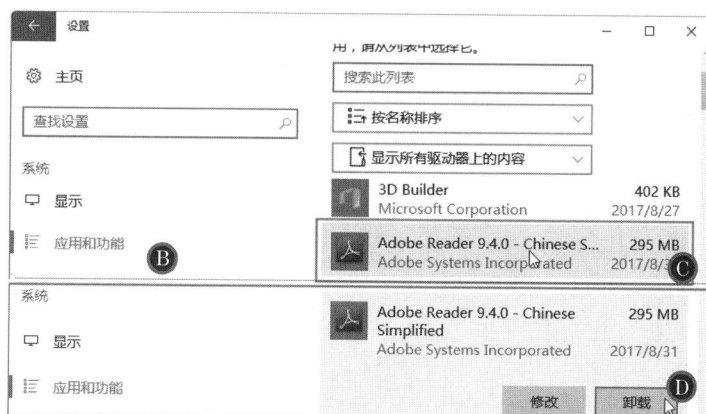

图 1-22　软件卸载示例(二)

拓展技能

对计算机进行操作,除了通过菜单或工具栏按钮执行相应命令程序外,也可通过键盘执行命令的相应快捷键,在一定程度上可大大提高操作的速度。

Win+R 打开"运行"命令框,可输入应用程序文件名称快速启动应用程序

Win+P 快速切换屏幕模式,可在"电脑屏幕、复制、扩展、仅第二屏幕"四种模式中选择

Alt+Tab 在已打开的程序窗口间进行当前窗口切换

Win+T 通过任务栏循环标记(矩形框)可选的当前窗口,回车完成切换

Win+E 快速打开文件资源管理器

Ctrl+Alt+Delete 弹出安全选项供选择切换,若选择"任务管理器"项,则可查看当前运行程序进程,以及结束运行的进程

Win+L 快捷锁定屏幕

Win+D 快捷切换至桌面

Win+M 最小化所有窗口至任务栏

Win+U 打开系统设置管理器

笔记区

强化技能

1. 浏览计算机的已安装应用程序,并卸载不常用软件。
2. 拖动调整桌面图标位置,调整桌面图标排序方式,隐藏桌面图标。
3. 在桌面上创建个人作业文件夹,如"我的练习"文件夹,对其进行属性更改操作。
4. 搜索计算机中所有 jpg 类型的图片文件。
5. 对显示效果进行个性化设置练习。

项目2

Word 2016图文混排

本项目通过 Word 2016 的文本编排与修饰功能对文本进行字体字形等效果美化,以及图形、图片、文本框、SmartArt 智能图形、艺术字等对象图文混排,使文档版面新颖、图文并茂、形式多样,更加具有表现力。

培养目标

【知识目标】

1.掌握 Word 中字符编排与修饰的相关知识。

2.掌握 Word 中段落编排与修饰的相关知识。

3.掌握 Word 中图片、形状、文本框、SmartArt 智能图形、艺术字等对象编排的相关知识。

【能力目标】

1.具有快速录入文本和对文本进行编排的能力。

2.具有对字符、段落据需进行格式设置的能力。

3.具有对图片、形状、文本框、艺术字等对象据需进行格式设置与图文混排的能力。

【素质目标】

1.具备耐心、细致、精准录入文本的素质。

2.具备一定的图文混排、版面美化、效果欣赏的素质。

3.具备一丝不苟、精益求精的文档内容编排的职业素养。

启动退出及界面认识   视图方式

任务2.1 设置字符格式与段落格式

任务描述

在 Word 中对文本字符格式和段落格式进行设置(本任务操作素材《学习实践好党的二十大精神是广大青年的责任与使命》文档,可在教材配套资源包中调用)。

(1)掌握一种常见输入法,录入以下示例文档文本("示例文档开始"和"示例文档结束"之间的内容)或打开该文档素材文件,作为操作对象。

(2)首行文字为文稿标题,将文档标题设置为21磅小标宋字体、居中,将标题行距固定设置为35磅,并将"责任与使命"换行;正文部分设置为段首行空2个字符,仿宋、三号,文末出处部分设置为仿宋、四号、蓝色、倾斜,行距为固定值20磅。

(3)将正文第一段中"青年强,则国强"字符添加"双下划线"、黑体、空心及蓝色0.5磅实线,透明度20%边框效果。

(4)通过"替换功能"对文中除标题外的"广大青年"四字加上"着重号"。

(5)将正文第1段首字"党"设置为首字下沉,下沉行数为2行,字体为行楷。

(6)将正文第2—4段的首句换段形成独立段落并对其添加项目编号(编号以阿拉伯数字1起始编号,后面连续编号,首行缩进为2个字符),形成三级标题样式。

字体段落格式设置综合案例

＊＊＊＊＊＊＊＊＊＊＊＊＊＊＊示例文档　开始＊＊＊＊＊＊＊＊＊＊＊＊＊＊＊

学习实践好党的二十大精神是广大青年的责任与使命

党的二十大报告说:青年强,则国家强。当代中国青年生逢其时,施展才干的舞台无比广阔,实现梦想的前景无比光明。在党和国家的发展历程中,青年永远是一支最有动力、最有活力、也最有创新精神的生力军。无论"强国有我,请党放心",还是"清澈的爱,只为中国",青年一代总能自觉扛起责任,无私奉献,无畏向前,彰显出应有的闯劲、锐气和担当。当前,民族复兴的号角已经吹响、中国式现代化的蓝图已经绘就,广大青年要以党的二十大精神为指引,坚定理想信念,将个人理想与国家理想深度融合,让青春之花绽放在中华民族伟大复兴的历史征程之中。

广大青年首先要学深悟透党的二十大精神。青年是充满无限希望和可能的年龄,学习是希望和可能通向现实的必由之路,当务之急是深入学习好党的二十大精神。党的二十大报告是新时代新阶段中国改革发展的总报告,也是新征程上中国发展的大蓝图和总纲,更是广大青年读懂新时代中国的一部最新、最权威的教科书。学习贯彻党的二十大精神,要在全面学习上下功夫。只有全面、系统、深入学习,才能完整、准确、全面领会党的二十大精神,对是什么、干什么、怎么干了然于胸,为贯彻落实打下坚实基础。当前和今后相当长一段时间,广大青年的首要任务就是深入学习好二十大精神,要系统学、深入学;带着问题学、结合实际学;还要结合习近平新时代中国特色社会主义思想和党的十八大报告、十九大报告一起学。

广大青年要努力将学习成果转化为生动实践。空谈误国、实干兴邦、一分部署、九分落实,青年责任尤为重大。党的二十大全面部署了分两步走建成社会主义现代化强国的战略目标,时间紧、任务重,无论农村还是城市,无论东部还是中西部,也无论农业还是工业、新兴产业,接下来都有许多艰辛的工作要完成。在"核心技术"领域仍然有许多需要攻克的难关,在农村和中西部地区,也还有许多"硬骨头"要啃。广大青年不能被困难和挑战吓倒,沧海横流方显英雄本色,越是困难和任务艰巨,越能成为检验和考验广大青年的机会;越是困难的地方,越能展示青年的激情和豪情,越可以成为青年成长和奋斗的舞台和平台。广大青年要努力实践、大胆实践,以实践作为检验学习成效的根本标准;要树立敢担大任的担当精神,以"越是艰险越向前"的豪迈面对各种困难和挑战;要不断增强实践本领,以时不我待、只争朝夕的紧迫感和使命感抓紧学习,以过硬本领攻克实践中的种种难关。

广大青年要将学习实践党的二十大精神转化为创新创业的激情和行动。创新是发展的第一动

力,创新创业是十八大以来中国社会的主旋律,也是广大青年成就个人人生价值的重要途径。十八大以来的创新发展,中国实现了从"站起来"到"富起来"到"强起来"的伟大飞跃,广大青年也始终走在最前沿。党的二十大本身就是一次创新的大会,大会提出了一系列新思想、新战略、新部署、新方案,为下一阶段中国的创新发展提供了根本遵循。广大青年学习实践党的二十大精神,就要学习掌握二十大提出的一系列创新思想,并努力转化为具体生动的创新行动。一方面,通过创新性实践,让二十大精神在日常工作中落地生根结果;另一方面,就是要以二十大精神为指引,不断创新工作目标、工作思路和工作方法,实现更新更快更好的发展目标。

广大青年要在党的二十大精神指引下,怀抱梦想又脚踏实地,敢想敢为又善作善成,立志做有理想、敢担当、能吃苦、肯奋斗的新时代好青年,让青春在全面建设社会主义现代化国家的火热实践中绽放绚丽之花。

(出处:吕洪良,华中科技大学马克思主义学院、湖北省中国特色社会主义理论体系研究中心华中科技大学分中心,2023 年 07 月 03 日,人民网—湖北频道,http://hb.people.com.cn/n2/2023/0703/c192237-40479723.html)

＊＊＊＊＊＊＊＊＊＊＊＊＊＊＊＊示例文档　结束＊＊＊＊＊＊＊＊＊＊＊＊＊＊＊

任务分析与实践

▶子任务 2.1.1　字符录入

◎ 任务分析

向计算机输入信息是计算机接受用户操作的重要指令来源,文本字符录入是常见的信息输入工作。输入文本字符,是通过输入法软件来实现的,不同的输入法输入字符的编码不一样。输入法一般分为拼音、字型、手写、语音等类别,其中拼音常见的有搜狗、讯飞、九拼、微软等,字型有五笔等,语音常见的有讯飞等。字符输入的速度快、正确率高是需要通过用心训练的。本任务可以直接打开教材配套素材文档《学习实践好党的二十大精神是广大青年的责任与使命》进行操作,提高训练效率。

文档的新建、打开、保存　　插入与改写状态设置

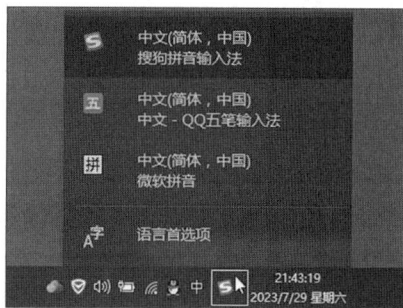

◎ 任务实践

启动 Word 软件,单击任务栏输入法语言栏标志,在弹出的输入法列表中单击选择输入法(如图 2-1 所示)或击组合键 Ctrl＋Shift 切换选择输入法(每击一次键切换一种输入法,直到切换到所需输入法为止)。选择一种输入法后,对照示例文档输入文本字符或直接打开该文档素材文件作为操作对象(本书所有素材均可参考"内容提要"中相关说明下载)。

图 2-1　选择输入法示例

▶子任务 2.1.2　将文档标题设置为 21 磅小标宋字体、居中,将标题行距固定设置为 35 磅,并将"责任与使命"换行;正文部分设置为段首行空 2 个字符,仿宋、三号;文末出处部分设置为仿宋、四号、蓝色、倾斜,行距为固定值 20 磅。

◎ 任务分析

字符的大小有"号"和"磅"(pt)两种单位,字号数值越大则字符越小,磅值数值越大则字符越大;1 磅＝1/72 英寸,1 英寸＝2.54 厘米。磅值范围为 1～1638 磅。字体、字号可在列表框中直接输入或选择。字符、段落的格式设置一般通过"开始"选项卡中的"字体"和"段落"组中的工具来实现。Winodws 系统自带部分字体,其他字体需要用户自行安装。Word 中须遵循"先选择后操作"原则,即先选择(选中)操作对象,再执行相应的功能命令。最常用的文本选择方法是:先将I形光标

移到要选定内容的开始,然后按住鼠标左键键拖动光标至要选定的文本的结束处,则拖动光标"扫"过的连续文本随即被选中。

文稿标题中除法规、规章名称加书名号外,一般不用标点符号。标题一般用2号小标宋字体(标题文字较多时,可视情况适当缩小字号,如设置21磅),分一行或多行左右居中排布;标题应当准确、扼要概括文章的主要内容,标题有换行时要做到词意完整,排列对称,长短适宜,间距恰当;标题有多行文本时,排列应使用梯形或菱形,不应使用上下长度一样的长方形或上下长、中间短的沙漏形。

文本选定、移动、复制、删除操作　　字符格式设置　　段落格式设置

◎ 任务实践

选中标题文本,在"字体"下拉列表框中选择"小标宋"(见图2-2中A图,本例中选择"方正小标宋简体"),在"字号"框中输入字符大小磅值"21"并回车确定(图2-2中B图);在工具栏"段落"组中单击 ▤ (居中)按钮,设置为相对于页面水平方向居中对齐;单击"段落"组右下角的 ▣ (扩展)按钮,弹出"段落"对话框,在"间距"组的"行距"项选择"固定值",将"设置值"修改为"35磅"(如图2-3中A图);单击将插入点定位在换段处,击回车将插入点后内容换段。选中正文全部内容,在"段落"对话框中,将"缩进"组的"特殊格式"项选择"首行",将"缩进值"修改为"2字符";字符、段落的特殊格式可以通过"字体"对话框和"段落"对话框来完成,如图2-3所示。通过工具栏功能按钮或字体、段落对话框完成正文和文末出处格式设置。

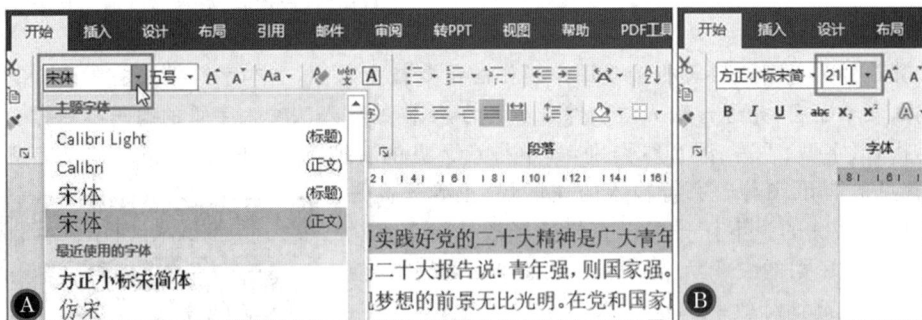

图 2-2　字体字号设置示例

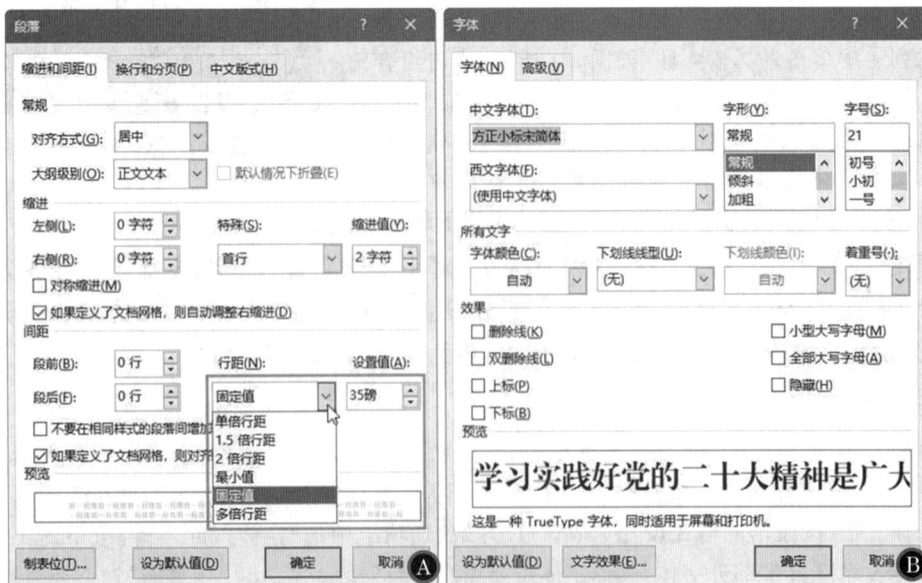

图 2-3　段落与字体格式设置对话框

▶**子任务 2.1.3** 将正文第一段中"青年强,则国强"字符添加"双下划线"、黑体、空心及蓝色 0.5 磅实线、透明度 20%边框效果。

◎ **任务分析**

　　文档编排中,为突出某些内容,可对其设置下划线、底纹、字符边框、亮色突出等予以醒目提示。设置下划线可通过工具栏中下划线按钮或"字体"对话框中"下划线类型"来实现。文本空心效果的 3 种常见设置方法的:(1)通过选用空心字体,如"华文彩云"等字体;(2)通过设置字符的文本填充和文本轮廓效果来实现;(3)通过设置艺术字对象的文本填充和文本轮廓效果来实现。

字符格式设置综合案例　　段落边框和底纹设置

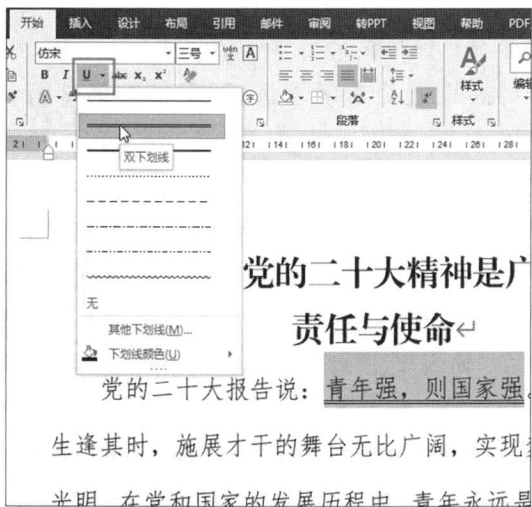

◎ **任务实践**

　　选中"青年强,则国强"字符,在工具栏中单击 U 右侧下箭头,在弹出的下划线列表中单击选择"双下划线"(直接单击"U"则是添加默认单下划线或最近使用下划线样式)(见图 2-4);设置黑体字体,在"字体"对话框中单击 文字效果(E)... 按钮,弹出"设置文本效果格式"浮动面板(见图 2-5),文本填充选择"无填充";文本轮廓选择"实线",再将颜色设置为"蓝色",透明度 20%,宽度 0.5 磅。(注意:"文本填充"选择"纯色填充"中的"白色"与本任务"'无填充'情形下的'空心'"是存在区别的)

图 2-4　下划线设置示例　　　　图 2-5　设置文本效果示例

▶**子任务 2.1.4** 通过"替换功能"对文中除标题外的"广大青年"四字加上"着重号"

◎ **任务分析**

　　批量更改文中字符内容或格式,可使用"替换"功能快速完成。"查找"和"替换"两个功能集合在同一对话框的不同标签中,通过快捷键 Ctrl＋F、Ctrl＋H 可分别调用。在文本带格式查找或替换时,务必在执行"格式""特殊格式"设置格式前确保"插入点光标"位于需要进行格式设置的"查找内容"或"替换为"下拉框中,以明确格式

查找替换操作　　　文本编辑综合案例

设置的对象。由于文档中需要替换的"广大青年"字符较多,只有标题这 1 处不替换,因此可采取先全部替换后再恢复标题中这处的原格式,或选中正文后再全部替换方式来完成。格式刷是快速将一个对象格式复制到另一对象的便捷工具。

笔记区

◎ **任务实践**

在"开始"选项卡的"编辑"组中单击 [ab替换] 按钮或按快捷键 Ctrl＋H，弹出"查找和替换"对话框；由于替换前后字符内容相同，因此在"查找内容"和"替换为"文本框中均输入"广大青年"；单击 [更多(M) >>] 按钮弹出更多功能项目，再次单击"替换为"下拉框后，依次选择 [格式(O)▾]、[字体(F)...] 项（见图 2-6），弹出"字体"对话框，在"着重号"栏选择"着重符号"选项，单击"确定"按钮返回后，单击"全部替换"按钮将文档中全部查找对象进行了目标替换。选中标题中任意字符后，单击工具栏"剪贴板"组中 (格式刷) 按钮，鼠标变为 形状，在标题中按住鼠标左键将此光标刷过"广大青年"四个字符，即将源字符格式复制到目标对象。

图 2-6　文本替换示例

▶ **子任务 2.1.5**　将正文第 1 段首字"党"设置为首字下沉，下沉行数为 2 行，字体为行楷。

◎ **任务分析**

首字下沉是将段落首字符相对于同行的其他字符以"缩进"或"悬挂"方式下沉一定的行数，创建一个大号字，呈现出特殊排版效果。

◎ **任务实践**

单击首字下沉的段落（即第 1 段）中任意处，在"插入"选项卡中"文本"组内单击 [首字下沉] 按钮，弹出"首字下沉"选项列表（见图 2-7A），单击 [首字下沉选项(D)...]，弹出"首字下沉"对话框（见图 2-7B），选择"位置"为"下沉"，字体选择"华文行楷"，"下沉行数"为 2，确定退出。

首字下沉设置

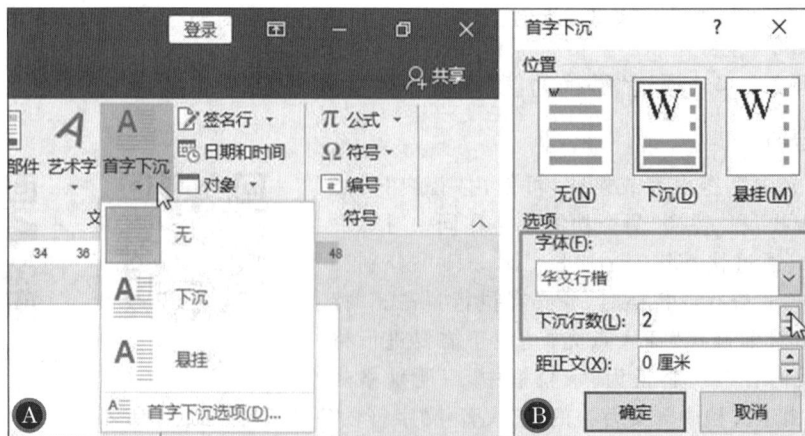

图 2-7　首字下沉设置示例

▶**子任务6** 将正文第 2—4 段的首句换段形成独立段落并对其添加项目编号(编号以阿拉伯数字 1 起始编号,后面连续编号,首行缩进 2 个字符),形成三级标题样式。

◎ **任务分析**

文本段落的强行换段是在换段处击 Enter 键,而强行换行是在换行处击 Shift+Enter 键,二者的区别是,前者在换落处生成 ↵(段落标记),生成两个独立段落,前一段落的格式自动复制到下一段落;后者在换行处生成 ↓(换行标记),形式上"分行分段"了,实质上还是一个段落整体,段落格式设置对整体有效。

由于项目编号是系统库样式,因此可直接套用,但默认是"悬挂缩进"效果,可在段落格式设置中改为"首行缩进",从而符合中文书写首行空 2 格下行顶格的行文规范。用类似操作方法可以给段落添加项目符号、多级列表编号。正确使用"项目编号"方式添加的标题顺序编号,当对标题进行调整(顺序调整或增删标题)时,编号会自动跟随调整,始终保持连续编号。若采用手动添加标题前的编号,则标题调整时编号不会自动跟随调整。中文行文中,标题序号层级结构依次可以用"一、""(一)""1.""(1)"标注;一般第一级用黑体、第二级用楷体、第三级和第四级用仿宋体。标题和文末附件的末尾均不带标点符号。标题字数超过一行时,自然换行,下行顶格;文稿如有附件,在正文下空一行左空二字编排"附件"二字,后跟全角冒号和附件名称。如有多个附件,使用阿拉伯数字标注顺序号并上下对齐(如"附件:1.XXXXX");附件名称较长需换行时,应当与上一行附件名称的首字对齐。更多中文排版规范可参见本书配套素材中《中华人民共和国国家标准 党政机关公文格式》(GB/T 9704—2012)。

项目符号与编号 多级列表设置

图 2-8 设置项目编号示例

◎ **任务实践**

将插入点分别定位在正文 2-4 段的首句末,删除句号,并击 Enter 键换段;单击(置入插入点标记为当前段落)或选中第 1 处要加项目编号的文本(段落)后,单击工具栏中"段落"组内的 ⋮≡ ﹀右侧下箭头,弹出项目编号列表(如图 2-8),在编号库中单击选择所需编号样式(此图中第 2 种为三级标题样式);在图 2—3 A 所示"段落"对话框的"缩进"组中,将"左侧"(左缩进)项设为"0"、将"特殊格式"项选择为"首行缩进",且"缩进值"设置为"2 字符";选中第 1 个项目编号段落,加粗后。重复上述操作设置第 2、3 个项目编号(注意:1.由于编号标题中"广大青年"字符带有特别的格式,因此不能使用格式刷复制格式生成第 2、3 个编号;2.修改编号时要保持连续性)。

任务 2.2 编排图片与形状

任务描述

向 Word 文档中插入图片、形状等对象,可对其美化格式,使文档效果更美观,表现力更强。图片与形状调整大小,图片剪裁、亮度与颜色调整;文字环绕、图片样式设置;对齐与组合。本任务可调用教材配套资源包中的《中国优秀传统文化简介(部分)—操作素材》进行操作实践。

笔记区

任务分析与实践

▶ 子任务 2.2.1　插入图片并设置环绕方式

插入素材图片(本任务以教材配套素材图片为例),文字环绕设置为"上下型"。

图片格式设置

◎ 任务分析

通过"插入图片"功能可轻松插入图片对象,图片大小调整可直接拖动控制点,或在工具栏、"布局"对话框中进行精确设置高度、宽度值,使其适合版面的需要。Word中插入的图片等对象的文字环绕方式有 7 种,用户可以根据需要进行设置。默认的文字环绕方式可通过"文件"菜单——选项(对话框)——高级(分类)——"剪切、复制和粘贴组"——"将图片插入/粘贴为"进行设置(更改),默认为"嵌入型"。

◎ 任务实践

打开文档插入图片:将插入点定位在图片插入处,在"插入"选项卡中单击"插图"组内的 ▣ (图片)按钮,选择"此设备"项(见图 2-9A),弹出"插入图片"对话框(见图 2-9B),选择图片并插入。

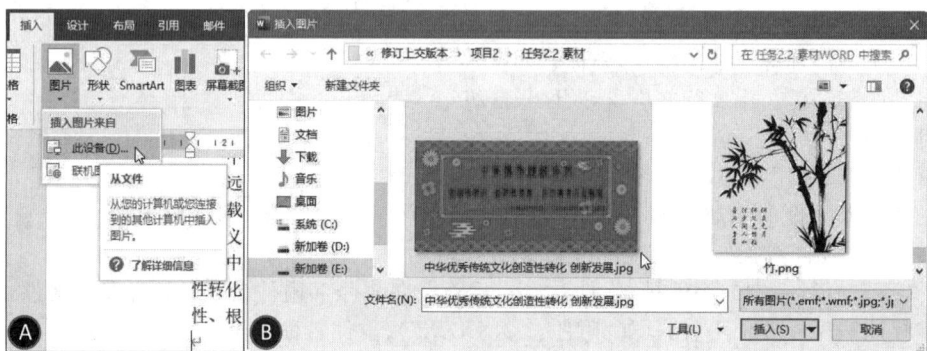

图 2-9　插入图片示例

调整图片尺寸:图片选中后,其四周出现边框轮廓线和尺寸及旋转控制点(见图 2-10),通过拖动控制点可对图片大小进行调整;图片被选中的同时,功能区出现"图片工具",其内含"格式"选项卡,在其内可对图片高度、宽度值进行精确设置。

图 2-10　图形图像控制点

文字环绕方式设置:选中图片后,在"格式"选项卡中"排列组"内单击 [环绕文字] 按钮,选择"上下型环绕"方式(见图 2-11A);或选中图片后,单击其右侧的"布局选项"按钮,在弹出的"布局选项"中单击选择"上下型环绕"项(见图 2-11B)。

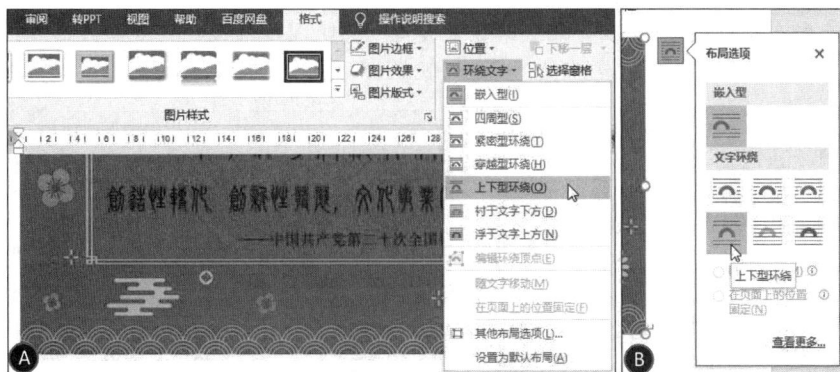

图 2-11 设置文字图片环绕方式示例

▶子任务 2.2.2 调整图片亮度与颜色

以子任务 2.2.1 的操作图片为对象,进行亮度颜色调整:"锐化/柔化:50％"、"亮度:＋20％/对比度:－20％";"颜色饱和度:400％"、"色调色温:11200K"。

◎ 任务分析

图片的锐化/柔化、亮度/对比度、颜色调整是通过 Word 图片工具中的"校正"、"颜色"功能来实现的,可以选择系统的预设效果,也可以手动设置有关参数来完成。

◎ 任务实践

选中图片后,在"图片工具"的"格式"选项卡中"调整"组内单击 ✺(校正)按钮,系统弹出如图 2-12A 所示的锐化/柔化、亮度/对比度预设效果列表,若预设效果不满足需要,则可以单击"预设列表"下方的 [图片校正选项(C)…] 按钮或右击图片选择 [设置图片格式(O)…] 选项,在弹出的"设置图片格式"浮动面板中的"图片"组内进行细微参数设置,如图 2-12B 所示。类似操作完善颜色效果设置。

图 2-12 图片校正、颜色效果设置示例

▶子任务 2.2.3 "图片样式"设置

以子任务 2.2.2 的操作图片为对象,进行样式设置:"圆形对角,白色"预设效果,且"三维格式"的顶部棱台宽度和高度分别为 15 磅和 10 磅、底部棱台宽度和高度分别为 5 磅和 6 磅。

◎ 任务分析

图片样式包括图片的边框、阴影、映像、发光、柔化边缘、棱台、三维旋转等,以及图片作为 SmartArt 图形的版式,可以选择系统的预设效果,也可以手动设置有关参数设置来实现。

◎ **任务实践**

选中图片后，在"图片工具"的"格式"选项卡中"图片样式"组内单击"外观预览"的 ▼（其他）按钮，弹出 28 种预设效果，随鼠标光标移至预设图标，则图片动态显示效果，单击即将所击样式应用至该图片（见图 2-13A），参照图 2-13B 完成三维效果设置。除了图片预设样式效果外，还可通过工具栏或"设置图片格式"浮动面板叠加设置边框、阴影、映像、发光、柔化边缘、棱台、三维旋转等效果。

图 2-13　图片样式设置示例

▶ **子任务 2.2.4　剪裁图片**

将子任务 2.2.3 的操作图片中心花边框线以外区域予以"裁剪"式隐藏。

◎ **任务分析**

图片裁剪是将图片向内边缘指定区域"裁剪"掉，从而减少图片的显示区域。被裁剪掉的区域仅被隐藏而非真实裁剪去掉。使用 Word 内置的"裁剪为形状"工具可将图片按形状进行裁剪。

◎ **任务实践**

选中图片后，在"图片工具"的"格式"选项卡中"大小"组内单击 ▦（裁剪）按钮，图片边缘出现裁剪控制点，用鼠标向图片内拖动裁剪控制点则裁剪图片（拖出有黑色区域将被裁剪掉，见图 2-14），向图片外拖动则恢复裁剪区域，调整好裁剪区域后，在图片外任意点单击完成裁剪操。图 2-15 为形状裁剪效果（"云形"形状）。

图 2-14　图片裁剪示例

图 2-15　图片形状裁剪示例

▶ **子任务 2.2.5　对齐与组合多图片**

任务描述

对 Word 文档中插入的图片、形状等多个对象,可将其组合形成整体对象。本任务是在《中国优秀传统文化简介(部分)－操作素材》文档中,插入"福、禄、寿、喜、财"(中华传统吉祥"五福")5 幅剪纸图片,并将长宽尺寸调整为同一尺寸,且横排组合为一体、文字环绕为"嵌入型"。

对齐与组合
多图片案例

◎ 任务分析

当图片是"嵌入型"文字环绕时,图片间是不能"组合"的,因此,组合前应将图片的文字环绕设置为"浮于文字之上"或"衬于文字之上",一般设置为"浮于文字之上"项,因为浮于文字上方而不被文字遮盖,方便选择操作。组合是多个对象的组合,因此,组合之前须将拟组合对象先"选中",再执行"组合"命令。选择多个图片对象,可以是"CTRL＋逐个单击",也可使用"开始"选项卡中的 ↖ (选择对象)功能进行框选。图片等对象的对齐,除了使用选项卡内或浮动工具栏上的相应"对齐"工具外,还可以通过鼠标拖动、上下左右光标箭头微移调整的情况。为保障排版效果,准确定位组合对象的位置,且在文字排版过程中组合对象位置跟随调整,因此,建议将组合对象的文字环绕方式设置为"嵌入型"。若设置为"嵌入型"后,发现组合对象位置错位了,可将其移动(拖动或剪切粘贴)至正确的位置。

◎ 任务实践

在文档中插入 5 幅剪纸画,并将其文字环绕均设置为"浮于文字之上"方式;拖动控制点将图片其调整为适当大小,拖动为水平方向排列。通过"CTRL/Shift＋逐个单击"选中 5 幅图片后(见图 2-16A,各图片呈现独立的控制点),在"图上工具"的"格式"选项卡中"大小"组内设置"高度"/"宽度",数据值以排版适当为宜;单击"排列"组内的 对齐 按钮弹出"对齐方式"列表,选择"垂直居中对齐"项,5 幅图片随即水平方向统一中心线排列(见图 2-16B);单击"排列"组内的 组合 按键,弹出功能列表,选择"组合"命令,5 幅图片立即组合为一个整体后,只具备一组控制点(见图 2-16C)。

笔记区

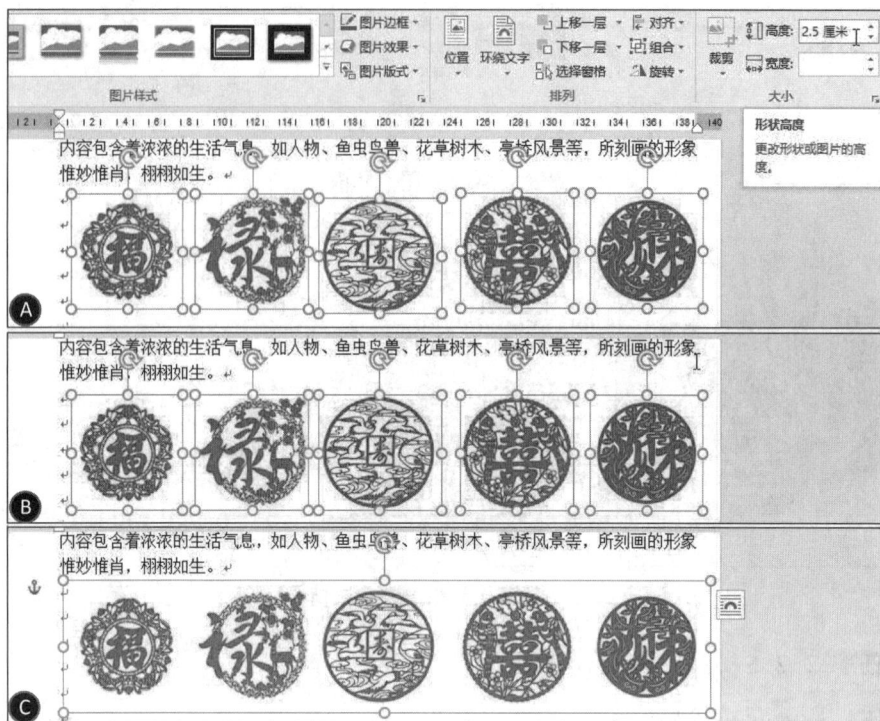

图 2-16　图片对齐、组合示例

▶子任务 2.2.6　形状的编辑实践

设计如图 2-17 所示的文字前后的图形效果

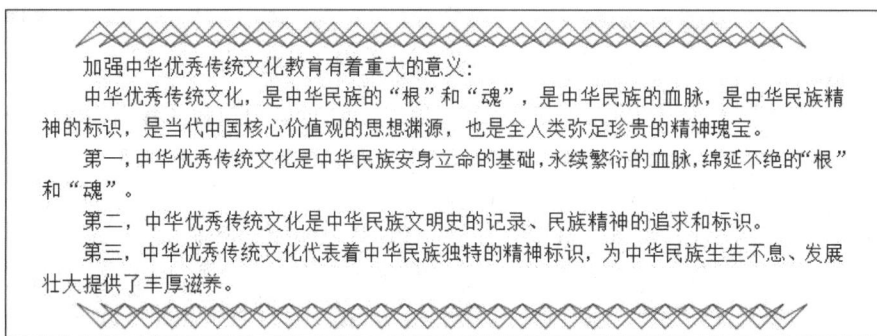

图 2-17　形状设计效果示例

形状设置

◎ **任务分析**

该图形状效果本质是由若干个 ⌃⌃ 对象呈同一水平线规则排列的结果，只需绘制出一个 ⌃⌃ 即可通过复制、排列、组合得到一组，一组整体复制镜像即可得到另一组。通过"插入"功能可轻松插入形状对象，插入的形状经大小、变形、编辑顶点等操作可生成变形的形状。此例中形状可对"菱形"进行顶点调整快速生成单个形状，复制生成多个，再排列形成所需组合体。

◎ **任务实践**

在"插入"选项卡中"插图"组内单击（形状）按钮，弹出"形状列表"；在"形状列表"中单击"菱形"后，鼠标光标变为"＋"形，在文档中按下鼠标左键拖动即绘制出该形状对象（见图 2-18A）；选中形状右击选择 编辑顶点(E) 菜单项，出现顶点标记（见图 2-18B）；参照图 2-18C～I顺序编辑、调整形状（C～D：单击下顶点，移动鼠标将原下顶点移到上顶点下方适当位置，单击确定该顶点的新位置;E:设置新形状的填充颜色为无色、线型粗细、大小;F:选中对象,执行复制命令后,执行若干次粘贴,得到多个副本对象;G～I:选中多个形状对象,执行"顶端对齐"或"底端对齐"命令,将多个对象水平排列,执行"组合"命令将其组合形成一个复合形状对象);选中复合形状对象,复制生成一个新副本对象,将其"水平翻转"得到新对象;将两个组合形状对象插入至文档中相应位置,设置其文字环绕方式为"嵌入型"。

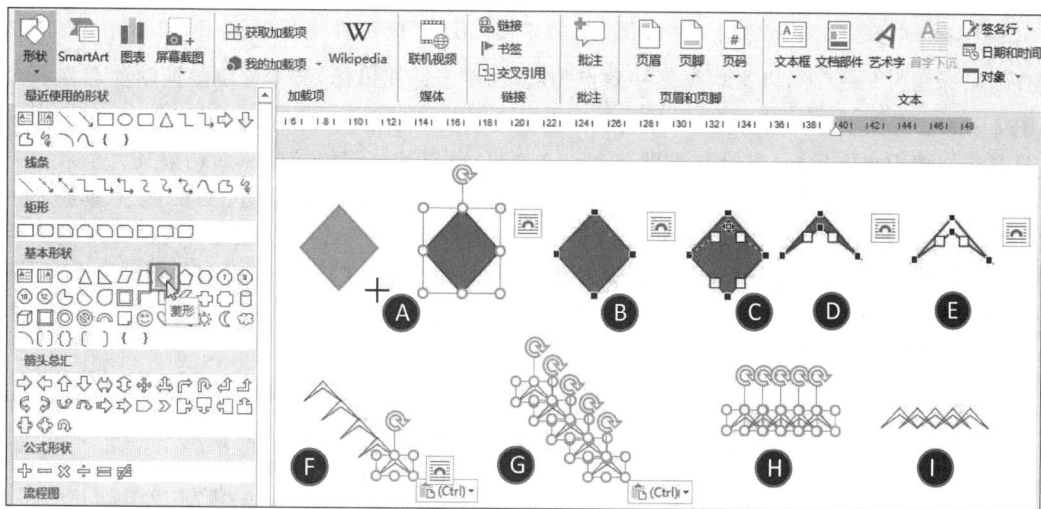

笔记区

图 2-18　形状对象编辑示例

当选中插入的图形对象后,除其四周出现控制点外,系统自动显示"绘图工具"的"格式"选项卡(见图 2-19),利用选项卡内相应命令,对其进行更多格式美化操作。

图 2-19　形状对象的"格式"选项卡

任务 2.3　编排文本框

任务描述

Word 根据排版的需要,可以使用文本框容器对象设置特定区域来进行文本排版效果处理。本任务是在教材配套素材中《【新思想引领新征程】培养造就高素质人才 夯实强国建设之基－排版素材》文档中,适当调整插图的大小(保持全文插图宽度相当),并在图片右侧设计方框,框内存放该受访者的采访语言(线型:由粗到细 3.75 磅,颜色自定框线),且文本方框与插图并排组合为一体。最后一段文本采用左右两个文本框链接形式显示文本内容。

▶ **子任务 2.3.1　绘制文本框并对其内容、格式进行设置操作**

◎ **任务分析**

根据前面所学技能,拖动控制点将图片适当调小尺寸并左对齐(右侧留出空白放置文本框);在 Word 中文本框形同一个文本容器,其内可放置文本,并对内容

文本框

笔记区

文本和边框线进行格式设置。通过文本框可实现文档版面排版的局部独特化,突出显示或强调,聚焦读者的注意力。文本框有横排文本框和竖排文本框两种,文本框内文本的方向可以根据需要进行调整,文本框的边框或填充效果可以根据需要进行艺术化设置。

◎ **任务实践**

调整图片尺寸:将图片适当调小,并左对齐

绘制文本框:在"插入"选项卡中"插图"组内单击"形状"按钮弹出形状列表,单击 (文本框)按钮后,鼠标变为"十"形,以文本框某一角点为起点,单击并拖鼠标,文本框跟随拖动动态显示大小(见图2-20A),待文本框大小适宜时,释放鼠标左键完成文本框绘制(见图2-20B,若单击文本框按钮后,只是在文档中单击鼠标,则绘制出默认大小文本框,可对其再调整控制点而调整其大小)。

文本框内文本及其格式设置:将文中该图受访者的采访答语剪切、粘贴到文本框内(见图2-20C),发现文本与框线之间间距较大且文本在框内未完整显示,可进行适当调整文本框边距和段落行距设置;双击文本框边框线,弹出"设置形状格式"对话框,在"形状选项"的"布局属性"中设置文本框左右上下边距为0.1厘米;在"填充与线条"中设置线条颜色、线型、虚实和粗细3.75磅,文本框格式设置效果如图2-20D所示。

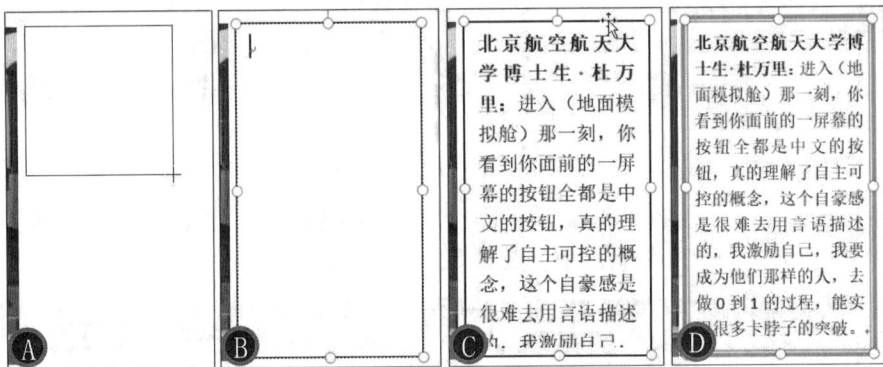

图 2-20 插入文本框及文本框格式设置示例

▶ **子任务 2.3.2 图片与文本框组合实践**

◎ **任务分析**

图片组合前应将其文字环绕方式调整为"浮于文字之上",使组合对象具有相同的文字环绕方式。

◎ **任务实践**

组合图片和文本框:将图片文字环绕设置为"浮于文字之上",单击选中图片后,按下Ctrl键有同时,单击文本框,二者同时选中,使对齐方式将二者排列整齐后,在工具栏中单击 组合 右右击图片选择 组合(G),将二者组合为一个整体。

设置对象文字环绕方式:选中组合图片对象,设置文字环绕方式为 嵌入型(I)。

▶ **子任务 2.3.3 文本框的链接实践**

◎ **任务分析**

将多个同类(同为横向、同为纵向)的文本框可逐一链接形成一个扩展的文本容器集合,文本从源文本框按链接顺序控制的流向逐一连续显示。文本框链接时,目标文本框除类型与源文本框相同外,且必须为空白文本框(即其内无任何内容),否则无法链接。文本框链接后,对源文本框内容进行格式美化排版时,其格式效果自动应用至各链接文本框。

◎ **任务实践**

绘制文本框:在文本末段落处,绘制两款个大小适当的"横向同类"文本框。在后续使用中可以对文本框大小、格式等进行设置、美化。

向源文本框添加内容:将案例文档的末段文本移至左侧文本框内,此时发现因方框大小所限,框中只显示了部分文本内容,溢出部分被隐藏(见图 2-21A)。

文本框链接:选中源文本框(左侧文本框)后,在"绘图工具"的"格式"选项卡"文本"组内单击 **创建链接** 按钮,鼠标光标变为 (直立杯状)形状,此时将"直立杯状"光标指针移到链接的目标文本框(此处为右侧文本框)内时,鼠标指针自动变为 (倾斜杯状,见图 2-21B)形状时单击鼠标,系统自动完成两个文本框的链接,源文本框中溢出的文本内容立即流向目标文本框并显示(见图 2-21C)。

链接文本框的断链:选中前一文本框后,单击 **断开链接** 按钮即可断开其与后一文本框间的链接。被断开链接的文本框内容瞬间消失(收缩回前一文本框,若被溢出则隐藏)。

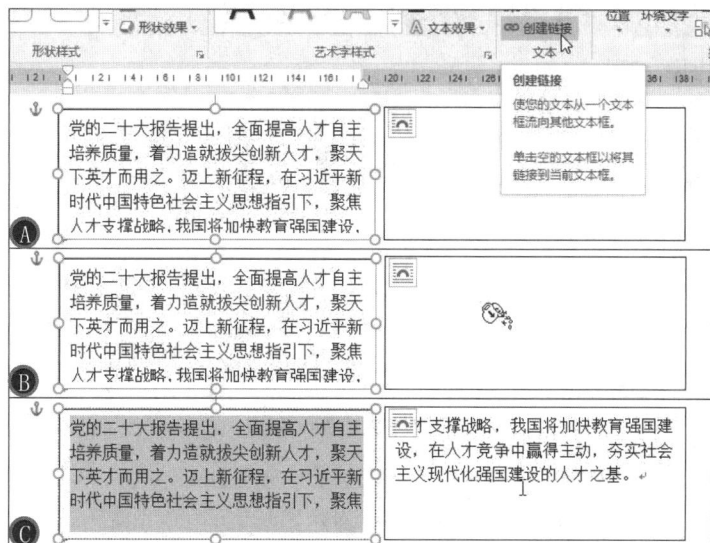

图 2-21　文本框链接示例

任务 2.4　编排 SmartArt 智能图形

任务描述

设计如图 2-22 所示的图文效果制作。本任务可在教材配套的《十年,六千余万毕业生为中国制造注入不竭活力—排版素材》文档中进行对照操作。

SmartArt 图形设置

你的职业规划是未来成为哪只"鹰"呢?

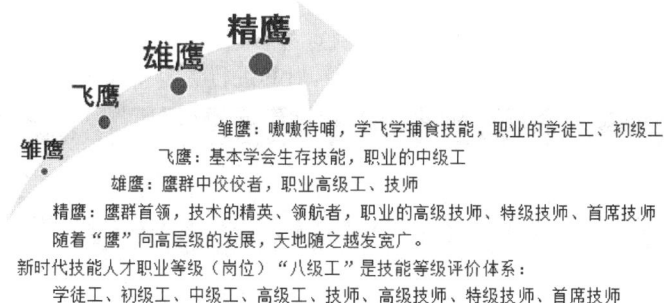

精鹰

雄鹰

飞鹰

雏鹰

雏鹰:嗷嗷待哺,学飞学捕食技能,职业的学徒工、初级工
飞鹰:基本学会生存技能,职业的中级工
雄鹰:鹰群中佼佼者,职业高级工、技师
精鹰:鹰群首领,技术的精英、领航者,职业的高级技师、特级技师、首席技师
随着"鹰"向高层级的发展,天地随之越发宽广。
新时代技能人才职业等级(岗位)"八级工"是技能等级评价体系:
学徒工、初级工、中级工、高级工、技师、高级技师、特级技师、首席技师

图 2-22　智能图形案例

SmartArt 智能图形案例

◎ **任务分析**

图 2-23 是信息和图形的集合,以增强表达的效果,可以逐个元素独立创建是很耗费精力的,所以 Word 中集成了若干"SmartArt 智能图形"供用户选择和修改使用,提高工作效率和交流信息效果。智能图形是信息和观点的视觉表示形式,将文字之间的关联性更加清晰,更加生动、直观、快速、轻松、有效表达信息。当选中智能图形后,除其四角出现控制点外,系统自动显示"绘图工具"选项卡,利用卡内命令可以对智能图形进行修改、调整等设计优化与效果美化。

◎ **任务实践**

插入智能图形:在"插入"选项卡中单击 SmartArt 按钮,系统弹出"智能图形"对话框(见图 2-23),双击或单击选中后点击"插入"按钮将智能图形插入文档中。

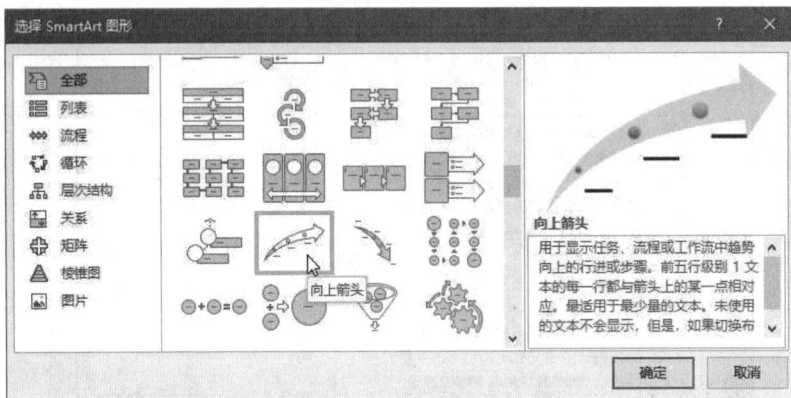

图 2-23　智能图形列表

美化智能图形:单击智能图形将其选中后,其四角出现控制点(见图 2-24B);默认其内有 3 个文本形状项,在"SmartArt 工具"的"设计"选项卡中"创建图形"组内单击 添加形状 按钮,添加 1 个形状;分别单击各文本项或单击 文本窗格 后在弹出的"文本窗格"(见图 2-24A)中输入文本,并设置文本的字体等格式;使用文本框录入补充说明文本,并进行组合,完成操作任务。

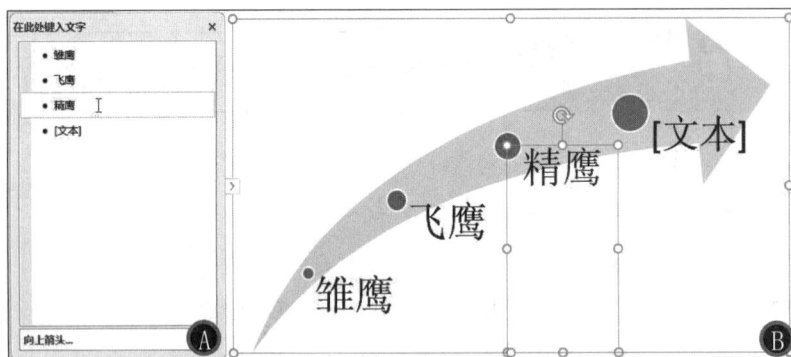

图 2-24　插入智能图形示例

当选中 SmartArt 智能图形对象后,除其四周出现控制点外,系统自动显示"SmartArt 工具"的"设计"和"格式"选项卡(见图 2-25),利用选项卡内相应命令,对其进行更多格式美化操作。

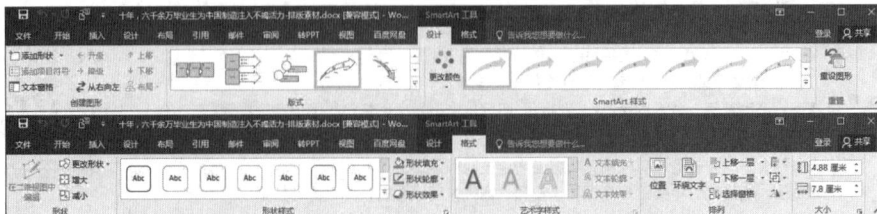

图 2-25　SmartArt 工具栏(设计选项卡、格式选项卡)

任务 2.5 编排艺术字

任务描述

艺术字是 Word 提供的对文本对象进行特殊个性效果设置的功能,可起到醒目、突出、直观等特别交流效果。本任务通过艺术字功能设计如图 2-26 所示的"国家安全 人人有责"突出效果(长型方块字,字体、填充和边框颜色自行搭配,嵌入型左右居中)。可在教材配套素材的《全面深入把握总体国家安全观(新书评介)——〈总体国家安全观透视〉简评-排版素材》文档中进行操作实践。

艺术字

从纷繁复杂的现实矛盾中运用辩证思维方法探求国家安全的未来趋势,从不同角度生动展现总体国家安全观的丰富内涵和实践意义。

国家安全 人人有责

文章摘自:https://paper.people.com.cn/rmrb/html/2023-11/14/nw.D110000renmrb _20231114_4-09.htm

图 2-26 艺术字案例

艺术字案例

◎ 任务分析

Word 的"艺术字"库内置了多种模板、多种效果,用户可根据需要选择使用。该例样式没有模板可用,因此可任选择一种模板后,对其进行修改调整;从外观分析其字体应为微软雅黑或黑体,加粗;艺术字填充、边框颜色可自行搭配,但应注意颜色的协调性。中文汉字默认为长宽相等正方形方块,案例文字呈现长形(高度大于宽度),可以通过调整"字符缩放"比例或将艺术字"效果"转换为"正方形"样式来实现。

◎ 任务实践

编辑艺术字:在"插入"选项卡中单击 或在"插入"选项中"文本"组内单击 ,系统弹出艺术字库(见图 2-27A),单击其中所需样式后,文档中出现艺术字编辑框(见图 2-27B),删除默认字符,输入"国家安全 人人有责"字符(见图 2-27C)

图 2-27 编辑艺术字示例

设置艺术字效果:选中艺术字后,系统出现"绘图工具"—"格式"选项卡,其内有若干艺术字效果的设置功能按钮,使用"填充"、"轮廓"设置艺术字文本字符的填充颜色和边框颜色;在"文本效果"中单击 ,选择"正方形"效果;再将该艺术字的"文字环绕"方式设置为"嵌入型"、居中水平对齐。若艺术字与上下文间存在多余的空白行,可进行适当删除,保持协调效果。

笔记区

任务2.6 编排公式

任务描述

利用 Word 的公式功能在文档中构建理工科公式表达式。本任务以创建动能计算公式 $\Delta Ek = \left(\dfrac{mvt^2}{2} - \dfrac{mv_0^2}{2}\right)$ 为例示范公式的构建过程。

任务分析与实践

◎ **任务分析**

Word 文档中的各种理工科公式是使用公式编辑器内的数学符号和结构构造而成的。

上述公式解剖：左侧"$\Delta Ek =$"为同级符号，自左向右依次输入即可；右侧括号为整体，其内为两分数相减，被减数分子中"t"带上标，而减数分子中"v"同时带上、下标。根据此解剖分析，选择相应数学符号、结构构建公式即可。

公式

◎ **任务实践**

（1）按 Alt＋＝组合键或单击"插入"选项卡中"符号"组内的 π 公式 ▾ 按钮，在插入点处出现公式编辑框，同时出现"公式工具"，其内"设计"选项卡中列出了常用的数学符号和公式结构，如图 2-28 所示。

图 2-28 "设计"选项卡

（2）在公式编辑框中插入"$\Delta Ek =$"（同级，依次插入 Δ，输入 $Ek =$），如图 2-29A 所示。

（3）在"公式工具"→"设计"选项卡中"结构"组内单击 {()}（括号）；在"方括号"组中单击"括号"项，公式编辑框中插入点处即出现括号结构，如图 2-29B 所示。

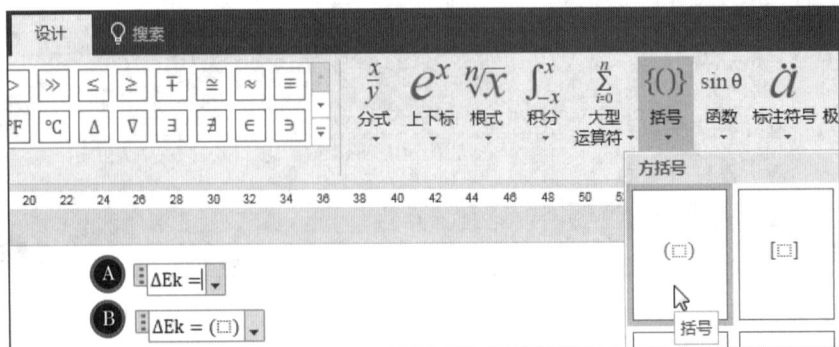

图 2-29 公式建立示例（一）

（4）单击选中括号内字符框（虚线框，由于该项为分数，因此须将该字符框结构设置为分数结构，如图 2-30C 所示；单击 $\frac{x}{y}$（分式）按钮，在"分式"组中单击"分式（竖式）"项，原选中字符框结构变为分式结构,结果如图 2-30D 所示。

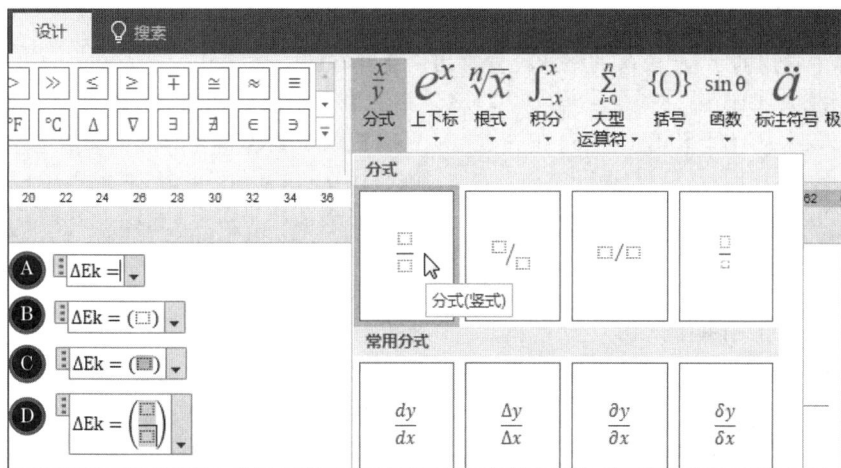

图 2-30 公式建立示例(二)

(5)输入分母分子字符。单击分母字符框输入"2",单击分子字符框输入"mv",如图 2-31E 所示;由于"t"带上标,因此底数(t)和指数(2)共为一个整体结构。单击 e^x(上下标)按钮插入上标结构,分别在底数和指数字符框中输入"t"和"2",结果如图 2-31F 所示。

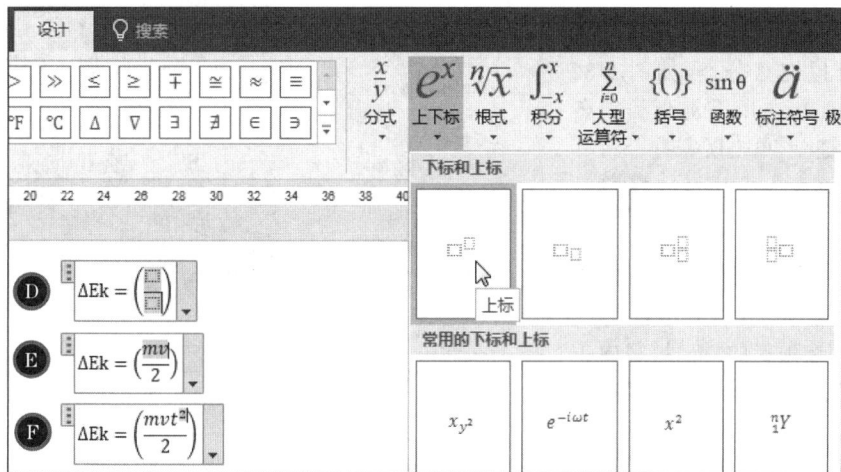

图 2-31 公式建立示例(三)

(6)将插入点移至分数线后输入"一",再重复上述步骤(4)(5)建立后一分数结构并输入字符,最终完成公式编辑。

当公式被选中时,系统自动显示"公式工具"的"设计"选项卡,利用其内命令可以对公式进行格式美化。

拓展技能

图文混排综合案例

一、Word 操作基本技能

1. 试用"字体"工具组或"字体"对话框中的其他功能命令进行字体格式设置,如上下标、拼音、字符缩放、字符底纹、字符间距控制及字符垂直位置控制等。

2. 试用"段落"工具组或"段落"对话框中的其他功能命令进行段落格式设置,如段落对齐方式、段前段后距及行距控制、段落边框或底纹、中文版式效果等。

3. 试用"标尺"上段落滑块进行段落缩进控制。

4. 试用"制表符"对齐功能进行字符对齐控制。

5. Word 中常用的字符、段落的格式设置常用快捷键有：

字符逐磅放大：Ctrl＋]　　　　　　字符逐磅缩小：Ctrl＋[

字符快速放大：Ctrl＋Shift＋＞　　　字符快速缩小：Ctrl＋Shift＋＜

加粗：Ctrl＋B　　　　　　　　　　倾斜：Ctrl＋I

下划线：Ctrl＋U　　　　　　　　　下标格式：Ctrl＋等号（＝）

上标格式：Ctrl＋Shift＋等号（＝）　段落左对齐 Ctrl＋L

段落右对齐：Ctrl＋R　　　　　　　段落两端对齐：Ctrl＋J

段落居中对齐：Ctrl＋E　　　　　　查找：Ctrl＋F

替换：Ctrl＋H　　　　　　　　　　单倍行距：Ctrl＋1

1.5 倍行距：Ctrl＋5　　　　　　　双倍行距：Ctrl＋2

6. 试用"查找"功能快速在文档中查找指定内容、定位特定位置（Ctrl＋G）；"替换"功能快速批量删除或批量修改指定内容。

7. 灵活使用格式刷进行格式设置。格式刷可以将字符（源对象）已有的"格式"快速复制并应用到目标字符对象，使得源对象和目标对象具有相同的格式。

8. 插入特殊符号

（1）通过输入法的"软键盘"插入符号。右击输入法提示条上的 ⌨ 按钮，弹出模拟键盘分类，如图 2-32 所示，根据需要单击所需键盘类别名称，弹出模拟键盘，单击所需符号将其输入文档；符号输入完毕单击 ⌨ 关闭软键盘。

（2）通过"插入符号"功能插入符号

在"插入"选项卡的"符号"组内单击 Ω（符号）按钮，弹出最近使用符号列表，已列出的答可直接单击插入文

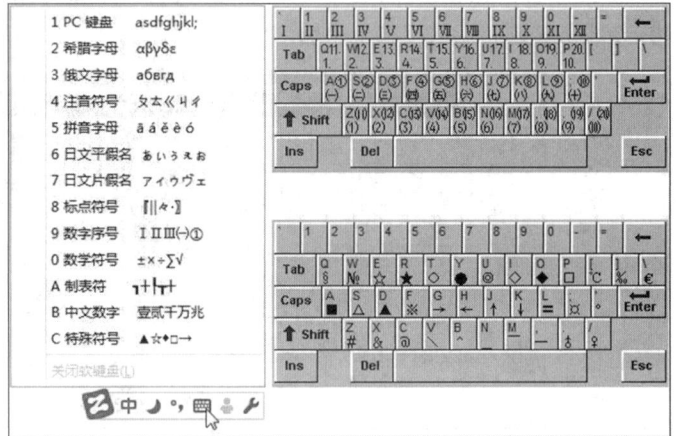

图 2-32　模拟键盘使用示例

档中插入点处，如所需符号未列出，则单击 Ω 其他符号(M)... 按钮，弹出符号对话框（如图 2-33），通过更改字体、拖动垂直滚动条寻找所需符号。

图 2-33　插入符号示例

9. 在使用"查找"和"替换"时，可以根据需要设置搜索的条件。使用"通配符"可以进行模糊查找，常用通配符及其含义如表 2-1 所示。

表 2-1　常用通配符及其含义

通配符	含义	示例
＞	查找指定字符为句尾的字符	es＞:查找以"es"结尾的对象,如"buses""foxes"等
＜	查找指定字符为打头的字符	＜使用:查找到以"使用"为开头字符串
?	代表任意单个字符	大?:查找类似"大山""大家""大小"等字符串
*	代表任意多个字符	*山:查找"黄山""阿尔卑斯山"等字符串
@	查找重复前一字符	te@ch:查找"tech""teech"等字符串
[]	查找中括号指定的任意一个字符	[0-9][0-9]:查找 11、56、07 等两位数 [茶兰菊]花:查找"茶花""兰花"及"菊花"字符

10. 熟悉常用的文本选定操作方法。在 Word 中须遵循"先选择后操作"原则,即先选择操作对象,再执行相应的命令。

(1)选择任意连续区域:先将 I 形光标移到要选定内容的开始,然后按住鼠标左键拖动光标至要选定的文本的结束处,则拖动光标"扫"过的连续文本随即被选中;或者可从结束处扫至开始处;也可以单击欲选择文本的开始处(标记选择起点),按住 Shift 键再单击结束处(标记选择终点),或者可先标终点再标起点。

(2)选定一个矩形区域:先按住 Alt 键,再将鼠标指针移到要选择区域的一角,按住鼠标左键拖动至另一对角。

(3)选定一行:将鼠标指针移到要选择文本行的最左侧(选定栏),当鼠标指针形状变为 ◢(向右倾斜的空心箭头)时单击鼠标左键。

(4)选定一个段落:

方法一:将鼠标指针置于此段文字任意行的左侧(选定栏)并双击鼠标左键。

方法二:将鼠标指针置于此段中的任意位置并三击鼠标左键。

(5)选定全文:

方法一:在文档左侧的选定栏内三击鼠标左键。

方法二:按住 Ctrl 键并在选定栏内单击鼠标左键。

方法三:按组合键 Ctrl+A。

(6)选定不连续文本:先选中部分文本,然后按住 Ctrl 键的同时再利用其他选择方法配合,可以选中不连续的文本。

二、插入 Word 对象及格式设置训练

1. 对 Word 自带的若干形状对象进行插入训练,并观察其外观形状效果。

2. 熟悉对图片、形状、文本框、艺术字等对象格式设置的"格式"选项卡或"布局"对话框(见图 2-34)、"设置图片/形状格式"浮动面板(见图 2-35)内相应功能按钮,进行更多设计或美化设置。选中对象右击,在快捷菜单中也可选择执行相应的操作命令。

图 2-34　图片格式设置布局对话框

笔记区

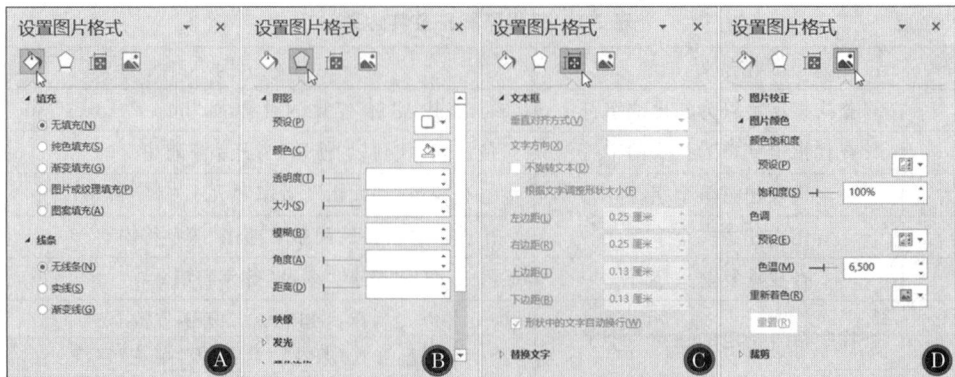

图 2-35　设置图片格式浮动功能面板

强化技能

一、文本排版

读者自行排版练习,保持版面美观、适用。本教材配套资源包中含有本示例文档在内的多个排版源文本供读者强化练习使用。

* * * * * * * * * * * * * * * *示例文档1　开始* * * * * * * * * * * * * * * *

以工匠精神筑梦新时代

作者:李玉滑

在今年"五一"国际劳动节到来之际,习近平总书记指出,"希望广大劳动群众大力弘扬劳模精神、劳动精神、工匠精神,诚实劳动、勤勉工作,锐意创新、敢为人先,依靠劳动创造扎实推进中国式现代化,在强国建设、民族复兴的新征程上充分发挥主力军作用"。礼赞劳动创造,勉励劳动者不懈奋斗,习近平总书记关于劳动的重要论述鼓舞人心,催人奋进。

工匠精神作为中国共产党人在长期奋斗中形成的伟大精神,已被纳入中国共产党人精神谱系。2020年11月,习近平总书记在全国劳动模范和先进工作者表彰大会上精辟概括了工匠精神的内涵:执着专注、精益求精、一丝不苟、追求卓越。我们取得的伟大成就,离不开大国工匠的倾情奉献。劳动者脚踏实地把每件平凡的事做好,共同培育形成的工匠精神,是我们宝贵的精神财富。

我国自古就推崇工匠精神。我们耳熟能详的庖丁解牛、游刃有余的故事,就是对匠心匠魂的形象表达。新时代,高铁动车、航天飞船、大国重器等成就背后,都离不开工匠精神的支撑,离不开我们对工匠精神的继承与弘扬。工匠精神是时代精神的生动体现,折射着各行各业劳动者的精神风貌,每个人都可以是工匠精神的诠释者和践行者。

执着专注,是心无旁骛,是矢志不渝的热爱。择一事终一生。坚定的理想信念,是工匠精神的核心。热爱,是劳动的动力源泉;热爱,才能把一件事做到极致。热爱,是被誉为"火药雕刻师"的航天人徐立平专注雕刻火药30余年,仅凭手感就能将药面整形误差从允许的0.5毫米提到0.2毫米。是从事数控加工20年潜心钻研的秦世俊对飞机零部件0.01毫米的较量,誓让中国制造更有话语权。他们执着于自己选择的事业,专注于自己投身的领域,自觉不断提高业务水平,始终努力向前,一生敬业奉献、永不言弃。弘扬工匠精神,就要立足本职工作,爱岗敬业,以敬畏之心对待工作,尽心竭力练就专业能力和专业素养。

精益求精,是高标准严要求,是好了还要更好。干一行钻一行。术业有专攻,精益求精是对品质的追求,对一流的追求。这种对极致的追求,也许是我们看得到的精雕细琢、巧夺天工,也可能是我们看不到的精密精准、胜在毫厘,于毫厘之间体现"如切如磋,如琢如磨"的精准。认真,就能做得更好;高标准,方能成为本领域的专家;深入钻研,才能不断提高技术技能水平。

一丝不苟,是严谨认真,是追求细节完美。失之毫厘,谬以千里。偏毫厘不敢安,做好一件事,必须从细节入手，从小事开始，在每个细节上做足功夫。古人云，天下难事必作于易，天下大事必作于细。优秀的工匠能从细处见大，在细节的追求上没有终点。坚持细致工作，从细节入手，才能汇涓涓细流成江海。

追求卓越，是不断进取，是敢于开拓创新。千万锤成一器。在工作中追求完美、追求卓越，要以创新求突破。广大劳动者要有强烈的创新意识，不断培育创新能力，超越自我、勇攀行业顶峰，这是工匠精神的必然追求。新时代要实现高质量发展，离不开勇于创新、追求卓越的干劲，离不开顽强拼搏、锐意进取的时代精神。

匠心筑梦。只要每一位劳动者都努力践行工匠精神，干一行爱一行专一行、爱岗敬业、精益求精，重细节求品质，敢创新求卓越，我们一定能以优秀的业绩奉献新时代、以出色的答卷回应时代主题。

来源：光明网-《光明日报》(2023 年 05 月 08 日 02 版)

https://baijiahao.baidu.com/s？id＝1765272664497482618&wfr＝spider&for＝pc

＊＊＊＊＊＊＊＊＊＊＊＊＊＊＊示例文档1　结束＊＊＊＊＊＊＊＊＊＊＊＊＊＊

＊＊＊＊＊＊＊＊＊＊＊＊＊＊＊示例文档2　开始＊＊＊＊＊＊＊＊＊＊＊＊＊＊

大国工匠

2015 年"五一"开始，央视新闻推出八集系列节目《大国工匠》。《大国工匠》讲述了为长征火箭焊接发动机的国家高级技师高凤林等 8 位不同岗位的劳动者，叙述了他们用自己的灵巧双手匠心筑梦的故事。这群不平凡劳动者的成功之路，不是进名牌大学、拿耀眼文凭，而是默默坚守，孜孜以求，在平凡岗位上追求职业技能的完美和极致。最终脱颖而出，跻身"国宝级"技工行列，成为一个领域不可或缺的人才。

宝剑锋从磨砺出。各位大国工匠文化不同，年龄有别，但都拥有共同的闪光点——热爱本职、敬业奉献。他们技艺精湛，有人能在牛皮纸一样薄的钢板上焊接而不出现一丝漏点，有人能把密封精度控制在头发丝的五十分之一，还有人检测手感堪比 X 光般精准，令人叹服。他们所以能够匠心筑梦，凭的是传承和钻研，靠的是专注与磨砺。

"问渠那得清如许，为有源头活水来。"人的心灵深处一旦有了源源流淌的"活水"，便有了创业创造、建功建树的不竭"源泉"。我把它称为"成功之源"，这个"成功之源"就是爱岗精神、敬业自觉。有那么一些人，他们也希望能功成名就，却缺少必备的"成功之源"，表现在"既不爱岗，更不敬业"。有的挑肥拣瘦，这山望着那山高；有的不务正业，把主要精力放在"第二职业"上；有的粗枝大叶，不求"过得硬"但求"过得去"；有的滥竽充数，长年累月"占位无功"。

爱岗敬业是社会主义核心价值观中的内容之一。筑就人生美丽梦想也好，践行核心价值观也罢，既不是虚无缥缈的，也不是高不可攀的。"成功之源"就根植在你我他的职业道德里、情感良心中。表面上，爱岗敬业是利他的；实质上，爱岗敬业也是利己的。换言之，它是满足社会需求与实现个人价值的有机统一。

"大国工匠"的感人故事、生动实践表明，只有那些热爱本职、脚踏实地，勤勤恳恳、兢兢业业，尽职尽责、精益求精的人，才可能成就一番事业，才可望拓展人生价值。

《大国工匠》推崇"匠人精神"宣传技术技能，成就出彩人生，对于加快发展现代职业教育，促进大众创业，万众创新，提升中国制造和服务水平很有意义。

八位大国工匠分别是：

胡双钱(钳工)　　周东红(捞纸工)　　张冬伟(焊工)　高凤林(特种熔融焊接工)

孟剑锋(錾刻工)　宁允展(车辆钳工)　管延安(钳工)　顾秋亮(装配钳工)

2018 年至 2022 年，评选了 40 位大国工匠年度人物，国防军工、装备制造、建筑、通信、传统工艺等多个行业领域。

＊＊＊＊＊＊＊＊＊＊＊＊＊＊＊示例文档2　结束＊＊＊＊＊＊＊＊＊＊＊＊＊＊

二、公式编排

在素材文档"以华人数学家命名的优秀研究成果"文档中编辑以下公式，强化 Word 公式编辑与图文混排技能。

公式编辑案例

(1) $\lim\limits_{(x,y)\to(1,2)} \dfrac{x+y}{xy}$

(2) $|P\quad P|_0 = \sqrt{(x_1-x_2)^2+(y_1-y)}$

(3) $R\circ S = \{\langle x,z\rangle \mid x \in X \wedge z \in Z \wedge (\exists y)(y \in Y \wedge < x,y> \in R \wedge < y,z> \in S)\}$

(4) $\sum\limits_{k=1}^{l} a_{ik}b_{ik} = a_{i1}b_{i1} + a_{i2}b_{i2} + \cdots + a_{il}b_{il}$

(5) $\lim\limits_{T\to+\infty} \dfrac{1}{T} \displaystyle\int_0^{2T} \left(1-\dfrac{\tau_1}{2T}\right) \left[B(\tau_1)-R_X^2(\tau)\right] d\tau_1 = 0$

(6) $2NaHCO_3 \xrightarrow{\triangle} Na_2CO_3 + H_2O + CO_2 \uparrow$

项目3

Word 2016表格应用

　　表格由行、列和单元格组成。用表格组织数据可以使表达更加清楚、简明、直观。本项目重点对表格创建、表格与文本的互转、表格数据的计算等功能进行示范，以共享操作方法。

　　单元格是表格的基本构成单元，相邻的单元格构成区域，同一行上的所有连续单元格构成表格行，同一列上的所有连续单元格构成表格列。利用Word 2016的表格创建工具可以灵活创建基础表格，以及对表格进行美化，使表格内容直观化、形象化。

培养目标

【知识目标】

1.掌握表格的创建方法。

2.掌握表格的调整与设计方法。

3.掌握表格数值的计算与排序方法。

【能力目标】

1.具有灵活创建表格，以及对表格进行精细调整的能力。

2.具有对表格进行数据计算、排序的处理能力。

【素质目标】

1.具备耐心、精细、精准调整表格格式的素质。

2.具备表格美、版面美效果欣赏的素质。

任务 3.1 创建表格

任务描述

在 Word 中制作《员工信息登记表》样表,要求如下。

(1)表内文本按样表录入,个别单元格中字符之间有空格分隔,掌握单元格宽度调整。

(2)单元格内文本呈现居中对齐、左对齐及右对齐等对齐效果。

(3)表标题黑体、三号、居中,固定行高 22 磅。

(4)表内文本分黑体和宋体,字号均为五号,"声明"文本栏加粗呈现。

(5)表格首列为 1 厘米宽度,第 2 列为 2 厘米宽度,其余单元格列宽按样表格式处理。

(6)表内"□"为方框符号,非汉字"口"字。

(7)"身份证号码"填写处为等分列宽 18 个单元格,方便一字一格填写。

(8)表格内框线为 1 磅,外框线为 1.5 磅。

(9)其余格式根据观察适度调整。

表格创建综合案例

********************示例文档　开始********************

员工信息登记表

填写日期:　　　年　　月　　日　　　　　　　　　　　　　　档案编号:

	姓名		性别		民族		
	出生日期			婚姻状况	□已婚　□未婚		照　片
	籍贯			政治面貌			
	身份证号码						
	户口所在地				邮编		
	现居住住址				邮编		
基本情况	联系方式				邮箱		
	紧急联系人				紧急电话		
	毕业学校				所学专业		
	毕业时间		学历		学位		
	档案所在地		档案管理形式	□仍在原单位管理　□个人委托代理机构管理 □可转至公司代为管理			
	是否缴纳社会保险	□是　□否	社会保险缴纳形式	□仍在原单位代缴　□个人委托代理机构缴纳 □停交(自　　年　　月已经停交)　□未办理			
	是否缴纳公积金	□是　□否	公积金缴纳形式	□仍在原单位代缴　□个人委托代理机构缴纳 □停交(自　　年　　月已经停交)　□未办理			
	社保卡号码				公积金账号		
	社保参保险种						

续表

	与本人关系	姓名	工作单位	联系方式
家庭成员				

入职情况	所属部门		职位		入职时间	

声明	上述资料完全属实。如有不实,愿承担相应责任。本人签名:	年 月 日
	档案建立经办人签名:	年 月 日

＊＊＊＊＊＊＊＊＊＊＊＊＊＊＊示例文档 结束＊＊＊＊＊＊＊＊＊＊＊＊＊＊

任务分析与实践

纵观本任务的"样表",其结构复杂。Word表格功能生成的行列规则表格为一切表格设计的基础,即在规则表格基础上进行人工调整以达到样表格式;同时,又要考虑表格的整体美观性,部分表格线在上下行对齐上也做了微调,从而避免了"复杂"表格的凌乱。

表格中行列交叉的方格称为单元格,表格是若干单元格的集合。Word中可对单元格进行拆分、合并、调整列宽度等操作。Word中创建基础表格的常用方法有5种,用户可根据自己的工作所需选择适合的方法。基础表格设计多少行列,没有固定的标准,完全根据读者的建表思考而定。一般情况下,基础表格行列数取表格的行列数"中间数",在此基础上根据需要增加行、合并与拆分单元格,尽可能避免在表格中插入列和删除单元格造成表格制作上产生单元格、行列混乱的麻烦。在图3-1A"汉"单元格右侧增加2个单元格用于填写"出生地",若单击"汉"单元格后直接在"表格工具"的"布局"选项卡单击 在右侧插入列(R) 两次,则出现如图3-1B所示的效果,造成表格整体列数增加,表格调整困难。此时最好的方法是对"汉"单元格进行"一分三的拆分",然后仅对本行单元格进行列宽调整,如图3-1C至图3-1E所示。

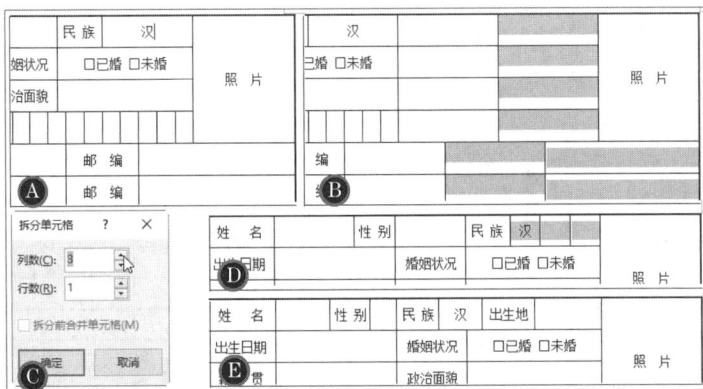

图3-1 表格分析示例

方法一:利用"插入表格"预览快速创建表格。

当表格行、列少于10×8时,可将插入点定位至目标位置,在"插入"选项卡中单击 (表格)按钮,并在打开的表格预览中从左上至右下方向移动鼠标,文档中动态预览相应行列的表格,在表格右下角方格单击,系统自动创建相应行列数的表格,如

表格创建方法

图 3-2 所示。为方便读者了解和操作操作表格,部分示例中单元格内的段落标记未作隐藏处理。

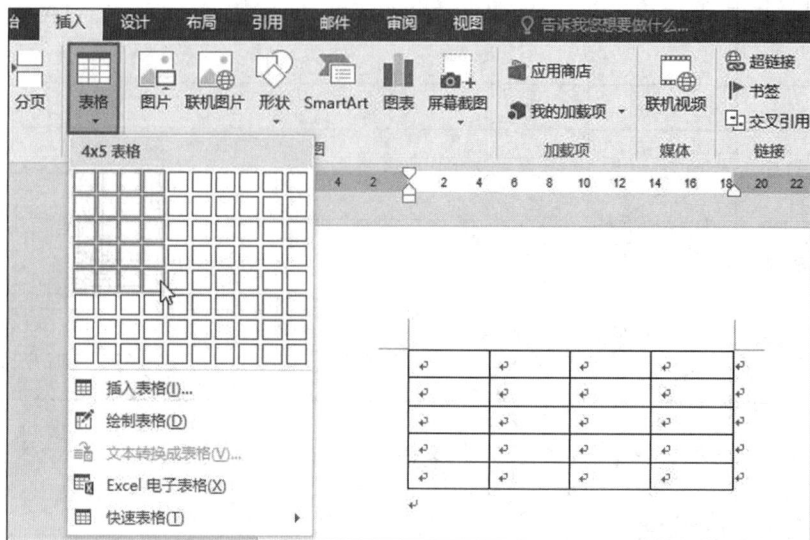

图 3-2　快速创建表格示例

当插入点位于表格单元格内或表格及单元格被选中时,系统显示"表格工具",如图 3-3 所示。

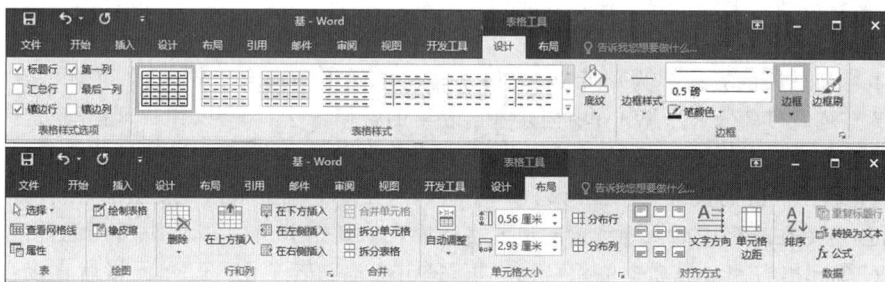

图 3-3　表格工具

方法二:利用"插入表格"功能精确设置行列参数创建表格。

在如图 3-2 所示的界面中执行 ⊞　插入表格(I)… 命令,弹出"插入表格"对话框,根据需要在其内设定表格行列参数创建表格,如图 3-4 所示。

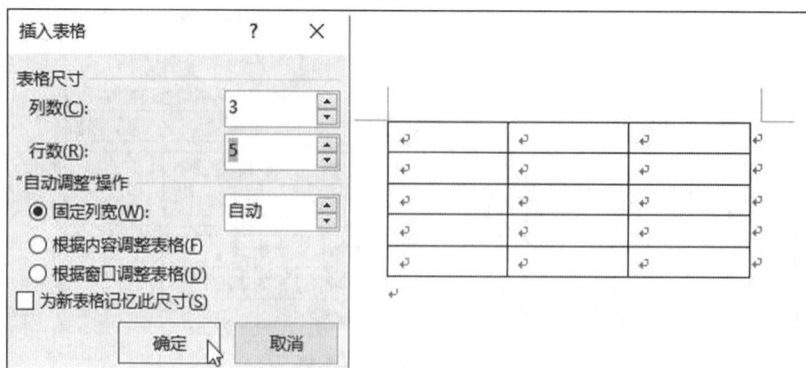

图 3-4　插入表格示例

方法三:直接绘制表格。

在如图 3-2 所示的界面中执行 ✍　绘制表格(D) 命令,光标变为铅笔形状 ✎,此时拖动鼠标即可手动绘制表格。同时,功能区出现"表格工具"(含"设计"和"布局"两个选项卡),使用 ⊞ (橡皮擦)按钮,光标变为橡皮擦形状，单击即可擦除表格线；按 Esc 键可以中断绘制表格和擦除线条命令，如图 3-5 所示。

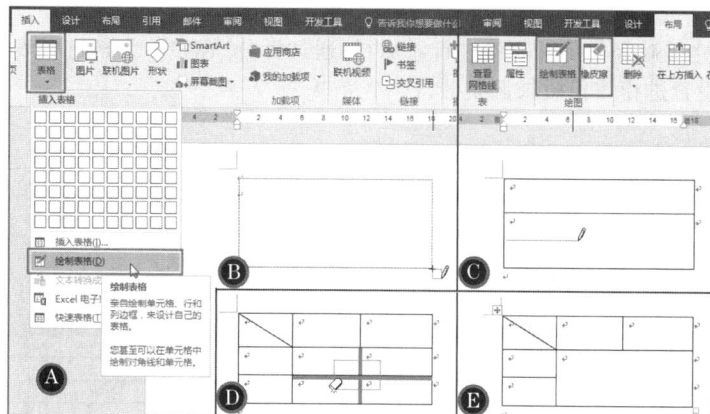

图 3-5 绘制表格示例

方法四：文本转化为表格。

选中文档中要转化为表格的特殊排列文本，在如图 3-2 所示的界面中执行 文本转换成表格(V)... 命令，弹出"将文字转换成表格"对话框，设置相应转换参数并单击"确定"按钮，即可将文本转换成表格，如图 3-6 所示。

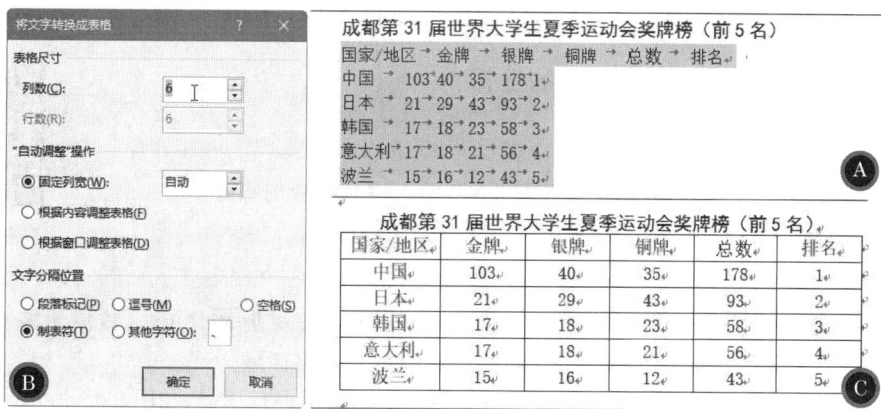

图 3-6 文本转表格示例

方法五：创建 Excel 表格。

在如图 3-2 所示的界面中执行 Excel 电子表格(X) 命令，Word 系统启动嵌入式 Excel，在其内创建表格数据，单击表格虚线框外区域返回 Word 状态，如图 3-7 所示。

▶子任务 3.1.1 录入表前文本并设置文本格式

◎ **任务分析**

通过汉字输入法录入文本，表前附加信息中的字符间距可以通过空格或制表符进行控制。

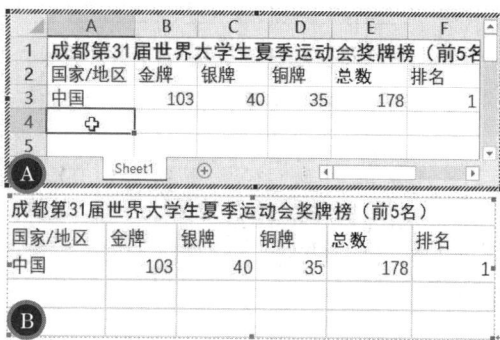

图 3-7 创建 Excel 表格示例

◎ **任务实践**

新建 Word 文档，在页面从上而下录入表标题（"员工信息登记表"）及表格附加信息（"填写日期""档案编号"等），并设置字体、字号格式，注意附加信息中的字符间距控制（可采用空格或制表符）。

▶ 子任务 3.1.2 创建基础表格

◎ 任务分析

通过 Word 创建基础表格后对表格进行添加行;通过拆分、合并单元格进行表格微调;通过单元格格式、文本格式设置进行表格效果调整。

◎ 任务实践

根据对表的分析,可插入 23 行 5 列表格(基础表格行列数读者通过学习自行总结经验,基数做不到统一),如图 3-8 所示。

图 3-8 表格创建示例

▶ 子任务 3.1.3 表格、单元格的选择

◎ 任务分析

若需对表格、单元格进行调整,需要将其选中,然后进行相应的操作。

◎ 任务实践

1. 选定单元格

将光标移至单元格左侧边框线内侧,待光标变为向右的实心箭头时单击,该单元格被选中,反白显示,如图 3-9 所示;此时继续拖动鼠标,可扩大选择的单元格区域。

单元格的选定也可以将"Ⅰ"形光标移至单元格上拖动鼠标进行选择,如图 3-10 所示。

表格元素选定
与尺寸调整

图 3-9 选定单元格示例 1

图 3-10 选定单元格示例 2

2. 选定表格行

将光标移到表格行行首边框线的外侧,待光标变为向右的空心箭头时单击,该行即被选中,反白显示,如图 3-11 所示;此时继续向上或向下拖动鼠标,可扩大行的选择区域。

3. 选定表格列

将光标移到表格列顶端边框线的外侧,待光标变为向下的实心箭头↓时单击,该列被选中,反白显示,如图3-12所示;此时继续向左或向右拖动鼠标,可扩大列的选择区域。

图 3-11　选择表格行示例

图 3-12　选择表格列示例

4. 选定整个表格

将光标移到表格左上角的"移动/选定控制点"上单击,或选中表格第1行后拖动至最后1行,或选中表格第1列后拖动至最后1列,或选中表格对角点第1个单元格后拖动至表格对角最后1个单元格,整个表格随之被选中,反白显示。也可以在"表格工具"下"布局"选项卡的"表"组内"选择"内单击 选择表格(T) 项。

▶ **子任务 3.1.4　表格调整**

◎ **任务分析**

通过使用 Word 表格的行高、列宽调整功能,调整单元格、行或列的尺寸,增减表格行列数。表格调整可以通过鼠标拖动表格线粗略调整,或通过相关对话框精确设置。

表格元素的
添加与删除

◎ **任务实践**

1. 行高列宽调整

(1)粗略调整。当表格的行高、列宽不够时,可将光标移到要调整的行的下边线或列的左右边线上,待光标变为 ÷ 或 ╫ 形状时上下或左右拖动鼠标,出现一条水平或垂直的位置虚线,此时拖动鼠标即可快速调整表格的行高或列宽。当选中单个单元格时拖动左右边线是调整该单元格的列宽,而非当前单元格所在列的列宽,如图3-13所示。直接拖动表格线是按 Word 系统内置的步长值调整表格线的位置;当按住 Alt 键时,拖动表格线则可微调表格线的位置。

(2)精确调整。若要精确调整表格的行高或列宽,则应在"表格属性"对话框中进行设置,如图3-14所示。

图 3-13　表格行高列宽粗略调整示例

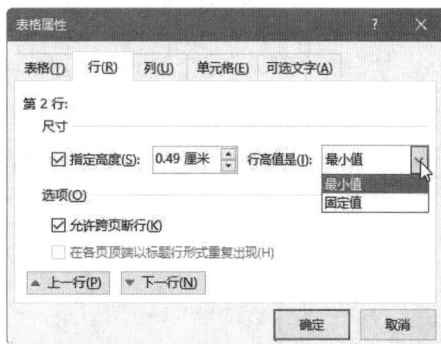

图 3-14　表格行高列宽精确调整示例

2. 表格尺寸调整

(1)粗略调整。当插入点置入表格内或表格被选中时，将光标移到表格右下角的□(尺寸控制点)上，光标变为左斜双向箭头时，向表格内外拖动鼠标，表格行高、列宽尺寸同时随之动态调整，如图 3-15 所示。

(2)精确调整。

①表格整体尺寸。在"表格属性"对话框中可精确调整表格的宽度，如图 3-16 所示。

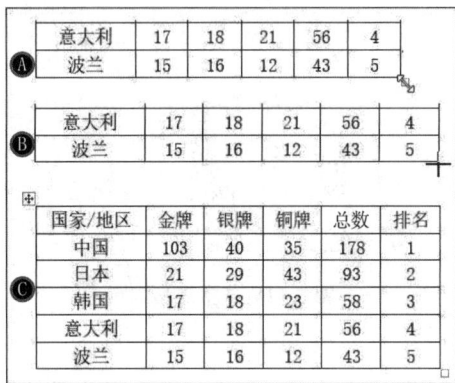

图 3-15　表格尺寸粗略调整示例

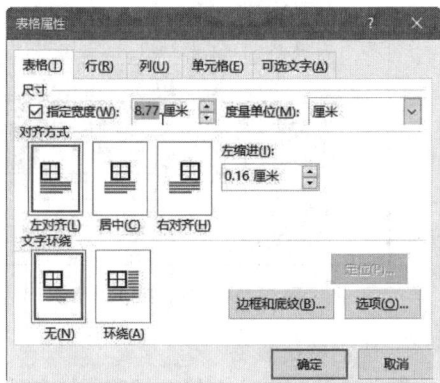

图 3-16　表格尺寸精确调整示例

②表格行高、列宽。在"表格属性"对话框中的"行""列"选项卡中设定行高、列宽数值，如图 3-17 所示。

利用标尺也可控制表格列宽、行高。拖动标尺上的"移动表格列"或"调整表格行"按钮，调整左侧列或上一行的列宽或行高，同时改变表格的整体尺寸。

3. 均衡行高列宽

选择多行或多列后，在"表格工具"下"布局"选项卡中"单元格大小"组内单击 分布行、分布列 按钮，快速将表格所选各行行高或各列列宽自动调整为等宽。

图 3-17　行高列宽精确设置示例

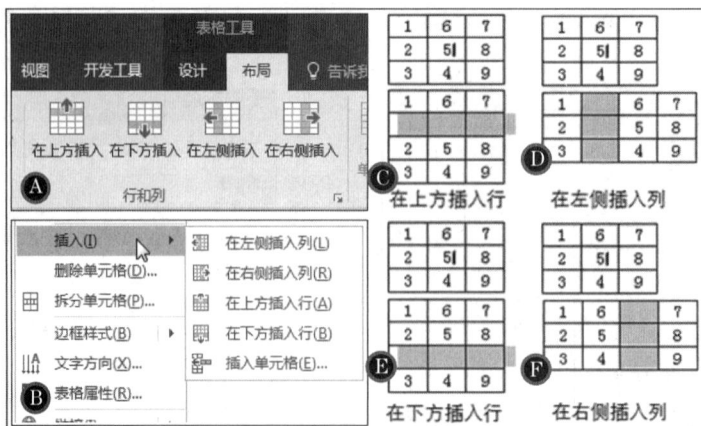

4. 插入行列数

将插入点置于表格单元格内，在"表格布局"功能区"行和列"组或在表格右键菜单的 插入(I) 菜单中执行相应命令，即可在当前单元格的相应位置插入行或列，如图 3-18 所示。

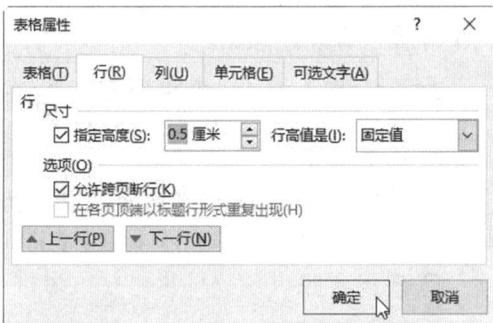

图 3-18　插入表格行列示例

当需要在表格末尾添加表格行时,将插入点定位在表格最后一行的行结束标记前,按 Tab 键或 Enter 键即可追加行。

5. 合并与拆分单元格

通过对单元格合并与拆分,可以编制出比较复杂的表格。

(1)合并单元格。选中要合并的相邻的多个单元格;在"表格布局"功能区中单击▦(合并单元格)按钮,或单击鼠标右键选中单元格,选择▦ 合并单元格(M)菜单。还可通过擦除表格线功能实现合并单元格。

(2)拆分单元格。使用"拆分单元格"功能可以将选定的单元格拆分为设定的行列数。选中要拆分的单元格,单击"表格布局"功能区中的▦(拆分单元格)按钮,或单击鼠标右键选中单元格,选择▦ 拆分单元格(P)...菜单,在弹出的"拆分单元格"对话框中设定拆分的行列数。

笔记区

单元格、表格的拆分与合并

▶子任务 3.1.5 对照"样表"对基础表格进行格式调整

◎ **任务分析**

利用前面子任务 3.1.2 和子任务 3.1.3 学习的操作方法完成表格调整。

◎ **任务实践**

选择表格第 1 列,在"表格工具"的"布局"选项卡中"单元格大小"组内单击▦宽度:2厘米 数值框,设置为"1 厘米"(见图 3-19);也可以在"表格属性"对话框中完成,如图 3-20 所示。

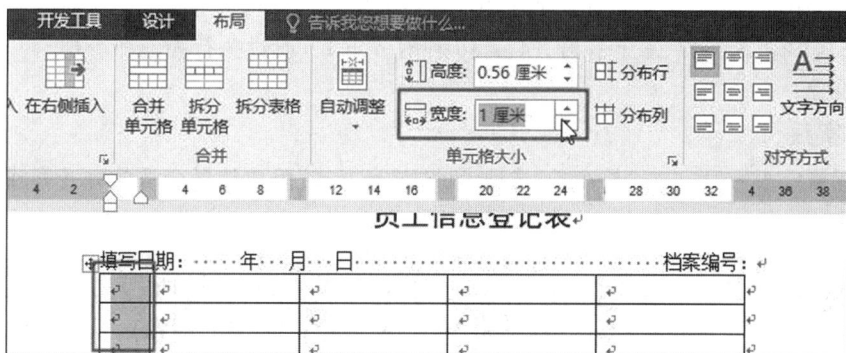

图 3-19 表格列宽设置示例(一)

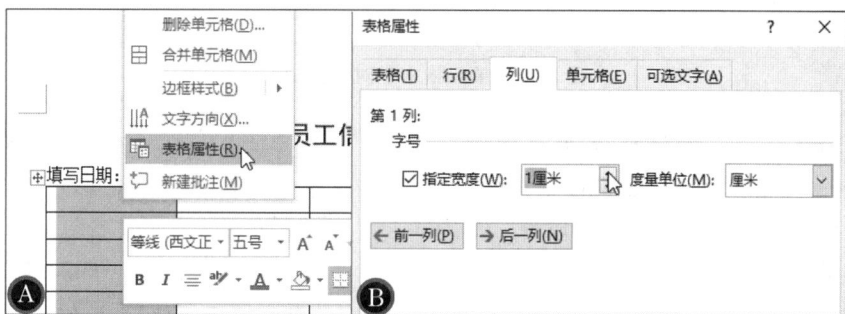

图 3-20 表格列宽设置示例(二)

分别选中第 1 列第 1~15 行单元格、第 16~20 单元格进行合并单元格,录入格内文本。由于列宽较小,"入职情况"和"声明"等格内文本未能自动排列为样表格式,需要手动调整单元格边距。

由于表格中可能存在多个单元格边距需要调整的情况,因此可选中表格一次性对表格中所有单元格进行统一设置,节省单个设置的时间。选中表格,单击"表格工具"下"布局"选项卡中"对齐方式"组内的▦(单元格边距)按钮,弹出"表格选项"对话框,将左右边距设置为"0 厘米",如图 3-21

所示。"表格选项"对话框也可以用"表格属性"对话框中"单元格"选项卡内的 选项(O)... 命令调出。

图 3-21 单元格边距设置示例

▶子任务 3.1.6 单元格内文本的对齐

◎ 任务分析

表格单元格的文本与普通 Word 文档字符一样可以进行字符与段落格式设置。单元格内文本相对于单元格四周边框有靠上两端对齐(▤)、靠上居中对齐(▤)、靠上右对齐(▤)、中部两端对齐(▤)、水平居中(▤)、中部右对齐(▤)、靠下两端对齐(▤)、靠下居中对齐(▤)、靠下右对齐(▤)9 种对齐方式,通过执行相应命令即可完成对齐设置。

单元格文本对齐及表格对齐

◎ 任务实践

选中单元格或表格后,在"表格布局"选项卡的"对齐方式"组内选择合适的对齐方式,如图 3-22 所示。

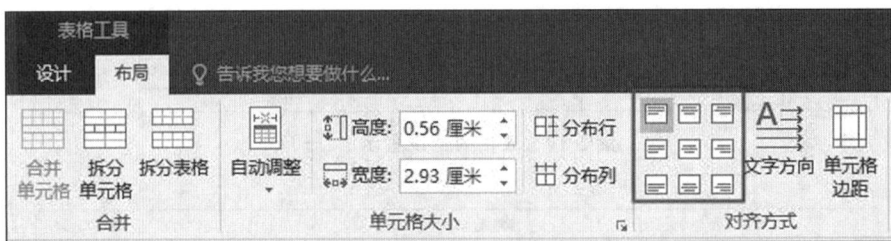

图 3-22 单元格文本对齐方式

▶子任务 3.1.7 表格框线外观设计

表格内的其他格式设置利用前面学习的技能完成,此处完成表格框线外观设计,提高表格外观效果,提升文档排版质量。

表格边框和底纹设置

◎ 任务分析

表格的网格线可以根据需要进行风格设计,本"样表"的内框线为 1 磅,外框线为 1.5 磅,通过"表格边框"设置来完成。

◎ 任务实践

选定表格后,在"开始"或"表格设计"选项卡中单击 ▦▾ (边框)按钮下拉箭头,选择 ▦ 边框和底纹(O)... 菜单项,弹出"边框和底纹"对话框,选择"自定义"项,分别设置内框线、外框线的宽度,如图 3-23 所示。

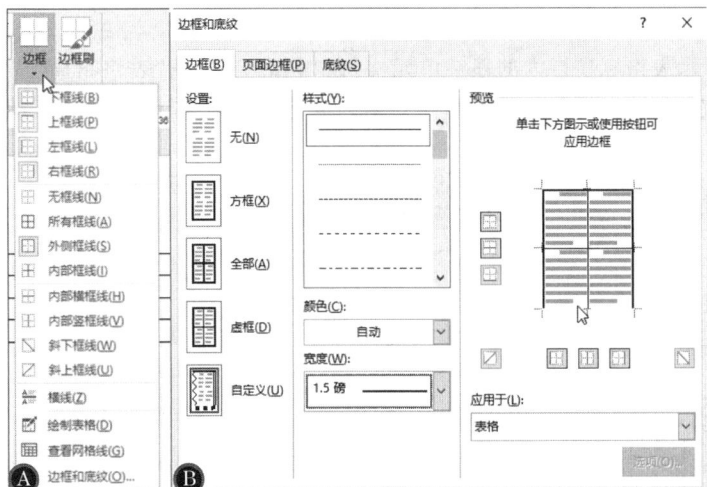

图 3-23　表格框线宽度设置示例

任务 3.2　控制表格整体效果

任务描述

本任务学习对表格的整体控制,内容有重复标题行、表格的拆分与合并、表格移动及表格删除。

表格整体控制综合案例

任务分析与实践

▶ **子任务 3.2.1　对如图 3-24 所示的表格进行"重复标题行"设置**

◎ 任务分析

当表格太长而超出当前页面时,系统自动在页面结束处对表格进行分页,默认情况下分至下页的表格没有标题行,这样会给阅读表格带来不便。通过"重复标题行"功能,系统自动在分页表格的首行重复标题行。

图 3-24　示例表格(一)

表格重复标题行

笔记区

◎ 任务实践

单击图 3-24 所示表格标题行内的任一单元格，在“表格工具”的“表格布局”选项卡内“数据”组中单击“重复标题行”按钮，Word 系统自动在分页表格的首行重复标题行，如图 3-25 所示。

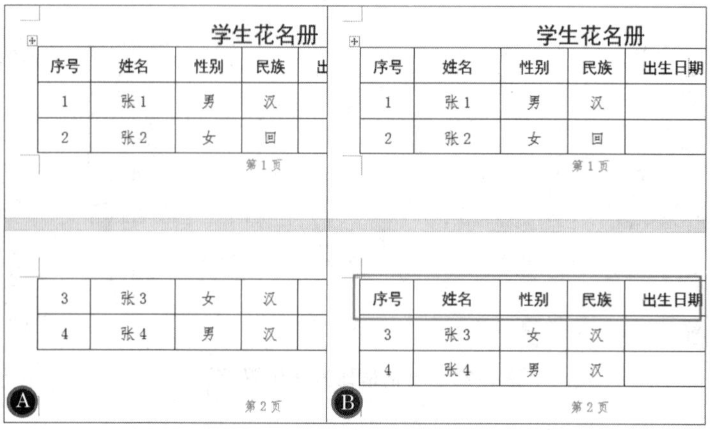

图 3-25　重复标题行示例

子任务 3.2.2　将如图 3-26 所示的表格从第 2 号记录处进行拆分，第 2 号记录为新表格的首记录

◎ 任务分析

在表格使用过程中，根据需要可以对表格进行拆分，即将一个表格拆分为两个表格。表格的拆分操作简单，关键是要通过插入点定位拆分的位置，即拆分出的新表格的起始行。

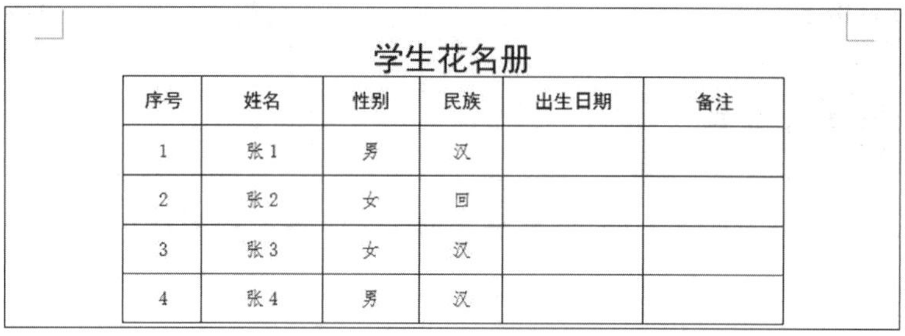

学生花名册

序号	姓名	性别	民族	出生日期	备注
1	张1	男	汉		
2	张2	女	回		
3	张3	女	汉		
4	张4	男	汉		

图 3-26　示例表格(二)

◎ 任务实践

单击图 3-26 所示表格第 2 号记录行任意单元格标记拆分的位置；在“表格工具”的“布局”选项卡内“合并”组中单击(拆分表格)按钮，则原表格立即从当前行之上拆分为上下两个独立的表格，如图 3-27 所示。

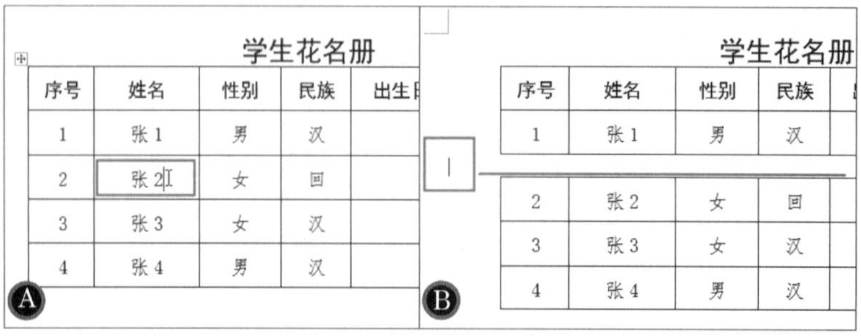

图 3-27　拆分表格示例

笔记区

子任务 3.2.3 将如图 3-28 所示的两表格进行合并,“学生花名册 2”数据连接在“学生花名册 1”后面

◎ 任务分析

在表格使用过程中,根据需要可以对表格进行合并,即将两个表格合并为一个表格。表格的合并操作简单,关键是合并后可能需要对表格进行格式调整。表格的合并可以通过删除两表格间的数据或将后一个表格剪切粘贴至前一个表格后面来实现。本任务对实现合并表格来讲,两表格之间的内容可完全删除,因此通过删除两表格间的数据的方法来完成表格的合并。

学生花名册 1

序号	姓名	性别	民族	出生日期	备注
1	张 1	男	汉		
2	张 2	女	回		

学生花名册 2

1	张 3	女	汉		
2	张 4	男	汉		

图 3-28 示例表格(三)

◎ 任务实践

删除图 3-28 所示的两表格之间的所有内容(含空行),则上下两表格自然合为一体。当两表格格式不相同时,合并后的新表格会出现表格格式混乱或残缺不齐的现象,此时需手动完善,如图 3-29 所示。

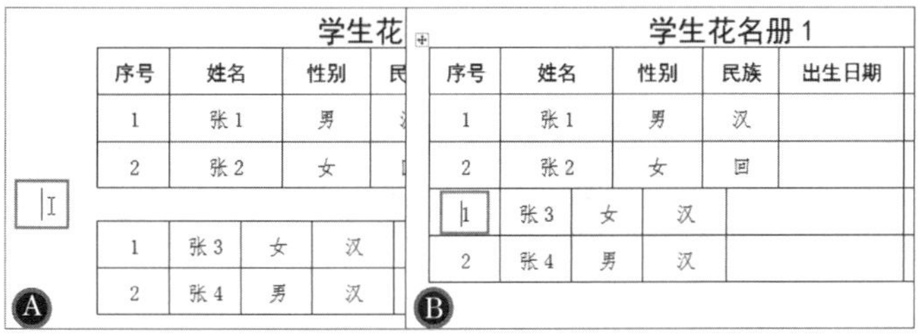

图 3-29 合并表格示例

子任务 3.2.4 移动表格

◎ 任务分析

表格移动是将表格从一个位置移动到另一位置,移动方法有拖动移动和剪切粘贴移动两种方法。

◎ 任务实践

单击表格左上角控制柄⊞,或在“表格工具”的“布局”选项卡中“表”组的“选择”下拉列表中选择表格;拖动鼠标时根据跟随显示的表格虚框位置确定表格的新位置,如图 3-30 所示。

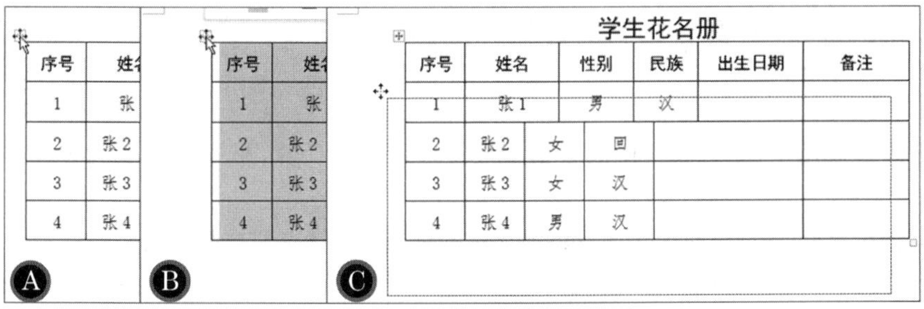

图 3-30 移动表格示例

选中表格后拖动表格左上角的"移动/选定控制点"可以移动表格。也可以通过复制粘贴法移动表格。若只是想将位于页面顶端的表格向下移动一行,则可将插入点移至该表格的首单元格内容的最左侧,然后按 Enter 键一次,该表格自动整体向下移动一行。

▶ 子任务 3.2.5　删除表格

◎ 任务分析

当表格不再需要时,可以将其删除。表格是特殊对象,删除方法也特殊。

◎ 任务实践

选中表格后,可采用以下方法之一将其删除。

(1)按 Backspace 键。选中表格后按 Delete 键,则只能清除表格中的内容而不能删除表格。或者执行"剪切"命令,将表格剪掉。

(2)右键单击表格选择 ☒ 删除表格(T) 菜单或在"表格布局"选项卡中"行和列"组内的"删除"下拉列表中执行 ☒ 删除表格(T) 命令。

任务 3.3　计算表格数据

任务描述

对表 3-1 中数据进行计算:
(1)计算各国奖牌总数和五国奖牌总数。
(2)对五国按奖牌总数从高到低排序,并在"排名"列中按奖牌总数降序填入名次数字,如 1、2、3……。

表格应用综合案例

表 3-1　成都第 31 届世界大学生夏季运动会奖牌统计表(部分)

序号	国家/地区	金牌	银牌	铜牌	总数	排名	备注
1	中国	103	40	35			
2	韩国	17	18	23			
3	波兰	15	16	12			
4	日本	21	29	43			
5	意大利	17	18	21			
	合计						

任务分析与实践

▶ 子任务 3.3.1　计算各国奖牌总数和五国奖牌总数

◎ 任务分析

在 Word 表格应用中,要对表格中的数值型数据进行简单计算,是通过一些内置函数来实现的。

表格中的计算

表格单元格中数据的计算,是通过数据的单元格地址来指定计算数据的。表格中单元格的地址用其所在的行和列来表示。类似于 Excel,用字母 A、B、C…表示列标编号,用数字 1、2、3…表示行编号,行列交叉单元格的行列编号组合表示单元格地址,如 A1、A2 等,如图 3-32 所示。

本任务中,各国家的奖牌合计为金、银、铜牌之和,如中国奖牌计算公式为:F2=C2+D2+E2,或=SUM(left),或=SUM(C2:E2);各种奖牌之和为各国取得的同类奖牌之和,如金牌计算为:E7=E2+E3+E4+E5+E6,或=SUM(Above),或=SUM(E2:E6)。

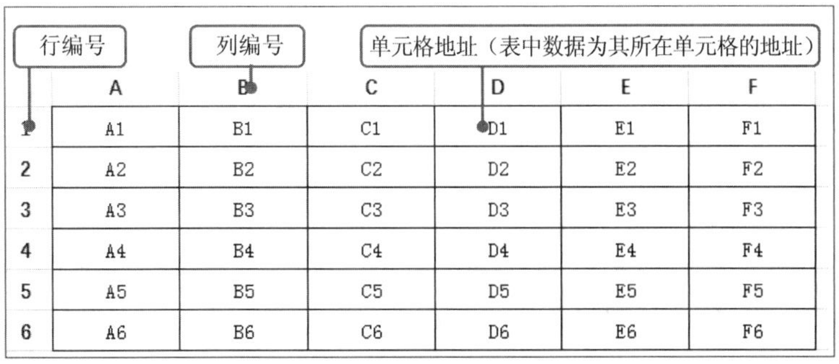

笔记区

图 3-32　表格单元格地址示例

◎ **任务实践**

(1)计算各国奖牌。以中国为例,单击 F2 单元格,在"表格工具"的"布局"选项卡中"数据"组内单击 f_x 公式 按钮,弹出"公式"对话框(见图 3-33),在"公式"框中系统自动检测填入推荐公式:=SUM(left),认真核对若不正确则自行手动更改。以此类推,计算出其余国家的奖牌数。对同类计算,在采用系统自动检测填写公式情况下,但须选中粘贴的公式结果后按 F9 键更新域刷新计算结果。

图 3-33　表格数据计算示例

(2)计算各类奖牌总数。以金牌为例:单击 C7 单元格,调出"公式"对话框,在"公式"框系统自动检测填写推荐公式:=SUM(above),认真核对若不正确则自行手动更改。以此类推,计算出其余奖牌的总数。

当系统自动检测填入的公式不正确时,先删除原来的公式,再在"粘贴函数"列表中选择所需函数,并在函数括号内输入计算范围的单元格区域代码。单元格区域代码用单元地址或系统内置的代码表示。常用的内置代码有 LEFT(左面)、RIGHT(右面)、ABOVE(上方)、BELOW(下方)。例如,SUM(LEFT):表示对左边连续的数值数据单元格进行求和;AVERAGE(ABOVE):表示对上方连续的数值数据单元格进行求平均;SUM(D2:D7):表示对 D2:D7 单元格区域数值数据求和。采用内置代码 LEFT、RIGHT、ABOVE、BELOW 须特别注意其所自动包含的数字区域是否全为计算区域,若要查看公式,可按 Alt+F9 组合键切换显示域代码。

▶ **子任务 3.3.2　按奖牌总数从高到低排序,并在"排名"列中按奖牌总数降序填入名次**

◎ **任务分析**

表格中的数据可以按关键字列和指定的排序方式对"表格行"进行排序。排序前须标记排序选区是否包含标题行;排序的类型有笔画、数字、日期、拼音四种;排序方式有升序和降序两种。

表格排序

本任务表格首行为标题行,不参与排序,因此排序前须选中排序的区域,即前 7 行,最后的"合计"行因不参与排序而不选择。

◎ **任务实践**

选中表格中参与排序的前 6 行,在"表格工具"的"布局"选项卡"数据"组中单击 $\begin{smallmatrix}A\downarrow\\Z\end{smallmatrix}$(排序)按钮,弹出"排序"对话框,单击选择 **◉ 有标题行(R)** 项,选择排序主要关键字为"总数"、排序数据类型为"数字"、排序方式为"降序",如图 3-34 所示。

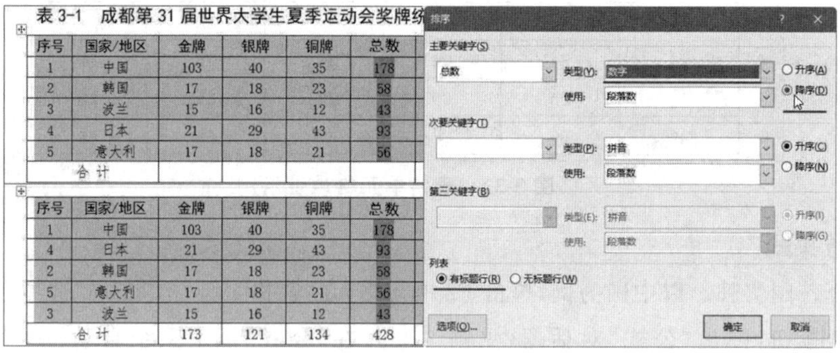

表 3-1 成都第 31 届世界大学生夏季运动会奖牌统计

序号	国家/地区	金牌	银牌	铜牌	总数
1	中国	103	40	35	178
2	韩国	17	18	23	58
3	波兰	15	16	12	43
4	日本	21	29	43	93
5	意大利	17	18	21	56
	合 计				

序号	国家/地区	金牌	银牌	铜牌	总数
1	中国	103	40	35	178
4	日本	21	29	43	93
2	韩国	17	18	23	58
5	意大利	17	18	21	56
3	波兰	15	16	12	43
	合 计	173	121	134	428

图 3-34 表格数据排序示例

拓展技能

表格练习1

斜线表头制作

产品销售统计表

销售额 区域	季度 月份 省份	一季度			二季度			三季度			四季度		
		1月	2月	3月	4月	5月	6月	7月	8月	9月	10月	11月	12月
华北	北京												
	天津												
	河北												
	山西												
	内蒙古												
东北	黑龙江												
	辽宁												
	吉林												
华东	上海												
	山东												
	江苏												
	浙江												
	江西												
	安徽												
	福建												
	台湾												
中南	湖北												
	湖南												
	河南												
	广东												
	广西												
	海南												
	香港												
	澳门												
西南	四川												
	云南												
	贵州												
	西藏												
	重庆												
西北	陕西												
	甘肃												
	宁夏												
	新疆												
	青海												

表格练习2

员工档案卡

姓名		性别		出生年月		年龄		照片
户籍地址				联系电话				
通信地址				身份证号码				
最高学历	年		学校	系	专业	婚姻状况	□已婚	□未婚
应聘岗位				期望待遇	元	可接受的最低待遇		

主要简历
（从中学开始,以及工作单位的起止时间,公司名称、所在地、工资）

工作经验及技能：

离开原单位的原因：

填表人：　　　　　　年　月　日

强化技能

表格练习1

课程考核成绩复查申请表

制表:教务处

学号		姓名		联系电话	
学生系别		专 业		年级班级	20 级 班
课程编号		课程名称			

考试时间	20 年 月 日(20 —20 学年第 学期)	考试类型	□首次考 □补考 □缓考 □重修

1. 申请复查的原因: □ 成绩单上无该课程考试成绩; □ 公布的成绩为_____,本人对此成绩有疑问。 (可附补充说明于后) 申请人: 20 年 月 日	2. 学生所在系教学单位教学办意见: 签字: (盖章) 20 年 月 日
3. 开课教学单位课程教研室成绩复查结果: □ 公布的成绩无误; □ 经复查,该学生该课程的成绩为: 过程性考核成绩_____,终结性考核成绩_____, 总评成绩_____, 成绩变动情况说明(复查人必填): 复查人: 年 月 日	4. 开课教学单位课程教研室主任意见: 签字: 年 月 日
开课教学单位负责人意见: 签字: (系部章) 20 年 月 日	

注:1. 核查范围仅限于:

(1)主观题试卷。卷面有无漏评,分数的计算、合分、登分是否有误,对主观题评分标准掌握上的异议不属于核查范围;(2)客观题(答题卡作答)无考试成绩的;(3)违纪、违规、异常记录的。

2. 开课教学单位复查完毕后,将此表转学生所在教学单位通知学生复查结果,并将本表归档存放。如有更改,则在教务系统中进行更正。

笔记区

表格练习2

×××公司干部遴选考核评分表

姓名：　　　　　　分部：　　　　　　　　　　　　　　　　　年　月　日

服务单位：						到职日期：　年　月　日		
出生年月	年　月　日 岁	籍贯		省 县市	性别		学历	
现职任务								
本职位经验	十年以上	五年以上	三年以上	一年以上	执行公司政策	贯彻	大部分	部分	小部分
	10	7	4	2		10	8	6	2
统御性向	有领导力	稍具领导力	需加训练	无能力	熟悉公司规章	熟悉	尚熟悉	部分	不太熟悉
	10	6	2	0		10	8	6	2
对公司有否建议	十次以上	五次以上	一次以上	无能力	工作态度	忠贞	热诚	合作	保守
	10	7	4	0		10	8	6	2
发展潜力	智慧	知识	判断力	主见	计分	评语：			
	10	10	10	10					
以上由评审小组评分									
学历	大学	专科	高中	初中	本公司年司资	十年以上	五年以上	三年以上	一年以上
	10	8	6	4		10	7	4	2
出勤情形	准时到班	偶有迟到	常请假	不守规则	热情参加公司集会	参加	部分	偶尔	不参加
	10	6	2	0		10	7	4	0
奖励分	大功	小功	嘉奖	表扬	惩罚分	大过	小过	申诫	警告
	9	3	1	0.5		9	3	1	0
以上由人事部门评分　　　　　计分：									
人事部门综合考核建议					单位意见：				
	负责人签字：　　　　（部门盖章）　　　年　月　日				负责人签字：　　　　（部门盖章）　　　年　月　日				

项目4

Word 2016页面设置与打印输出

当文档编排结束后,根据需要可以将文档内容输出到其他介质上,方便传阅和存档。在输出之前,还得进行页面布局设置,才能得到完美的输出效果。

培养目标

【知识目标】

1.掌握页面布局设置的方法。

2.掌握页面设置与打印输出的方法。

【能力目标】

具有对页面及页面布局进行设置的能力。

【素质目标】

1.具备环境保护与节约能源、安全打印的素质。

2.具备文章页面综合审美的素质。

任务4.1 设置页面

任务描述

对"示例文档"按以下要求处理：

(1)标题格式：居中，小标宋二号；正文三号仿宋体，正文各段段首缩进两字符。

(2)分栏：将文章最后两段文本等宽分两栏，栏间添加分隔线。

(3)页面纸张：A4纸纵向(210毫米×297毫米)，天头(上白边，即上边距)为37毫米，公文用纸订口(左白边，即左边距)为28毫米，版心尺寸为156毫米×225毫米(下边距为35毫米，右边距为26毫米)。

(4)插入页码：四号半角宋体阿拉伯数字，编排在公文版心下边缘之下，数字左右各放一条一字线，一字线上距版心下边缘7毫米。单页码居右空一字，双页码居左空一字。

(5)行数和字数：一般每面排22行，每行排28个字，并撑满版心。

(6)页眉：设置奇偶数页不同，奇数页为"培养更多能工巧匠、大国工匠——我国加快推进新时代高技能人才队伍建设"，页眉带下框线，且为黑体小四居右；偶数页页眉插入素材图片"中华人民共和国人力资源和社会保障部 图标"并调整大小位置，不带下框线。

设置页面综合案例

********************示例文档 开始********************

培养更多能工巧匠、大国工匠——我国加快推进新时代高技能人才队伍建设

2023年09月16日 新华社

技能人才是支撑中国制造、中国创造的重要力量。按照党的二十大提出的努力培养造就更多大国工匠、高技能人才的要求，我国加快推进新时代高技能人才队伍建设。

记者15日从人力资源社会保障部获悉，目前我国技能人才总量已超2亿人，占就业人员总量26％以上；高技能人才超过6000万人。各类技能人才活跃在生产一线和创新前沿，成为推动高质量发展的重要力量。

技能人才发展通道不断畅通——

"实施'新八级工'制度后，我们团队有两人被认定为首席技师，5人被认定为特级技师，公司每月分别发放技能津贴6000元、3000元，总体收入比原来翻了一倍。"中石油西南油气田公司重庆气矿首席技师刘辉说。

2022年，人力资源社会保障部印发《关于健全完善新时代技能人才职业技能等级制度的意见(试行)》，将原有的五级技能等级延伸为八级，在打破成长"天花板"、拓宽技能人才发展晋升通道的同时，还建立与职业技能等级相匹配的岗位绩效工资制，促进实现多劳者多得、技高者多得。

据人力资源社会保障部数据，截至目前，全国有2.6万多家用人单位、6000多家社会培训评价组织在推行职业技能等级制度，开展职业技能等级认定，累计评聘近3000名特级技师、首席技师。

技能培训不断增强——

广东金明精机股份有限公司的"数智化"车间里，技术工人谢凯鹏正在师傅林洁波的指导下全神贯注安装零件。这里的每台设备有4500多个零部件，最重的模头有25吨，最小的直径不到5毫米。

围绕实际用人所需，金明精机与人社部门、技师学院对接，实行"企校双师联合培养"的企业新型学徒制培养模式，首批37名学员已经能胜任现场大部分技术工作。

职业技能培训是全面提升劳动者就业创业能力、缓解技能人才短缺、提高就业质量的根本举措。深入实施高技能人才振兴计划、落实"十四五"职业技能培训规划、开展"技能中国行动"……一批批技能培训计划和行动给广大劳动者送去了技能，带来了实惠。

目前，全国累计建成954个国家级高技能人才培训基地和1196个国家级技能大师工作室。2022年，全国有1234万人次取得职业资格证书或职业技能等级证书。

技工教育稳步发展——

"我们毕业生不到 1000 人,但来了 110 多家企业招聘,平均 1 个毕业生有 4 个岗位等着要。焊接、数控加工、电气自动化等专业的毕业生更是供不应求。"西安技师学院院长冯小平告诉记者。

"正是因为坚持就业导向,按照市场需求灵活设置专业,同时强化校企合作,培养企业特别是先进制造业最需要的技能人才,技工院校就业率多年保持在 96% 以上。"人力资源社会保障部职业能力建设司副司长王晓君说。

截至 2022 年末,全国共有 2551 所技工院校,在校生达 445 万余人,每年向社会输送约百万名毕业生。我国已形成了以技师学院为龙头、高级技工学校为骨干、普通技工学校为基础的现代技工教育体系。

当前,一支规模宏大、结构合理、技能精湛、素质优良,基本满足我国经济社会高质量发展需要的技能大军正在形成。在 2022 年世界技能大赛特别赛上,我国获得 21 枚金牌,金牌数量、团体总分再次位居世界第一。

"我们将加快落实《关于加强新时代高技能人才队伍建设的意见》,进一步加大高技能人才培养力度,不断完善技能导向的使用制度,突出就业导向,不断完善技能人才培养、使用、评价、激励制度,激励更多劳动者特别是青年人走技能成才之路。"王晓君说。

根据意见提出的目标,到"十四五"时期末,技能人才占就业人员的比例达到 30% 以上,高技能人才占技能人才的比例达到 1/3。(姜琳、王晖)

文章出处:中华人民共和国人力资源和社会保障部网站人社新闻栏目

(http://www.mohrss.gov.cn/wap/xw/rsxw/202309/t20230916_506397.html)

***************示例文档 结束****************

任务分析与实践

▶子任务 4.1.1 标题与正文排版实践

标题居中,小标宋二号,正文三号仿宋体,正文各段段首缩进两字符;将文章最后两段文本等宽分两栏,栏间添加分隔线。

◎ **任务分析**

利用分栏功能实现分栏,关键在于根据需要控制分栏后两栏的长度一样。

当对文档中间段落(如本例)进行分栏时,很容易实现左右两栏等长;当对文档末尾段落进行分栏时,容易造成文档内容居左栏而右栏为空或左右两栏不等长的情况,解决此问题的方法之一是对分栏段落文本进行选中分栏时不要选中该段末尾的段落标记,然后再对其进行分栏操作;方法之二是在分栏段落末尾插入分节符,将分栏段落强行限制在分节符之上,使得文档内容左右两栏均匀排列。

"分栏符"可以将其后的已分栏内容强制移至下一栏栏首。

分栏与分隔符设置

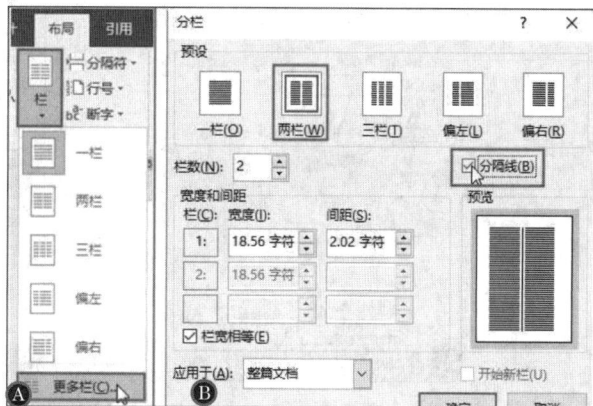

◎ **任务实践**

文本排版:按要求设置标题和正文格式

选中需要分栏排版的文档内容;然后单击"布局"选项卡的"页面设置"组内的（栏）按钮,在弹出的"预设分栏"中选择 更多栏(C)... 项,弹出"分栏"对话框;单击"分栏预设"标志或在 栏数(N): 2 中输入栏数,并设置栏宽值、栏间距值,根据需要选择 分隔线(B)、 栏宽相等(E),如图 4-1 所示。

若需使用"分节符",则将插入点置于分栏内容末尾,单击"布局"选项卡中"页面设

图 4-1 分栏示例

置"组内的 分隔符 按钮,在"分节符"组选择"连续"。

▶子任务 4.1.2 设置页面纸张

页面纸张设置为:A4 纸纵向(210 毫米×297 毫米),天头(上白边,即上边距)为 37 毫米,公文用纸订口(左白边,即左边距)为 28 毫米,版心尺寸为 156 毫米×225 毫米(下边距为 35 毫米,右边距为 26 毫米)。

页面设置

◎ 任务分析

通过"布局"选项卡中"页面设置"组内功能或"页面设置"对话框完成页面设置。

◎ 任务实践

在"布局"选项卡中"页面设置"组内单击 (页边距)按钮选择预设页边距,单击 (纸张方向)按钮选择纵横向,单击 (纸张大小)按钮选择内置纸张大小,如图 4-2 所示。

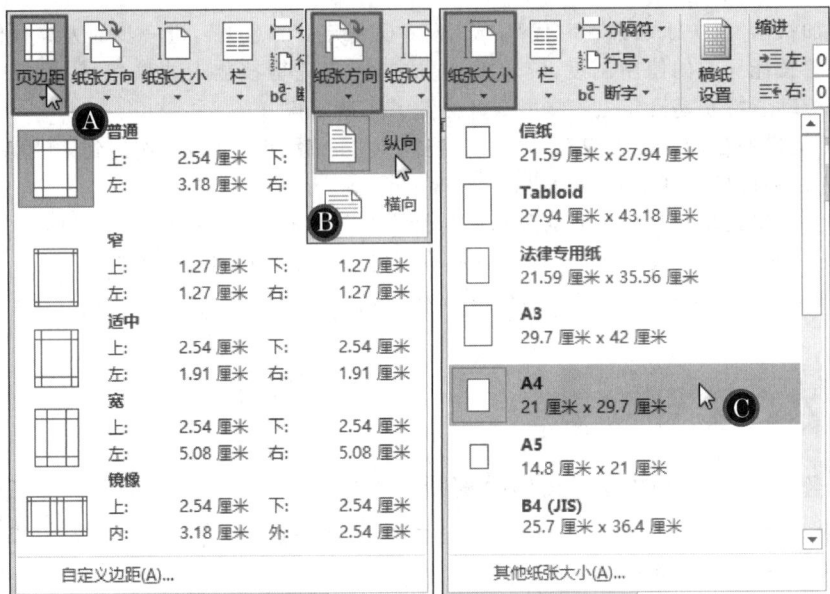

图 4-2 页面快速设置示例

也可以双击标尺,弹出"页面设置"对话框,分别在"页边距""纸张"选项卡中设置页边距、纸张方向、纸张大小等,如图 4-3 所示。

图 4-3 页面设置示例(一)

60

▶子任务 4.1.3 插入页码,设置行数和字数

(1)插入页码:四号半角宋体阿拉伯数字,编排在公文版心下边缘之下,数字左右各放一条一字线;一字线上距版心下边缘 7 毫米。单页码居右空一字,双页码居左空一字。

(2)行数和字数:一般每面排 22 行,每行排 28 个字。特定情况可做适当调整。

◎ **任务分析**

由前得下边距是 35mm,页脚距版心下边缘是 7mm,因此页脚距下边界的距离为 35 − 7 = 28mm。由于单双页页码分别居右居左,因此需将页眉页脚设置为"奇偶页不同"。页码单页居右、双页居左说明奇偶页的页码不同。

◎ **任务实践**

在"页面设置"对话框"版式"选项卡中选择 ☑奇偶页不同(O) 项,并设置页脚距边界为 28 毫米,如图 4-4A 图所示。在"文档网格"选项卡中选择"指定行和字符网格"项,并设置"每行 28 个字符,每页 22 行",如图 4-4B 图所示。

图 4-4　页面设置示例(二)

在"插入"选项卡中"页眉和页脚"组内单击 (页码)按钮,弹出下拉菜单;选择"设置页码格式"项,在"页码格式"对话框中,将"页码编号格式"选择为"−1−,−2−,−3−"样式;单击 页面底端(B) 按钮,弹出页码预设样式列表;由于页码单页居右,双页居左,因此在奇数页选"普通数字 3",偶数页则选"普通数字 1"。

▶子任务 4.1.4 设置页眉

页眉设置为奇偶数页不同,奇数页为"培养更多能工巧匠、大国工匠——我国加快推进新时代高技能人才队伍建设",页眉带下框线,且为黑体小四居右;偶数页不带下框线。

◎ **任务分析**

由于奇偶页页眉不同,需在"页面设置"中进行相应设置。

◎ **任务实践**

单击任一奇数页(如首页),在"插入"功能区中单击 (页眉)按钮,弹出内置页眉样式列表,选择"空白样式",进入页眉编辑状态,系统同时显示"页眉和页脚工具",在页眉编辑区输入"培养更多能工巧匠、大国工匠——我国加快推进新时代高技能人才队伍建设"文本,并设置为黑体小四号居右(见图 4-5)。在"页眉和页脚工具"的"设计"选项卡中选择 ☑奇偶页不同(O) 选项,单击 下一节 按钮切换到偶数页页眉编辑状态,在"开始"选项卡"段落"组中单击"边框"按钮,选择"无框线"。单击 ✕ (关闭页眉和页脚)按钮退出页眉页脚编辑状态。

笔记区

页码设置

页眉页脚设置

笔记区

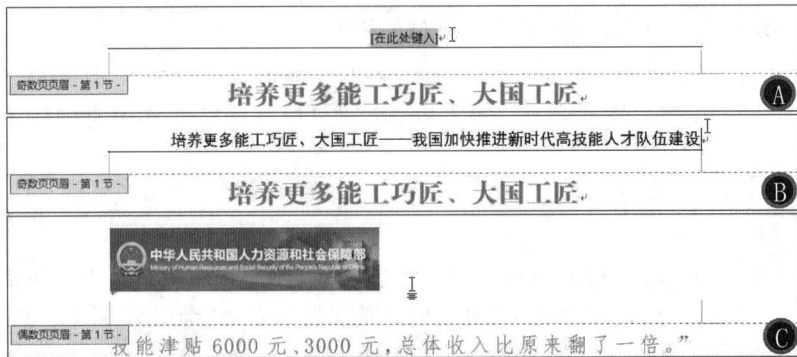

图 4-5　页眉设置示例

页眉默认自带下边框实线,用户可以根据需要在边框底纹对话框中对线型的颜色、样式、宽度等进行设置,若选择边框预设置中的"无"并应用于段落可删除默认框线。

▶**子任务 4.1.5　分节设置页码**

将带封面的多页文档设置如图 4-6 所示的页码。

◎ **任务分析**

本任务是对多页文档通过分隔符或分页符进行页码范围划分,再分别设置不同的页码格式。首页封面不显示页码,须启用"首页不同"功能。

◎ **任务实践**

(1)在封面和目录的末尾分别插入"下一页"分隔符,将文档分为 3 个页码段区域,如图 4-7 所示。

(2)在"页面设置"对话框中选择 ☑ 首页不同(P) 项,如图 4-8 所示。

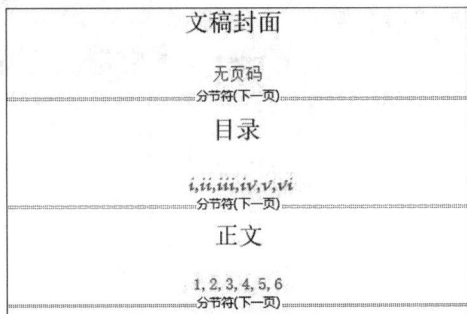

图 4-6　分节设置页码示例

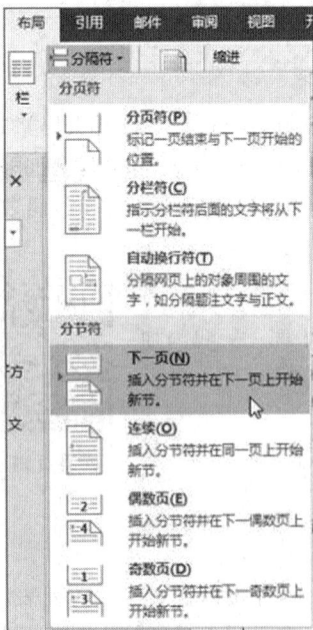

图 4-7　插入分隔符示例

图 4-8　"首页不同"页眉页脚设置示例

(3)将文档当前页面切换到目录或正文页码段区域内任意一页,在"页码格式"对话框中分别设置相应的页码格式。注意不要选中 ○ 续前节(C) 。

页面背景设置　　　　封面设置　　　　设置文件属性

任务 4.2　打印输出

任务描述

打印输出是将完成排版的文稿输出到纸张等介质。打印输出主要是进行有关打印参数的设置,以驱动输出设备按设置参数完成输出任务。

任务分析与实践

▶**子任务 4.2.1　打印机参数设置**

◎ **任务分析**

打印机属性设置是通过打印机设置程序对打印机进行打印参数设置,不同的打印机驱动设置不一样,打印设置对话框的参数项目也可能不一样。

◎ **任务实践**

(1)在文档编辑状态下,选择"文件"选项卡的 **打印** 菜单项,或按 Ctrl+P 或 Ctrl+F2 组合键,系统进入打印检视(打印预览)状态(见图 4-9)。单击打印检视状态左上角的 ← 按钮可返回文档编辑状态,已设置的打印参数自动保存。

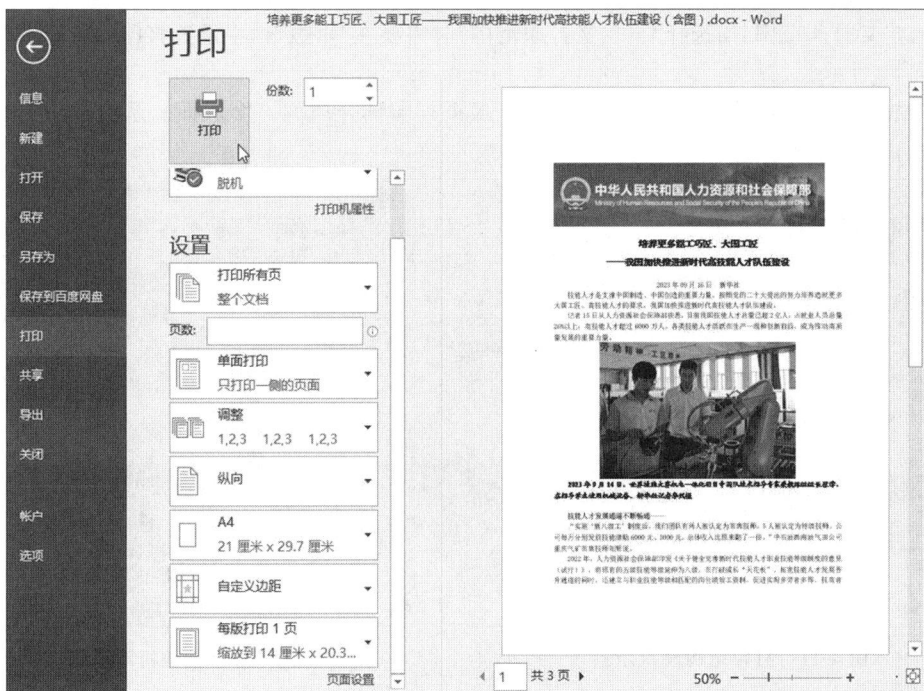

图 4-9　打印检视示例

（2）打印机参数设置：单击打印机名称框，在打印机列表中选择打印机；单击 打印机属性 按钮，弹出"打印机属性"对话框，在其内根据需要设置打印机参数，如图4-10所示。

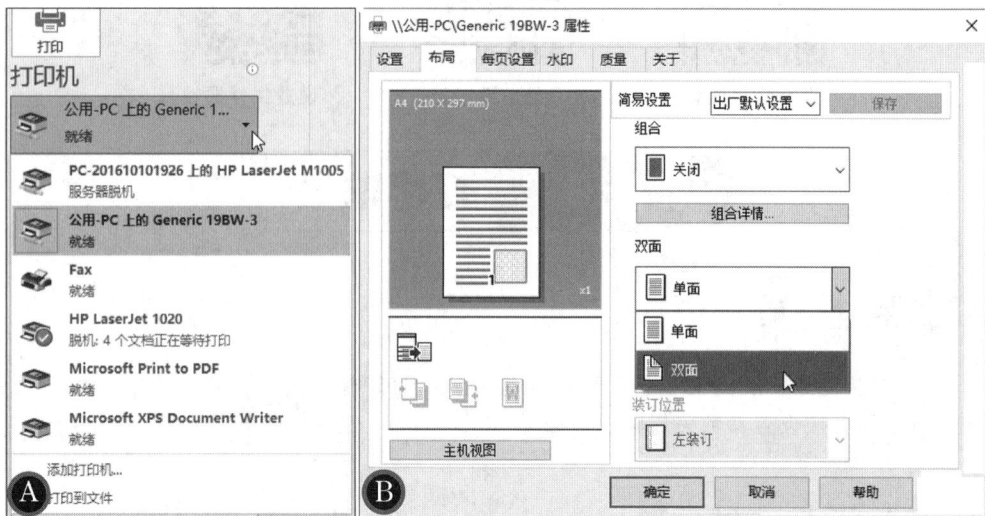

图4-10　打印机参数设置示例

子任务4.2.2　Word打印参数设置

◎ 任务分析

由于打印机功能设计不同，自身能设计的打印参数是有限的，因此在 Word 中可进行打印参数的设置，起到对打印机参数设置的补充作用，如打印范围控制、多份打印顺序调整等。

◎ 任务实践

1. 打印范围设置

单击"打印范围"列表框选择打印范围。

（1）打印当前页：选择 打印当前页面 项，打印当前活动页面内容。

（2）自定义打印范围：当选择"自定义打印范围"时需要在"页数"框中设置打印的特定页、节或范围，如图4-11所示。

（3）缩放打印：根据需要可将文档页面缩放，多页打印到介质的一个版面。系统默认为"每版打印1页"，如图4-12所示。

图4-11　打印范围设置示例

图4-12　缩放打印示例

2. 打印份数设置

在 份数: 1 微调框中设置打印的份数。当多页文档多份打印时,可在下方"多份排序"中设置排序的方式。

3. 打印

单击左上角的 (打印)按钮,激活打印机实施打印任务。

双面打印:打印机根据功能设计,支持自动进纸双面打印的打印机,只需在打印机参数设置中设置"双面打印"即可;对不支持自动进纸双面打印的打印机实施双面打印则需要手动完成,如选择需要根据打印机提示,手动对已打印单面的纸张进行整理后再放入打印机纸盒打印第二面内容。还可采用打印"奇数页、偶数页"方式手动组合实现双面打印,此法需要在奇数页或偶数页打印完毕后手动对介质进行重新翻转排序整理再打印偶数页或奇数页。

拓展技能

1. 自定义"纸张大小"的页面设置

当打印输出介质的尺寸特殊(如奖状、证卡等特殊尺寸对象),在 Word 内置纸张尺寸中没有对应的纸张选项时,可以通过"自定义纸张大小"的方式处理,操作方法是:在图 4-2C 中单击"其他纸张大小"项,弹出"页面设置"对话框,在"纸张"标签下的"纸张大小"栏中分别输入打印纸张的"宽度"和"高度"数值(注意尺寸单位),同时在"页边距"标签中设置相应的页边距。

2. 同一文档"不同页面方向""不同页面大小"的设置

根据文档处理的需要,可能出现同一文档中有纵向、横向的页面,也可能出现同一文档中页面大小不完全一致的情况,可通过分隔符分区域单独设置处理,操作方法是:在不同方向、不同大小(特殊大小的页面)的页面前后分别插入"分隔符",对其进行分节分页,形成单独的节或页区域,再对"本节"、"本页"进行页面方向、页面尺寸的设置。

3. 文档"书籍折页"模式的打印设置

对长文档实施"书籍折页"打印,采用"骑马钉"装订处理,操作方法是:

(1)在"页面设置"对话框中"页边距"标签内"页码范围"栏的"多页"方式设置为"书籍折页"。

(2)在"纸张"标签内"纸张大小"栏选择原页面 2 倍幅面的纸张类型,将页面方向设置为横向如:文档原排版纸张大小是 A4(21 cm×29.7 cm)幅面纸张纵向,2 倍则应选择 A3(42 cm×29.7 cm)幅面纸张横向;原排版是 B5(18.2 cm×25.7 cm)幅面纸张纵向,则应该选择 B4(36.4 cm×25.7 cm)幅面纸张横向。

(3)在打印选项中选择"双面打印(翻转短边的页面)"项。若打印机不支持自动双面打印的,则选择"手动双面打印",在手动翻页时注意控制纸张的正反面。

"骑马钉"装订文稿是一种常见的方式,一般应用于不超过 32 页(64 面)的书刊(手册),页数过多会增加装订难度。"骑马钉"装订时,原文的页数一般 4 的倍数,否则装订后册子因缺少内容而出现空白页。

强化技能

对教材配套资源包素材文档"新思想引领新征程丨向高精尖不断突破!各地依托产业优势发展先进制造业"材料进行文本排版,以及进行页面设置操作。

项目5

Word 2016高级应用

　　Word的文字处理功能十分强大,既可以进行简单文字处理,也可以进行复杂的排版操作,根据需要可制作出一些专业化的排版效果。本项目将题注、批注、脚注、尾注、样式、目录、超链接融入案例,让读者在案例实践中提升技能。

培养目标

【知识目标】

1.掌握题注、批注、脚注、尾注的基本用法。

2.掌握样式的定义和使用。

3.掌握目录的生成方法。

4.掌握超链接的定义方法。

【能力目标】

1.具有运用题注、批注、脚注、尾注对文本内容进行加注的能力。

2.具有长文档的目录编排的能力。

3.具有灵活运用超链接进行跳转设置的能力。

【素质目标】

1.具备精确添加标注信息的素质。

2.具备准确编排长文档信息检索样式的素质。

任务5.1 编排题注与引用

任务描述

给文档中的图片或表格等对象以题注(内容自定),并在文档中题注引用处插入引用标记,方便图文阅读。本任务操作文档《【在习近平新时代中国特色社会主义思想指引下】职业教育为产业强国夯实技术技能基础》可在教材配套资源包中调用。

任务分析与实践

▶ **子任务5.1.1 给图片添加题注**

◎ 任务分析

Word题注是给图片、表格、图表、公式等对象添加的自动编号和简短描述信息,方便文档阅读。题注可以通过"引用"选项卡或对象右键菜单中的"插入题注"命令,调出"题注"对话框,在其内可选用或新建题注标签、录入题注信息、选择题注位置等操作。根据中文行为规范,图片图形图像等对象的题注一般在其下方,表格题注一般在其上方。

Word 题注

◎ 任务实践

选中图片等对象,右击选择 插入题注(N)... 项或在"引用"选项卡"题注"组中单击 (插入题注)按钮,弹出"题注"对话框,设置标签信息,如图 5-1 所示。

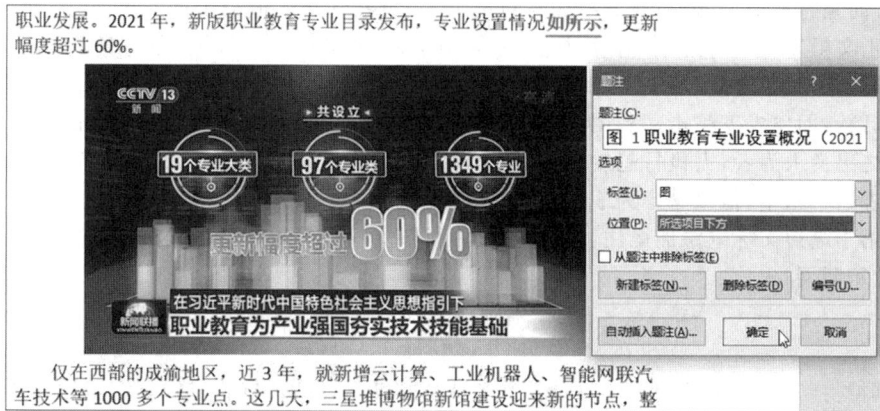

图 5-1 对象题注添加示例

▶ **子任务5.1.2 图片题注引用**

◎ 任务分析

题注引用可以通过"引用"选项卡中的"交叉引用"命令,调出"交叉引用"对话框,在其内可以选择所需题注将其信息插入引用处。

◎ 任务实践

将插入点置于引用处,在"引用"选项卡"题注"组中单击 交叉引用 按钮,弹出"交叉引用"对话框,根据需要选择引用类型(标签样式)、引用内容,以及引用的具体题注项,如图 5-2 所示。

笔记区

职业发展。2021 年，新版职业教育专业目录发布，专业设置情况如图 1 所示，
更新幅度超过 60%。
CCTV 13
共设立
19个专业大类
97个专业类
1349个专业
更新幅度超过60%
在习近平新时代中国特色社会主义思想指引下
职业教育为产业强国夯实技术技能基础
交叉引用
引用类型(T):
图
引用内容(R):
仅标签和编号
插入为超链接(H)
包括"见上方"/"见下方"(N)
编号分隔符(S)
引用哪一个题注(W):
图 1职业教育专业设置概况（2021版）
插入(I)
取消
图 1 职业教育专业设置概况（2021 版）
仅在西部的成渝地区，近 3 年，就新增云计算、工业机器人、智能网联汽

图 5-2　对象题注引用示例

当对文档中的题注对象进行了增减、顺序调整后，需要重新排列题注顺序时，可选中待更新的文档内容后按 F9 键或右击执行[更新域(U)]命令实现域自动更新，从而实现题注的自动按文档从前到后的先后顺序排序更新题注编号、不断号。

任务 5.2　编排批注、脚注和尾注

任务描述

对“示例文档”按以下要求完成操作(本任务操作文档为教材配套资源包中“工匠精神”文档)：

(1)对第 1 篇短文正文第 1 段首“工匠精神”添加批注：工匠们喜欢不断雕琢自己的产品，不断改善自己的工艺，享受着产品在双手中升华的过程。工匠们对细节有很高要求，追求完美和极致，对精品有着执着的坚持和追求，把品质从 0 提高到 1，其利虽微，却长久造福于世。

(2)对正文第 1 段中“精益求精”添加脚注：精益求精，比喻已经很好了，还要求更好。《诗经》：如切如磋，如琢如磨。宋朱熹《四书章句集注》：“言治骨角者，既切之而复磋之；治玉石者，既琢之而复磨之；治之已精，而益求其精也。”后用“精益求精”说明力求更加精工美好。清赵翼《瓯北诗话・七言律》：“盖事之出於人为者，大概日趋於新，精益求精，密益加密，本风会使然。”毛泽东《纪念白求恩》：“白求恩同志是个医生，他以医疗为职业，对技术精益求精。”

(3)对第 1 篇短文标题添加尾注：摘自“百度百科”；对第 2 篇短文标题添加尾注：摘自《人民网—中国共产党新闻网》朱波。

*****************第 1 篇示例文档　开始*****************

工匠精神

工匠精神：指工匠以极致的态度对自己的产品精雕细琢，精益求精、追求更完美的精神理念。

工匠精神内涵：

(1)精益求精。注重细节，追求完美和极致，不惜花费时间精力，孜孜不倦，反复改进产品，把 99%提高到 99.99%。

(2)严谨，一丝不苟。不投机取巧，必须确保每个部件的质量，对产品采取严格的检测标准，不达要求绝不轻易交货。

(3)耐心，专注，坚持。不断提升产品和服务，因为真正的工匠在专业领域上绝对不会停止追求进步，无论是使用的材料、设计还是生产流程，都在不断完善。

(4)专业，敬业。工匠精神的目标是打造本行业最优质的产品，其他同行无法匹敌的卓越产品。

(5)淡泊名利。用心做一件事情，这种行为来自内心的热爱，源于灵魂的本真，不图名不为利，只是单纯地想把一件事情做到极致。

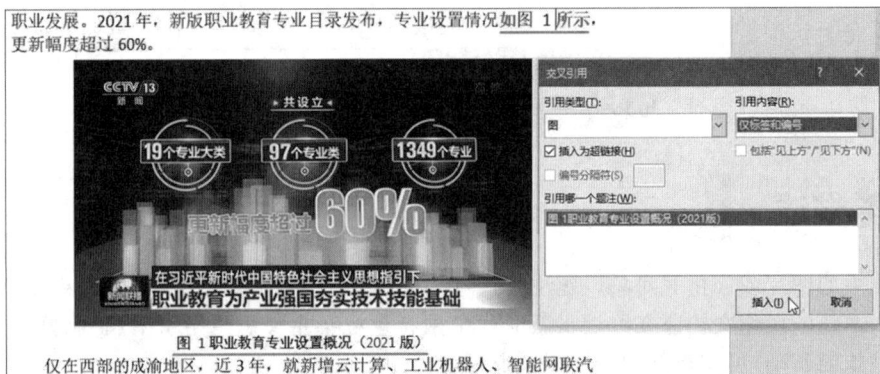

工匠精神目标：

打造本行业最优质的产品，其他同行无法匹敌的卓越产品。概括起来，工匠精神就是追求卓越的创造精神、精益求精的品质精神、用户至上的服务精神。

＊＊＊＊＊＊＊＊＊＊＊＊＊＊＊第1篇示例文档　结束＊＊＊＊＊＊＊＊＊＊＊＊＊＊＊
＊＊＊＊＊＊＊＊＊＊＊＊＊＊第2篇示例文档　开始＊＊＊＊＊＊＊＊＊＊＊＊＊＊＊

让"工匠精神"成为时代共识

今年"五一"国际劳动节与以往不同的是，劳模们身上有很多新的价值特点。其中，"工匠精神"最值得点赞。这种工匠精神，既能体现勤劳之美的精神原色，又展现了创造之美的价值升华。

随着"工匠精神"首次出现在政府工作报告中，"工匠精神"一时红遍了大江南北。所谓"工匠精神"，就是指工匠对自己的产品精雕细琢、精益求精的精神理念。而"工匠精神"的理念也就是从容独立、踏实务实，摒弃浮躁、宁静致远，精致精细、执着专一。

自古以来，我国就不乏"工匠精神"之人。古代的中国曾是世界上最大的原创之国、"匠品"出口国和匠人之国。如古代的丝绸、瓷器、茶叶、漆器、金银器、壁纸等产品都是世界各国王公贵族和富裕阶层的宠儿。那么，随着时间的流逝、技术的革新，"中国制造"为什么会给人一种粗制滥造的印象呢？显然，"工匠精神"的有无，与社会环境的变迁息息相关。

据《京华日报》报道，习近平总书记在中国科技大学视察时，也殷切期望现代年轻人在学校要心无旁骛，学成文武艺。同时，也要求中科大科技人员再接再厉，创造新的天地，多培养优秀人才，报效祖国和人民，报效中华民族。

习总书记言下之意，广大师生和科研人员要大力发扬"工匠精神"，将精益求精、严谨、耐心、专注、坚持、敬业等精神，内化为个人内在的素质。各行各业、各条战线上的劳动者都要秉持"工匠精神"，耐住寂寞、经住诱惑，不达目的绝不放弃，推动我们的工作标准、质量、水平不断上层次，一步一个脚印、一年一个台阶，努力实现建设经济强国的奋斗目标。

因此，笔者认为，"工匠精神"既是一种技能，更是一种精神品质。其实，我们周围之所以缺少真正称得上"匠人"的人，是因为成为匠人，需要千秋万代的时间，需要经历种种痛苦和挫折。勇敢地直面困难，坚强地走出困境，才能达到"匠人"的境界。所以说，培育"工匠精神"，既需要"大国工匠"等榜样的激励，但也离不开政府的高效作为。那就需要完善崇尚实业、崇尚"工匠精神"的体制机制和跟进的法律法规，并花大力气营造现代制造文明的价值观和时代精神。

＊＊＊＊＊＊＊＊＊＊＊＊＊＊＊第2篇示例文档　结束＊＊＊＊＊＊＊＊＊＊＊＊＊＊＊

任务分析与实践

◎ 任务分析

批注是对文中特定对象添加的注释、批语或说明，在 Word 中直接显示在文档右侧，与注释对象间自动产生指向标记。

脚注和尾注都是文档对象的补充说明、注释。脚注一般位于当页页面的底部，尾注一般位于文档的末尾，列出引文的出处等。

尾注由两个关联的部分组成，包括注释引用标记和其对应的注释文本。用户可让 Word 自动为标记编号或创建自定义的标记。在添加、删除或移动自动编号的注释时，Word 将对注释引用标记重新编号。

脚注和尾注　　　批注和修订

◎ 任务实践

（1）选中要建立批注的文档对象，在"审阅"选项卡或"插入"选项卡的"批注"组内单击 💬（新建批注)按钮,在文档页面右侧出现"批注编辑框",在其内输入批注的内容,如图5-3所示。单击 (删除批注)按钮可以删除当前批注或文档中的所有批注。

(2)选中要建立脚注的文档对象,在"引用"选项卡中"脚注"组内单击 AB^1 (插入脚注)按钮,在选中的脚注对象右上角出现当前脚注编号,同时页面底端出现脚注编辑区,在其内录入脚注内容,如图5-4所示。将光标移至脚注编号上时,光标旁立即自动浮动显示脚注内容,如图5-5所示。删除脚注编号,脚注内容自动删除,其他脚注编号自动调整。

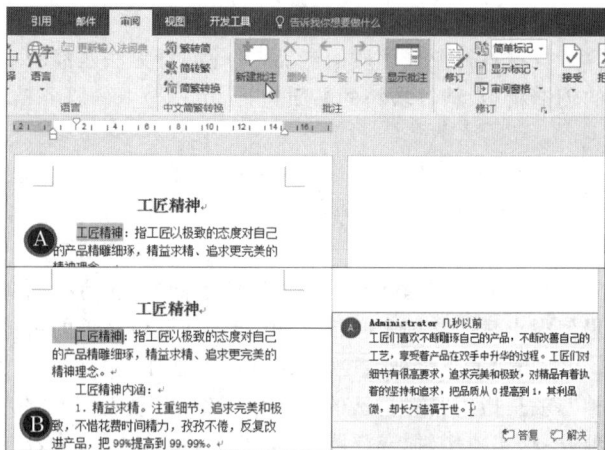

图5-3 添加批注示例

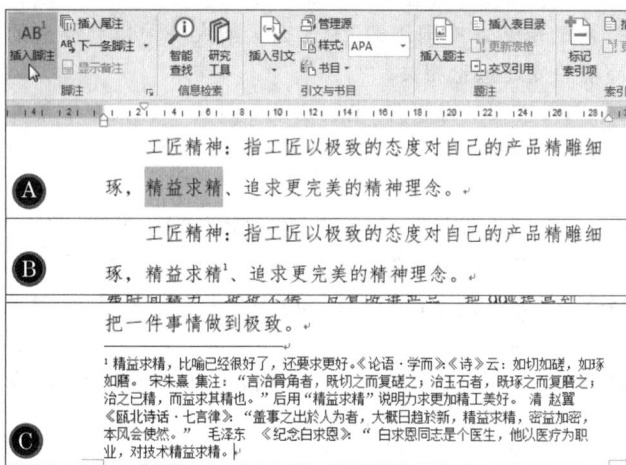

图5-4 添加脚注示例

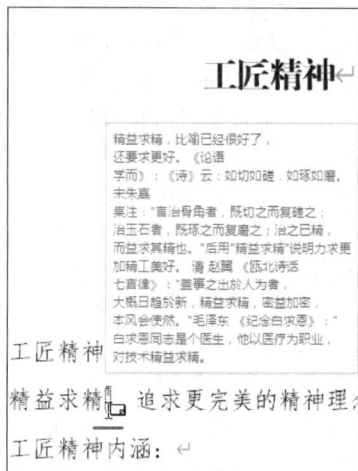

图5-5 脚注浮动显示示例

单击脚注组右侧的 (扩展)按钮,弹出"脚注和尾注"对话框,可进行"编号格式"等设置,如图5-6所示。

(3)选中要建立尾注的文档对象,在"引用"功能区中"脚注"组内单击 插入尾注 按钮,在选中的尾注对象右上角出现当前尾注编号,同时在文档末尾出现尾注编辑区,录入尾注内容,如图5-7所示。尾注与正文之间用一条靠左短横线分隔。尾注同脚注一样可浮动显示和删除。

图5-6 脚注和尾注设置示例

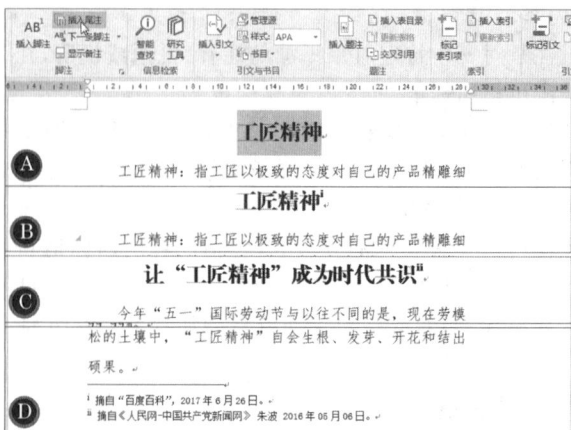

图5-7 添加尾注示例

任务5.3 编排标题、目录

任务描述

将任务5.2示例文档中两篇文章的标题均设置为一级标题样式(字体字号段落等格式,根据需要自行设定),再通过标题应用建立自动引用目录。

任务分析与实践

▶ **子任务5.3.1 修改各标题级的文字样式**

◎ 任务分析

在建立目录前,根据实际需要设计标题的级数("标题1"为最高级,依次逐级下降)及各级的文字样式(字符格式和段落格式),然后对应需求修改对应标题级的文字样式,再将标题级应用至相应的标题,最后通过插入目录功能自动建立引用目录。

◎ 任务实践

在"开始"选项卡的"样式"列表中右键单击标题级名称选择 修改(M)… 项,弹出"修改样式"对话框,如图5-8所示。若需进一步设置标题样式,可单击左下角的 格式(O)▼ 按钮,在弹出的菜单中选择所需修改的格式类别完成修改(字体字号段落等格式)。

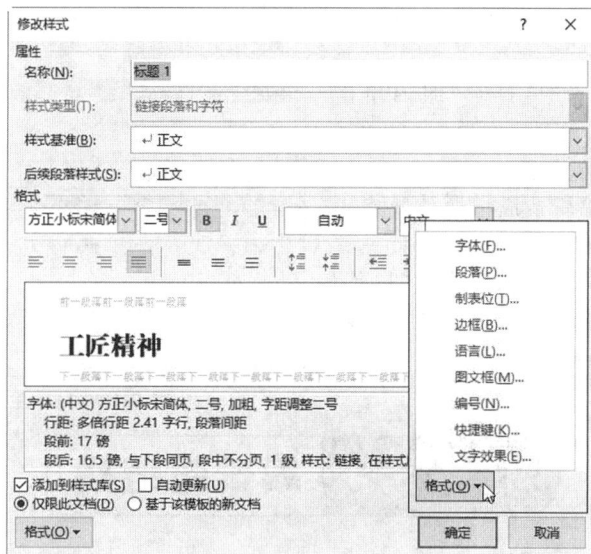

图5-8 标题设置示例

▶ **子任务5.3.2 标题样式应用**

◎ 任务分析

将标题样式应用至相应的标题。在文档排版过程中,可边排版边将标题样式进行应用,也可在排版结束时,通过"格式刷"功能批量复制标题格式。

◎ 任务实践

对文档中的标题应用对应的标题样式,方法是将插入点置于标题段落中或选中标题段落后单击标题级名称即可。

▶ 子任务 5.3.3　目录中标题级数的控制

◎ 任务分析

通过"大纲视图"设置目录中的标题级数。

◎ 任务实践

在"视图"选项卡的"视图"组内单击 大纲 按钮进入大纲视图,在"大纲显示"选项卡中可对当前插入点所在段落或选中段落进行标题级逐级升降或直接定级,如图5-9所示。

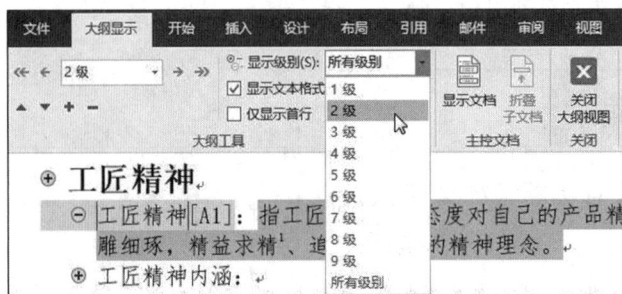

图 5-9　标题级数控制示例

目录

▶ 子任务 5.3.4　插入自动目录与目录更新

◎ 任务分析

在文档中指定位置插入自动目录,以及对目录进行更新。

◎ 任务实践

(1)通过"分页符"功能为目录分出空白页面。

(2)在"引用"选项卡的"目录"组内单击 📋(目录)按钮,在目录预设列表中单击"自动目录1",系统自动插入目录,如图5-10所示。

(3)当对文档内容编辑造成标题位置发生变化时,需要对目录页码进行更新,以保证一致性。右键单击目录或在"引用"选项卡的"目录"组内单击 🔄 更新目录 按钮,根据需要选择更新"整个目录"或"只更新页码"。

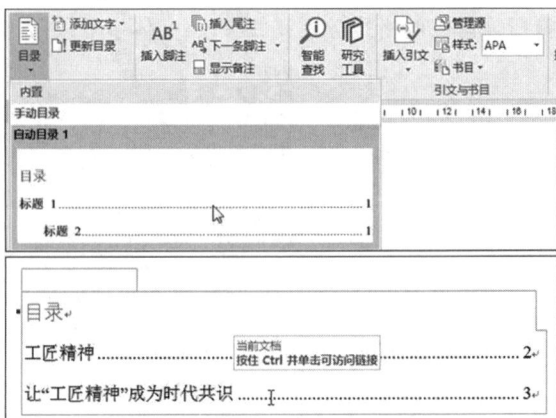

图 5-10　自动生成目录示例

任务 5.4　编排超链接

任务描述

将本任务文档末尾的"若需……跳转至其处"文本链接至"职业核心能力分为三个部分"(本任务操作文档《职业核心能力》可在教材配套资源包中调用)。

任务分析与实践

◎ 任务分析

超链接是对文档中的特定内容设置的链接,通过链接可快速跳转至目标位置(同一文档中的指定位置或指定的其他文件,甚至是一个固定的网络地址、电子邮件地址等)。超链接本身可以是文本或图片。

超链接跳转至 Word 文档内部指定目标位置时,需对指定的目标位置设置标题或书签。本任务采用"书签"标识目标位置。

◎ **任务实践**

(1)设置书签。选中目标位置的"职业……三个部分"目标文本;在"插入"选项卡的"链接"组内单击▶书签按钮,弹出"书签"对话框,设置书签名称并添加,如图 5-9 所示。

(2)设置超链接。选中"若需……跳转至其处"文本;按 Ctrl＋K 组合键或单击鼠标右键选择 🔗 链接(I) 项(也可以在"插入"选项卡的"链接"组内单击🌐按钮),弹出"插入超链接"对话框;在"链接到"中选择"本文档中的位置"项,在"请选择文档中的位置"框中展开"书签"并选择所需的"书签"项后单击"确定"按钮,如图 5-11 所示。

超链接

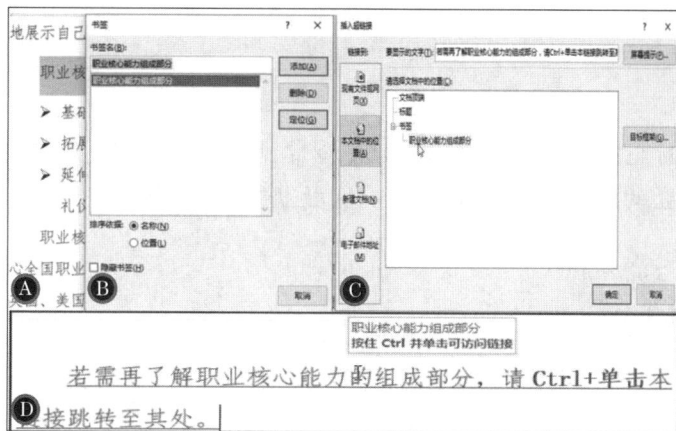

图 5-11　添加超链接示例

需要删除链接时,单击链接后,在"插入超链接"对话框中单击 删除链接(R) 按钮即可。

拓展技能

1. 使用"样式"和"标题"功能,可在处理大型文档/长文档中轻松而快速为标题、段落、列表等元素定义统一的格式,且便于后期使用中进行一致性调整。

2. 使用"书签"功能标记位置后,可以通过定位功能快速定位到指定位置。

3. 使用"修订"功能,可以为文档的修改操作进行标记,方便审阅时可进行再次对修改作出"确认"(接受)/"放弃"(拒绝),此功能在多人协作修改、审查文档时显得非常必要。

4. 使用"段前分页"功能可以将选定的段落/标题快速分页,一个段落/一个标题为一页,且位于新页面顶端。全选段落/标题后,右击选择"段落→换行和分页",勾选"段前分页"项并确定。

5. 使用"导航"窗,通过标题、页面、查找结果,可以方便快捷跳转页面。

6. 使用"比较"功能,可以快速对上两个文档内容进行分窗口对比,便于审核;使用"拆分"功能,可以对同一文档进行分视图进行不同部位内容的查阅。

强化技能

对教材配套资源包素材文档"〔人工智能入门〕AI 是什么"进行长文档的高级设置,如标题样式、页码、自动目录等,让文档突出重点,阅读性更强。

笔记区

项目6

Excel 2016数据输入与打印输出

本项目通过对 Excel 的数据输入方法和常见数据格式设置,以及数据表打印输出控制设置的操作实践,掌握 Excel 数据基本操作。

培养目标

【知识目标】

1. 掌握常规数据的输入及单元格格式设置的方法。
2. 掌握数据验证和条件格式的使用方法。
3. 掌握序列的创建方法。
4. 掌握打印设置的要点。

【能力目标】

1. 具有对数据进行正确录入及单元格格式设置的能力。
2. 具有对数据进行检测验证及条件格式判断的能力。
3. 具有对数据进行打印设置及打印输出的操作能力。

【素质目标】

1. 具备细心、准确录入数据、尊重数据客观事实的素质。
2. 具备环境保护与节约能源、安全打印的素质。

初识 Excel 2016

任务6.1 数据输入与单元格格式设置

任务描述

（1）在 Sheet1 中将如图 6-1 所示的数据"初始格式"设置为"格式类型"中的"终设格式"（本任务操作数据可在教材配套资源包中调用"数据样式表"工作簿，下同）

序号	格式类型	初始格式	终设格式
1	整数	123	123
2	负数	-65	-65
3	小数	3532.17	3532.17
4	小数	675675412.35	675,675,412.35
5	人民币符号	878754	¥878,754
6	会计专用	53425.46	$ 53,425.46
7	日期	2017-7-21	二〇一七年七月二十一日
8	时间	10:33	10时33分00秒
9	加百分号	123	12300%
10	分数	1月2日	1/2
11	科学计数法	8745552555	8.75E+09
12	文本	11	0011
13	数据换行	年级班级学号	年级 班级 学号
14	特殊格式	179836	壹拾柒万玖仟捌佰叁拾陆
15	自定义	12345678912	1234-5678912
		123	123 万元
		2017-7-21	2017年7月21日，星期五

图 6-1 基本数据输入示例

（2）在 Sheet2 中创建如图 6-2 所示的数据序列。

			默认部分序列				自定义序列	
1	1	1	星期一	星期一	一月	甲	建设一局	销售一部
2	3	3	星期二	星期二	二月	乙	建设二局	销售二部
3	5	9	星期三	星期三	三月	丙	建设三局	销售三部
4	7	27	星期四	星期四	四月	丁	建设四局	销售四部
5	9	81	星期五	星期五	五月	戊	建设五局	销售五部
6	11	243	星期六	星期六	六月	己	建设六局	销售六部
7	13	729	星期日	星期二	七月	庚	建设七局	销售七部
8	15	2187	星期一	星期三	八月	辛	建设八局	销售八部
9	17	6561	星期二	星期四	九月	壬	建设九局	销售九部
10	19	19683	星期三	星期五	十月	癸	建设十局	销售十部
11	21	59049	星期四	星期一	十一月	甲	建设十一局	销售十一部
12	23	177147	星期五	星期二	十二月	乙	建设十二局	销售十二部
13	25	531441	星期六	星期三	一月	丙	建设十三局	销售十三部
14	27	1594323	星期日	星期四	二月	丁	建设十四局	销售十四部
15	29	4782969	星期一	星期五	三月	戊	建设十五局	销售十五部

图 6-2 数据序列案例

（3）在 Sheet3 中进行数据输入验证，如图 6-3 所示。

①在 A2:A19 输入 1～100 的任意整数，超出此范围提示错误信息。

②对 B2:B19 区域设置下拉列表（序列）选择输入内容，如博士、硕士、本科、专科、高中及以下。

③对 C2:C19 区域中大于 85 的进行无效圈释。

数值范围验证(1～100)	数据列表选择	圈释>85的数据	数据去重	去重后显示
23	专科	78	销售一部	销售一部
15	博士	86	销售三部	销售三部
1	博士	23	销售二部	销售二部
87	高中及以下	85	销售一部	销售五部
		102	销售五部	销售四部

图 6-3 数据验证示例

（4）数据去重：对 D2:D19 单元格区域中的数据去除重复项，即每项数据保持唯一。

(5)数据的行列转置:将 A2:F8 中的数据经过行列转置后显示为 A10:G15 中的形式,如图 6-4 所示。

成都第31届世界大学生夏季运动会奖牌榜（前5名）						
转置前	国家/地区	金牌	银牌	铜牌	总数	排名
	中国	103	40	35	178	1
	日本	21	29	43	93	2
	韩国	17	18	23	58	3
	意大利	17	18	21	56	4
	波兰	15	16	12	43	5
	合计	173	121	134	428	
转置后	国家/地区	中国	日本	韩国	意大利	波兰	合计
	金牌	103	21	17	17	15	173
	银牌	40	29	18	18	16	121
	铜牌	35	43	23	21	12	134
	总数	178	93	58	56	43	428
	排名	1	2	3	4	5	

图 6-4　数据转置示例

任务分析与实践

▶子任务 6.1.1　在 Sheet1 中完成图 6-1 所示格式数据的设置

◎ 任务分析

Excel 中数据的基本类型有数值数据、字符串数据、日期时间数据等,一般情况下可以在输入数据后设置数据格式或设置单元格数据格式后再输入数据。在"设置单元格格式"对话框中可完成各种数据的格式设置。

常规数据的输入与处理

◎ 任务实践

1. "设置单元格格式"对话框

按 Ctrl+F1 组合键或在"开始"选项卡中单击"数字"选项卡右下角的 [扩展]按钮,弹出图 6-5 所示的"设置单元格格式"对话框,在"数字"选项卡的"分类"中列表显示了 Excel 数据的分类,在右侧可以设置数据的格式。常规单元格格式不包括任何特定的数据格式。

2. 数据格式设置

(1)C2:C4 区域数据:该区域数据为一般数字格式的数值数据,分别为正数、负数、小数,此类数据直接向单元格中输入即可,系统自动识别为数值格式,即 D2:D4 单元格格式。如带千分位的 D5 单元格,可在图 6-5 所示的"数值"分类中勾选"使用千位分隔符"复选框设置。

(2)D6 单元格数据前带"¥"(货币符号),D7 单元格为会计专用格式(单元格靠左带货币符号)。货币和会计专用格式都是提供"货币值计算"的专用格式,如图 6-6 所示。

图 6-5　"设置单元格格式"对话框示例　　　　图 6-6　单元格数字格式设置示例(一)

（3）D8 单元格数据为日期格式，D9 单元格数据为时间格式，设置方法如图 6-7 所示。

图 6-7 单元格数字格式设置示例（二）

（4）D11 单元格数据为分数，在单元格中直接输入"1/2"则默认为 C11 所示的日期格式。可先将单元格格式设置为"分数"后，再输入"1/2"即可正常显示为"1/2"分数格式。直接输入分数时整数和分数之间须用一空格分隔，即先输入一个"0"，按空格键，再输入"1/2"。

（5）D13 单元格数字带前置"0"，Excel 单元格中输入数字数据默认为数值格式。当数值数据需要保留前置"0"或 15 位以上的数字时，须将单元格格式设置为"文本格式"，如身份证号；直接输入则要加一前置英文单引号。

（6）D14 呈现单元格内数据未满行而换行的效果，解决方法是在换行处按 Alt＋Enter 组合键强行换行。

当单元格内字符数据过长时，可在"开始"选项卡中"对齐方式"组内单击 自动换行 按钮或在"设置单元格格式"对话框中将单元格的"文本控制"设置为 ☑ 自动换行(W)，如图 6-8 所示。

（7）D15 单元格数据为数字大写格式，在"特殊"分类中将单元格格式设置为特殊即可，如图 6-9 所示。

图 6-8 单元格对齐设置示例

图 6-9 单元格数字特殊格式设置示例

（8）D16:D18 为自定义格式，根据需要设置即可，如图 6-10 所示。

（9）A16 和 B16 单元格均为三个单元格合并而成，且字符左右居中、上下居中。选中 B16:B18 单元格后，在"开始"选项卡中选择"对齐方式"内的 合并后居中 ▼ 项，如图 6-11 所示。

图 6-10　单元格数字格式自定义示例

图 6-11　合并单元格示例

▶子任务 6.1.2　Excel 序列数据的输入及创建

◎ 任务分析

Excel 提供了一些常见的序列,只需拖动填充柄即可完成操作达到快速输入数据的效果,但特殊的序列需要用户自行创建。此处 A、B 列为等差数列,C 列为等比数列。

◎ 任务实践

(1)A 列等差数列:分别在 A2、A3 中输入起始两个数据 1、2 后,选中 A2:A3 区域,拖动右下角填充柄至目标单元格后释放鼠标,如图 6-12B 所示。也可以按住鼠标右键拖动填充柄至目标单元格后,在弹出的菜单中选择"等差序列"即可,如图 6-12D 所示。

B 列类似 A 列填充,C 列右键拖动选等比序列填充。

(2)D 列、E 列、F 列、G 列数据填充规律为 Excel 中默认序列(见图 6-13),拖动填充柄即可直接填充。

图 6-12　数据填充示例

序列数据的输入

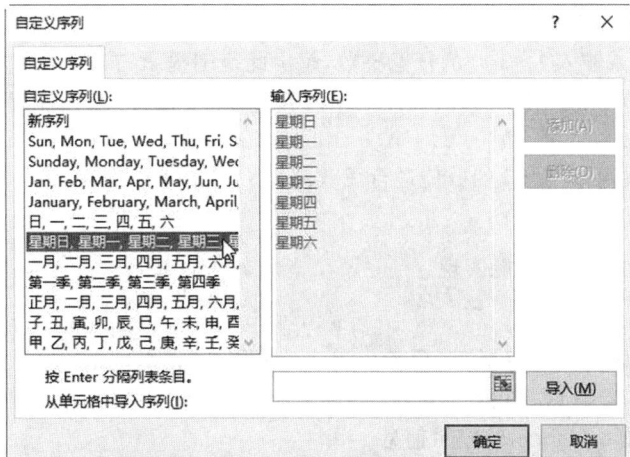

图 6-13　数据序列示例

D列为星期顺序循环填充,在输入首单元格后拖动填充;E列为工作日星期顺序循环填充,采用右键拖动填充;F列、G列分别为月份、天干顺序填充。

(3)自定义序列:在 文件 菜单中单击 选项 按钮;在"Excel 选项"对话框的 高级 页面"常规"组中,单击"创建用于排序和填充序列的列表"右侧的 编辑自定义列表(O)... 按钮(见图 6-14),弹出图 6-15 所示的对话框;在"自定义序列"中选择"新序列",在右侧"输入序列"列表框中输入新创建序列的内容(见图 6-15)后单击 添加(A) 按钮即可。

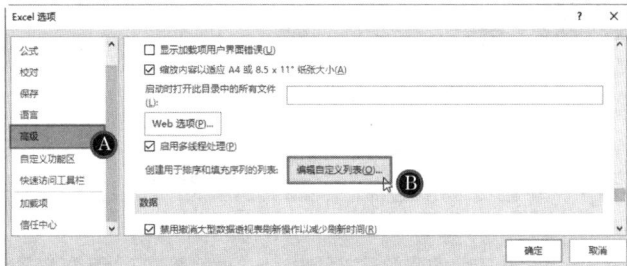

图 6-14　Excel 选项对话框

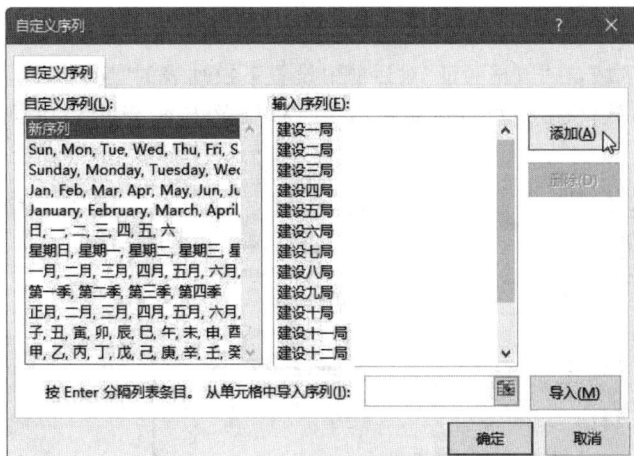

图 6-15　新建填充数据序列示例

创建数据序列后,当单元格中输入"建设一局"后,拖动该单元格填充柄,则 Excel 按序列顺序自动填充序列数据。

笔记区

▶ **子任务 6.1.3 数据输入验证**

（1）在 A2：A19 区域输入 1～100 的任意整数，超出此范围提示错误信息。

（2）对 B2：B19 区域设置下拉列表式选择输入内容，如博士、硕士、本科、专科、高中及以下。

（3）对 C2：C19 区域中大于 85 的数值进行无效圈释。

数据验证输入

◎ **任务分析**

本任务均通过"数据验证"功能实现。

◎ **任务实践**

（1）选中 A2：A19 区域，在"数据"选项卡中单击"数据工具"组内的 ▦（数据验证）按钮；在"设置"选项卡中进行数据类型（整数）、数据范围（1～100）设置，如图 6-16 所示。当输入超过 1～100 范围的数值时系统弹出图 6-17 所示的提示信息。

图 6-16　数据验证设置示例

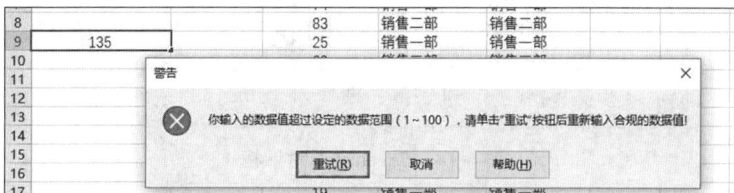

图 6-17　数据验证效果示例

（2）选中 B2：B19 区域，在"数据验证"对话框中设置下拉列表的"序列"（选项间采用英文逗号分隔），同时在"输入信息"选项卡中可以设置提示信息标题及内容，其跟随活动单元格跳动显示，如图 6-18 所示。

图 6-18　数据验证序列设置示例

（3）对 C2：C19 区域中大于 85 的数值进行无效圈释。选择 C2：C19 区域，参照图 6-19A 进行"数据验证"设置;单击"数据"选项卡的"数据工具"组内的 [数据验证] 按钮,选择 [圈释无效数据(I)] 项,显示如图 6-19C 所示。

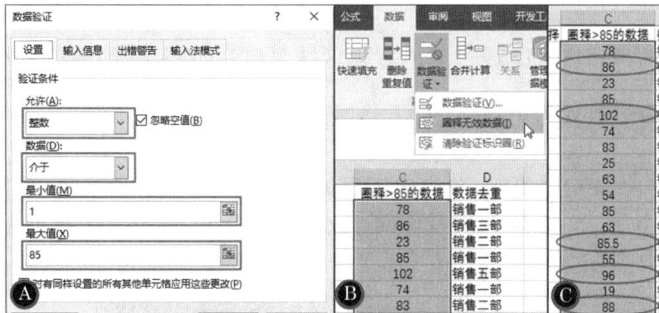

图 6-19　圈释无效数据示例

▶子任务 6.1.4　去除重复项

对 D2:D19 区域中的数据去除重复项,即每项数据保持唯一。

◎ 任务分析

本任务均通过"删除重复值"功能实现。

数据去重

◎ 任务实践

为了对删除重复值前后的数据进行对比,先将 D2:D19 区域数据复制到 E2:E19 区域;选中 D2:D19 单元格区域,在"数据"选项卡的"数据工具"组中单击 [删除重复值] (删除重复值)按钮,弹出"删除重复值警告"对话框,由于是只对 D2:D19 单元格区域去重,因此选择 [◉ 以当前选定区域排序(C)] 项(见图 6-20);在"删除重复值"对话框中选中"D 列",去重结果如图 6-21 所示。

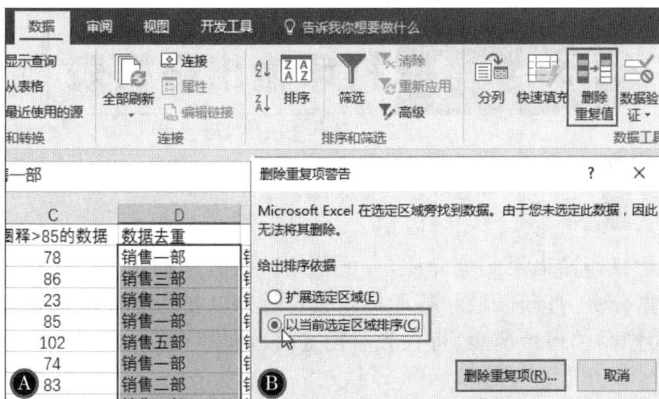

图 6-20　数据选区扩展提示示例

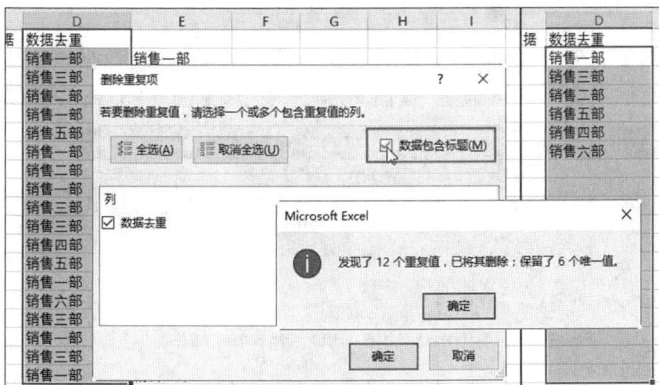

图 6-21　删除重复值示例

▶**子任务 6.1.5　数据的行列转置**

◎ **任务分析**

在 Excel 中数据的行列转置是通过对原数据区域复制后，在目标区域进行粘贴时完成转置的。

◎ **任务实践**

选中源数据区域（A2:F8）并复制；单击确定目标区域首单元格（A10）后，在"开始"选项卡中"剪贴板"组内的 粘贴 下拉菜单列表中执行 选择性粘贴(S)... 命令，弹出"选择性粘贴"对话框，选择 ☑转置(E) 项，如图 6-22 所示。

数据行列转置

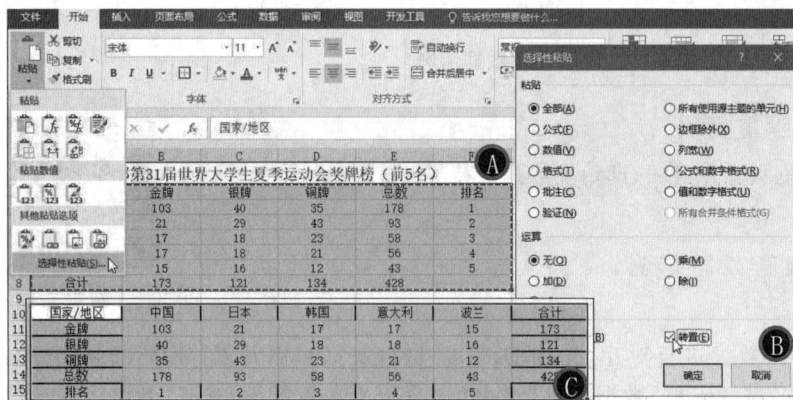

文本数据转数值数据

图 6-22　数据转置操作示例

任务6.2　打印输出数据表

任务描述

对工作表中数进行打印输出至其他介质，方便使用。在打印输出前一般需要完成页面（纸张大小及方向、页边距、数据分页、打印区域和打印标题设置等），以及其他打印有关的参数设置。本任务的操作数据表《某公司产品销售情况表》可在教材配套资源包中调用。

任务分析与实践

数据表打印输出到纸张等介质前，应先结合输出介质的页面幅度、数据表呈现的效果等进行相应的参数设置。工作表页面设置一般可通过"页面布局"选项卡（见图 6-23）或"页面设置"对话框来完成。

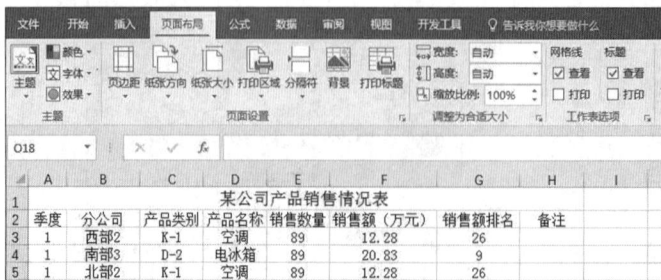

图 6-23　页面设置示例

▶子任务 6.2.1 页边距设置

◎ 任务分析

页边距是页面版心与页面边缘的距离,在"页面布局"选项卡中"页面设置"组的 "页边距"内列表有"上次的自定设置"以及"常规""宽""窄"几种预设边距样式,用户 可选择使用或在"页面设置"对话框中进行精确设置,或在打印预览中拖动边框线进 行粗略调整。

页面设置

◎ 任务实践

单击"页面布局"选项卡中"页面设置"组右下角的 ⬚ (扩展)按钮,在弹出的"页面设置"对话框 中进行边距设置(见图 6-24 A);在打印预览中单击右下角的 ⬚ (显示边距)按钮,页面区显示页边 距线、列宽度标志 ▪,将光标置于其上出现双向箭头(如 ✛、✚)形状时可拖动粗略调整边距或列宽, 如图 6-24 B 所示。

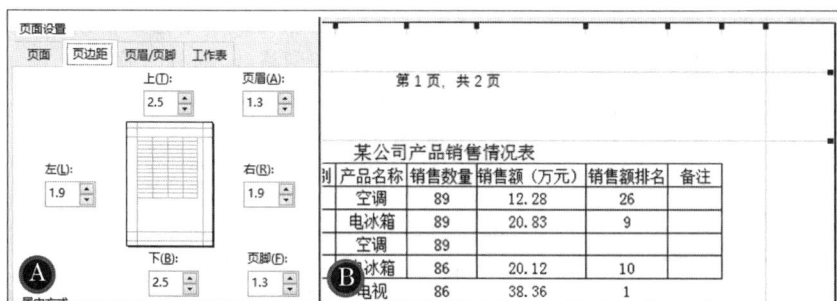

图 6-24 页面边距调整示例

手动分页设置

▶子任务 6.2.2 打印网格线

◎ 任务分析

Excel 数据表格网格线有默认网格线和用户自定义网格线两种。默认网格线 在打印时是默认不被打印,而用户自定义网格线会被打印。用户可以控制默认网 格线是否被打印,以及可在系统选项中设置默认网格线的颜色。图 6-25 所示为未 打印默认网格线的效果,这样的数据没有网格线,数据密密麻麻,显得没有条理, 阅读起来比较费力。

打印设置及打印

◎ 任务实践

在"页面布局"选项卡下"工作表"选项组中"网格线"栏内选择 ☑打印 项,或在"工作表"选项卡 的"打印"组内选择 ☑ 网格线(G) 项,则系统将打印默认网络线,此时打印效果如图 6-26 B 所示。

某公司产品销售情况表

季度	分公司	产品类别	产品名称	销售数量	销售额(万元)	销售额排名	备注
1	西部2	K-1	空调	89	12.28	26	
1	南部3	D-2	电冰箱	89	20.83	9	
1	北部2	K-1	空调	89	12.28	26	
1	东部3	D-2	电冰箱	86	20.12	10	
1	北部1	D-1	电视	86	38.36	1	
3	南部2	K-1	空调	86	30.44	4	

图 6-25 默认网络线打印预览示例

笔记区

图 6-26　表格网格线显示控制示例

对用户自定义有网格线的数据区域(如图 6-27 中 A2:H6 设置有网格线),不论是否按上述方式勾选打印"网格线",网格线都会被打印。图 6-28 所示为未勾选打印"网格线"的打印效果。

图 6-27　框线设置示例

图 6-28　框线显示控制示例

▶ 子任务 6.2.3　打印标题行

◎ 任务分析

当表格数据区域较大,一个页面容纳不下所有数据表格时,Excel 自动产生"分页",将超出一页的内容分至下一页(见图 6-29),被分至下页的表格没有标题行,不便于阅读,因此应对分页的表格添加标题行。

图 6-29　页码效果示例

◎ **任务实践**

在"页面布局"选项卡的"页面设置"组中单击 ![按钮] (打印标题)按钮,弹出"页面设置"对话框,将"顶端标题行"设置为＄2:＄2(见图 6-30 A),打印效果如图 6-30 B 所示,自动重复了标题行。

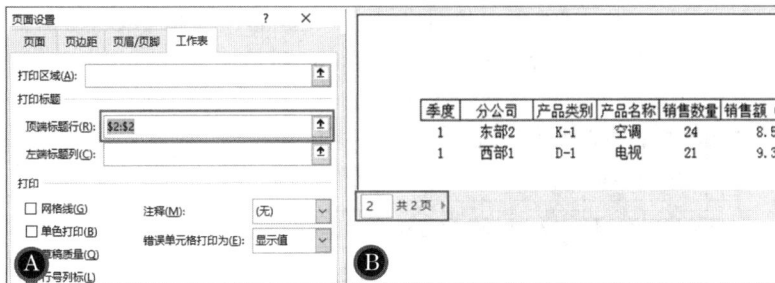

图 6-30　重复标题行效果示例

▶ **子任务 6.2.4　打印页眉页脚**

◎ **任务分析**

用户可在工作表的页眉页脚区域内设置所需的内容,以便数据表阅读使用。页眉页脚内容可以是用户选择的系统预置样式或用户自定义内容。

◎ **任务实践**

"页面设置"对话框"页眉/页脚"标签如图 6-31 所示,系统预置有多种样式供选择使用;用户可以通过 ![自定义页眉(C)...] 或 ![自定义页脚(U)...] 进行页眉页脚自定义,分别在左、中、右三个区域中设置所需的内容(见图 6-32),示例效果如图 6-33 所示。

图 6-31　页码样式选择示例

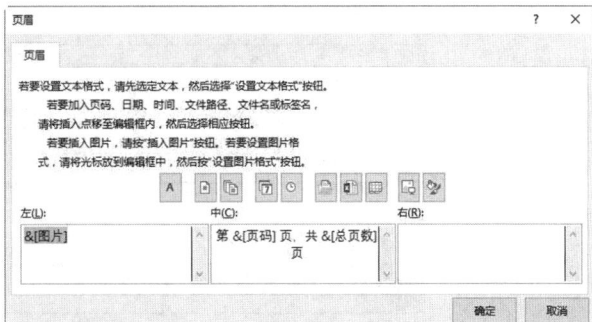

图 6-32　页眉设置示例

笔记区

图 6-33　页眉效果示例

▶子任务 6.2.5　单色打印

◎ 任务分析

如果单元格填充了各种底色背景效果,在使用黑白打印默认情况下按颜色深浅度打印,阅读中显示杂乱,此时可通过"单色打印"功能进行背景填充色打印控制。

◎ 任务实践

在"页面设置"对话框"工作表"选项卡的"打印"组中选择 ☑ 单色打印(B) 项(见图 6-34 C),则单色打印表格及数据,各种填充背景被忽略而不打印,如图 6-34 所示。

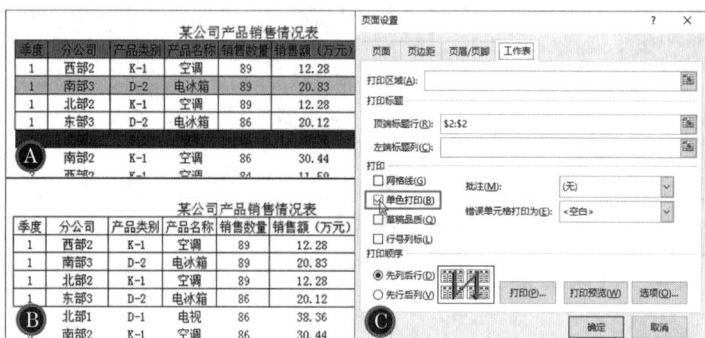

图 6-34　表格打印颜色控制示例

▶子任务 6.2.6　不打印错误值

◎ 任务分析

在对工作表数据进行处理时,难免会因各种原因在单元格中出现"公式错误值",默认情况下其会被打印,既影响阅读,也影响后期人工修改填写,对此用户可以控制其是否被打印。

◎ 任务实践

在"页面设置"对话框"工作表"选项卡的"打印"组中将 错误单元格打印为(E): <空白> 选择为"空白"(见图 6-35 B),则在打印时过滤掉单元格错误值。

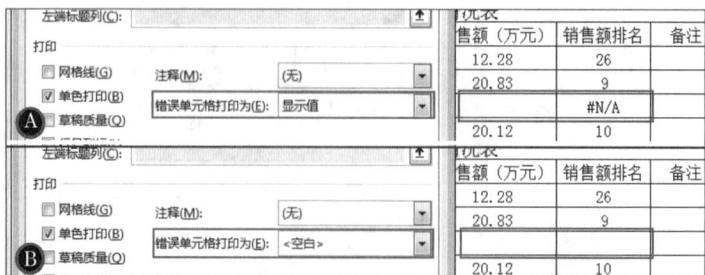

图 6-35　表格错误数据打印控制示例

▶子任务 6.2.7　区域打印

◎ 任务分析

在使用工作表过程中,用户可以根据需要选择性打印数据区域。

◎ 任务实践

在"页面设置"对话框"工作表"选项卡的"打印区域"项中设定所需的打印区域,如图 6-36 所示。

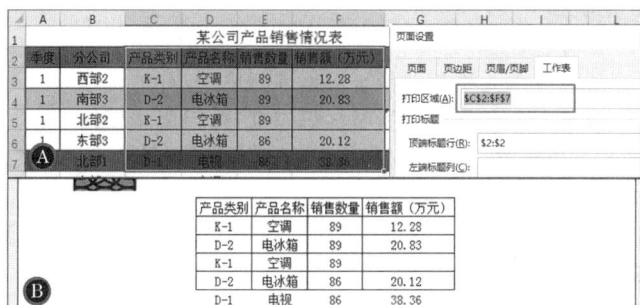

图 6-36　打印区域设置示例

▶子任务 6.2.8　缩放打印

◎ 任务分析

根据阅读、检查等的实际需要,用户可以对数据表进行缩放打印。

◎ 任务实践

在"文件"菜单中选择"打印";在设置项目的缩放种类项目中选择所需的缩放方式,默认为"无缩放",即打印实际大小的工作表,如图 6-37 所示。

▶子任务 6.2.9　居中打印

◎ 任务分析

在设置打印纸型后,当打印的区域内容宽度(或高度)不够纸张宽度(或高度)时,Excel 默认靠左、靠上打印数据表(见图 6-38A),对此用户可以控制水平、垂直居中打印数据表。

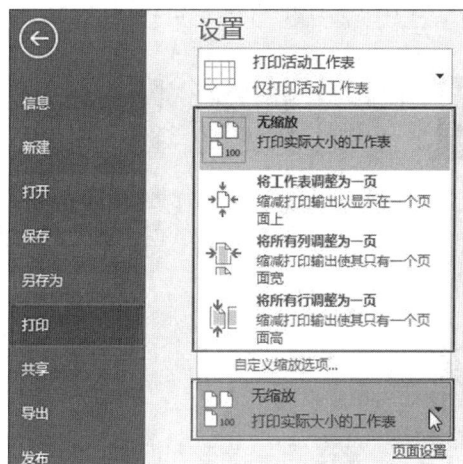

图 6-37　缩放打印设置示例

◎ 任务实践

在"页面设置"的"页边距"选项卡的"居中方式"组中选择☑️水平(Z)项即可让打印内容在页面左右居中,如图 6-38 B 所示。

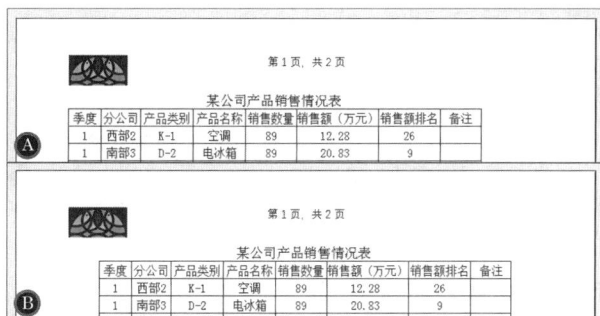

图 6-38　居中打印效果示例

笔记区

拓展技能

EXCEL 中常用快捷键：

Ctrl＋Home 光标快速跳转到表格的第一个单元格

Ctrl＋End 光标跳转到表格的最后一个单元格

Shift＋Space 选择当前行

Ctrl＋Space 选择当前列

Ctrl＋Shift＋→/← 从当前单元格起选择至数据表行尾/行首单元格

Ctrl＋Shift＋↑/↓ 从当前单元格起选择至数据表列首/列尾单元格

Tab 光标向右移动一个单元格

Shift＋Tab 光标向左移动一个单元格

Enter 光标向下移动一个单元格

Shift＋Enter 光标向上移动一个单元格

Ctrl＋；插入当前日期

Ctrl＋Shift＋；插入当前时间

Ctrl＋Enter 对选中的单元格区域快速填充区域首单元格中输入的同一数据

Ctrl＋1 打开"单元格格式"对话框

强化技能

1. 练习用数字键、光标键、回车键等结合在单元格中快速输入数字。

2. 练习自动序列输入、创建新序列的操作。

项目7

Excel 2016工作表编辑与表格制作

本项目通过对 Excel 工作表单元格行高列宽调整、单元格效果设置、数据表冻结、数据保护等基本操作以及表格制作实践,掌握 Excel 工作表表格设计与表格制作的技能。

培养目标

【知识目标】

1.掌握 Excel 工作表管理的方法。

2.掌握单元格行高列宽控制、单元格效果设置的方法。

3.掌握表格设计与表格制作的基本思路与方法。

【能力目标】

1.具有灵活管理工作表的操作能力。

2.具有单元格行高列宽控制和效果设置、数据保护设置的能力。

3.具有表格设计与表格制作的基本操作能力。

【素质目标】

1.具备数据安全保护的职业素质。

2.具备耐心、精细、精准调整设计表格的素质。

3.具备表格效果设计与欣赏的素质。

任务 7.1 工作表基本操作

任务描述

在 Excel 中,对工作表进行新建、选择、切换、更名、复制、移动和删除等操作实践。

任务分析与实践

在 Excel 2016 中,一个 Excel 文件即是一个 Excel 工作簿,一个 Excel 工作簿中有若干张 Excel 工作表。如果把工作簿看作一本书,那么工作表就相当于这本书中的每一页。新建的 Excel 工作簿中默认工作表数量用户可在"Excel 选项"对话框中对"新建工作簿时"组内进行更改,如图 7-1 所示,其取值范围是 1~255。但是一个工作簿内的工作表数并不是最多 255 张,而是受当前计算机系统可用内存等系统资源的限制。工作表常规的操作方式是在工作表标签栏及其右键菜单中进行操作。

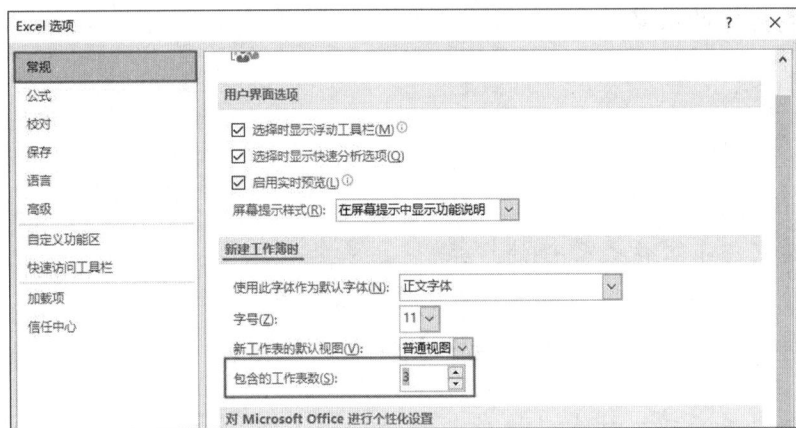

图 7-1 工作簿包含默认工作表数设置示例

单元格基本操作

行列基本操作

工作表基本操作

▶ 子任务 7.1.1 新建工作表

◎ 任务分析

新建工作表是在原工作簿中增加工作表,新增工作表同其他工作表一样被使用。

◎ 任务实践

在工作簿中增加新工作表常用的方法如下。

方法一:单击工作表标签栏 ⊕ (新工作表)按钮,快速在当前工作表标签左侧插入一张新工作表。

方法二:按快捷键 Shift+F11,快速在当前工作表标签左侧插入一张新工作表。

方法三:右键单击工作表标签栏,从快捷菜单中执行 插入(I)… 命令,弹出如图 7-2 B 所示的"插入"对话框,单击选择"工作表"项目并单击"确定"按钮退出,系统自动在当前工作表左侧插入新工作表。

图 7-2　插入工作表示例（一）

方法四：单击"开始"选项卡中"单元格"组内的 [插入] 按钮，在插入方式列表中选择 [插入工作表(S)]，系统自动在当前工作表标签栏左侧插入一张新工作表，如图 7-3 所示。

图 7-3　插入工作表示例（二）

▶子任务 7.1.2　选择工作表

◎ 任务分析

在 Excel 2016 中，虽然一个工作簿内能有多张工作表，但是除工作表组外，同一时刻只能有一个当前工作表（活动工作表），文档窗口也只显示当前工作表的内容（在工作表组中只显示首先选择的工作表的内容）。

◎ 任务实践

1. 选择单个工作表

在工作表标签栏直接单击目标工作表名称标签，如图 7-4 所示。

图 7-4　工作表被选中后的标签状态示例

2. 选择多个位置不相邻的工作表

在工作表标签栏单击选中其中一张工作表标签名，将其选中后按住 Ctrl 键不放，分别单击其他想要选择的工作表标签名，选择完毕后释放 Ctrl 键。同时选中的多张工作表形成工作表组，此时在 Excel 系统标题栏的工作簿名称后出现"[工作组]"标志（见图 7-5），单击任意一张非当前工作表标签名或右键单击工作表组标签名执行 [取消组合工作表(U)] 命令即可取消选定的工作表组。

3. 选择位置相邻的多个工作表

在工作表标签栏中欲选择位置相邻的连续的多个工作表，先单击选择第一张工作表标签名，然后按住 Shift 键再单击最后一张工作表标签名，两次单击之间的工作表（含两次单击的工作表）即被选中。当然也可以按住 Ctrl 键一张一张地选择。选中的多张工作表形成工作表组。

图 7-5 工作表组示例

4. 选择全部工作表

右键单击工作表标签栏，从弹出的如图 7-5 所示的快捷菜单中执行 选定全部工作表(S) 命令。

▶ 子任务 7.1.3 工作表的切换

◎ 任务分析

由于 Excel 工作簿中可能同时有多个工作表，用户在使用工作表时可以根据需要在工作表之间进行切换。

◎ 任务实践

工作表切换可以是鼠标操作也可以是键盘操作，常用的切换方法如下。

方法一：直接用鼠标在标签栏的目标工作表标签名称上单击，该工作表被切换为当前工作表，其内容随即显示在 Excel 窗口中。

方法二：用 Ctrl+Page Up 组合键切换至当前工作表在工作表标签栏位置的前(左)面一张工作表；用 Ctrl+Page Down 组合键切换至当前工作表在工作表标签栏位置的后(右)面一张工作表。

▶ 子任务 7.1.4 重命名工作表

◎ 任务分析

在 Excel 中工作表名称默认用 Sheet n(n 是一个自然数)来表示，然而实际使用中用户通常将工作表名称更改为与表内容有一定联系的名称，这样使用更方便，管理更有效。

◎ 任务实践

重命名当前工作表标签名常用的方法如下。

方法一：双击工作表标签名，工作表标签名进入可编辑状态，用户对原有名称进行更改后按 Enter 键或单击工作表中任意单元格确认更名操作。

方法二：右键单击工作表标签名，在快捷菜单中执行 重命名(R) 命令，该工作表标签名称进入可编辑状态，用户可对其进行重命名操作，如图 7-6 所示。

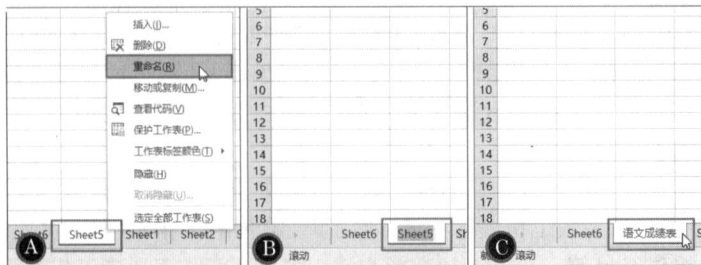

图 7-6 工作表重命名示例

▶子任务 7.1.5 复制和移动工作表

◎ **任务分析**

Excel为了防止误操作造成数据损失,或快速建立微差异工作表,用户可以通过"复制工作表"功能对工作表建立副本。

◎ **任务实践**

选中待复制或移动的工作表后,执行下列方法之一即可复制或移动工作表。

方法一:按住Ctrl键并拖动鼠标,通过黑色三角形光标确定副本工作表的位置并释放鼠标和Ctrl键,用这种方式复制的工作表的名称是系统自动在原名后加上"(n)"表示,系统自动判断复制时同名的工作表,自动递增以示区别,如图7-7 A和图7-7 B所示;不按住Ctrl键直接拖动则是移动工作表,如图7-7 C和图7-7 D所示。

图7-7 工作表拖动复制与移动示例

方法二:在工作表标签名右键菜单中执行 移动或复制(M)... 命令,弹出"移动或复制工作表"对话框,用户在其内即可完成工作表复制操作,如图7-8所示。

图7-8 复制工作表示例

操作说明如下:

(1)"移动或复制工作表"对话框的"工作簿"下拉列表框用于选择复制的副本或移动的工作表的去向,是本工作表还是其他工作表。

(2)"移动或复制工作表"对话框的"下列选定工作表之前"列表框用来确定复制的工作表副本或移动的工作表在标签栏中的位置位于现有的哪个工作表之前,用鼠标单击选择。

(3)在"移动或复制工作表"对话框中可以完成工作表的复制和移动操作。选择 ☑建立副本(C) 为复制,否则为移动。

▶子任务 7.1.6 删除工作表

◎ **任务分析**

在Excel中,当工作表不再需要时,可以将其删除,这样既可以减小工作簿的体积,又可以降低该工作簿使用时所占用的系统资源。

笔记区

◎ **任务实践**

常用的工作表删除方法是：

右键单击要删除的工作表标签,从弹出的快捷菜单中执行 [× 删除(D)] 命令,若工作表中无数据,则直接被删除;若工作表中存在数据,则 Excel 系统弹出如图 7-9 所示的对话框,要求用户对该删除操作进行确定。

图 7-9　删除带数据工作表的提示信息示例

基本操作综合案例

任务 7.2　Excel 表格设计制作

任务描述

制作如图 7-11 所示的《人事档案简表》表格(本操作表可在教材配套资源包中调用)。

序号	姓名	性别	出生日期	部门	工龄	职务	备注
\multicolumn{8}{c}{人事档案简表}							
001	蒲某某	男	1976/4/23	教务处	18	处长	
002	杨某某	男	1977/11/20	学生处	18	科长	
003	邹某某	男	1983/5/15	党政办	12	主任	
004	付某某	男	1973/2/24	继培处	20	处长	
005	钱某某	男	1980/6/23	信息工程系	9	主任	
006	王某某	女	1967/3/21	机械工程系	23	主任	
007	付某	女	1978/6/20	建筑工程系	17	主任	
008	邓某某	女	1964/8/12	经济管理系	26	主任	
009	卢某某	女	1976/4/16	招生处	18	处长	
010	杜某某	女	1977/2/25	财务处	17	处长	

图 7-11　Excel 表格制作示例

人事档案简表制作案例

(1)表格标题跨列左右居中,上下居中,黑体、红色、字号 21 磅,行高为 28.25 单位。

(2)表格表头左右居中,上下居中,仿宋体、蓝色、加粗、字号 13 磅,填充背景色 RGB 为"255,192,0",填充图案颜色为"白色,背景 1",填充图案为"细逆对角线条纹"。

(3)表格内数据值(A3:H12)左右居中,上下居中,宋体、黑色、11 磅,填充颜色 RGB 均为 217。

(4)表格内容行(2~12 行)行高设置为 21 单位,表格 A~C、F~H 列宽度设置为 8.13 单位,D、E 列宽度设置为 14.25 单位。

(5)表格外框线为蓝色中粗实线,内框线为紫色细点画线。

(6)冻结表格 A、B 列和第 1、2 行,便于查看数据。

(7)锁定数据表中除 E:G 外所有数据,不允许在后期使用中进行修改。

任务分析与实践

▶ **子任务 7.2.1　数据录入**

◎ **任务分析**

(1)区域 A3:A12 数据为带前导"0"的数值,一般情况下需将其设置为"文本"格式;区域 D3:D12 数据为"日期型"数据。

(2)采用常规方式输入数据,使用 Enter 键、Tab 键及上、下、左、右光标键定位活动单元格。

◎ **任务实践**

略。

▶ **子任务 7.2.2　设置表格标题**

设置表格标题跨表头左右居中,上下居中,黑体、红色字号 21 磅,行高为 28.25 单位。

◎ **任务分析**

本任务完成表格标题的格式设置,通过"开始"选项卡内有关功能按钮或"设置单元格格式"对话框完成。

◎ **任务实践**

(1)选中 A1:H1 单元格区域,单击"开始"选项卡中"对齐方式"组内的 合并后居中 按钮,如图 7-12 所示。

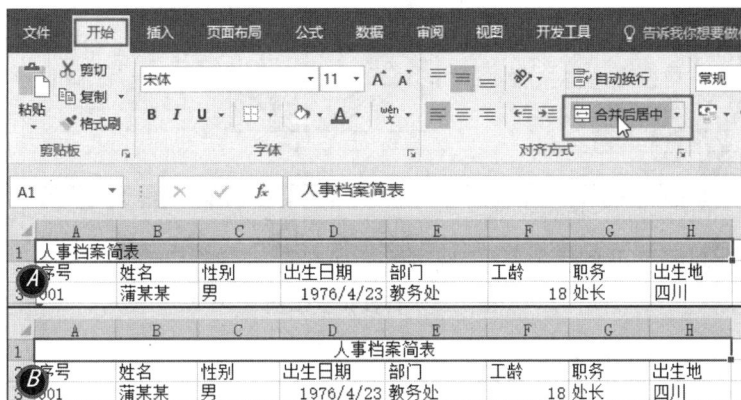

图 7-12　合并单元格示例

(2)选中 A1 单元格,在"开始"选项卡中"对齐方式"组内分别单击"垂直居中"和"居中",或按 Ctrl+1 组合键调出"设置单元格格式"对话框,在"对齐"标签内将"水平对齐"和"垂直对齐"均设置为"居中",如图 7-13 所示。

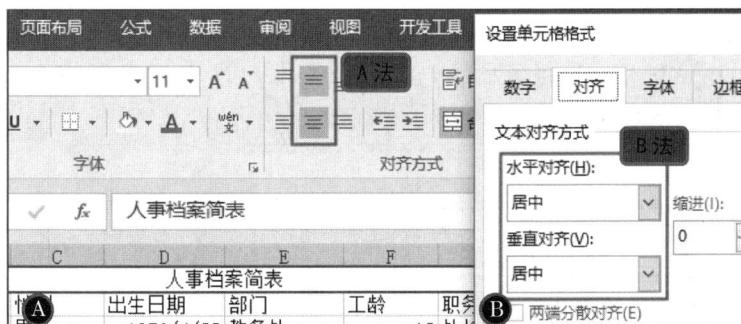

图 7-13　单元格字符对齐示例

笔记区

(3)选中 A1 单元格,在"开始"选项卡中"字体"组内设置字体为"黑体",字体颜色为"红色";在字号框内删除原有字号磅值,重新输入"21"并确认,如图 7-14 所示。

图 7-14　字符字体颜色字号设置示例

(4)右键单击表格行的行号"1",在弹出的菜单中选择"行高…"项,在弹出的"行高"对话框中输入行高数值"28.25"并确定,如图 7-15 所示。

图 7-15　行高设置示例

▶子任务 7.2.3　设置表格表头

设置表格表头左右居中,上下居中,仿宋体、蓝色、加粗、字号 13 磅,填充背景色 RGB 为"255,192,0",填充图案颜色为"白色,背景 1",填充图案为"细逆对角线条纹"。

◎ 任务分析

本任务完成表格表头的格式设置,通过"开始"选项卡内有关功能按钮或"设置单元格格式"对话框完成。

◎ 任务实践

(1)选中 A2:H2 单元格区域,设置对齐方式为左右居中、上下居中,字体为"仿宋",字体颜色为"蓝色",字形为"加粗",字号为"13 磅",如图 7-16 所示。

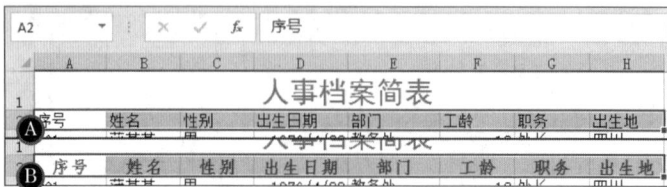

图 7-16　字符格式设置示例

（2）选中 A2：H2 单元格区域，按 Ctrl＋1 组合键调出"设置单元格格式"对话框，在"填充"标签内单击"背景色"内的 其他颜色(M)... 按钮，弹出"颜色"对话框，单击其内的"自定义"标签，"颜色模式"选择"RGB"后分别在颜色值中输入对应的颜色值"255,192,0"并确定返回；单击"图案颜色"右侧的下拉箭头，选择"白色，背景 1"；单击"图案样式"右侧的下拉箭头，选择"细逆对角线条纹"，如图 7-17 所示。

图 7-17　单元格背景设置示例

子任务 7.2.4　设置表格内数据值格式

设置表格内数据值（A3：H12）左右居中，上下居中，宋体、黑色、字号 11 磅，填充颜色 RGB 均为 217。

◎ 任务分析

本任务完成表格名称的格式设置，通过"开始"选项卡内有关功能按钮或"单元格格式设置"对话框完成。

◎ 任务实践

选中 A3：H12 单元格区域，设置对齐方式为左右居中、上下居中，字体为"宋体"，字体颜色为"黑色"，字号为"11 磅"，填充颜色 RGB 均为 217，如图 7-18 所示。

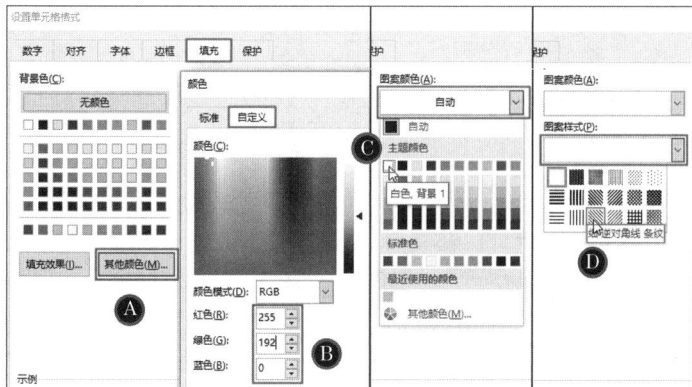

图 7-18　单元格字符格式设置示例

子任务 7.2.5　设置表格内容行格式

设置表格内容行（2～12 行）行高设置为 21 单位，表格 A～C、F～H 列宽度设置为 8.13 单位，D、E 列宽度设置为 14.25 单位。

◎ 任务分析

本任务通过右键单击行号、列标后选择行高、列宽项分别设置完成。

◎ 任务实践

（1）将光标移到行号"2"上，待光标变为 ➡ 时，单击选中第 2 行，此时拖动鼠标至第 12 行，则第 2～12 行被选中；接着单击"开始"选项卡中"单元格"组内的 按钮选择 行高(H)... 项，行高值设置为 21。也可以右键单击行号设置行高。

(2)将光标移到列标"A"上,待光标变为↓时,单击选中第 A 列,此时拖动鼠标至第 C 列,则第 A
~C 列被选中;接着单击"开始"选项卡中"单元格"组内的▥(格式)按钮选择↔ 列宽(W)...项,列宽值设
置为 8.13。也可以通过右键单击列标方式设置列宽,如图 7-19 所示。D、E、F、H 列参照以上设置。

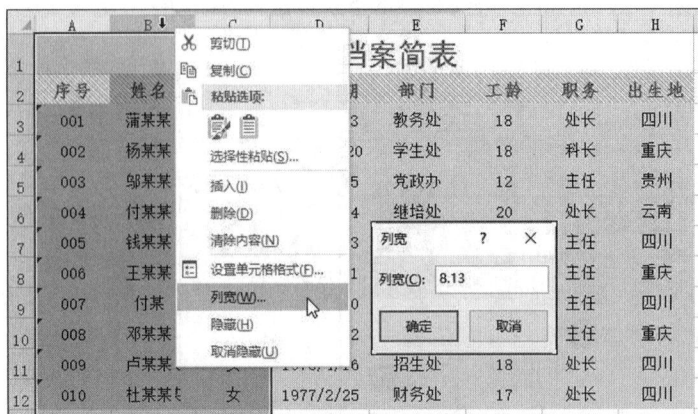

图 7-19　列宽设置示例

▶子任务 7.2.6　设置表格框线

设置表格外框线为蓝色中粗实线,内框线为紫色细点画线。

◎ 任务分析

本任务由于表格线设置有颜色,且外框线和内框线宽度不一样,不能通过"开始"选项卡"字体"
组内的"框线"按钮来完成,需在"设置单元格格式"对话框的"边框"标签中分别设置外框线和内框线
来完成。外框线和内框线的设置没有先后顺序。

◎ 任务实践

(1)选中 A2:H12 区域,按 Ctrl+1 组合键调出"设置单元格格式"对话框,在"边框"标签内线条
样式中单击"中粗实线",单击"颜色"右侧下拉箭头选择"蓝色",再单击边框预置中的"外边框"按钮,
使得所选择的线形、颜色得以应用至所选区域的外框,预览草图显示设置效果。用类似的方法,线条
样式选择"细点画线",颜色选择"紫色",单击"内部"按钮予以应用,如图 7-20 所示。

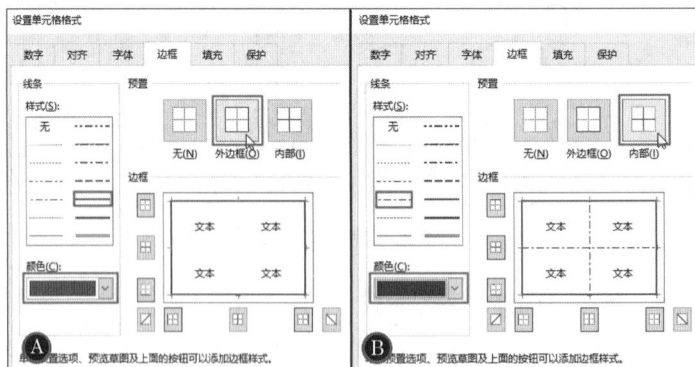

图 7-20　边框设置示例

(2)打印预览,看一下是否在一页之内,否则还需要调整行高或列宽等。

▶子任务 7.2.7　冻结表格 A、B 列和第 1、2 行,便于查看数据

◎ 任务分析

当表格行列比较多时,通过滚动条左右、上下移动查看数据时,表格左侧数据行
关键字、表格标题项目字段跟随移动,给数据查看带来不便。通过冻结表格行列功

数据冻结和保护

能,冻结的行列内数据可以不随滚动条滚动,该功能可通过"视图"选项卡内的"冻结窗格"功能来实现。

◎ 任务实践

单击确定需要冻结的行列交叉点右下单元格(C3 单元格),在"视图"选项卡中"窗口"组内单击 冻结窗格 按钮,弹出冻结窗格功能选项列表,单击"冻结窗格"选项即可(见图 7-21)。

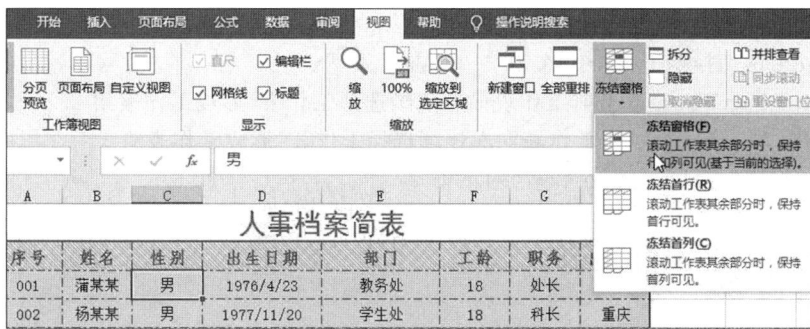

图 7-21 冻结窗口设置示例

▶ **子任务 7.2.8 锁定数据表中除 E:G 外所有数据,不允许在后期使用中修改员工信息**

◎ 任务分析

对工作表中部分数据实施保护,以避免在工作中误操作修改数据。该效果需要对保护和允许修改的数据区域进行设置,可通过"审阅"选项卡中"允许编辑区域"及"保护工作表"功能实现,前者是允许编辑部分单元格区域(即锁定其他部分单元格区域),后者是锁定整个工作表单元格保护不被编辑。

◎ 任务实践

拖动列标题选中 E:G 列数据,在"审阅"选项卡中单击 ✏ (允许编辑区域)按钮,弹出"允许编辑区域"对话框(见图 7-22A),单击 新建(N)... 按钮,弹出图 7-22B 所示的"新区域"对话框,其中允许用户修改区域的"标题"名称,"引用单元格"文本框中默认获取并填入已选定区域的引用(也可单击右侧折叠按钮 ⬆,重新选择引用单元格区域),当完成"引用单元格"地址后,单击确定返回。在图 7-22 A 中单击 保护工作表(O)... 按钮,弹出"保护工作表"对话框(图 7-23),在"取消工作表保护时使用的密码"框中输入工作表保护密码并确定,退出即完成本工作任务。注意:图 7-22 B 中的"区域密码"是指允许编辑区域的确认密码,即在对允许编辑的区域进行编辑时,首次编辑需要输入该密码进行确认,也是一种避免误操作的辅助功能。

图 7-22 编辑区域设置示例

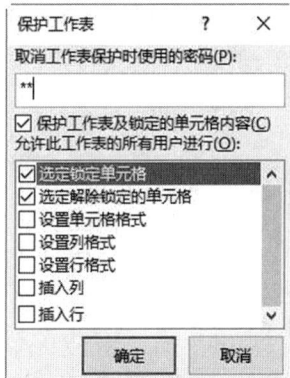

图 7-23 取消工作表保护设置示例

拓展技能

对下列 Excel 中快捷键进行操作练习：

Alt＋Shift＋F1 或者 Shift＋F11 插入新的工作表

Ctrl＋A 或 Ctrl＋Shift＋空格键 选择整个数据表

Ctrl＋Page Down：切换至下一个工作表

Ctrl＋Page Up：切换至上一个工作表

Ctrl＋Shift＋PageDown 自当前工作表向右连续选择工作表，形成工作表组

Ctrl＋Shift＋PageUp 自当前工作表向左连续选择工作表，形成工作表组

Alt＋E,M 调出"移动或复制工作表"对话框

强化技能

制作如图 7-24 所示的 A4 横向课程表表格。

图 7-24　表格制作示例

课程表制作案例

要点：

(1)纸张规格：A4。

(2)页面方向：横向。

(3)合并单元格：按要求合并。

(4)斜线表头：采用绘制图形线条绘制，文字采用多个独立文本框或单元格中文本换行方式处理。

(5)表格框线不统一：分别对不同区域设置所需格式的框线。

(6)文本居中设置。

项目8

Excel 2016公式与函数应用

公式与函数是对工作表中的数据进行精确、高速的分析和处理，为用户提供所需的结果并为用户的决策提供支持。本项目通过对公式与基本函数的应用讲解、一线岗位典型应用综合案例示范，掌握 Excel 的基本数据统计与核算技能。

培养目标

【知识目标】

1. 掌握公式及其运算符的含义。
2. 掌握常用函数的含义及基本用法。
3. 形成和掌握数据统计的思路、方法。

【能力目标】

1. 具有公式编写、函数基本统计核算应用的能力。
2. 具有对典型示范案例迁移应用，解决岗位工作实际问题的能力。
3. 具有一定的 Excel 数据核算统计创新应用的能力。

【素质目标】

1. 具备准确编制公式、设置函数参数的素质。
2. 具备尊重数据客观性、真实性，数据科学统计、安全规范的素质。

初识 Excel 公式　　　　Excel 数据的安全与保护设置　　　　公式常见错误分析

笔记区

任务 8.1　统计学生成绩数据

任务描述

将"学生成绩表"(见表 8-1)按以下要求进行处理(本任务中的操作数据表、Excel 常用函数的学习操作数据表《学生成绩表》、《公式与函数示例》可在教材配套资源包中调用)。

(1)对各课程进行数据统计(此任务共有 11 个小任务)。名次按平均分降序排列;等级划分为:一等平均分不小于 90,二等平均分不小于 80,三等平均分不小于 70,70 以下无等级。

(2)用条件格式将成绩在 90 分以上的用红色加粗突出显示。

综合案例学生成绩表

表 8-1　学生成绩表

	A	B	C	D	E	F	G	H	I	J	K	L	M	N	O
1								学生成绩表							
2	学号	班级	姓名	组别	性别	管理学	经济学	体育	思政	计算机	总分	平均分	名次	等级	备注
3	001	1班	蹇爱国	一	男	62	76	75	82	96					
4	002	1班	程旭东	一	男	73	87	83	80	97					
5	003	1班	姜娅	三	女	64	77	81	84	85					
6	004	1班	廖鑫星	一	男	70	77	84	82	93					
7	005	1班	何涛	二	男	72	61	54	77	82					
8	006	1班	罗灵	三	女	89	96	86	94	88					
9	007	1班	马良云	二	男	79	81	85	72	90					
10	008	1班	罗磊	一	男	0	78	68	70	86					管理学作弊计0分
11	009	1班	曾鹏升	二	男	77	77	83	76	88					
12	010	1班	蒲春艳	三	女	82	79	82	88	91					
13	011	1班	王宏宇	二	女	73	82	78	79	97					
14	012	1班	刘旭	一	女	75	84	85	88	88					
15	013	1班	黄源梦	三	女	71	81		81	82					体育缺考无成绩
16	014	1班	张阳宇	三	女	72	76	88	86	87					
17	1		各科总分												
18	2		各科平均分												
19	3		各科最高分												
20	4		各科最低分												
21	5		各科参考人数												
22	6		及格人数												
23	7		及格率												

续表

	A	B	C	D	E	F	G	H	I	J	K	L	M	N	O
24	8	男生人数													
25		女生人数													
26		一组各科总分													
27	9	二组各科总分													
28		三组各科总分													
29		60分以下（人）													
30		60～70分（人）													
31	10	70～80分（人）													
32		80～90分（人）													
33		90分以上（人）													

任务分析与实践

▶子任务8.1.1 求每个学生的课程总分

Excel函数对数据的引用是通过单元格地址指定的,调用函数常用的方法有以下三种。

方法一:在单元格或"编辑栏"中直接输入完整的函数及公式表达式,也可在单元格中输入"="及函数名称(如"=rank")后按Ctrl+A组合键,弹出"函数参数"对话框(见图8-1),在其中进行函数的参数设置。当参数文本框右侧带有 ▣ (折叠)按钮时,该项参数可以通过拖动鼠标在工作表中直接获取;若对话框遮盖了数据,可移动对话框或单击该按钮最小化对话框后获取数据,再次单击恢复对话框。

插入函数的方法

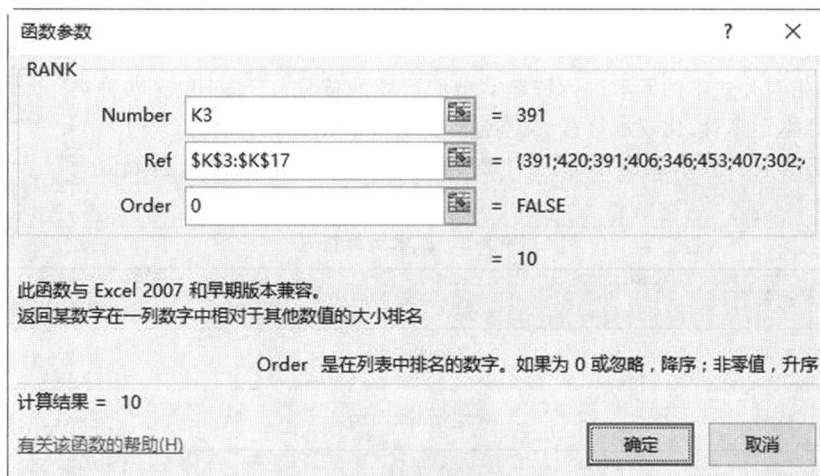

图8-1 函数参数对话框

方法二:按Shift+F3组合键或在"公式"选项卡的"函数库"面板或"编辑栏"上单击"插入函数"按钮 fx,弹出如图8-2所示的对话框,选择所需的函数并设置函数的参数。

方法三:在单元格中输入"="符号后,单击公式编辑栏中"名称框"右侧的 ▾ (列表箭头)按钮,选择最近函数或其他函数。

笔记区

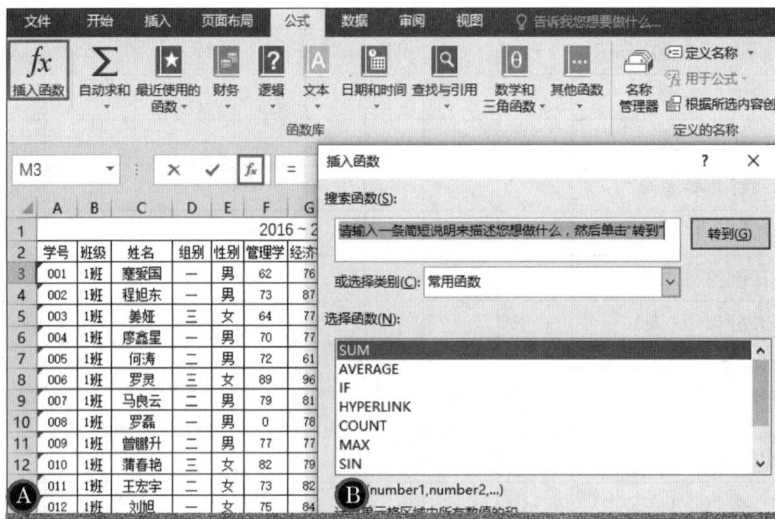

图 8-2　插入函数示例

数据的计算是通过公式完成的,Excel通过内置公式与函数的使用表现出强大的数据分析处理能力,Excel的公式与函数如数学中的公式、函数一样有自身的使用规则。

1. 公式

在Excel里面进行计算,首先想到的是如何简化过程,不将任务复杂化。Excel里面的计算通常是由公式来完成的,公式要以等号(=)开头,后跟参与运算的运算符和运算数。其中,运算符根据运算数的类型和运算的需要进行选取;运算数则可以是函数、单元格引用和常量。公式使用常规"四步曲":

(1)确定公式单元格。

(2)输入等号(=)。

(3)输入公式表达式。

(4)公式输入完毕,按Enter键或Ctrl+Enter组合键确定;数组公式则按Ctrl+Shift+Enter组合键确定。

2. 运算符

运算符是指对公式中的元素进行特定类型的运算的符号。Excel包含四种类型的运算符:算术运算符、比较运算符、文本连接运算符和引用运算符。

(1)算术运算符。算术运算符(见表8-2)用于数值运算,连接数值和数值表达式。

公式中的运算
符及运算次序

表 8-2　算术运算符

算术运算符	含义	示例
+(加号)	加法运算	3+3
-(减号)	减法运算、负号	3-1、-1
*(星号)	乘法运算	3*3
/(正斜线)	除法运算	3/3
%(百分号)	百分比	20%
^(插入符号)	乘幂运算	3^2

（2）比较运算符。比较运算符（见表8-3）用于比较运算，连接同类数据，其结果是一个逻辑值，即"真值"（TRUE）或"假值"（FALSE）。

表8-3　比较运算符

比较运算符	含义	示例
＝（等号）	等于	1＝2（FALSE）
＞（大于号）	大于	1＞2（FALSE）
＜（小于号）	小于	1＜2（TRUE）
＞＝（大于或等于号）	大于或等于	1＞＝2（FALSE）
＜＝（小于或等于号）	小于或等于	1＜＝2（TRUE）
＜＞（不等号）	不相等	1＜＞2（TRUE）

（3）文本连接运算符。文本连接运算符（见表8-4）用于文本连接运算，连接同类数据，其结果生成一个新的文本字符串。

表8-4　文件连接运算符

文本运算符	含义	示例
＆（和）	将两个文本值连接或串起来产生一个连续的文本值	"North"＆"wind"

（4）引用运算符。引用运算符（见表8-5）用于数据引用运算，列入引用运算的数据被合并计算。

表8-5　引用运算符

引用运算符	含义	示例
:（冒号）	区域运算符，产生对包括在两个引用之间的所有单元格的引用	B5:B15
（空格）	交叉运算符产生对两个引用共有的单元格的引用	＝SUM(B7:D10 C5:C11)
,（逗号）	联合运算符，将多个引用合并为一个引用	＝SUM(B5:B15,D5:D15)

3. 单元格引用

Excel中对单元格中数据的引用是通过单元格地址来实现的，如引用地址为H3，则计算公式实质是根据地址H3调用其内的数据进行处理。单元格的引用有相对引用、绝对引用和混合引用三种，不同的环境中使用不同类型的引用，按F4键可进行引用之间的切换。

单元格的引用

（1）相对引用。相对引用是基于包含公式的单元格的相对位置。如果公式所在单元格的位置改变，引用也随之改变。如果多行或多列地复制公式，引用会自动调整。如图8-3所示，将单元格B2中的相对引用复制到单元格B3，公式中的引用自动从"＝A2"调整到"＝A3"，新目标单元格相对于原单元格向下移动一行，引用地址也跟随向下移动一行，左右均未发生变化。

（2）绝对引用。绝对引用所引用的单元格位置是固定不变的。如果公式所在单元格的位置改变，绝对引用保持不变。如果多行或多列地复制公式，复制的公式具有绝对引用，即绝对引用将不作调整。默认情况下，新公式使用相对引用，可以将它们转换为绝对引用。如图8-3所示，将单元格D2中的绝对引用复制到单元格D3，则在两个单元格中的引用是一样的，都是"＝$A$2"。

（3）混合引用。混合引用是指同时使用相对引用和绝对引用，具有绝对列和相对行，或是绝对行和相对列。绝对列相对行引用采用$A1、$B1等形式，绝对行相对列引用采用A$1、B$1等形式。如果公式所在单元格的位置改变，则相对引用改变，而绝对引用不变。如果多行或多列地复制公式，相对引用自动调整，而绝对引用不作调整。

分析图 8-3 中 G 列和 I 列的结果。

	A	B	C	D	E	F	G	H	I
1	数据	相对引用公式	结果	绝引用公式	结果	混合引用公式1	结果	混合引用公式2	结果
2	1	=A2	1	=$A$2	1	=A$2	1	=$A2	1
3	2	=A3	2	=$A$2	1	=A$2	1	=$A3	2
4	3	=A4	3	=$A$2	1	=A$2	1	=$A4	3
5	4	=A5	4	=$A$2	1	=A$2	1	=$A5	4
6	5	=A6	5	=$A$2	1	=A$2	1	=$A6	5
7	6	=A7	6	=$A$2	1	=A$2	1	=$A7	6
8	7	=A8	7	=$A$2	1	=A$2	1	=$A8	7

图 8-3 引用示例

公式引用　　　公式编辑

对一系列单元格数据求和,通过调用系统内置的求和函数 SUM 来完成。

◎ 任务分析

SUM 作用:返回某一单元格区域中所有数值数据的和。

语法:SUM(Number1,Number2,…)。

参数:

函数 SUM、AVERAGE

Number1,Number2 等为 1~255 个需要求和的参数,至少要有一个参数。每个参数都可以是单元格区域、单元格引用、数组、常量、公式或另一个函数的结果。直接输入到参数表中的数字将被计算。

SUM 函数使用示例如图 8-4 所示。

	A	B	C	D	E
1	数据	类型	公式	结果	说明
2	9	数字	30	30	A2、A3、A6、A9四数求和
3	11	数字			
4	Excel 2016	文本	36	36	A2、A3、A6、A9、5和TRUE（值为1）六数求和
5	TRUE	逻辑值			
6	10	数字	35	35	A2、A3、A6、A9、5和FALSE（值为0）六数求和
7	12	文本			
8	"12"	文本			
9	0	零值			

图 8-4　SUM 函数使用示例

◎ 任务实践

单击表 8-1 中 K3 单元格,在"开始"选项卡中"编辑"组内单击 Σ 自动求和 按钮,Excel 自动获取最近区域单元格地址作为求和计算区域,核实引用的单元格地址是否正确(见图 8-5)。如果引用地址正确,则按 Enter 键或 Ctrl+Enter 组合键确认;如果引用地址不正确,则用拖动法重新选择正确的单元格或直接输入单元格地址。

组别	性别	管理学	经济学	体育	思政	计算机	总分	平均分	名次	等级	
一	男	62	76	72	82	96	=SUM (F3: J3)				
一	男	73	87	80	80	97	SUM(**number1**, [number2], ...)				
三	女	64	77	78	84	85					

图 8-5　函数引用区域选择示例

也可以通过"函数参数"对话框完成公式,如图 8-6 所示。

106

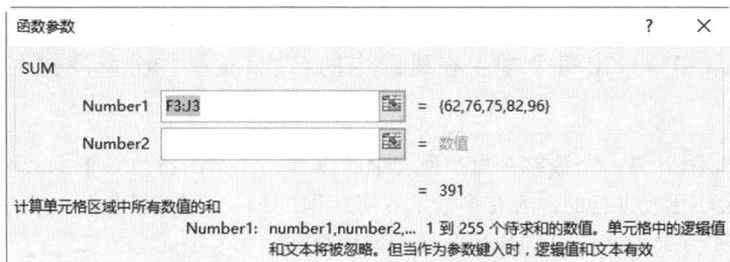

图 8-6 "函数参数"对话框使用示例

通过操作,K3 单元格公式为:＝SUM(F3:J3),使用填充功能将 K3 公式向下复制填充到 K17;
F18 单元格公式为:＝SUM(F3:F17),使用填充功能将 F18 公式向右复制填充到 J18。后续相应内
容均是操作一个公式后,拖动填充柄快速完成操作。

▶ **子任务 8.1.2 求出每个学生的课程平均分**

对一系列单元格数据求平均值,通过调用系统内置的平均值函数 AVERAGE 来完成。

◎ **任务分析**

AVERAGE 作用:计算指定单元格区域中数字单元格的平均值;AVERAGEA 计算指定区域中
数值的平均值;AVERAGEIF 可计算满足给定条件的单元格的平均值;AVERAGEIFS 可多条件计
算满足给定的多个条件的单元格的平均值。

语法:AVERAGE(number1,number2,…)

参数:Number1,Number2 等为需要计算平均值的 1～255 个参数,至少要有一个参数。参数可
以是数字或者是包含数字的名称、单元格区域或单元格引用。

AVERAGE、AVERAGEA、AVERAGEIF、AVERAGEIFS 函数使用示例如图 8-7 所示。

图 8-7 **AVERAGE、AVERAGEA、AVERGEIF、AVERAGEIFS 函数使用示例**

◎ **任务实践**

单击选择 L3 后,在"开始"选项卡中"编辑"组内单击 Σ 自动求和 右侧的 按钮,在弹出的函数
列表中选择 平均值(A) 项,Excel 自动获取最近区域单元格地址作为求平均值的计算区域,核实引用的
单元格地址是否正确,如果引用地址正确,则按 Enter 键确认;如果引用地址不正确,则用拖动法重
新选择正确的单元格区域。本任务中 K3 单元格是"总分",不作为平均值计算的对象,因此须重新
拖动选择求平均的数据区域(F3:J3),如图 8-8 所示。

图 8-8 **函数引用区域自动获取与手动纠正示例**

通过操作,L3 单元格公式为:＝AVERAGE(F3:J3);F19 单元格公式为:＝AVERAGE(F3:F17)。

▶子任务 8.1.3 求出每个学生在班级中的名次(按平均分降序排列)

◎ 任务分析

RANK. EQ 作用:计算一个数字在数字列表中的排位。数字的排位是依据其与列表中其他值的大小比较进行的。若有多个值具有相同的排位,则其排位相同。早期版本中的 RANK 与 RANK. EQ 的作用与使用方法相同。

语法:RANK. EQ(Number,Ref,Order)。

参数:

Number:需要查找排位的数字。

Ref:排位数字列表或对数字列表的引用区域。由于同一区域多个数据排位时区域保持不变,因此区域须用绝对引用。Ref 中的非数值型参数将被忽略。

Order:为一数字,指明排位的方式。如果 Order 为 0(零)或省略,则排位是对 Ref 按照降序排列;如果 Order 不为零,则排位是对 Ref 按照升序排位。

函数 RNNK. EQ

◎ 任务实践

单击选择 M3 后,调用 RANK. EQ 函数,正确设置 Number 和 Ref 参数,如图 8-9 所示。

通过操作,M3 单元格公式为:＝RANK. EQ(L3,$L$3:$L$17)。

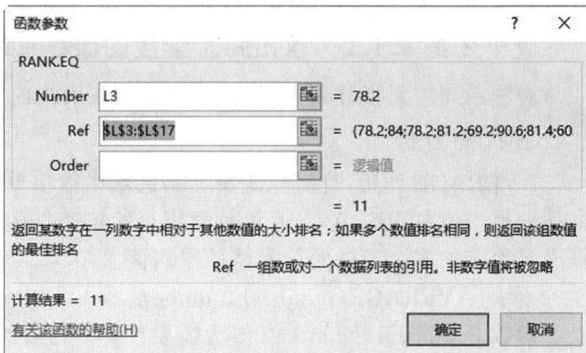

图 8-9 RANK. EQ 函数示例

▶子任务 8.1.4 "等级"排列

本任务等级划分为:一等平均分≥90,二等平均分≥80,三等平均分≥70,70 以下无等级。

◎ 任务分析

本任务的"等级"排列涉及数据的比对判断,用 IF 函数来完成。

IF 作用:根据指定条件,执行真假值判断,返回真假情况下的结果。

语法:IF(Logical_test,Value_if_true,Value_if_false)。

参数:

Logical_test:判断条件,为计算结果是 True 或 False 的任意值或表达式。

Value_if_true:真值,当 Logical_test 条件为 True 时的结果(值)。Value_if_true 也可以是其他公式(含嵌套函数),省略该参数则该项结果默认为 0。

Value_if_false:假值,当 Logical_test 条件为 False 时的结果(值)。Value_if_false 也可以是其他公式(含嵌套函数),省略该参数则该项结果默认为 0。

IF 函数使用示例如图 8-10 所示。

	A	B	C	D	E	F	G
1	数据	公式	结果	公式	结果	公式	结果
2	83	=IF(A2>60,"合格","不合格")	合格	=IF(A2<60,A2+3,A2)	83	=IF(A2>=90,"优秀",IF(A2>=75,"良",IF(A2>=60,"及格","不及格")))	良
3	55	=IF(A3>60,"合格","不合格")	不合格	=IF(A3<60,A3+3,A3)	58	=IF(A3>=90,"优秀",IF(A3>=75,"良",IF(A3>=60,"及格","不及格")))	不及格
4	76	=IF(A4>60,"合格","不合格")	合格	=IF(A4<60,A4+3,A4)	76	=IF(A4>=90,"优秀",IF(A4>=75,"良",IF(A4>=60,"及格","不及格")))	良
5	59	=IF(A5>60,"合格","不合格")	不合格	=IF(A5<60,A5+3,A5)	62	=IF(A5>=90,"优秀",IF(A5>=75,"良",IF(A5>=60,"及格","不及格")))	不及格
6	82	=IF(A6>60,"合格","不合格")	合格	=IF(A6<60,A6+3,A6)	82	=IF(A6>=90,"优秀",IF(A6>=75,"良",IF(A6>=60,"及格","不及格")))	良
7	30	=IF(A7>60,"合格","不合格")	不合格	=IF(A7<60,A7+3,A7)	33	=IF(A7>=90,"优秀",IF(A7>=75,"良",IF(A7>=60,"及格","不及格")))	不及格
8	66	=IF(A8>60,"合格","不合格")	合格	=IF(A8<60,A8+3,A8)	66	=IF(A8>=90,"优秀",IF(A8>=75,"良",IF(A8>=60,"及格","不及格")))	及格
9	87	=IF(A9>60,"合格","不合格")	合格	=IF(A9<60,A9+3,A9)	87	=IF(A9>=90,"优秀",IF(A9>=75,"良",IF(A9>=60,"及格","不及格")))	良

图 8-10 IF 函数使用示例

◎ **任务实践**

单击 N3 后,调出 IF 函数参数对话框,参数设置如图 8-11 所示。由于本例出现函数的嵌套,在"L3>=90"条件不成立的情况下,应对下一个区间即 L3>=80 进行判断,因此需在"Value_if_false"中嵌入第二个 IF 函数,操作方法是:单击 Value_if_false 文本框后再单击"名称框",在函数列表中选择 IF 函数,然后再对该层 IF 进行参数设置(见图 8-12)。由于条件中"平均分小于 70 无等级",因此最后一个 IF 的"Value_if_false"为空。

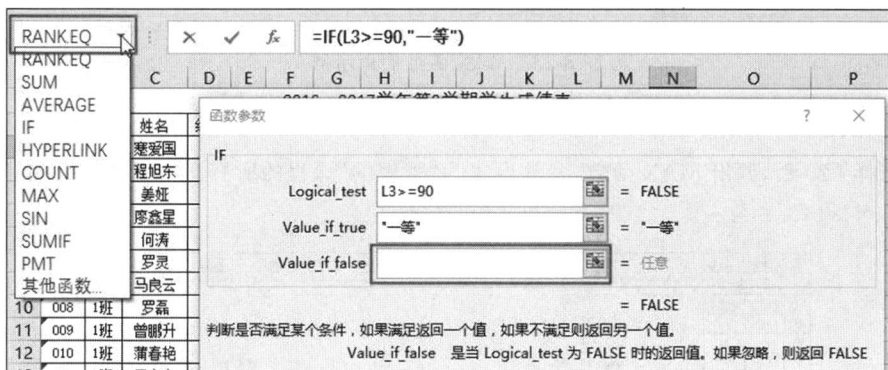

图 8-11 IF 函数嵌套使用示例(一)

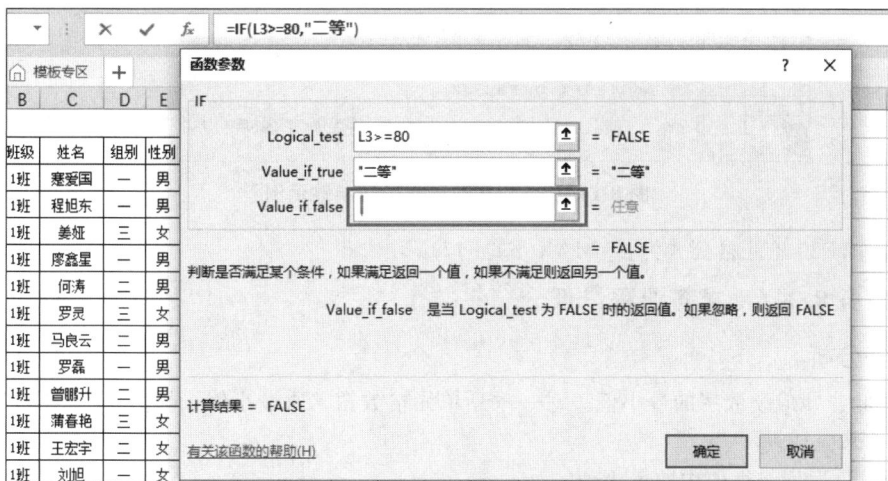

图 8-12 IF 函数嵌套使用示例(二)

通过操作,N3 单元格公式为:=IF(L3>=90,"一等",IF(L3>=80,"二等",IF(L3>=70,"三等",""))).

▶子任务 8.1.5 求出各科的最高分

◎ **任务分析**

成绩最高分即成绩数字的最大值。对一系列单元格数据求取最大值时,通过调用系统内置的最大值函数 MAX 来完成。

MAX 作用:返回一组值中的最大值。

语法:MAX(Number1,Number2,…)。

参数:

Number1,Number2 等为要从中找出最大值的 1~255 个数字参数,至少要有一个参数。

MAX 函数使用示例如图 8-13 所示。

函数 MAX、MIN

图 8-13　MAX 函数使用示例

◎ 任务实践

单击选择 F20 后,调出 MAX 函数,参数设置为"管理学"课程的所有学生成绩单元格区域,如图 8-14 所示。

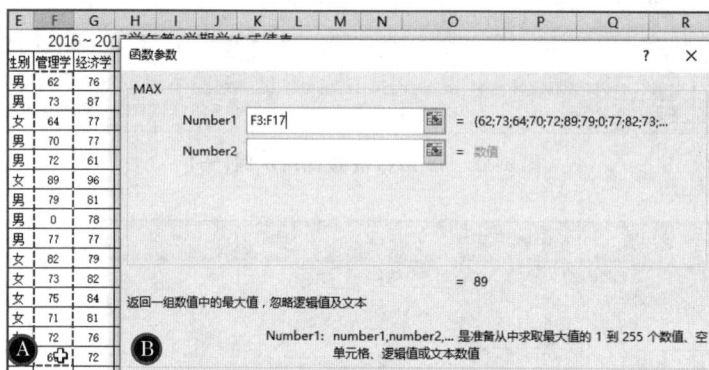

图 8-14　MAX 拖动选择函数参数示例

经过操作,F20 单元格公式为:＝MAX(F3:F17)。

▶ **子任务 8.1.6　求各课程最低分**

◎ 任务分析

成绩最低分即成绩数字的最小值。对一系列单元格数据求取最小值,通过调用系统内置的最小值函数 MIN 来完成。

MIN 作用:返回一组值中的最小值。

语法:MIN(Number1,Number2,…)。

参数:

Number1,Number2 等为要从中找出最小值的 1～255 个数字参数,至少要有一个参数。

MIN 函数使用示例如图 8-15 所示。

图 8-15　MIN 函数使用示例

◎ **任务实践**

经过操作,F21单元格公式为:＝MIN(F3：F17)。

▶ **子任务8.1.7　求各课程参考人数**

◎ **任务分析**

参考人数默认为数据表中有成绩的数据,即考试成绩个数。对于0分成绩,按1个数据纳入计算;若缺考,则让单元格为空,不录入数据。

对一系列单元格数据统计个数,通过调用系统内置的统计函数COUNT、COUNTA、COUNTBLANK等来完成。

(1)COUNT作用:统计包含数字以及包含参数列表中的数字单元格的个数,还可以统计单元格区域或数字数组中数字字段的输入项的个数。

语法:COUNT(Value1,Value2,…)。

参数:

Value1,Value2等为包含或引用各种类型数据的参数(1～255个),但只有数字类型的数据才被计算;至少要有一个参数。

(2)COUNTA作用:计算范围中非空的单元格的个数。

语法:COUNTA(Value1,[Value2],…)。

参数:

Value1,Value2等表示要计数的值的参数,最多可包含255个参数。

(3)COUNTBLANK作用:计算指定单元格区域中空白单元格的个数。

语法:COUNTBLANK(Range)。

参数:

Range表示需要计算其中空白单元格个数的区域。

COUNT、COUNTA、COUNTBLANK函数使用示例如图8-16所示。

函数COUNT、COUNTA、COUNTBLANK

	A	B	C	D	E
1	数据	类型	公式	结果	说明
2	Excel	文本	=COUNT(A2:A9)	3	A3、A6、A7被统计
3	42835	日期			
4		空白	=COUNT(A6:A9)	2	A6、A7被统计
5	" "	空字符串			
6	35	数字	=COUNT(A2:A9,11)	4	A3、A6、A7、11被统计
7	18	数字			
8	=1=1	逻辑值	=COUNTA(A2:A9,"ABC",11)	9	A2、A3、A5、A6、A7、A8、A9、"ABC"、11被统计
9	=3/0	错误值	=COUNTBLANK(A2:A9)	1	A4单元格被统计

图8-16　COUNT、COUNTA、COUNTBLANK函数使用示例

◎ **任务实践**

经过操作,F22单元格公式为:＝COUNT(F3：F17)。

▶ **子任务8.1.8　求各科及格人数和及格率**

◎ **任务分析**

及格人数是指成绩大于或等于60分的数据个数。按条件统计数据的个数通过调用计数函数COUNTIF/COUNTIFS来完成。及格率＝及格人数/参考总人数。

COUNTIF作用:统计指定区域中满足条件的数据个数。COUNTIFS可多条件计数。

语法:COUNTIF(Range,Criteria)

COUNTIF(Criteria_Range1,Criteria1,Criteria_Range2,Criteria2,…)

函数COUNTIF

参数：

Range：条件判断的单元格区域；Criteria：条件，可以为数字、表达式或文本形式。

COUNTIF、COUNTIFS 函数使用示例如图 8-17 所示。

	A	B	C	D	E	F
1	班级	组别	得分	公式	结果	说明
2	一班	一组	505	=COUNTIF(A2:A9,"一班")	3	对含"一班"的单元格计数
3	二班	一组	498	=COUNTIF(A2:A9,A5)	2	对等于A5单元格值班级计数
4	一班	三组	514	=COUNTIF(C2:C9,">520")	3	对得分大于520单元格计数
5	三班	一组	550	=COUNTIF(C2:C9,"<>550")	6	对不等于550单元格计数
6	三班	三组	467	=COUNTIFS(C2:C9,">500",C2:C9,"<550")	3	对大于500且小于550单元格计数
7	一班	五组	550	=COUNTIFS(B2:B9,"一组",C2:C9,"<530")	2	对"一组"中得分小于530单元格计数
8	三班	二组	534	=COUNTIFS(A2:A9,"三班",B2:B9,"*组")	3	对"三班"的组别个数进行计数
9	二班	一组				

图 8-17 COUNTIF、COUNTIFS 函数使用示例

◎ **任务实践**

将活动单元格定位在 F23，调用 COUNTIF 函数，设置参数如图 8-18 所示，Criteria 条件参数采取直接输入">=60"（不含引号），用参数对话框可自带引号。

经过操作，F23 单元格公式为：=COUNTIF(F3:F17,">=60")。使用填充功能将 F23 公式复制填充到 J23。

F24 单元格公式：= COUNTIF(F3:F17,">=60")/COUNT(F3:F17)或=F23/F22，再将单元格数据格式设置为百分比。

F25 单元格公式：=COUNTIF(E3:E17,"男")。

F26 单元格公式：=COUNTIF(E3:E17,"女")。

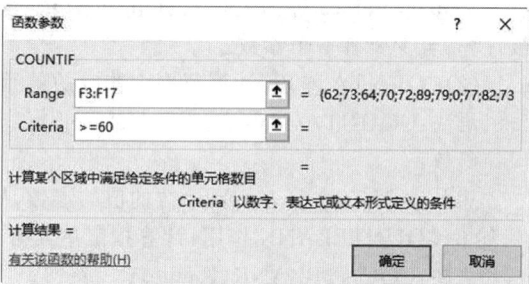

图 8-18 COUNTIF 函数条件设置示例

▶子任务 8.1.9 求出各小组各课程的总分

◎ **任务分析**

对一系列单元格数据按条件求和，可通过条件求和函数 SUMIF/来完成。

SUMIF 作用：根据条件对指定区域中若干符合条件的值求和；SUMIFS 可多条件求和。

语法：SUMIF(Range,Criteria,Sum_range)。

参数：

Range：用于条件判断的单元格区域。

Criteria：求和判断的条件，其形式可以为数字、表达式或文本。

Sum_range：是条件求和的实际单元格区域，对求和单元格区域中符合条件的相应单元格进行求和。

SUMIF、SUMIFS 函数使用示例如图 8-19 和图 8-20 所示。

函数 SUMIF

	A	B	C	D	E
1	数据1	数据2	公式	结果	说明
2	92	70	=SUMIF(A2:A9,">75",B2:B9)	270	B2、B4、B6、B9四数求和
3	55	67			
4	76	98	=SUMIF(A2:A9,">75")	331	A2、A4、A6、A9四数求和
5	59	55			
6	76	78	=SUMIF(A2:A9,76,B2:B9)	176	A4、A6二数求和
7	30	82			
8	66	77	=SUMIF(A2:A9,">"&A10,B2:B9)	347	B2、B4、B6、B8、B9五数求和
9	87	24			
10	60				

图 8-19 SUMIF 函数使用示例（一）

	A	B	C	D	E	F
1	班级	组别	得分	公式	结果	说明
2	一班	一组	505	=SUMIF(A2:A8,"一班",C2:C8)	2008	一班各组，C2、C4、C6、C8三数求和
3	二班	一组	498	=SUMIF(A2:A8,"三班",C2:C8)	1084	三班各组，C5、C8二数求和
4	一班	三组	514	=SUMIF(B2:B8,"一?",C2:C8)	1553	组别只有两个字符且首字符为"一"的所有组，C2、C3、C5三数求和
5	三班	一组	550	=SUMIFS(C2:C8,B2:B8,"一组",C2:C8,">500")	1055	组别为"一组"且C2:C8中对应数据大于500的C2、C5两数求和
6	一班	五组	477	=SUMIFS(C2:C8,A2:A8,"一班",C2:C8,">500",C2:C8,"<530")	1531	班级为"一班"且C2:C8中数据在500—530之间的C2、C4、C8三数求和
7	三班	二组	534			
8	一班	四组	512	说明：SUMIF单条件求和，SUMIFS多条件求和		通配符：?代表一个任意字符，*代表多个任意字符

图 8-20　SUMIF、SUMIFS 函数使用示例（二）

◎ 任务实践

将活动单元格定位在 F27，调用 SUMIF 函数，设置参数如图 8-21 所示，单击"确定"按钮后，向右拖动填充柄至 J27，完成"一"组各科总分的求和。用同样的操作方法完成其他组各科的求和。

F27 单元格公式：＝SUMIF（＄D＄3：＄D＄17，"一"，F3:F17）。

F28 单元格公式：＝SUMIF（＄D＄3：＄D＄17，"二"，F3:F17）。

F29 单元格公式：＝SUMIF（＄D＄3：＄D＄17，"三"，F3:F17）。

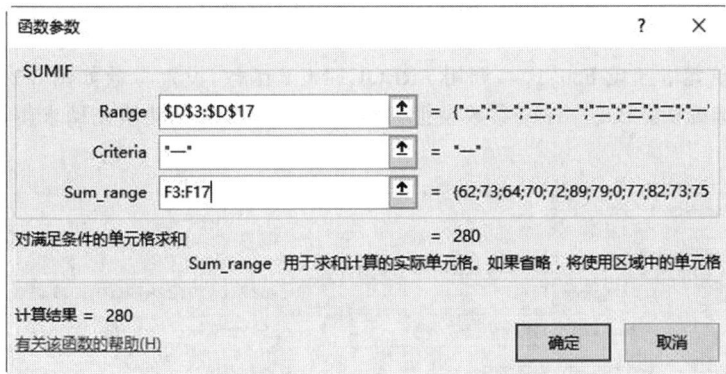

图 8-21　SUMIF 函数参数设置示例

▶ 子任务 8.1.10　对各课程的成绩进行分数段统计

◎ 任务分析

当需要对某个数据段进行数据统计，简单情况下可通过 COUNTIF 函数来实现，复杂情况下 COUNTIF 函数则无能为力，此时利用 FREQUENCY 函数或者 COUNTIFS 函数（用法见拓展技能）则可轻松完成。

FREQUENCY 作用：统计指定数据源区域内数值数据在给定区间分段点内的数据个数。

语法：FREQUENCY（Data_array，Bins_array）。

参数：

Data_array：为数据源区域的引用，用作统计计算的对象，其中的文本或空白单元格将被忽略；当不包含任何数值时为零。

Bins_array：为分段点（区间）的引用，用于对 Data_array 中的数值进行分段统计；当分段点不包含任何数值时，结果为数据源数值数据的总个数。

该函数的统计结果存放区域所选单元格数必须比分段点个数多1，多出来的1个单元格用于存放超出最高分段点的数值个数。此函数必须以数组公式的形式输入确认（Ctrl＋Shift＋Enter 组合键）。

FREQUENCY 函数使用示例如图 8-22 所示。

函数
FREQUENCY

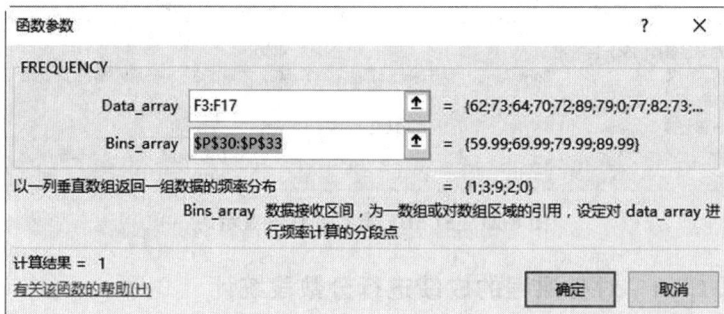

图 8-22　FREQUENCY 函数使用示例

◎ **任务实践**

第一步：在空单元格区域中设置分段点，即分段区间。如在 P30:P33 依次输入 59.99,69.99,79.99,89.99。本任务有 5 个分段，根据要求设置 4 个分段点即可。分段点数值为低于给定理论值点的最大数值。

第二步：选择单元格区域 F30:F34，调用 FREQUENCY 函数，设置参数如图 8-23 所示，按 Ctrl＋Shift＋Enter 组合键确认。Bins_array 参数设置为绝对引用是便于拖动填充柄求得其他科目成绩分段点。

图 8-23　FREQUENCY 参数设置示例

公式解析：＄P＄30：＄P＄33 采用绝对引用的原因是使公式的复制过程中"分段"区域保持不变。

▶ **子任务 8.1.11　用条件格式将成绩在 90 分以上的用红色加粗突出显示**

◎ **任务分析**

当要求对给定条件下的数据突出显示时，如改变字体、字号等格式，简单情况下可通过格式刷来实现，复杂情况下借助"条件格式"功能则可轻松完成。Excel 的"条件格式"功能强大，预设的条件多样，格式多样，如图 8-24 所示。

◎ **任务实践**

选中单元格区域 F3:J17，在"开始"选项卡中"样式"组内单击▦（条件格式）按钮，在"突出显示单元格规则"中选择"大于"选项（或通过"新建规则"或"其他规则"功能设置所需的规则（见图 8-24），任务中条件为"红色、加粗"，不符合系统预设的条件，因此不选择预置条件而是自行新建条件格式），弹出如图 8-25A 所示的对话框，设置条件为大于 90；单击 格式(F)… 按钮，弹出如图 8-25B 所示的"设置单元格格式"对话框，在其中进行颜色、字形设置。

条件格式

114

图 8-24　条件格式预设类别示例

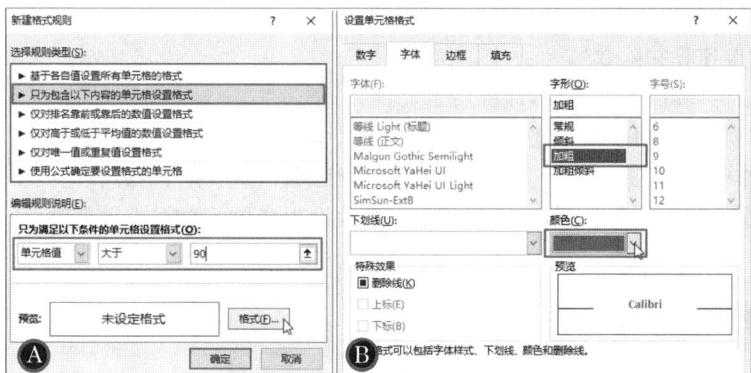

图 8-25　条件格式条件设置示例

任务 8.2　核算职工工资数据

任务描述

将"职工工资一览表"(见图 8-26)数据按如下要求进行处理(本任务中的操作数据表可在教材配套资源包中调用)。

	A	B	C	D	E	F	G	H	I	J	K	L	M	N	O	P	Q	R	S
1							职工工资一览表												
2	工号	姓名	职称	身份证号	性别	出生日期	年龄	参加工作时间	工龄	病假	事假	迟到	基本工资	工龄工资	津贴补助	违规扣款	税前工资总额	个税	实发工资
3	ZR001	杨拉伙	副教授	210223197905060558				2000-8-10	0	5	0								
4	ZR002	刘义树	助教	210223199106235661				2012-3-1	5	12	2								
5	ZR003	马金才	讲师	210223198710136635				2009-8-1	3	5	0								
6	ZR004	罗小春	教授	210223197701116380				1997-7-20	0	0	0								
7	ZR005	黄嘉乐	副教授	210224197810234821				2000-8-10	1	2	1								
8	ZR006	德西拥忠	助教	210224198907042031				2009-3-2	3	4	0								
9	ZR007	曲珍	讲师	210224198601280026				2006-6-30	5	0	1								
10	ZR008	阿七布几	讲师	210226198204111420				2003-7-1	8	6	9								
11	ZR009	马文清	讲师	210226198608090053				2007-6-30	0	8	1								
12	ZR010	尼卜尔批	讲师	210226198910021915				2010-5-4	4	2	1								
13	ZR011	周健	助教	210226199212221659				2013-8-30	1	1	3								
14	ZR012	则玛拥忠	讲师	210226198712240017				2009-8-6	6	4	0								
15	ZR013	张毅	讲师	210227198312061545				2005-6-5	8	6	9								
16	ZR014	何林东	讲师	210227198209040059				2003-8-2	5	6	5								
17	ZR015	杨丽	讲师	210229198011140023				2001-3-5	5	3	1								
18	ZR016	聂万谋	教授	210229196809011331				1987-7-3	3	0	0								

图 8-26　操作示例数据原表

综合案例职工工资核算

115

笔记区

(1)利用公式及函数求出每个员工的性别("男"或"女")、出生日期、年龄和工龄。

提示:身份证号的倒数第2位用于判断性别,奇数为男性,偶数为女性;身份证号的第7~14位代表出生年月日;年龄、工龄需要按周年计算,完整满1年才计1岁。

(2)核算基本工资、工龄工资。

基本工资:职称为助教的基本工资1500元,讲师基本工资2000元,副教授基本工资3000元,教授基本工资4200元。

工龄工资:每工作一年则下年工龄工资增加20元/月。

(3)算出津贴补助和违规扣款。

津贴补助:病假、事假、迟到合计小于5或副高以上(教授或副教授)职称津贴3000元,病假、事假、迟到合计小于8且职称是讲师的津贴2500元,其余补助1800元。

违规扣款:迟到扣5元/次,病假、事假合计不小于10扣10元/次,病假、事假合计不小于5扣5元/次,其余情况不扣。

(4)参照国家个人所得税税率(见表8-6),利用IF函数计算"个税"列(提示:个税=应纳税所得额×对应税率−对应速算扣除数)。

(5)根据工资结构,算出实发工资,即税后工资。

(6)调整行高、列宽,套用表格样式美化表格。

注意:实际工作中,在首次做工资表模板时,需要对性别、出生日期、年龄和基本工资等数据进行统计,在以后各月中原则上不再重复统计,而仅需对其他发生变更的数据进行更改。

任务分析与实践

▶子任务8.2.1 判断员工的性别("男"或"女")

◎ 任务分析

本任务首先要明白身份证的组成及所表示的意义,二代身份证号码18位,第1~6位为地区码,第7~14位为日期码(出生年月日),第15~17位为顺序码(其中第17位奇数分配给男性,偶数分配给女性),第18位为校验码(按特定公式计算,0~9和X共10个符号)。

函数 MID、LEFT、RIGHT、LEN

要判断性别,需要将身份证中第17位提取出来进行奇偶判断,需用到字符串截取函数MID、求余函数MOD和条件判断函数IF。即先用MID函数取出身份证号码的第17位,再用MOD函数判断它的奇偶性,最后通过IF函数判断转换得出结果数据。

1. MID 函数

作用:用于截取文本字符串中从指定位置开始的指定字符个数的字符。

语法:MID(Text,Start_num,Num_chars)。

参数:

Text:用于字符截取的源文本字符串。

Start_num:指定要截取的第一个字符的位置,系统定义为1,以此为基础后推。

Num_chars:指定要截取的字符数量(字符个数)。当Start_num大于截取源文本长度时,系统截取结果为空文本("");当Start_num小于截取源文本长度且Start_num加上Num_chars超过截取源文本的长度时,系统截取结果为截取起点至源文本末尾间字符。

Start_num、Num_chars和Num_bytes均是正整数;当为负数时,系统返回错误值#Value!。

MID函数使用示例如图8-27所示。

	A	B	C	D	E	F	G
1	数据	类型	截取公式	结果	长度公式	截取字符长度	说明
2	Excel 2016	字符	=MID(A2,2,7)	xcel 20	=LEN(D2)	7	在有效范围内截取
3			=MID(A2,2,15)	xcel 2016	=LEN(D3)	9	截取范围超源文件长度,截取起点至源文本末尾间字符
4			=MID(A2,15,5)		=LEN(D4)	0	截取起点超源文本长度,截取结果为空文本("")
5			=MID(A2,-2,7)	#VALUE!	=LEN(D5)	#VALUE!	截取起点参数为负数,函数返回错误值
6			=MID(A2,2,-7)	#VALUE!	=LEN(D6)	#VALUE!	截取长度参数为负数,函数返回错误值
7	243.689765	数值	=MID(A7,3,5)	3.689	=LEN(D7)	5	
8	函数学习	字符	=MID(A8,3,1)	学	=LEN(D8)	1	数字组成的字符串

图 8-27 MID 函数使用示例

判断奇偶数常用的方法是根据数是否能被 2 整除,能整除则为偶数,否则为奇数。

2. MOD 函数

作用:返回两数相除的余数,结果的符号与除数相同。

语法:MOD(Number,Divisor)。

参数:

Number:要计算余数的被除数。

Divisor:除数。

如果 Divisor 为 0,则 MOD 返回错误值 ♯Div/0!。

MOD 函数使用示例如图 8-28 所示。

	A	B	C	D
1	数据	公式	说明	结果
2	3	=MOD(A2,A3)	3/2 的余数	1
3	2	=MOD(A4,A3)	-3/2 的余数。符号与除数相同	1
4	-3	=MOD(A2,A5)	3/-2 的余数。符号与除数相同	-1
5	-2	=MOD(A4,A5)	-3/-2 的余数。符号与除数相同	-1

图 8-28 MOD 函数使用示例

◎ 任务实践

单击激活 E3 单元格,输入"=if",按 Ctrl＋A 组合键,调出"函数参数"对话框,参数设置如图 8-29 所示,获得性别值。

图 8-29 性别判取示例

经操作,E3 单元格公式为:＝IF(MOD(MID(D3,17,1),2)＝0,"女","男")。

▶ 子任务 8.2.2 获取员工出生日期

◎ 任务分析

将身份证号码第 7～14 位取出,并用函数将数据类型转换为日期型数据。

DATE 作用:单元格设置为数值型格式下返回代表特定日期的序列号。

语法:DATE(Year,Month,Day)。

参数：

Year：第 1~4 位数字，系统根据计算机所使用的日期系统来解释 Year 参数。

Month：一个正整数或负整数，表示一年中从 1 月至 12 月的各个月。

Day：一个正整数或负整数，表示一月中从 1 日到 31 日的各天。

◎ 任务实践

方法一：单击激活 F3 单元格，输入公式"＝DATE"，按 Ctrl＋A 组合键，参数设置如图 8-30 所示。

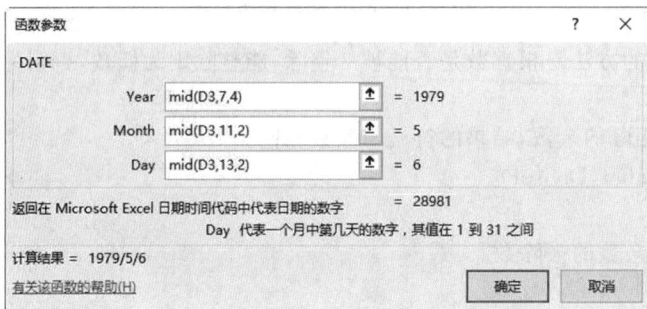

图 8-30　DATE 函数使用示例

经操作，F3 单元格公式为：＝DATE(MID(D3,7,4),MID(D3,11,2),MID(D3,13,2))。

公式解析：使用 MID 函数分别提取出年、月、日数字，经 DATE 函数转换为该日期序列值，再将单元格格式由"常规"设置为"日期型"，即可正常显示 y/m/d 日期格式。

方法二：F3 单元格公式为：＝－－TEXT(MID(D3,7,8),"0000－00－00")或＝1＊TEXT(MID(D3,7,8),"0000－00－00")。

公式解析：

以上第 1 个公式中第 1 个负号是将 TEXT 函数结果由文本格式的数字转换为该日期序列值，第 2 个负号进行取正，转换成日期序列值对应的自然数。

第 2 个公式中"1＊"同样是将 TEXT 函数结果文本格式的数字直接转换成对应的日期序列值的自然数，再将单元格格式由"常规"设置为"日期型"，即可正常显示 y/m/d 日期格式。

函数 TEXT

方法三：F3 单元格公式为：＝TEXT(MID(D3,7,8),"0000－00－00")。

公式解析：使用 MID 函数取出年月日连续 8 位数字，经 TEXT(MID(D3,7,8),"0000－00－00")作用显示格式为"0000－00－00"格式，虽然单元格格式为"常规"，但不影响使用。

▶ 子任务 8.2.3　计算年龄和工龄

◎ 任务分析

在日常生活中，年龄表示有周岁年龄(也称实岁年龄，即完整年数)和虚岁年龄两种。本例为实岁年龄数，可用 DATEDIF 函数来计算实岁。虚岁为周岁＋1。

DATEDIF 作用：计算两个日期之间的天数、整月数或整年数。DATEDIF 函数是一个隐藏函数，调不出参数对话框，采取直接输入形式调用。

函数 DATEDIF、
日期函数

语法：DATEDIF(Start_date,End_date,Unit)。

参数：

Start_date：起始日期。

End_date：结束日期。

Unit：所需信息的返回类型。"Y"表示时间段中的整年数；"M"表示时间段中的整月数；"D"表示时间段中的天数。

结束日期须大于开始日期，否则返回错误值。计算年龄时，起始日期是出生日期，结束日期一般来说为当前日期 Today()，即当前计算机系统的日期。

◎ **任务实践**

方法一：

年龄：单击激活 G3，输入公式：＝DATEDIF(F3,TODAY(),"y")。

工龄：单击激活 I3，输入公式：＝DATEDIF(H3,TODAY(),"y")。

方法二：在日常记年中，一年常规为 365 天，因此可采用两日期间的天数除以 365 来计算年差，由于在进行除法运算中可能出现小数，因此取整数部分即得到完整年数。对数值进行取整的函数为 INT。

INT 作用：数字向下舍入到最接近的整数。

语法：INT(Number)。

单击激活 G3 单元格，输入公式"＝INT"，按 Ctrl＋A 组合键，参数设置如图 8-31 所示。

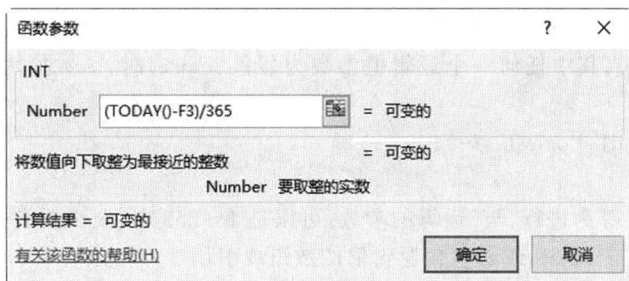

图 8-31 **INT 函数使用示例**

经操作，G3 单元格公式为：＝ INT((TODAY()－F3)/365)。

▶ 子任务 8.2.4 核算基本工资、工龄工资

◎ **任务分析**

基本工资：职称为助教的基本工资 1 500 元，讲师基本工资 2 000 元，副教授基本工资 3 000 元，教授基本工资 4 200 元。

工龄工资：每工作一年，工龄工资增加 20 元。

职称不同基本工资不一样，可用 IF 函数判断解决。但职称有多种值，因此需要嵌套 IF 函数来完成，按助教、讲师、副教授、教授顺序(低到高)或教授、副教授、讲师、助教顺序(高到低)逐一判断求值。

◎ **任务实践**

1. 基本工资

单击激活 M3 单元格，输入"＝IF"，按 Ctrl＋A 组合键，在参数框中设置函数参数(见图 8-32)。本任务判断顺序为助教、讲师、副教授、教授，设置好最低层 IF 的 Logical_test 和 Value_true 值，将插入点置入 Value_if_false 框时单击编辑栏名称框下拉列表箭头选择函数，即嵌入第 2 层 IF 函数，在新的 IF 函数参数框中同理依次设置第 2、3、4 层函数参数。

图 8-32 **IF 函数嵌套使用示例**

经过操作，M3 单元格公式为：＝IF(C3＝"助教",1 500,IF(C3＝"讲师",2 000,IF(C3＝"副教授",3 000,4 200)))。

2. 工龄工资

单击激活 N3 单元格，输入公式：＝I3＊20。

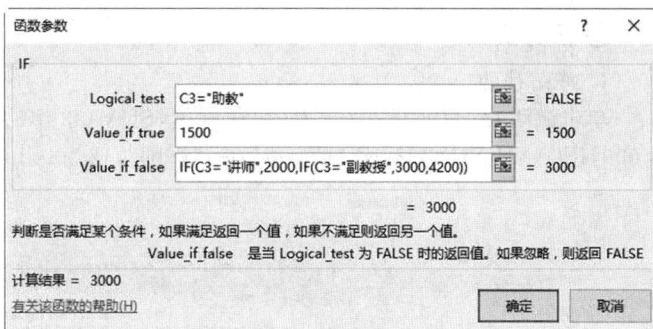

▶ 子任务 8.2.5　计算津贴补助、扣款及税前工资

津贴补助：病假、事假、迟到合计小于 5 或副高以上（教授或副教授）职称津贴 3 000 元,病假、事假、迟到合计小于 8 且职称是讲师的津贴 2 500 元,其余补助 1 800 元。

违规扣款：迟到扣 5 元/次；病、事假合计≥10 扣 10 元/次；病、事假合计≥5 且<10 扣 5 元/次,其余情况不扣。

税前工资：基本工资＋工龄工资＋津贴补助－违规扣款。

◎ 任务分析

本任务类似于计算基本工资,需通过 IF 函数判断处理,但条件复杂,多个条件同时满足或部分满足,需要用到 AND 或者 OR 函数。函数使用出现多层嵌套。

函数 NOT、AND、OR

1. AND 函数

作用：对参数组中多个逻辑值参数进行"与"运算,当均为真值（True）时,AND 函数值为真值（True）；当其中任何一个逻辑值参数为假值（False）时,函数值为假值（False）。

语法：AND(Logical1,Logical2,…)。

参数：

Logical1,Logical2 等为进行"与"运算的参数,可以是 1～255 个,至少要有一个参数。各参数的值必须是逻辑值 True 或 False,或者包含逻辑值的数组或引用。

2. OR 函数

作用：对参数组多个逻辑值参数进行"或"运算,当其中任何一个逻辑值参数为真值（True）时,OR 函数值为真值（True）；当逻辑值参数均为假值（False）时,OR 函数值为假值（False）。

语法：OR(Logical1,Logical2,…)。

参数：

Logical1,Logical2 等为进行"或"运算的参数,可以是 1～255 个,至少要有一个参数。各参数的值必须是逻辑值 True 或 False,或者包含逻辑值的数组或引用。

AND 和 OR 函数使用示例如图 8-33 所示。

	A	B	C	D	E
1	数据1	类型	公式	结果	说明
2	1	数字	=AND(A2<A3,A3<=A4)	TRUE	两个条件都为真
3	2	数字	=OR(A2<=A3,A3>A4)	TRUE	一个条件为真,一个为假
4	3	数字	=IF(AND(1<A3,A3<10),A3,"取值超出范围")	2	条件为真,返回A3的值
5	FALSE	文本	=IF(OR(1<A2,A3<4,A4>2),"TRUE","FALSE")	TRUE	满足一个条件,返回为真的结果

图 8-33　AND 和 OR 函数使用示例

◎ 任务实践

1. 津贴补助

单击激活 O3 单元格,公式为：＝IF(OR(SUM(I3:K3)＜＝5,C3＝"教授",C3＝"副教授"),3 000,IF(AND(SUM(I3:K3)＜＝8,C3＝"讲师"),2 500,1 800)),如图 8-34 所示。

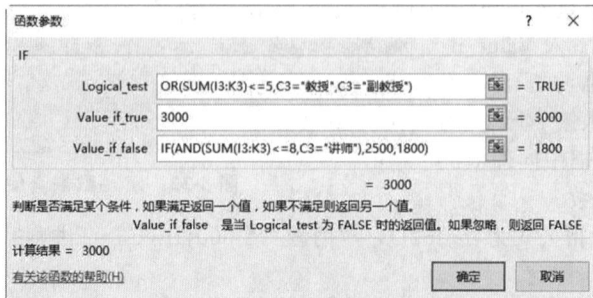

图 8-34　函数嵌套使用示例（一）

2. 违规扣款

单击激活 P3 单元格,公式为:= L3 * 5 + IF(SUM(J3:K3) >= 10, SUM(J3:K3) * 10, IF(SUM(J3:K3) >= 5, SUM(J3:K3) * 5, 0)),如图 8-35 所示。

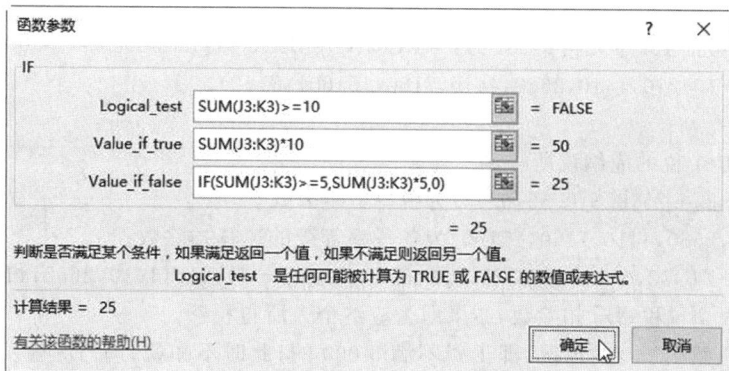

图 8-35 函数嵌套使用示例(二)

3. 税前工资

单击激活 Q3 单元格,公式为:= SUM(M3:O3) - P3。

▶ 子任务 8.2.6 核算个税及税后工资

◎ 任务分析

根据《中华人民共和国个人所得税法》,居民个人从中国境内和境外取得的所得,依照该法规定缴纳个人所得税。居民个人取得综合所得,按年计算个人所得税;有扣缴义务人的,由扣缴义务人按月或者按次预扣预缴税款;年终办理汇算清缴。本例为居民个人月所得计算缴税额,参照表 8-6(个人所得税税率表)中相应的税率与速算扣除数便捷计算(起征点为 5000 元),月应纳税额 =(月收入总额 - 5000 - 三险一金 - 依法确定的其他扣除项)* 适用税率 - 速算扣除数。居民个人的年应纳税所得额 = 纳税年度综合所得收入总额 - 免征额(5000 * 12 = 60000 元)- 依法确定的其他扣除项年度总额。因此,随年度月份的增长,工资总额发生变化,月扣缴税额也跟随变化,详细情况可在"个人所得税 APP"上查询。本任务可通过 IF 函数判断应纳税额所处的范围而获得其税率和速算扣除数额。

表 8-6 个人所得税税率与速算扣除数一览表(2023 年)

等级	按月计算			按年计算		
	月应纳税所得额 (月收入总额 - 5000 - 三险一金 - 专项等依法扣除项)	税率	速算扣除数(元)	全年应纳税所得额 (年度综合收入总额 - 60000 - 各种依法确定的其他扣除项年度总额)	税率	速算扣除数(元)
1	不超过 3000 元	3%	0	不超过 36000 元	3%	0
2	超过 3000 元至 12000 元	10%	210	超过 36000 元至 144000 元	10%	2520
3	超过 12000 元至 25000 元	20%	1410	超过 144000 元至 300000 元	20%	16920
4	超过 25000 元至 35000 元	25%	2660	超过 300000 元至 420000 元	25%	31920
5	超过 35000 元至 55000 元	30%	4410	超过 420000 元至 660000 元	30%	52920
6	超过 55000 元至 80000 元	35%	7160	超过 660000 元至 960000 元	35%	85920
7	超过 80000 元	45%	15160	超过 960000 元	45%	181920

◎ 任务实践

1. 月应缴个税计算

方法一:单击激活 R3 单元格,公式为:= IF(Q3 < 5000, 0, IF((Q3 - 5000) < 3000, (Q3 - 5000)

笔记区

$*3\%,IF((Q3-5000)<12000,(Q3-5000)*10\%-210,IF((Q3-5000)<25000,(Q3-5000)*20\%-1410,IF((Q3-5000)<35000,(Q3-5000)*25\%-266,IF((Q3-5000)<55000,(Q3-5000)*30\%-4410,IF((Q3-5000)<80000,(Q3-5000)*35\%-7160,(Q3-5000)*45\%-15160)))))))$

方法二:单击激活 R3 单元格,公式为:$=ROUND(MAX((Q3-5000)*\{0.03,0.1,0.2,0.25,0.3,0.35,0.45\}-\{0,210,1410,2660,4410,7160,15160\},0),2)$。

公式解析:

$(Q3-5000)$是个税的应纳税所得额。

$\{0.03,0.1,0.2,0.25,0.3,0.35,0.45\}$为税率数组公式。

$\{0,210,1410,2660,4410,7160,15160\}$为各税率等级的速算扣除数。

$(Q3-5000)*\{0.03,0.1,0.2,0.25,0.3,0.35,0.45\}-\{0,210,1410,2660,4410,7160,15160\}$表示纳税额×各级个税税率-扣除数,结果即为应纳个人所得税额。

因为存在纳税额小于 0 的情况,即工资不满 5 000 的,此时不扣税;同时为避免出现税额为负,因此就用函数 MAX 取大数,即 $MAX((Q3-5000)*\{0.03,0.1,0.2,0.25,0.3,0.35,0.45\}-\{0,210,1410,2660,4410,7160,15160\},0)$,使得最小的数也是 0(当计算为负时,直接取 0),此时计算的税额一定是符合税率的,并不会出现负数。

外套 ROUND 函数,对计算结果四舍五入到两位小数。

2. 税后工资

单击激活 S3 单元格,公式为:$=Q3-R3$。

子任务 8.2.7 套用表格样式美化表格

◎ 任务分析

当数据表中数据比较多时,为了减少数据观察错位情况,可对不同行或列设置不同的显示效果。Excel 内置了一些表格样式供用户套用,减少用户自行美化的时间。

套用表格格式

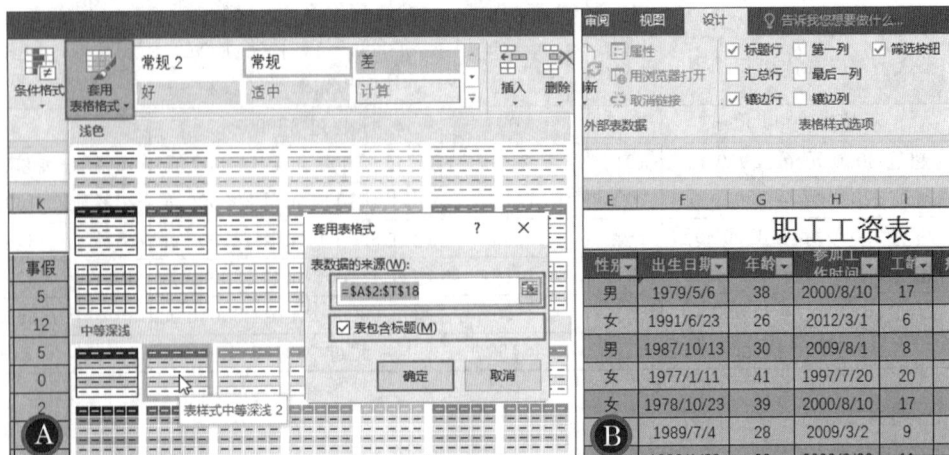

◎ 任务实践

1. 套用表格样式

选中数据区域,单击"开始"选项卡中"样式"组内的 （套用表格格式)按钮,弹出内置表格式;单击选择所需样式后弹出"套用表格式"对话框,要求确认数据源区域(默认为选定的区域或自动判断数据区域)。确认数据源区域后,选中数据区域立即呈现套用表格的样式,同时系统在工具区域出现"表格工具",内含"设计"选项卡。本任务中选择表格样式为"蓝色表样式中等深浅 2"样式,效果如图 8-36B 所示,表标题行为深蓝,其余行为浅蓝和白色间隔显示。

图 8-36 表格套用格式示例

套用表格样式后,当表格内插入数据行增加时,自动应用表格样式效果;当在表格末尾增加数据行时,拖动表格区域最后单元格的右下角扩展按钮📝,系统扩展应用表格样式效果。

2. 清除套用表格样式

选定套用表格样式的数据区域,单击"表格工具"下"设计"选项卡中"表格样式"列表箭头▽,选择 🔲 清除(C) 菜单项,表格套用的样式被立即清除,但数据区域仍处于"表格状态";再单击"工具"组内的 💠 转换为区域 按钮,彻底清除区域的"表格状态",呈现为普通数据区域。

任务8.3 分析图书销售数据

任务描述

将"图书销量明细"(见图 8-37)数据按以下要求进行处理(本任务中的操作数据表《图书销售情况表》可在教材配套资源包中调用)。

(1)以"ISBN 条码号"为关键字,使用 LOOKUP 或 VLOOKUP 函数从"图书信息表"中提取"图书名称"和"定价"填入"图书销售明细表"中,并计算各销售记录的销售码洋。

(2)将"图书销售明细表"中"定价"和"码洋"数值单元格设置为"会计专用"数字格式,保留 2 位小数,前面冠以人民币符号(¥);并将表格套用"红色,表样式中等深浅 3"效果。

(3)完成"销售报告"数据统计。

综合案例图书销售明细分析表

图书销售明细表和图书信息表部分截图分别如图 8-37 和图 8-38 所示。

订单编号	销售日期	书店名称	ISBN条码号	图书名称	定价	销量	销售码洋	备注
BTW-08026	2016年1月26日	心泉书店	9787300207247			38		
BTW-08058	2016年3月2日	心泉书店	9787040404401			23		
BTW-08062	2016年3月7日	昌盛书店	9787040462180			23		
BTW-08066	2016年3月12日	新华书店	9787551713245			23		
BTW-08070	2016年3月15日	昌盛书店	9787040365634			29		
BTW-08073	2016年3月19日	新华书店	9787040402230			38		
BTW-08078	2016年3月22日	昌盛书店	9787040448122			50		
BTW-08139	2016年5月28日	心泉书店	9787302222149			38		
BTW-08141	2016年5月29日	心泉书店	9787300207247			31		
BTW-08143	2016年5月31日	新华书店	9787040402155			23		
BTW-08176	2016年7月3日	昌盛书店	9787302222149			23		
BTW-08181	2016年7月6日	昌盛书店	9787040462180			23		

图 8-37 图书销售明细表

序号	图书名称	ISBN条码号	著作者	出版社	出版年月	定价	出版年月	图书类别
1	外贸单证实务	9787040317732	郭晓晶	高等教育出版社	201408	¥29.80	201408	"十二五"职业教育国家规
2	实用行政管理	9787040365634	孔昭林	高等教育出版社	201301	¥29.90	201301	"十二五"职业教育国家规
3	管理心理学	9787040368772	朱永新	高等教育出版社	201409	¥48.00	201409	普通高等教育"十一五"规划
4	审计基础与实务	9787040373707	张军平	高等教育出版社	201307	¥29.80	201307	全国高职高专"十二五"规
5	人力资源管理与开发	9787040384475	冯拾松	高等教育出版社	201408	¥34.00	201408	"十二五"职业教育国家规
6	Server数据库技术及应	9787040387711	胡光永	高等教育出版社	201408	¥33.50	201408	"十二五"职业教育国家规
7	财务报表分析	9787040388275	翁玉良	高等教育出版社	201701	¥34.00	201701	"十二五"职业教育国家规
8	管理会计部敬浩	9787040388619	邵敬浩	高等教育出版社	201701	¥28.00	201701	"十二五"职业教育国家规
9	计学习指导、习题与项	9787040388626	单祖明	高等教育出版社	201408	¥13.00	201408	"十二五"职业教育国家规
10	连锁经营原理	9787040388633	周勇	高等教育出版社	201601	¥28.00	201601	
11	经济法基础教程	9787040391114	周丹萍	高等教育出版社	201408	¥39.80	201408	"十二五"职业教育国家规
12	市场营销策划	9787040391688	马春和	高等教育出版社	201701	¥32.50	201701	"十二五"职业教育国家规

图 8-38 图书信息表

笔记区

任务分析与实践

▶ 子任务 8.3.1　提取数据

以"ISBN 条码号"为关键字,使用 LOOKUP 或 VLOOKUP 函数从"图书信息表"中提取"图书名称"和"定价"填入"图书销售明细表"中,并计算各销售记录的销售码洋。

◎ 任务分析

根据指定关键字提取数据,可用 LOOKUP 函数或 VLOOKUP 函数,以及 VLOOKUP 函数和 CHOOSE 函数配合使用。

函数 LOOKUP

1. LOOKUP 函数

作用:根据指定的值,在指定范围查找该值对应的第 2 个区域内的数据。

语法 1:LOOKUP(Lookup_value,Lookup_vector,[Result_vector])。

参数:

Lookup_value:必需项,用于查找的关键字值,可以是数字、文本、逻辑值、名称或对值的引用。

Lookup_vector:必需项,只包含一行或一列的区域,用于查找 Lookup_value。Lookup_vector 中的值可以是文本、数字或逻辑值。Lookup_vector 参数为数值时必须按升序排列,若有多个值与关键字相同时,取最后一个值的查找结果作为公式结果,所以 LOOKUP 函数常用于查找最后一个符合条件的一些应用。

Result_vector:可选项,只包含一行或一列的区域。Result_vector 参数必须与 Lookup_vector 参数大小相同。

Lookup_value 是查找值,Lookup_vector 参数表示从哪里查找,Result_vector 参数是返回值所在的区域;Lookup_vector、Result_vector 参数区域大小必须相同,如都是 2 行 2 列的区域或 2 行 4 列的区域。

如果 LOOKUP 函数找不到 Lookup_value,则该函数会与 Lookup_vector 中小于或等于 Lookup_value 的最大值进行匹配。如果 Lookup_value 小于 Lookup_vector 中的最小值,则 LOOKUP 会返回错误值♯N/A。

例如:LOOKUP 多个区间的条件判断:＝LOOKUP(40,{0,60,85,95},{"不及格","及格","良好","优秀"})。

解析:查找分数 40,第 2 个参数{0,60,85,95}里面没有 40,就查找小于 40 的最大值,也就是 0,0 在第 1 个位置,返回第 3 个参数中的第 1 个元素"不及格";若 40 改为 85,即查找分数 85,第 2 个参数中有 85,在第 3 个位置,就返回第 3 个参数中相同位置的元素,即"良好"。

本例采用 LOOKUP 函数的逆向查找功能实现。

公式格式:＝LOOKUP(1,0/(条件),目标区域或数组)。

其中,条件可以是多个逻辑判断相乘组成的多条件数组,如＝LOOKUP(1,0/((条件 1)＊(条件 2)＊(条件 N)),目标区域或数组)。以"0/(条件)"构建一个 0、♯DIV/0! 组成的数组,再用永远大于第 2 个参数中所有数值的 1 作为查找值,即可查找最后一个满足非空单元格条件的记录,如图 8-39 所示。

	A	B	C	D	E	F	G
1	所在市	姓名	性别	姓名	公式	公式结果	结果说明
2	德阳市	向吉磊	男	王倩	=LOOKUP(1,0/($B$2:$B$9=D2),$A$2:$A$9)	资阳市	
3	广安市	吴梦涛	男	吴梦涛	=LOOKUP(1,0/($B$2:$B$9=D3),$A$2:$A$9)	广安市	
4	遂宁市	唐国绪	男	孔星凯	=LOOKUP(1,0/($B$2:$B$9=D4),$A$2:$A$9)	南充市	
5	遂宁市	严红梅	女	严红梅	=LOOKUP(1,0/($B$2:$B$9=D5),$A$2:$A$9)	遂宁市	
6	资阳市	郑小红	女	周胜兰	=LOOKUP(1,0/($B$2:$B$9=D6),$A$2:$A$9)	#N/A	未找到数据，显示#N/A
7	资阳市	王倩	女				
8	南充市	孔星凯	男		公式说明:		
9	内江市	罗昌鹏	男		给定"姓名"查找"所在市"		

图 8-39　LOOKUP 函数逆向查找示例(一)

图 8-39 中,E2 单元格公式:= LOOKUP(1,0/($B$2:$B$9=D2),$A$2:$A$9)。

公式解析:

B2、B3、B4…B9 共 8 个单元格,分别与 D2 对比,所以得到的结果不是只有一个,而是 8 个,如果等于 D2 的,返回 TRUE,否则返回 FALSE。EXCEL 运算时 TRUE 作 1,FALSE 作 0 运算。

(B2:B9=D2)返回的结果类似于{FALSE;FALSE;FALSE;FALSE;FALSE;TRUE;FALSE;FALSE},运算时等于{0;0;0;0;0;1;0;0},0/{0;0;0;0;0;1;0;0},前面的 0 除以任何数都为 0,但由于后面的 0 不能做除数,遇上 0 为除数时,EXCEL 返回错误值♯DIV/0! 所以上面的结果得到{♯DIV/0!;♯DIV/0!;♯DIV/0!;♯DIV/0!;♯DIV/0!;0;♯DIV/0!;♯DIV/0!}。注意,原来的 1 变为 0。

由于 LOOKUP 函数是忽略错误值的,只处理 0 值,即返回 0 对应那个值。当有多个关键字值相同条件成立,即会有多个 0 时,LOOKUP 只返回最后一个 0 对应的值,即从左往右的最后一个 0,对应单元格就是从上往下最后符合条件的单元格(见图 8-40、图 8-41)。

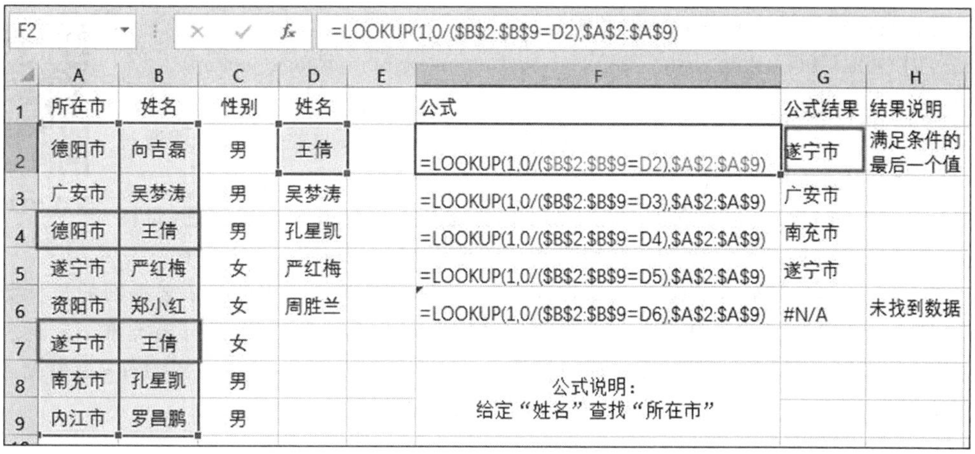

图 8-40　LOOKUP 函数逆向查找示例(二)

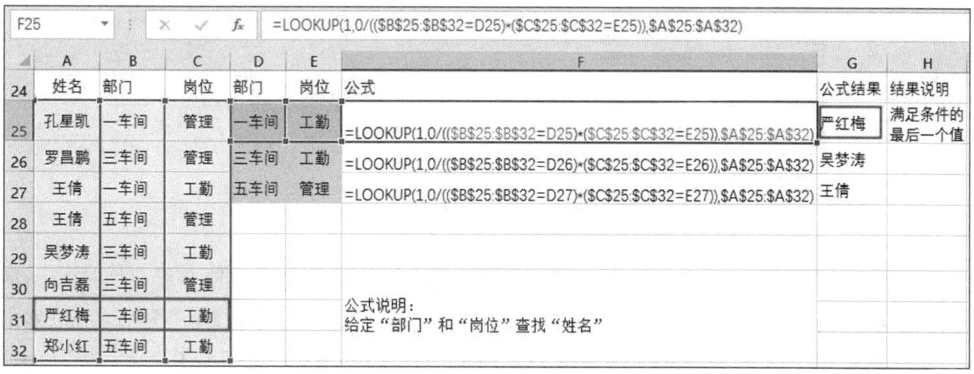

图 8-41　LOOKUP 函数逆向查找示例(三)

语法 2:LOOKUP(Lookup_value,Array)。

参数:

Lookup_value:必需项,用于查找的关键字值,可以是数字、文本、逻辑值、名称或对值的引用。

Array:必需项,是包含要与 Lookup_value 进行比较的文本、数字或逻辑值的单元格区域和函数返回值的区域,区域按 Lookup_value 升序排序,其中有多个相同时取最后一个值作为查找结果,如图 8-42 所示。如果数组包含宽度比高度大的区域(列数多于行数),LOOKUP 会在第 1 行中搜索 Lookup_value 的值,最后 1 行为函数返回值的范围;如果数组是正方的或者高度大于宽度(行数多于列数),LOOKUP 会在第 1 列中进行搜索,最后 1 列为函数返回值的范围。

笔记区

图 8-42　LOOKUP 函数数组使用示例(一)

2. VLOOKUP 函数

作用:在数据源区域中查找指定的数据。

语法:VLOOKUP(Lookup_value,Table_array,Col_index_num,Range_lookup)。

参数:

Lookup_value:在数据源区域中与目标数据有内在对应关系的关键字值,即通过此值去找到目标值,可以是具体值或单元格引用。

Table_array:查找目标值所在的数据区域,即供给查找的数据源区域引用,目标值始终位于该区域的第 1 列。由于此区域为指定固定区域,因此使用绝对引用。

Col_index_num:区域中包含目标值所在列的列数,即通过关键字查找后需要返回的目标数据在数据源区域中的第几列。该数据必须以数据源区域第 1 列为自然数"1"起的计数类推。

Range_lookup:查找方式,即精确查找或模糊查找,为逻辑值 True 或 False。True 为模糊或近似查找,False 为精确查找。在实际工作中,经常使用精确查找。

VLOOKUP 函数使用示例如图 8-43 所示。

函数 VLOOKUP

图 8-43　VLOOKUP 函数使用示例

对"图书销售明细表"和"图书信息表"进行对比分析,两表共同的唯一性字段是"ISBN 条码号",只能依据该字段进行信息提取。但在供给数据的"图书信息表"中"目标数据"(图书名称)列的左侧并没有关联数据提取的关键字"ISBN 条码号"列,因此可用 LOOKUP 逆向查找,或者将"ISBN 条码号"列临时复制到"图书名称"的左侧用于构建"查找数据源"区域后用 VLOOKUP 进行查找,此时为了保证"图书信息表"数据的原始性,该列在使用结束必须删除。对于"定价"的提取则可依据临时复制的"ISBN 条码号"列或原始的"ISBN 条码号"列。

3. CHOOSE 函数

作用:用于从数据列表中取出指定位次的值。

语法:CHOOSE(Index_num,Valuel,[Value2],…)。

参数:

Index_num:用于指定所选定的数值参数。Index_num 必须是 1 和 254 之间的数字,或是包含 1 和 254 之间的数字的公式或单元格引用。如果 Index_num 为 1,则CHOOSE 返回 Value1;如果为 2,则 CHOOSE 返回 Value2,以此类推。如果 Index_num 小于 1 或大于 254 时,CHOOSE 返回错误值♯Value!;如果 Index_num 为小数,则在使用前将被截尾取整。

函数 CHOOSE

Value1,Value2 等:Value1 是必需的,后续值是可选的,为 1~254 个数值参数,CHOOSE 将根据 Index_num 从中选择一个数值或一项要执行的操作。参数可以是数字、单元格引用、定义的名称、公式、函数或文本。

CHOOSE 函数使用示例如图 8-44、图 8-45 所示。

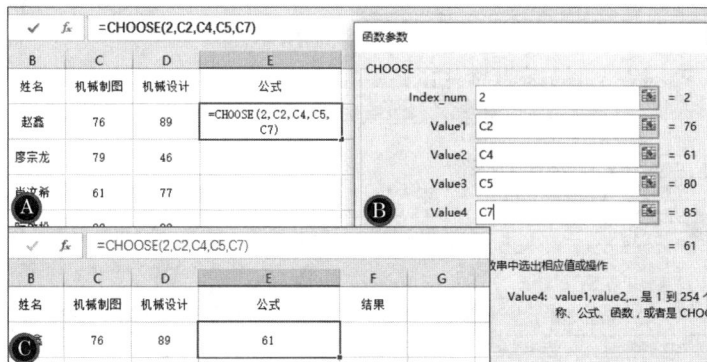

图 8-44　CHOOSE 函数使用示例(一)

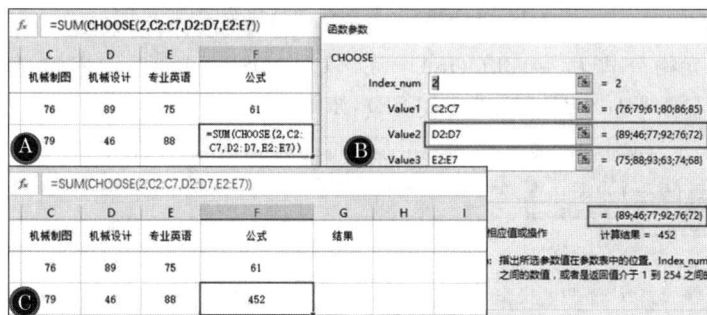

图 8-45　CHOOSE 函数使用示例(二)

VLOOKUP 和 CHOOSE 函数组合使用可实现类似 LOOKUP 函数从右向左查找数据的效果,如图 8-46 所示。

图 8-46　VLOOKUP 和 CHOOSE 函数组合使用示例(一)

图 8-46 中,公式为:=VLOOKUP(H2,CHOOSE({1,2},$C$2:$C$7,$A$2:$A$7),2,FALSE)。

公式解析:

CHOOSE({1,2},$C$2:$C$7,$A$2:$A$7)中{1,2}是数组。数组运算在时间上是一个遍历式循环,此处形成两个循环。第一遍循环从{1,2}中先取 1,对应到 CHOOSE 第 2 个参数 $C$2:$C$7;有 6 个数值{C2;C3;C4;C5;C6;C7},每次循环从中取一个数,于是返回结果形成区域 C2:C7。第二遍循环从{1,2}中取 2,对应到 CHOOSE 第 2 个参数 $A$2:$A$7;有 6 个数值{A2;A3;A4;A5;A6;A7},每次循环从中取一个数,于是返回结果形成区域 A2:A7。最后的结果就是根据两次循环形成区域{C2:C7,A2:A7}作为参数供给 VLOOKUP 函数使用。

◎ 任务实践

1. 提取"图书名称"

方法一:在"图书信息表"中,由于"ISBN 条码号"不重复,因此可用 LOOKUP 进行逆向查找。按"ISBN 条码号"进行升序排序,E3 单元格公式为:=LOOKUP(1,0/(图书信息表!＄C＄3:＄C＄50=D3),图书信息表!＄B＄3:＄B＄50),如图 8-47 所示。

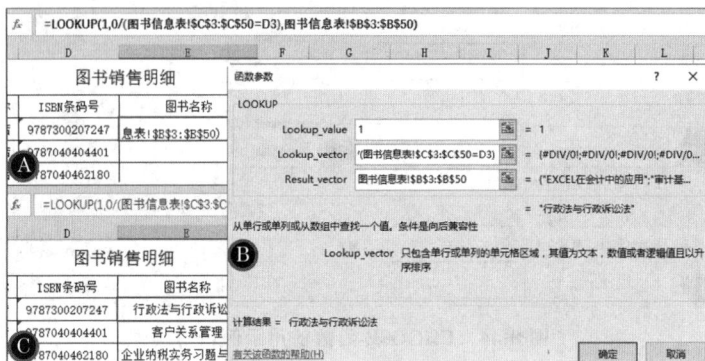

图 8-47　LOOKUP 函数逆向查找示例(四)

方法二:E3 单元格公式为:=VLOOKUP(D3,CHOOSE({1,2},图书信息表!＄C＄3:＄C＄50,图书信息表!＄B＄3:＄B＄50),2,FALSE),如图 8-48 所示。

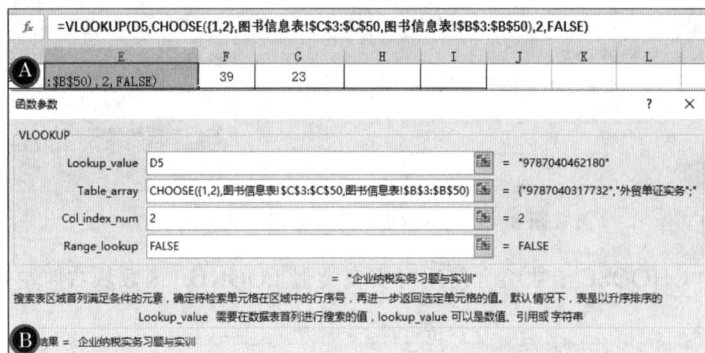

图 8-48　VLOOKUP 与 CHOOSE 函数组合使用示例(二)

方法三:在"图书信息表"中将"ISBN 条码号"列临时复制到"图书名称"的左侧,方便形成以其为首列的数据源区域(该临时列在使用结束应删除);在"图书销售明细表"中单击激活 E3 单元格,插入 VLOOKUP,在函数参数对话框中进行参数设置,E3 单元格公式为:=VLOOKUP(D3,图书信息表!＄B＄3:＄C＄50,2,FALSE),如图 8-49 所示。

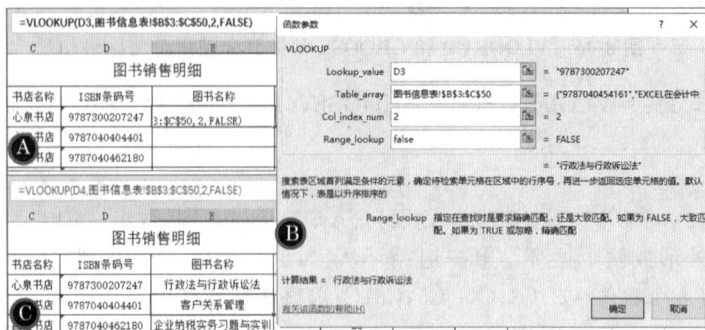

图 8-49　VLOOKUP 函数数据提取示例(一)

若直接删除"ISBN 条码号"临时列会导致提取数据因失去关键字对应关系而发生数据错误,因此,在删除该列之前需在"图书销售明细表"中对依据该列提取提到的数据用"值"替代"公式"。

选中 E:F 区域并复制,在原区域单击鼠标右键选择菜单项(见图 8-50)或在"粘贴"中单击![]按钮,也可在"选择性粘贴"对话框中选择 ◉ 数值(V) 项;然后在"图书信息表"中删除临时"ISBN 条码号"列。

图 8-50　公式值固定示例

2. 提取"定价"

方法一:在图书信息表中对"ISBN 条码号"按升序排序,E3 单元格公式为:= LOOKUP(D3,图书信息表! $C$3:$G$50),如图 8-51 所示。

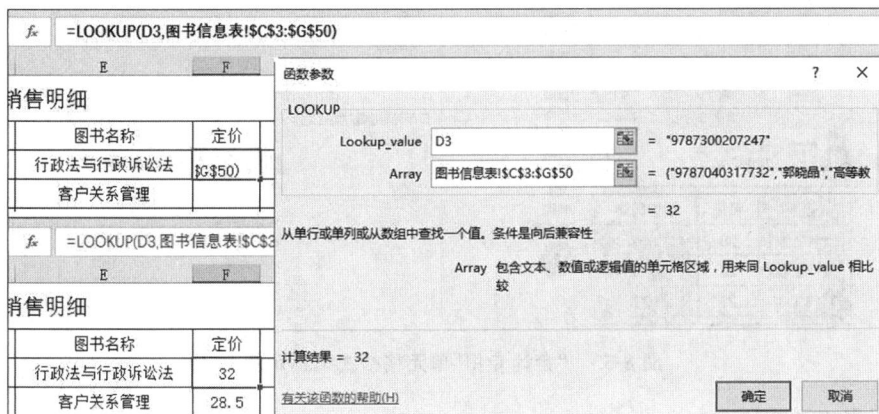

图 8-51　LOOKUP 函数数组使用示例(二)

公式解析:

$C$3:$G$50 中 C 列为查找关键字列,G 列为返回函数值列。

方法二:E3 单元格公式为:= VLOOKUP(D3,图书信息表! $B$2:$G$50,6,FALSE),如图 8-52 所示。

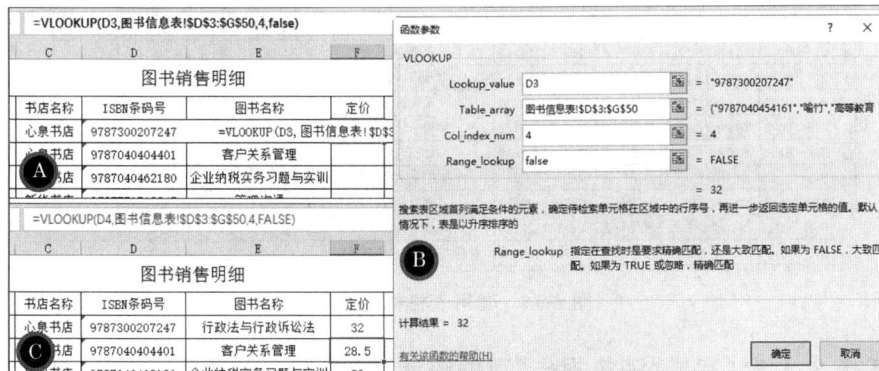

图 8-52　VLOOKUP 函数数据提取示例(二)

笔记区

3. 计算销售码洋

单击激活 H3 单元格,输入公式:=F3 * G3。

▶子任务 8.3.2 设置单元格格式

将"图书销售明细表"中"定价"和"码洋"数值单元格设置为"会计专用"数字格式,保留 2 位小数,前面冠以人民币符号(¥);并将表格套用"红色,表样式中等深浅 3"效果。

◎ 任务分析

本任务中单元格格式设置通过"设置单元格格式"对话框即可完成;套用表格样式直接选择套用。

◎ 任务实践

1. "定价"和"码洋"单元格格式设置

在"图书销售明细表"中选中"定价"和"销售码洋"两列,选择"开始"选项卡中"数字"组 常规▾ (数字格式)选项,在其右侧箭头下拉列表中选择"会计专用"项,或在"单元格格式"对话框中设置格式参数,如图 8-53 所示。

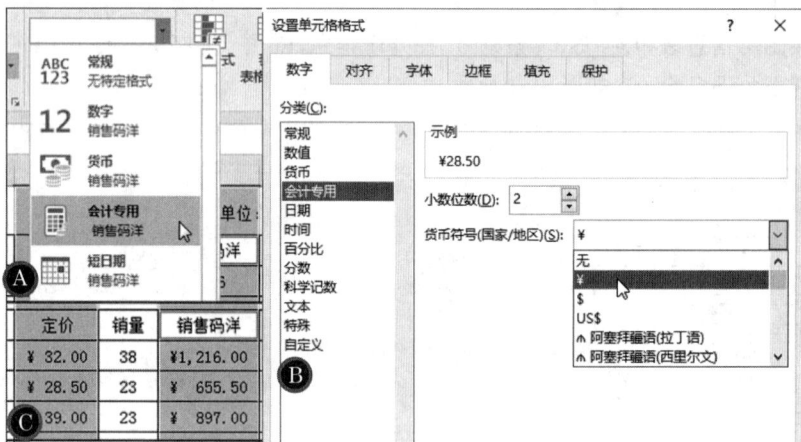

图 8-53 "会计专用"单元格格式设置示例

2. 套用表格样式

选择"图书销售明细表"中 A2:I48 数据区域,在"开始"选项卡中单击"样式"组内的 ▦ (套用表格样式)按钮,选择"红色,表样式中等深浅 3"样式,如图 8-54 所示。

图 8-54 套用表格格式示例

▶子任务 8.3.3 完成"销售报告"数据统计

完成"销售报告"(见图 8-55)数据统计。

笔记区

	A	B	C	D
1	销售报告（第2季度，按图书品种统计）			
2		总码洋		
3	序号	品种名称	销售额	备注
4		Administrator: 自动不重复统计获取	Administrator: 多条件求和自动获取	
5				
6				

图 8-55　销售报告

◎ 任务分析

"自动不重复统计获取图书名称"数据实质是通过 INDEX 函数获取指定单元格或单元格数组的值，同时使用 MATCH 函数配合完成。"第二季度的销售额"隐含了"季度"这个条件，实质上是"书名"和"季度"同时作为求和的条件，形成了多条件求和，用 SUMIFS 函数完成。

1. MATCH 函数

作用：在给定范围单元格中搜索特定的项，然后返回该项在此区域中的相对位置。

语法：MATCH(Lookup_value,Lookup_array,[Match_type])。

参数：

函数 MATCH

Lookup_value：必需项，即在 Lookup_array 中匹配的值，可以为数字、文本或逻辑值，或对数字、文本或逻辑值的单元格引用。例如，如果要在电话簿中查找某人的电话号码，则应该将姓名作为查找值，但实际上需要的是电话号码。

Lookup_array：必需项，要搜索的单元格区域。

Match_type：可选项，可以为数字−1、0 或 1（或省略），默认值为 1。1（或省略）表示 MATCH 查找小于或等于 Lookup_value 的最大值；0 表示 MATCH 查找完全等于 Lookup_value 的第一个值（Lookup_array 参数中的值可按任何顺序排列）；−1 表示 MATCH 查找大于或等于 Lookup_value 的最小值（Lookup_array 参数中的值必须按降序排列）。

2. SUMIFS 函数

作用：用于计算指定范围内满足多个条件的全部数据的总和。

语法：SUMIFS（Sum_range，Criteria_range1，Criteria1，[Criteria_range2，Criteria2]，…）。

参数：

Sum_range：指用于函数求和的数据源区域。

函数 SUMIFS

Criteria_range1：指供给 Criteria1 条件进行测试的条件数据源区域。

Criteria1：指定对 Criteria_range1 进行测试的条件。即对 Criteria_range1 区域中符合 Criteria1 条件的单元格所映射到 Sum_range 中的单元格数据进行求和。

Criteria_range2，Criteria2 等：附加的区域及其关联条件。最多可以输入 127 个区域或条件对（区域和条件成对）。

SUMIFS 函数使用示例如图 8-56 所示。

	A	B	C	D	E	F
1	已销售数量	产品	销售人员	公式	结果	说明
2	10	波萝	张三	=SUMIFS(A2:A8,C2:C8,"李四",B2:B8,"草莓")	25	李四销售的草莓数量
3	20	草莓	李四	=SUMIFS(A2:A8,C2:C8,"张三",B2:B8,"<>苹果")	55	张三除苹果外的销售数量
4	15	波萝	张三			
5	5	草莓	李四			
6	12	苹果	张三			
7	20	波萝	李四			
8	30	草莓	张三			

图 8-56　SUMIFS 函数使用示例

◎ 任务实践

1. 自动获取"品种名称"

方法一：在"图书销售明细表"中将"图书名称"列数据复制到新的位置列,利用"删除重复值"功能去重后,将去重结果复制入"销售报告"的"品种名称"中。

方法二：在"销售报告"表中单击 B4,建立公式"＝INDEX(销售明细！G：G,2＋MATCH(，COUNTIF(B＄3：B3,销售明细！G＄3：G＄48),))＆""""或"＝IFERROR(INDEX(销售明细！G：G,2＋MATCH(，COUNTIF(B＄3：B3,销售明细！G＄3：G＄48),))＆"",""),并按 Ctrl＋Shift＋Enter 组合键确认数组公式,向下拖动获取填充数据。

公式解析：

"COUNTIF(B＄3：B3,销售明细！G＄3：G＄48)"中 B＄3：B3 为"销售报告"报告中的 B3 单元,即第 1 个品种名称,其中用绝对引用固定了公式在复制过程中的起始单元格地址,随公式复制得到新的品种名称时确保该区域获得的品种名称不重复。

嵌套 IFERROR 函数目的在于出现错误值时填充为空白。

2. 计算各"品种"销售额

在"销售报告"表中单击 C4,建立公式"＝SUMIFS(销售明细！＄J＄3：＄J＄48,销售明细！＄D＄3：＄D＄48,">3",销售明细！＄D＄3：＄D＄48,"<7",销售明细！＄G＄3：＄G＄48,销售报告！B4)"公式,并向下拖动获取填充数据。

公式解析："销售明细！＄D＄3：＄D＄48,">3",销售明细！＄D＄3：＄D＄48,"<7""是指 4 月至 6 月三个月份,即第二季度。

任务8.4 评定节目等级名次

任务描述

对"节目打分表"(见图 8-59)按以下要求进行处理(本任务中的操作数据表可在教材配套资源包中调用)。

(1)得分表：随机生成各节目的评委打分(75～98 分,保留 1 位小数)作为本任务基础数据。

(2)平均得分：计算时去掉最高分和最低分各 1 个,平均分保留 2 位小数。

(3)名次排列：原理是数据相同则名次相同,同名次并列者均需占位名次数值,形式上看名次"数值"间断,例如第 3 名有 3 个对象并列,后一名次则从第 6 名起排列。

(4)获奖等级：一等奖 1 个,二等奖 2 个,三等奖 3 个。

(5)制作"获奖节目名单"。

综合案例节目
评分等级排列

序号	节目名称	A评委	B评委	C评委	D评委	E评委	F评委	G评委	平均得分	名次排列	获奖等级
						节目打分表					
1	大漠之花										
2	五四之火永不停熄						Administrator:				
3	漫舞青春						去掉一个最高分,一个最低分				
4	River										
5	长江之歌										
6	舞动青春										
7	雪域儿女										
8	此刻醒来										
9	江南映秀										
10	七月的火把										

图 8-59　操作示例数据表

任务分析与实践

笔记区

▶**子任务 8.4.1 随机生成各节目的评委打分(75～98 分,保留 1 位小数)作为本任务基础数据**

◎ **任务分析**

随机生成数值数据需要使用 RAND 函数,同时生成的数据要有区域限制,还需进行一定的运算处理;对于小数位数控制则用 ROUND 函数实现。

函数 ROUND、RAND、RANDBETWEEN

1. RAND 函数

作用:随机生成大于等于 0 且小于 1 的均匀分布随机实数。

语法:RAND()。

说明:

(1)RAND 函数语法没有参数。

(2)每次计算工作表时都将重新生成新的随机实数,若要使 RAND 函数随机生成一个固定值(其不随单元格重新计算而改变),则选择"选择性粘贴——值"将公式永久性地替换为公式值。

(3)若要生成 a 与 b 之间的随机数字,则使用:= RAND() * (b−a)+a。

(4)若要生成 a 与 b 之间的随机整数,则使用:= INT(RAND() * (b−a)+a)。

(5)若要生成 a 与 b 之间的随机实数并保留 c 位小数,可外套 ROUND 函数,公式为:=ROUND(a+RAND() * (b−a),c)。

(6)若需在多个单元格中输入随机值,则选中区域并输入"=RAND()"后按 Ctrl+Enter 组合键确认。

2. ROUND 函数

作用:将数字四舍五入到指定的位数。

语法:ROUND(Number,Num_digits)。

参数:

Number:必需项,取四舍五入的数字。

Num_digits:必需项,要进行四舍五入运算的位数。若 Num_digits 大于 0(零),则将数字四舍五入到指定的小数位数;Num_digits 等于 0,则将数字四舍五入到最接近的整数;Num_digits 小于 0,则将数字四舍五入到小数点左边的相应位数。

说明:

(1)若要始终进行向上舍入,则使用 ROUNDUP 函数。

(2)若要始终进行向下舍入,则使用 ROUNDDOWN 函数。

(3)若要将某个数字四舍五入为指定的倍数(如四舍五入为最接近的 0.5 倍),则使用 MROUND 函数。

3. RANDBETWEEN 函数

作用:在指定的区间内造成一个随机整数,该随机数随工作表刷新时自动更新生成新值。

语法:RANDBETWEEN(Bottom,Top)。

参数:

Bottom:必需项,RANDBETWEEN 函数将返回的最小整数,即下限。

Top:必需项,RANDBETWEEN 函数将返回的最大整数,即上限。

说明:

同 RAND 函数一样,每次计算工作表时都将重新生成新的随机实数,若要使 RANDBETWEEN 函数随机生成数值成一个固定值,使之不随单元格重新计算而改变,则选择"选择性粘贴——值"将公式永久性地替换为公式值。

笔记区

注意：本例不能使用＝RANDBETWEEN(75,98)，因该公式只生成整数，不符合题意"保留 1 位小数"的条件。

◎ **任务实践**

选中评委打分区域(C3:G12)，输入公式：＝ROUND(75＋RAND()＊(98－75),1)，并按 Ctrl＋Enter 组合键确认，则数据生成；对该区域数据使用粘贴值法，用数值替换公式形成固定值，如图 8-60 所示。

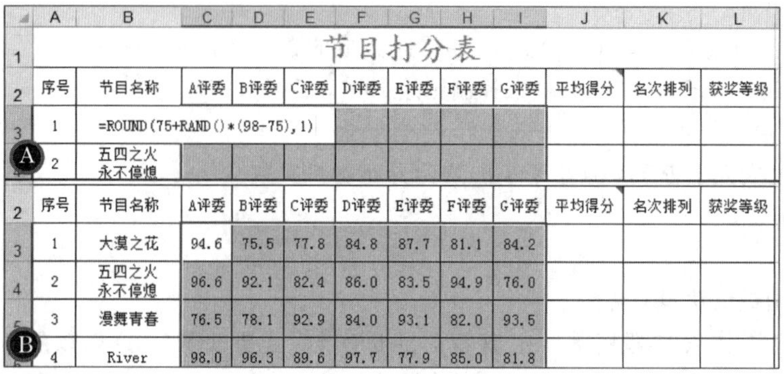

图 8-60 数据随机生成示例

▶ **子任务 8.4.2 计算平均得分**

平均得分：计算时去掉最高分和最低分各 1 个，平均分保留 2 位小数。

◎ **任务分析**

本任务使用 TRIMMEAN 函数完成。

作用：计算排除指定数据集顶部和尾部对称的数据个数后所有数据的平均值，函数通过排除个数除以数据集数据总个数进行排除。

语法：TRIMMEAN(Array,Percent)。

参数：

Array：必需项，需要进行整理并求平均值的数组或数值区域。

Percent：百分比，必需项，计算过程中用于排除数据点的分数，将排除的数据点分数向下舍入到最接近的 2 的倍数。例如在 20 个数中排除 2 个，则 Percent＝2/20＝0.1；又如在 Percent＝0.1 时，30 个数据点的 10％等于 3 个数据点，为了对称，TRIMMEAN 排除数据集顶部和底部的单个值(虽 30＊0.1＝3，但 3 向下舍入到最接近的 2 的倍数即为 2，最终为 2 个)。如果 Percent＜0 或 Percent＞1，则 TRIMMEAN 返回错误值＃NUM！。

◎ **任务实践**

单击 J2 单元格，输入公式：＝TRIMMEAN(C3:I3,2/COUNT(C3:I3))，如图 8-61 所示。

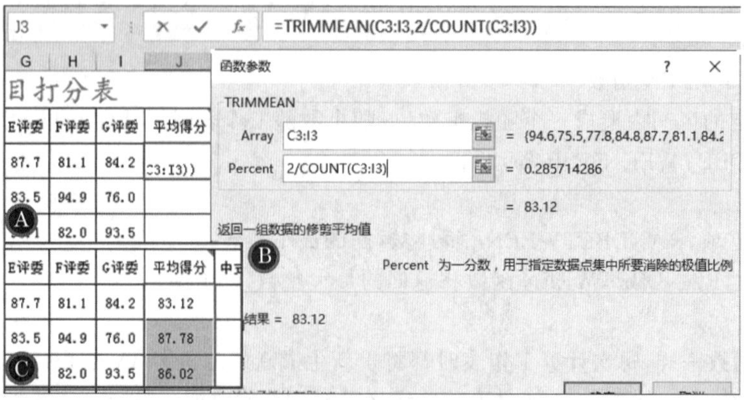

图 8-61 TRIMMEAN 函数使用示例

函数 TRIM、
TRIMMEAN

▶ 子任务 8.4.3　进行名次排列

原理是数据相同则名次相同,同名次并列者均需占位名次数值,形式上看名次"数值"间断,例如第3名有3个对象并列,后一名次则从第6名起排列。

◎ **任务分析**

本任务使用 RANK 函数即可完成。

◎ **任务实践**

单击 K3 单元格,输入公式: = RANK(J3,$J$3:$J$12)。

▶ 子任务 8.4.4　用 LOOKUP 函数或 IF 函数对其名次值进行获奖等级排列

获奖等级:一等奖1个,二等奖2个三等奖3个。

◎ **任务分析**

可以用 LOOKUP 函数或 IF 函数来对其名次值进行排列。

◎ **任务实践**

单击 L3 单元格,输入公式: = LOOKUP(K3,{0,2,4,7},{"一等奖","二等奖","三等奖",""}),如图 8-62 所示。

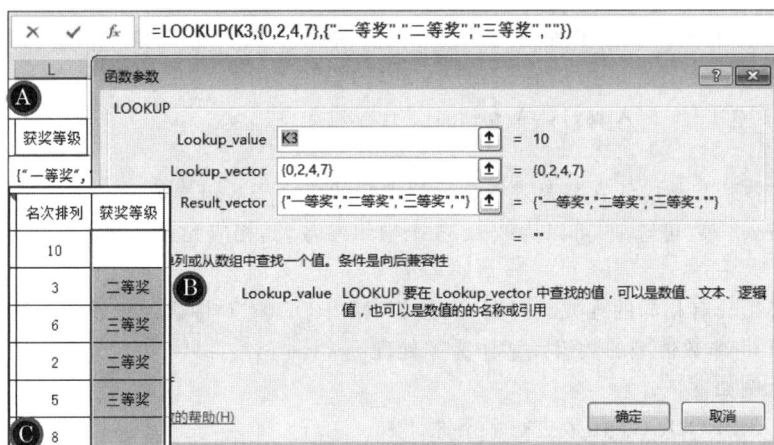

图 8-62　LOOKUP 函数使用示例

公式解析:

其中{0,2,4,7}根据"获奖等级:一等奖1个,二等奖2个,三等奖3个"设置。"一等奖1个"中"1"小于"2";"二等奖2个"中"2"加"一等奖1个"中"1"得"3","3"小于"4";类推后1个为7(1+2+3=6<7)。

若用 IF 函数,则公式为: = IF(K3<2,"一等奖",IF(K3<4,"二等奖",IF(K3<7,"三等奖","")))。

▶ 子任务 8.4.5　生成"获奖节目名单"用于获奖公布及存档使用

◎ **任务分析**

通过对"节目打分表"中的数据进行分析,利用"获奖等级"反推即可得"获奖节目名单"。

◎ **任务实践**

将"节目打分表"复制1份;选中"节目打分表"所有数据,用"值"替换公式,并按名次数值进行升序排序;删除"节目名称"和"获奖等级"之间的数据列,并将两列交换位置(见图 8-63);选中"获奖等级"和"节目名称"区域(B3:C9)复制,在"获奖节目名单"表中任一空白区域"转置粘贴",将对应等级的节目名称复制到"获奖名单"区域,完善获奖节目"数量"数据,最后效果如图 8-63 所示。

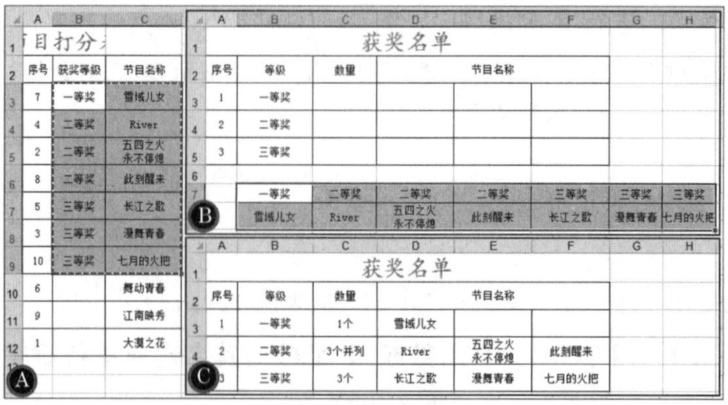

图 8-63　生成"获奖名单"示例

▶子任务 8.4.6　多形式的名次排列方式

◎ **任务分析**

在对数据进行名次排列时,根据不同的要求可能有不同的排列方式。通过使用 SUMPRODUCT 函数,Excel 可以快速获取运算结果。

函数 PRODUCT、SUMPRODUCT

SUMPRODUCT 函数作用:在给定的几组数组中,将数组间对应的元素相乘,并返回乘积之和。

语法:SUMPRODUCT(Array1,[Array2],[Array3],…)。

参数:

Array1:必需项,其相应元素需要进行相乘并求和的第一个数组参数。

Array2,Array3 等:可选项,可以为 2～255 个数组参数,其相应元素需要进行相乘并求和。

说明:

数组参数必须具有相同的维数。否则,函数 SUMPRODUCT 将返回错误值♯VALUE!。函数 SUMPRODUCT 将非数值型的数组元素作为零处理。

扩展使用示例如下:

(1)使用 SUMPRODUCT 函数进行多条件计数。

语法:= SUMPRODUCT((条件 1)*(条件 2)*(条件 3)* …(条件 n))。

作用:统计同时满足条件 1、条件 2 到条件 n 的记录的个数。

(2)使用 SUMPRODUCT 函数进行多条件求和。

语法:= SUMPRODUCT((条件 1)*(条件 2)*(条件 3)*…(条件 n)* 某区域)。

作用:汇总同时满足条件 1、条件 2 到条件 n 的记录指定区域的汇总额。

SUMPRODUCT 函数扩展使用示例如图 8-64 所示。

图 8-64　SUMPRODUCT 函数扩展使用示例

◎ **任务实践**

方式 1:同值同名次,名次值因重复占位而不连续。

本方式对关键值相同的数据排序,关键值相同则名次须相同,同一名次有 N 名并列时,均须占

用排名位置,即下一名次应从"当前名次数值＋N"开始,形式上看名次数值呈不连续状态。如第2名有3名并列,则下一名次从第5名开始。

本方式直接用 RANK 或 RANK.EQ 函数即可完成,如图8-65所示;也可以用公式:＝COUNTIF($J$3:$J$12,">"&J3)+1 完成(表示在一组数据中统计大于指定值的个数,再加1,即得指定值的排序数字)。

图8-65 名次排列示例(一)

方式2:名次不重复,无并列,名次值连续。

本方式对关键值相同的数据按在数据表中出现的先后顺序赋予名次值,名次不重复,无并列,名次值连续。例如,有两个相同的第3名,则排列在前的(第1个)显示第3名,排列在后的(第2个)显示第4名。

本方式采用插入临时辅助列和数据排序功能即可完成,如图8-66所示。

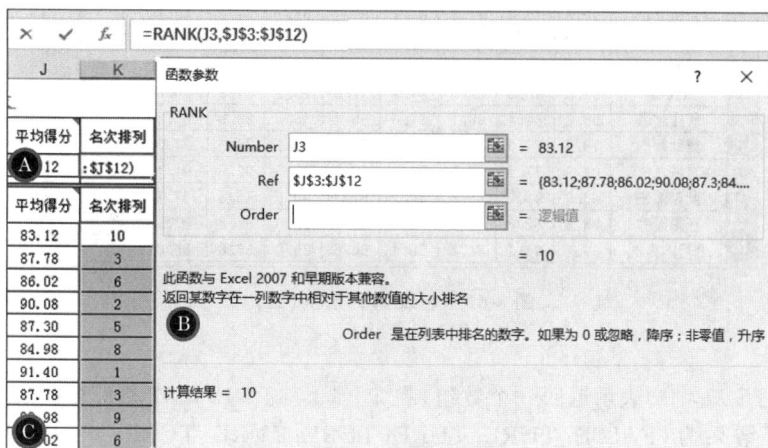

图8-66 名次排列示例(二)

方式3:名次重复并列,名次值连续。

本方式常称为中国式排名,例如,不管有多少个数据并列第2名,其后一名次依然为第3名,最后一个数据的排位的序号有可能比总数据个数要小。本公式用 SUMPRODUCT 数组公式即可完成,需要按 Ctrl＋Shift＋Enter 组合键结束。

如图8-67所示,根据"平均得分"排列名次,在 K2 单元格中输入公式:＝SUMPRODUCT(($J$3:$J$12>J3)/COUNTIF($J$3:$J$12,$J$3:$J$12))+1 或＝SUM(IF($J$3:$J$12>J3,1/COUNTIF($J$3:$J$12,$J$3:$J$12),0))+1,并按 Ctrl＋Shift＋Enter 组合键确认数组公式,拖动填充柄至 K12。

笔记区

=SUMPRODUCT(($J$3:$J$12>J3)/COUNTIF(J$3:J$12,$J$3:$J$12))+1

	B	C	D	E	F	G	H	I	J	K
2	节目名称	A评委	B评委	C评委	D评委	E评委	F评委	G评委	平均得分	名次排列
A	大漠之花	94.6	75.5	77.8	84.8	87.7	81.1	84.2	83.12	=SUMPRODU
	五四之火永不停熄	96.6	92.1	82.4	86.0	83.5	94.9	76.0	87.78	

	B	C	D	E	F	G	H	I	J	K
3	大漠之花	94.6	75.5	77.8	84.8	87.7	81.1	84.2	83.12	8
4	五四之火永不停熄	96.6	92.1	82.4	86.0	83.5	94.9	76.0	87.78	3
5	漫舞青春	76.5	78.1	92.9	84.0	93.1	82.0	93.5	86.02	5
6	River	98.0	96.3	89.6	97.7	77.9	85.0	81.8	90.08	2
7	长江之歌	96.8	84.4	88.1	87.6	85.4	86.5	88.9	87.30	4
8	舞动青春	78.7	87.0	86.8	77.4	88.4	88.1	84.3	84.98	6
9	雪域儿女	93.9	77.1	97.5	96.7	80.8	92.8	92.8	91.40	1
10	此刻醒来	96.0	91.2	85.6	84.2	87.3	90.6	76.6	87.78	3
11	江南映秀	88.3	82.3	75.8	86.4	81.7	90.5	81.2	83.98	7
B	七月的火把	79.7	94.1	84.5	75.4	94.5	85.0	86.8	86.02	5

图 8-67　名次排列示例(三)

公式解析:

(＄J＄3:＄J＄12>J3)表示返回一个数组;在＄J＄3:＄J＄12 区域内大于 J3 单元格数值的个数有 9 个,判断结果为{FALSE;TURE;TURE;TURE;TURE;TURE;TURE;TURE;TURE;TURE},即{0;1;1;1;1;1;1;1;1;1}。

COUNTIF(J＄3:J＄12,＄J＄3:＄J＄12)表示各单元格数值出现的重复次数,数组为:{1;2;1;1;1;1;1;2;1;2}。

/COUNTIF(J＄3:J＄12,＄J＄3:＄J＄12)也可为 * 1/COUNTIF(J＄3:J＄12,＄J＄3:＄J＄12)。

本任务数组结果为:

=SUMPRODUCT((＄J＄3:＄J＄12>J3)/COUNTIF(J＄3:J＄12,＄J＄3:＄J＄12))+1=SUMPRODUCT({0;1;1;1;1;1;1;1;1;1}/{1;2;2;1;1;1;1;2;1;2})+1=SUMPRODUCT({0;0.5;0.5;1;1;1;1;0.5;1;0.5})+1=8,即排列第 8 名。

若不加 1,则 0 起排,不合乎要求。

方式 4:多条件排名,名次不并列。

当第 1 条件值相同时,按第 2 条件值排列名次,以此类推。如图 8-68 所示,根据"平均得分"排列名次,在 M2 单元格中输入公式:= SUMPRODUCT((＄K＄3:＄K＄12 * 1000000+＄J＄3:＄J＄12>K3 * 1000000+J3) * 1)+1。当"平均得分"相同时,则第 2 条件为"7 评委总分"排列名次。

RANK　=SUMPRODUCT(($K$3:$K$12*1000000+$J$3:$J$12>K3*1000000+J3)*1)+1

	B	C	D	E	F	G	H	I	J	K	L	M
1	节目打分表											
2	节目名称	A评委	B评委	C评委	D评委	E评委	F评委	G评委	7评委总分	平均得分	方式3名次	方式4名次
A	大漠之花	94.6	75.5	77.8	84.8	87.7	81.1	84.2	585.7	83.12	8	=SUMPRODU
	五四之火永不停熄	96.6	92.1	82.4	86.0	83.5	94.9	76.0	611.5	87.78	3	

	B	C	D	E	F	G	H	I	J	K	L	M
2	节目名称	A评委	B评委	C评委	D评委	E评委	F评委	G评委	7评委总分	平均得分	方式3名次	方式4名次
3	大漠之花	94.6	75.5	77.8	84.8	87.7	81.1	84.2	585.7	83.12	8	10
4	五四之火永不停熄	96.6	92.1	82.4	86.0	83.5	94.9	76.0	611.5	87.78	3	3
5	漫舞青春	76.5	78.1	92.9	84.0	93.1	82.0	93.5	600.1	86.02	5	6
6	River	98.0	96.3	89.6	97.7	77.9	85.0	81.8	626.3	90.08	2	2
7	长江之歌	96.8	84.4	88.1	87.6	85.4	86.5	88.9	617.7	87.30	4	5
8	舞动青春	78.7	87.0	86.8	77.4	88.4	88.1	84.3	590.7	84.98	6	8
9	雪域儿女	93.9	77.1	97.5	96.7	80.8	92.8	92.8	631.6	91.40	1	1
10	此刻醒来	96.0	91.2	85.6	84.2	87.3	90.6	73.6	608.5	87.78	3	4
11	江南映秀	88.3	82.3	75.8	86.4	81.7	90.5	81.2	586.2	83.98	7	9
B	七月的火把	79.7	94.1	84.5	73.4	94.5	85.0	86.8	598.0	86.02	5	7

图 8-68　名次排列示例(四)

公式解析：

将"平均得分"放大 1 000 000 倍再加上"7 评委总分"，两个"数据"组合在一起成为一个数字进行比较，相当于用数量级来区分。

第 1 条件数据的最小扩大倍数＝第 1 条件小数位数＋第 2 条件数据位数＋…＋第 $n-1$ 条件数据位数＋第 n 条件的整数位数；第 2 条件扩大倍数＝第 2 条件数据位数＋…＋第 $n-1$ 条件数据位数＋第 n 条件的整数位数。数据扩大倍数必须根据数据实际情况而定，一般情况下含有小数部分，则需要扩大的倍数也越大，否则可缩小倍数。上例中扩大 1 000 000 倍，最小可为 100 000 倍，即保证两个数据不能位数有直接相加的情况。当有多个条件时，需分别对"条件数－1"进行倍数调整，若上例第 1 条件为"平均得分"，第 2 条件为"7 评委总分"，第 3 条件为"C 评委"，则公式可设为：
＝SUMPRODUCT（（$K$3：$K$12 ＊ 100000000 ＋ $J$3：$J$12 ＊ 1000 ＋ E3＞K3 ＊ 100000000＋J3＊1000＋E3）＊1）＋1。

拓展技能

数据引用统计方法很多，通过函数灵活使用可以快速解决很多实际问题。COUNT 函数用于简单计数，COUNTIF 用于单个条件计数，COUNTIFS 函数用于多条件计数；AVERAGE 函数用于简单求平均值，AVERAGEIF 用于单个条件求平均值，AVERAGEIFS 函数用于多条件求平均值。SUMIF 函数用于单个条件的数据求和，SUMIFS 函数用于多条件数据求和，COUNTIFS 函数用于多条件计数。

1. COUNTIFS 函数

作用：将条件应用于多个区域的单元格，然后统计满足所有条件的次数。

语法：COUNTIFS(Criteria_range1,Criteria1,[Criteria_range2,Criteria2],…)。

参数：

Criteria_range1：指供给 Criteria1 条件进行比对的条件数据源区域。

Criteria1：指定对 Criteria_range1 中进行统计的单元格的条件。即对 Criteria_range1 区域中符合 Criteria1 条件的单元格进行统计。

函数 COUNTIFS

Criteria_range2，Criteria2 等，附加的区域及其关联条件。最多可以输入 127 个区域或条件对（区域和条件成对）。

COUNTIFS 函数使用示例如图 8-57 所示。

	A	B	C	D	E	F
1	已销售数量	产品	销售人员	公式	结果	说明
2	10	波萝	张三	=COUNTIFS(C2:C8,"李四",B2:B8,"草莓")	2	李四销售的草莓次数
3	20	草莓	李四	=COUNTIFS(C2:C8,"张三",B2:B8,"<>苹果")	3	张三除苹果外的销售次数
4	15	波萝	张三			
5	5	草莓	李四			
6	12	苹果	张三			
7	20	波萝	李四			
8	30	草莓	张三			

图 8-57 COUNTIFS 函数使用示例

2. AVERAGEIFS 函数

作用：将条件应用于多个区域的单元格，然后对所有满足条件的单元格求平均值。

语法：AVERAGEIFS（Average_range,Criteria_range1,Criteria1,[Criteria_range2,Criteria2],…）。

函数 AVERAGEIFS

参数：

Average_range：用于函数求平均的数据源区域。其中包含数字或包含数字的名称、数组或引用。

Criteria_range1:指供给 Criteria1 条件进行测试的条件数据源区域。

Criteria1:指定对 Criteria_range1 进行测试的条件。即对 Criteria_range1 区域中符合 Criteria1 条件的单元格所映射到 Average_range 中的单元格数据进行求平均。

Criteria_range2,Criteria2 等:附加的区域及其关联条件。最多可以输入 127 个区域或条件对(区域和条件成对)。

AVERAGEIFS 函数使用示例如图 8-58 所示。

	A	B	C	D	E	F
1	已销售数量	产品	销售人员	公式	结果	说明
2	10	波萝	张三	=AVERAGEIFS(A2:A8,C2:C8,"李四",B2:B8,"草莓")	12.5	李四的草莓平均销售数量
3	20	草莓	李四	=AVERAGEIFS(A2:A8,C2:C8,"张三",B2:B8,"<>苹果")	18.33	张三除苹果外的平均销售数量
4	15	波萝	张三			
5	5	草莓	李四			
6	12	苹果	张三			
7	20	波萝	李四			
8	30	草莓	张三			

图 8-58　AVERAGEIFS 函数使用示例

3. LEFT 函数

作用:对给定的文本字符串自左截取指定字符个数的字符串,如图 8-38 所示。

语法:LEFT(Text,Num_chars)。

参数:

Text:用于字符截取的文本字符串。

Num_chars:指定要截取的字符个数。Num_chars 必须大于或等于零,当省略时默认值为 1;当 Num_chars 大于文本长度时,则 LEFT 取值结果为原文本字符串所有字符。

4. LEFTB 函数

作用:对给定的文本字符串自左截取指定字节数的字符串,如图 8-69 所示。

语法:LEFTB(Text,Num_chars)。

参数:

Text:用于字符截取的文本字符串。

Num_chars:指定要截取的字节个数。Num_chars 必须大于或等于零,当省略时默认值为 1;当 Num_chars 大于文本长度时,则 LEFTB 取值结果为原文本字符串所有字符。

	A	B	C	D	E	F
1	数据	公式1	结果1	公式2	结果2	备注
2	EXCEL2016	=LEFT(A2,3)	EXC	=LEFTB(A2,3)	EXC	对单字节数据,EFT 和 LEFTB 取值相同
3	745545445	=LEFT(A3,3)	745	=LEFTB(A3,3)	745	
4	数据统计与分析	=LEFT(A4,4)	数据统计	=LEFTB(A4,4)	数据	对双字节数据,LEFT 和 LEFTB 取值不相同
5	字母ABC大写	=LEFT(A5,5)	字母ABC	=LEFTB(A5,5)	字母A	

图 8-69　LEFT 与 LEFTB 函数使用示例

5. RIGHT 函数

作用:计算在给定的文本字符串中自右起截取指定个数的字符,如图 8-70 所示。

语法:RIGHT(Text,Num_chars)。

参数:

Text:为用于字符截取的文本字符串。

Num_chars:指定要截取的字符个数。Num_chars 必须大于或等于零,当省略时默认值为 1;当 Num_chars 大于文本长度时,则 RIGHT 取值结果为原文本字符串所有字符。

6. RIGHTB 函数

作用:对给定的文本串自右起截取指定字节数的字符串,如图8-70所示。

语法:RIGHTB(Text,Num_chars)。

参数:

Text:用于字符截取的文本字符串。

Num_chars:指定要截取的字节个数。Num_chars 必须大于或等于零,当省略时默认值为 1;当 Num_chars 大于文本长度时,则 RIGHTB 取值结果为原文本字符串所有字符。

	A	B	C	D	E	F
1	数据	公式1	结果1	公式2	结果2	备注
2	EXCEL2016	=RIGHT(A2,3)	016	=RIGHTB(A2,3)	016	对单字节数据,RIGHT和RIGHTB取值相同
3	745545445	=RIGHT(A3,3)	445	=RIGHTB(A3,3)	445	
4	数据统计与分析	=RIGHT(A4,4)	计与分析	=RIGHTB(A4,4)	分析	对双字节数据,RIGHT和RIGHTB取值不相同
5	字母ABC大写	=RIGHT(A5,5)	ABC大写	=RIGHTB(A5,5)	C大写	

图 8-70 RIGHT 和 RIGHTB 函数使用示例

7. LEN 函数

作用:计算给定字符串的字符个数,如图8-71所示。

语法:LEN(Text)。

参数:

Text:必需项,给定计算字符个数的文本。空格将作为字符进行计数。

8. LENB 函数

作用:计算对给定字符串的字节个数,如图8-71所示。

语法:LENB(Text)。

参数:

Text:必需项,给定计算字节个数的文本。空格将作为字符进行计数。

	A	B	C	D	E	F	G
1	数据1	类型	公式1	结果1	公式2	结果2	说明
2	Excel 2016	字符	=LEN(A2)	10	=LENB(A2)	10	Excel和2016之间有一空格
3		空白	=LEN(A3)	0	=LENB(A3)	0	
4	AB	字符	=LEN(A4)	5	=LENB(A4)	5	字符AB前置两个空格,后置一个空格
5	数据处理	字符	=LEN(A5)	4	=LENB(A5)	8	
6	"123基础"	字符	=LEN(A6)	7	=LENB(A6)	11	中文双引号为字符串组成部分
7	243.68	数值	=LEN(A7)	6	=LENB(A7)	6	
8	1234	字符	=LEN(A8)	4	=LENB(A8)	4	数字组成的字符串

图 8-71 LEN 和 LENB 函数使用示例

9. SUBSTITUTE 函数

作用:替换文本字符串中将指定的文本。

语法:SUBSTITUTE(Text,Old_text,New_text,[Instance_num])。

参数:

Text:必需项,供给替换其中字符的文本字符串,或是需要替换其中字符的单元格的引用。

Old_text:必需项,指定被替换的文本。

New_text:必需项,用于替换 Old_text 的新文本。

Instance_num:可选项。当供给文本字符串中被替换文本重复出现多次时,该参数数值用于确定被替换文本出现的次序位置数,如取值1则替换第1次出现的值,如取值3则只替换第3次出现的值;当省略该参数时,表示替换所有 Old_text,都会更改为 New_text。

函数 SUBSTITUTE

汉字字母数字的分离

141

文本和数字字母组合中分离文本和数字字母要综合 LEN、LENB、RIGHT 和 SUBSTITUTE 函数的使用,如图 8-72 所示。当文本和数字之间有同一分隔符分隔或姓名长度相等时,可通过"数据"选项卡中的"分列"功能指定分隔符或固定宽度分列。

	A	B	C	D	E	F	G
1	汉字数字字母组合	汉字获取		非汉字文本获取			
2		公式	结果	公式1	结果1	公式2	结果2
3	张三12345678	=LEFT(A3,LENB(A3)-LEN(A3))	张三	=RIGHT(A3,2*LEN(A3)-LENB(A3))	12345678	=SUBSTITUTE(A3,C3,"")	12345678
4	李四00099987	=LEFT(A4,LENB(A4)-LEN(A4))	李四	=RIGHT(A4,2*LEN(A4)-LENB(A4))	00099987	=SUBSTITUTE(A4,C4,"")	00099987
5	王家林44444555	=LEFT(A5,LENB(A5)-LEN(A5))	王家林	=RIGHT(A5,2*LEN(A5)-LENB(A5))	44444555	=SUBSTITUTE(A5,C5,"")	44444555
6	李秋冬c585858523	=LEFT(A6,LENB(A6)-LEN(A6))	李秋冬	=RIGHT(A6,2*LEN(A6)-LENB(A6))	c585858523	=SUBSTITUTE(A6,C6,"")	c585858523
7	王春B11234987641	=LEFT(A7,LENB(A7)-LEN(A7))	王春	=RIGHT(A7,2*LEN(A7)-LENB(A7))	B11234987641	=SUBSTITUTE(A7,C7,"")	B11234987641

图 8-72 文本和数字字母组合中分离文本数字示例(一)

在 Excel 2013 以上版本中,还可以快速获取文本或数字字母,如图 8-73 所示。在 B14 单元格中输入"产品名称"文本,即"空调",再选中该单元格至本列中最后一行产品对应的单元格区域(B14:B16)后,按 Ctrl+E 组合键,文本得到快速填充。

	A	B	C	D	E
12	产品名称型号	产品名称	产品型号		
13			公式		结果
14	空调K-1	空调	=RIGHT(A14,LENB(A14)-LENB(B14))		K-1
15	电冰箱D-2	电冰箱	=RIGHT(A15,LENB(A15)-LENB(B15))		D-2
16	电视D-11	电视	=RIGHT(A16,LENB(A16)-LENB(B16))		D-11

图 8-73 文本和数字字母组合中分离文本数字示例(二)

10. YEAR 函数

作用:计算某日期中的年份,其值为 1 900~9 999 的整数。日期一般使用 DATE 函数输入,或者是其他公式或函数的日期型结果数据输入。

语法:YEAR(Serial_number)。

11. MONTH 函数

作用:计算某日期中的月份,用整数 1~12 表示数。

语法:MONTH(Serial_number)。

12. DAY 函数

作用:计算某日期中的天数,用整数 1~31 表示。

语法:DAY(Serial_number)。

13. NOW 函数

作用:计算当前计算机系统的日期或时间序列号。

语法:NOW()。

说明:NOW 函数语法没有参数,如果在输入该函数前,单元格格式为"常规",Excel 会更改单元格格式,使其与区域设置的日期和时间格式匹配。

常用日期函数使用示例如图 8-74 所示。

	A	B	C	D	E	F	G	H	I
1	数据1	数据1的不同日期格式	类型	公式	结果	公式	结果	公式	结果
2	2017/4/13	2017/4/13	日期	=YEAR(B2)	2017	=MONTH(B2)	4	=DAY(B2)	13
3	2017/4/14	2017年4月14日	日期	=YEAR(B3)	2017	=MONTH(B3)	4	=DAY(B3)	14
4	2017/4/15	二〇一七年四月十五日	日期	=YEAR(B4)	2017	=MONTH(B4)	4	=DAY(B4)	15
5	2017/4/16	二〇一七年四月	日期	=YEAR(B5)	2017	=MONTH(B5)	4	=DAY(B5)	16
6	2017/4/17	四月十七日	日期	=YEAR(B6)	2017	=MONTH(B6)	4	=DAY(B6)	17
7	2017/4/18	星期二	日期	=YEAR(B7)	2017	=MONTH(B7)	4	=DAY(B7)	18
8	2017/4/19	17/4/19	日期	=YEAR(B8)	2017	=MONTH(B8)	4	=DAY(B8)	19
9	2017/4/20	20-Apr-17	日期	=YEAR(B9)	2017	=MONTH(B9)	4	=DAY(B9)	20
10			常规	=NOW()	42838.476204050				
11			计算年龄	=YEAR(TODAY())-1977	40				

图 8-74 常用日期函数使用示例

笔记区

14. ROW 函数

作用:用于计算一个引用的行号。

语法:ROW([Reference])。

参数:

Reference:需要得到其行号的单元格或单元格区域。如果省略 Reference,则系统默认是对函数 ROW 所在的单元格求行号。

15. COLUMN 函数

作用:用于计算一个引用的列号。

语法:COLUMN ([Reference])。

参数:

Reference:需要得到其列号的单元格或单元格区域。如果省略 Reference,则系统默认是对函数 ROW 所在的单元格求列号。

16. INDEX 函数

作用:返回表格或数组中的元素值,此元素由行号和列号的索引值给定。当函数 INDEX 的第一个参数为数组常量时,使用数组形式。

语法:INDEX(Array,Row_num,[Column_num])。

参数:

Array:必需项,单元格区域或数组常量。如果数组只包含一行或一列,则相对应的参数 Row_num 或 Column_num 为可选参数。如果数组有多行和多列,但只使用 Row_num 或 Column_num,函数 INDEX 返回数组中的整行或整列,且返回值也为数组。如果同时使用参数 Row_num 和 Column_num,函数 INDEX 返回 Row_num 和 Column_num 交叉处的单元格中的值。

Row_num:选择数组中的某行,函数返回该行数值。如果省略 Row_num,则必须有 Column_num。

Column_num:可选项。选择数组中的某列,函数返回该列数值。如果省略 Column_num,则必须有 Row_num。

如果将 Row_num 或 Column_num 设置为 0(零),函数 INDEX 则分别返回整个列或行的数组数值。若要使用以数组形式返回的值,请将 INDEX 函数以数组公式形式输入,对于行以水平单元格区域的形式输入,对于列以垂直单元格区域的形式输入。若要输入数组公式,则按 Ctrl+Shift+Enter 组合键确认公式。

强化技能

1. 打开教材配套素材"产品销售统计. xlsx",进行如下操作:

(1)在"每日门店销售"工作表中:第一列数据前插入 2 列,在 A1 和 B1 单元格分别输入"年份"和"月份",利用"日期"列的数值和 TEXT 函数求出年份和月份;利用 IF 函数求出"业绩表现"(收入大于 500,"业绩优",收入大于 300,"业绩良好",收于大于 200,"业绩合格",其余为"业绩差")。

(2)在"按年统计"工作表中,利用"每日门店销售"工作表"收入"列的数值和 SUMIF、AVERAGEIF 函数,计算出各年的总计收入和平均收入。

产品销售统计案例

2. 用 Excel 绘制"人生格子"区位虚拟方阵

在 Excel 创建 30 * 30 的"人生格子"区位方阵虚拟人生长河,以条件格式和函数(AND、ROW、COLUMN)的结合应用,通过判断起止年龄段,动态标记展示个人生阶段所处的区位。

绘制人生格子

项目9

Excel 2016数据综合分析与处理

Excel 中的数据管理都是与数据清单或数据库有关,因为数据清单或数据库中的数据都是按行或列的方式进行组织的。Excel 可以对数据进行排序、筛选、分类汇总、数据透视表等操作,管理、组织复杂的数据,直观地反映出数据分析和处理的结果,完成一系列的财务、工程、科学和商业等方面的统计任务。

培养目标

【知识目标】
1. 掌握数据的排序使用方法。
2. 掌握数据自动筛选和高级筛选的使用方法。
3. 掌握数据分类汇总的使用方法。
4. 掌握数据透视表和数据透视图的使用方法。

【能力目标】
1. 具有对数据进行排序、筛选、分类汇总、数据透视快速统计的操作能力。
2. 具有对典型示范案例迁移应用,解决岗位工作实际问题的能力。
3. 具有一定的 Excel 数据分析创新应用的能力。

【素质目标】
1. 具备尊重数据客观性、真实性和重视数据安全的素质。
2. 具备细心、耐心、周密分析数据的素质。

任务9.1 数据排序与筛选

任务描述

对"产品销售情况表"(见图9-1)按以下要求进行分析处理(本任务中的操作数据表可在教材配套资源包中调用)。

(1)将产品销售情况表复制6个,分别命名为销售1、销售2、销售3、销售4、销售5和销售6。

(2)在销售1表中完成排序操作:分公司笔画"降序",产品名称"降序",销售额"升序"。

(3)在销售2表中筛选出电冰箱的所有记录放在A40开始的单元格中。

(4)在销售2表中筛选出销售数量在60~80的记录放在K60开始的单元格中。

(5)在销售2表中筛选出为1季度且销售额在20万元以上的记录放在A80开始的单元格中。

(6)在销售3表中,用"高级筛选"筛选出分公司为北部1且销售额在10万~20万元或者名次在前10名的记录放在A40开始的单元格中。

(7)在销售3表中,用"高级筛选"筛选出空调销售数量在平均值以上的所有记录放在A60开始的单元格中。

数据分析与处理综合
应用产品销量情况表

	A	B	C	D	E	F	G	H
1				产品销售情况表				
2	季度	分公司	产品类别	产品名称	销售数量	销售额(万元)	销售额排名	备注
3	1	西部2	K-1	空调	89	12.28	25	
4	1	南部3	D-2	电冰箱	89	20.83	7	
5	1	北部2	K-1	空调	89	12.28	25	
6	1	东部3	D-2	电冰箱	86	20.12	8	
7	1	北部1	D-1	电视	86	38.36	1	
8	3	南部2	K-1	空调	86	30.44	3	
9	3	西部2	K-1	空调	84	11.59	27	
10	2	东部2	K-1	空调	79	27.97	4	
11	3	西部1	D-1	电视	78	34.79	2	
12	3	南部3	D-2	电冰箱	75	17.55	16	
13	2	北部1	D-1	电视	73	8.50	30	
14	2	西部2	D-2	电冰箱	69	22.15	6	
15	1	东部1	D-1	电视	67	18.43	12	
16	3	东部1	D-1	电视	66	18.15	14	
17	2	东部3	D-2	电冰箱	65	15.21	22	

图9-1 产品销售情况表

任务分析与实践

▶ **子任务9.1.1 将产品销售工作表复制6个,分别命名为销售1、销售2、销售3、销售4、销售5和销售6**

◎ **任务分析**

按工作表复制与重命名方式完成操作。

◎ **任务实践**

单击"产品销售情况表"工作表标签,按住Ctrl键拖动6次,复制出6张工作表,再逐一完成工作表重命名。

▶**子任务 9.1.2　在销售 1 表中完成排序操作：分公司笔画"降序"，产品名称"降序"，销售额"升序"**

◎ **任务分析**

对数据进行排序是数据分析中常用的功能之一，能够直观显示数据值的排列情况。数据排序的关键字可以是数据值或数据的格式（如单元格颜色、字体颜色等）等数据属性。一般为按列排序，当然也可以按行排序。

数据排序

1. 排序规则

Excel 数据排序分为"升序"和"降序"两种。在按"升序"排序时，Excel 默认排序规则如下。

（1）数字：数字从最小的负数到最大的正数进行排序。

（2）文本：在字符串项按字符先后顺序进行排序。字符串从左到右一个字符一个字符地进行对比排序。

（3）文本、数字、字母和常用符号的排序次序为：0 1 2 3 4 5 6 7 8 9（空格）！" # $ ％ & ( ) *，. / ：；?@ [\ ]^_`{ | } ～ + < = > A B C D E F G H I J K L M N O P Q R S T U V W X Y Z。

（4）逻辑值：在逻辑值中，FALSE 排在 TRUE 之前。

（5）错误值：所有错误值的优先级相同。

（6）空格：空格始终排在最后。

在按"降序"排序时，除了空白单元格总是在最后外，其他的排序顺序反转。

2. 单一关键字排序

单击激活关键字列数据任一单元格；在"数据"选项卡中"排序和筛选"组内单击 ▓（升序）或 ▓（降序）按钮完成数据排序操作。

3. 多关键字排序

选中排序数据区域或单击数据区域任一单元格（此时系统自动识别扩充选择数据区域），在"数据"选项卡中"排序和筛选"组内单击 ▓（排序）按钮，在"排序"对话框中进行排序设置，如图 9-2 所示。

图 9-2　多关键字排序示例（一）

◎ **任务实践**

在销售 1 表中选择数据源区域中任一单元格（此时系统自动扩充选择数据区域）或选中整个数据源区域，在"排序"对话框中按"分公司笔画'降序'，产品名称'降序'，销售额'升序'"设置排序关键字，如图 9-3 所示。

图 9-3　多关键字排序示例(二)

▶子任务 9.1.3　在销售 2 表中筛选出电冰箱的所有记录放在 A40 开始的单元格中

◎ **任务分析**

筛选是查找和处理单元格区域中数据子集的快捷方法。筛选分为自动筛选和高级筛选。设定筛选条件后,不符合筛选条件的数据被隐藏,筛选的结果数据可以执行复制、查找、编辑、设置格式、制作图表和打印等操作。

本任务筛选条件简单,通过自动筛设置筛选条件即可完成。

数据筛选

◎ **任务实践**

方法一:快速筛选。

在销售 2 表中"产品名称"列右键单击任一"电冰箱"单元格,选择快捷菜单中的 筛选(E) ▶项后选择 按所选单元格的值筛选(V) 项,筛选结果如图 9-4 所示。

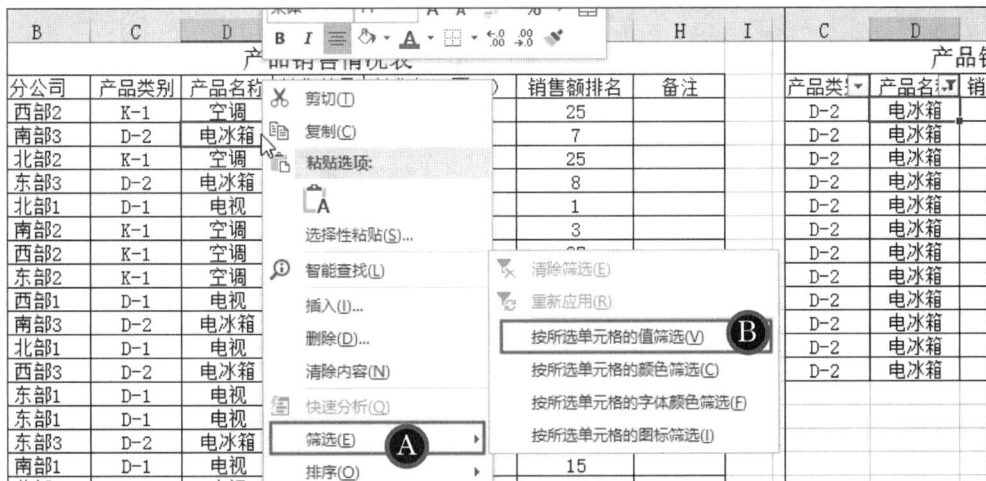

图 9-4　快速筛选示例

方法二:标准自动筛选(常用方法)。

在销售 2 表中单击数据源区域任一单元格或选中整个数据源区域,单击"数据"选项卡中"排序和筛选"组内的 ▼(筛选)按钮,数据标题行中各字段右侧出现筛选操作标记按钮,如图 9-5 所示;将"产品名称"的筛选条件设置为"电冰箱";将筛选的结果数据复制粘贴至 A40 起始的单元格中。

图 9-5　数据"筛选"示例

筛选操作后,单击 🏷清除 按钮可将筛选区域数据恢复到筛选前状态。

▶子任务 9.1.4　在销售 2 表中筛选出销售数量在 60～80 的记录放在 A60 开始的单元格中

◎ 任务分析

本任务筛选条件简单,通过自动筛设置筛选条件即可完成。

◎ 任务实践

对"销售数量"字段设置"介于 60～80"的筛选条件,如图 9-6 所示。

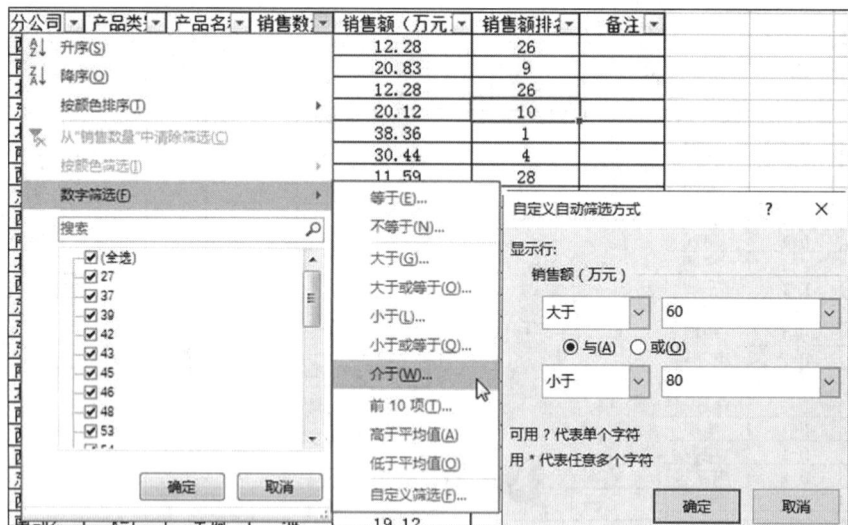

图 9-6　数据条件筛选示例

▶子任务 9.1.5　在销售 2 表中筛选出为 1 季度且销售额在 20 万元以上的记录放在 A80 开始的单元格中

◎ 任务分析

本任务有两个筛选条件同时生效,使用自动筛将两个条件叠加设置即可完成。

◎ 任务实践

两个筛选条件逐一设置,如图 9-7 所示。

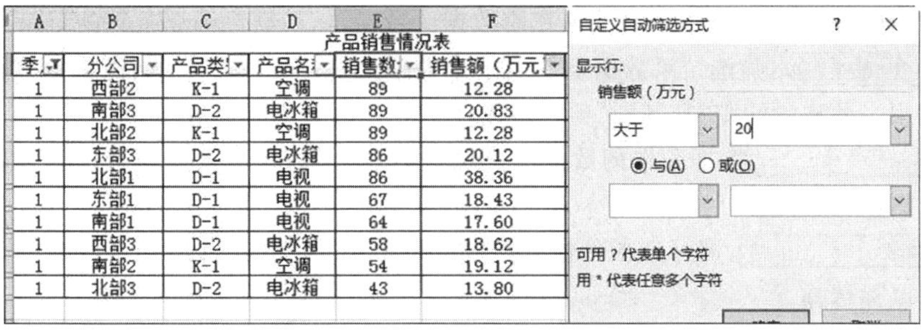

A	B	C	D	E	F
产品销售情况表					
季	分公司	产品类	产品名	销售数	销售额（万元
1	西部2	K-1	空调	89	12.28
1	南部3	D-2	电冰箱	89	20.83
1	北部2	K-1	空调	89	12.28
1	东部3	D-2	电冰箱	86	20.12
1	北部1	D-1	电视	86	38.36
1	东部1	D-1	电视	67	18.43
1	南部1	D-1	电视	64	17.60
1	西部3	D-2	电冰箱	58	18.62
1	南部2	K-1	空调	54	19.12
1	北部3	D-2	电冰箱	43	13.80

图 9-7　自定义筛选条件示例

子任务 9.1.6　在销售 3 表中，用"高级筛选"筛选出分公司为北部 1 且销售额在 10 万～20 万元或者名次在前 10 名的记录放在 A40 开始的单元格中

◎ 任务分析

本任务中各项操作的条件都比较复杂，用自动筛选不能完成。高级筛选通过单独设置筛选条件可完成相对复杂条件的数据筛选操作。高级筛选条件设置须遵循"同行求与，隔行求或，先行后列"的规则，条件区域与筛选数据区域原则是至少有一行或一列的空白间隔区域。为保证筛选的正确性，条件区域的标题行采用在源数据区域复制方式生成不宜手动输入。筛选的数据区域、条件区域和目标区域可通过"高级筛选"对话框来选择引用。

本任务筛选条件为：(分公司＝"北部 1"AND 10＜销售额＜20)OR 名次＜＝10。

◎ 任务实践

按高级筛选条件"同行求与，隔行求或，先行后列"规则建立筛选条件(根据条件需要，"销售额(万元)"出现两次)；选择数据源区域中任一单元格或选中整个数据源区域，单击"数据"选项卡中"排序和筛选"组内的 高级 按钮，在"高级筛选"对话框中完成筛选参数设置(见图 9-8)，筛选结果如图 9-9 所示。

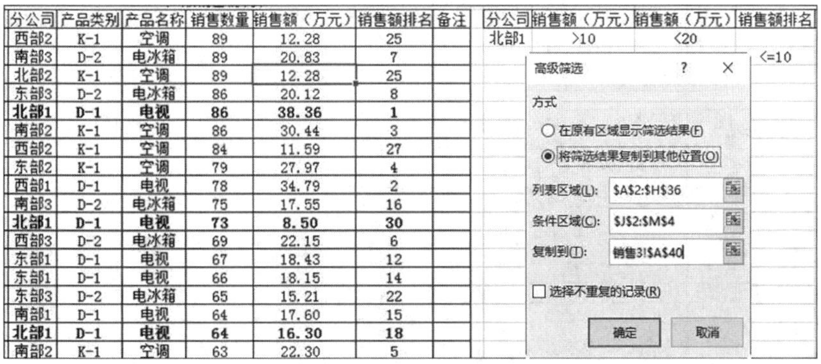

分公司	产品类别	产品名称	销售数量	销售额（万元）	销售额排名	备注
西部2	K-1	空调	89	12.28	25	
南部3	D-2	电冰箱	89	20.83	7	
北部2	K-1	空调	89	12.28	25	
东部3	D-2	电冰箱	86	20.12	8	
北部1	**D-1**	**电视**	**86**	**38.36**	**1**	
南部2	K-1	空调	86	30.44	3	
西部2	K-1	空调	84	11.59	27	
东部2	K-1	空调	79	27.97	4	
西部1	D-1	电视	78	34.79	2	
南部3	D-2	电冰箱	75	17.55	16	
北部1	**D-1**	**电视**	**73**	**8.50**	**30**	
西部3	D-2	电冰箱	69	22.15	6	
东部1	D-1	电视	67	18.43	12	
东部1	D-1	电视	66	18.15	14	
东部3	D-2	电冰箱	65	15.21	22	
南部1	D-1	电视	64	17.60	15	
北部1	**D-1**	**电视**	**64**	**16.30**	**18**	
南部2	K-1	空调	63	22.30	5	

分公司	销售额（万元）	销售额（万元）	销售额排名
北部1	>10	<20	
			<=10

图 9-8　数据高级筛选示例

40	季度	分公司	产品类别	产品名称	销售数量	销售额（万元）	销售额排名	备注
41	1	南部3	D-2	电冰箱	89	20.83	7	
42	1	东部3	D-2	电冰箱	86	20.12	8	
43	**1**	**北部1**	**D-1**	**电视**	**86**	**38.36**	**1**	
44	3	南部2	K-1	空调	86	30.44	3	
45	2	东部2	K-1	空调	79	27.97	4	
46	3	西部1	D-1	电视	78	34.79	2	
47	2	西部3	D-2	电冰箱	69	22.15	6	
48	**3**	**北部1**	**D-1**	**电视**	**64**	**16.30**	**18**	
49	2	南部2	K-1	空调	63	22.30	5	
50	1	南部2	K-1	空调	54	19.12	9	
51	2	西部1	D-1	电视	42	18.73	10	

图 9-9　高级筛选示例结果(注意分析两个"北部 1")

（1）⊙ 在原有区域显示筛选结果(F)：筛选结果数据在原数据区域显示，不满足筛选条件的记录被暂时隐藏。

（2）⊙ 将筛选结果复制到其他位置(O)：筛选结果数据复制到指定的单元格或单元格区域，原数据区域保持不变，其配合项目使用。此项激活则"复制到"项目可用。

（3）列表区域(L)：[   ] ↑：即筛选的数据源区域，标识用于高级筛选的源数据区域的绝对引用，可直接输入或用鼠标选择。

（4）条件区域(C)：[   ] ↑：即筛选条件所在区域，标识作为高级筛选的条件区域的绝对引用，可直接输入或用鼠标选择。

（5）复制到(T)：[   ] ↑：即筛选结果存放的区域或区域的起始单元格地址，标识筛选的结果自动复制到指定的位置的绝对引用，可直接输入或用鼠标选择。

▶**子任务 9.1.7　在销售 3 表中，用"高级筛选"筛选出空调销售数量在平均值以上的所有记录放在 A60 开始的单元格中**

◎ **任务分析**

本任务采用"高级筛选"完成，任务表达筛选条件为：产品名称＝空调 AND＝销售数量＞AVERAGE（销售数量）。

◎ **任务实践**

按高级筛选条件"同行求与，隔行求或，先行后列"规则建立筛选条件，建立如图 9-10 所示的条件区域。特别注意"销售数量＞AVERAGE（销售数量）"是一个比较运算公式，其结果是一个逻辑值（TRUE 或 FALSE）。公式条件的字段名为空，如图 9-10 中 K2 单元格（空值）；选择数据源区域中任一单元格或选中整个数据源区域，单击"数据"选项卡中"排序和筛选"组中的 [▼高级] 按钮，在"高级筛选"对话框中完成筛选参数设置，如图 9-10 所示，筛选结果如图 9-11 所示（销售数量的平均值为 62.71）。

图 9-10　公式筛选示例

60	季度	分公司	产品类别	产品名称	销售数量	销售额（万元）	销售额排名	备注
61	1	西部2	K-1	空调	89	12.28	25	
62	1	北部2	K-1	空调	89	12.28	25	
63	3	南部2	K-1	空调	86	30.44	3	
64	3	西部2	K-1	空调	84	11.59	27	
65	2	东部2	K-1	空调	79	27.97	4	
66	2	南部2	K-1	空调	63	22.30	5	

图 9-11　公式筛选结果

任务9.2 数据分类汇总与数据透视表

任务描述

(1)在销售4表中,用"分类汇总"对各分公司的销售数量求和值按递增排序后复制到A60开始的单元格内,再删除源数据区的分类汇总。

(2)在销售5表中,用"分类汇总"汇总出每季度、每类产品的销售额的平均值,汇总结果显示在数据的下方。

(3)在销售6表中,用数据透视表显示各种产品销售数量和销售额的总和。

任务分析与实践

▶ **子任务9.2.1** 在销售4表中,用"分类汇总"对各分公司的销售数量求和值按递增排序后复制到A60开始的单元格内,再删除源数据区的分类汇总

◎ 任务分析

分类汇总是根据指定的关键字对数据进行分类,并按指定的汇总字段、选定的汇总方式进行汇总。为了保证分类的准确性,需对分类字段先行排序,再按分类字段值数据进行分类汇总。

若要按各分类组的汇总值进行排序,则在选择该列任一单元格后,单击"数据"选项卡中"排序和筛选"组内的[↓]或[↑]按钮。

本任务为单关键字分类,即按"分公司"分类,对"销售数量"求和汇总。

由于分类汇总内含明细数据,当欲对汇总值进行复制时,若简单使用"复制粘贴",则明细数据一同被复制,未达要求。正确的方法是:通过"定位"分类汇总中的"可见单元格"后对其进行复制。

◎ 任务实践

1. 对各分公司的销售数量进行分类汇总

在销售4表中以"分公司"为关键字段进行排序;选择数据源区域中任一单元格(此时系统自动扩充选择数据区域)或选中整个数据源区域,单击"数据"选项卡中"分级显示"组中的[图](分类汇总)按钮,在"分类汇总"对话框中设置相应参数,如图9-12所示;分类汇总结果如图9-13所示。

图 9-12 分类汇总示例

图 9-13 分类汇总示例结果

执行分类汇总时,数据源区域的每一列数据必须具备字段名称(不能为空白格),且每列数据相似,原则上该区域不包括任何空白的行或列。单击分级显示符号[1 2 3],可分级显示分类汇总和总计的摘要;单击[+]和[−]按钮可以分别显示和隐藏单个分类汇总的明细数据行。

2. 对汇总值(销售数量)按升序排列

选中"销售数量"(E 列)任一单元格,单击"数据"选项卡内"排序和筛选"组中的[↓]按钮。

3. 将各汇总值复制到 A60 起的单元格区域内

隐藏分类明细,选择复制数据区域(A1:H49);按 Ctrl+G 组合键调取"定位"功能,单击[定位条件(S)...]按钮,在"定位条件"对话框中选择[◎ 可见单元格(Y)]项后单击"确定"按钮,数据表中可见的"汇总项"被选中;按 Ctrl+C、Ctrl+V 组合键复制到 A60 起的单元格区域内,如图 9-14 所示。

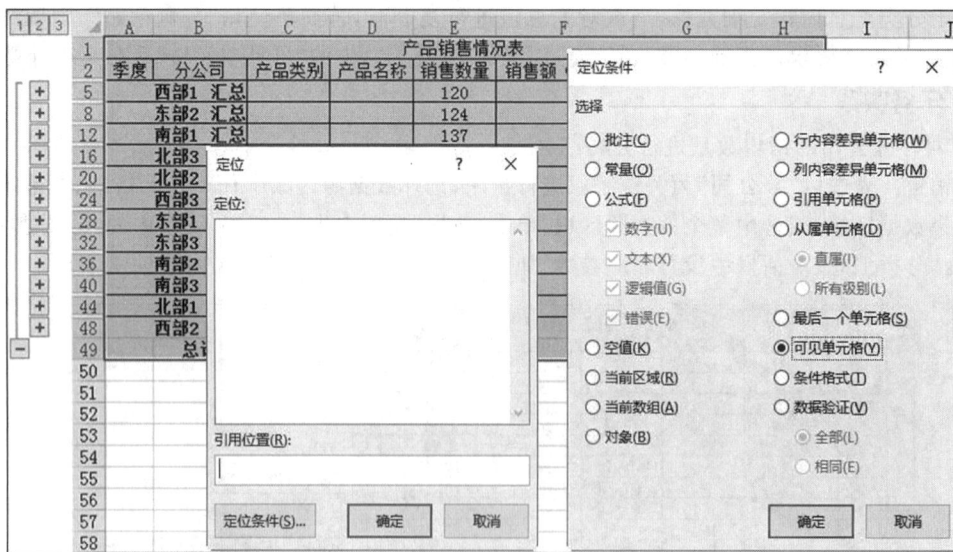

图 9-14 分类汇总数据复制示例

4. 删除源数据区分类汇总

单击源数据区域任一单元格,再次执行"分类汇总",在"分类汇总"对话框中单击[全部删除(R)]按钮。

▶**子任务 9.2.2** 在销售 5 表中,用"分类汇总"汇总出每季度、每类产品的销售额的平均值,汇总结果显示在数据的下方

◎ **任务分析**

本任务为多关键字分类汇总,即在"季度"(主)内再对"产品类别"(次)分类,对"销售额"求平均,形成分类汇总嵌套。

◎ **任务实践**

1. 数据排序

对数据源区域按季度(主)和产品类别(次)进行排序,如图 9-15 所示。

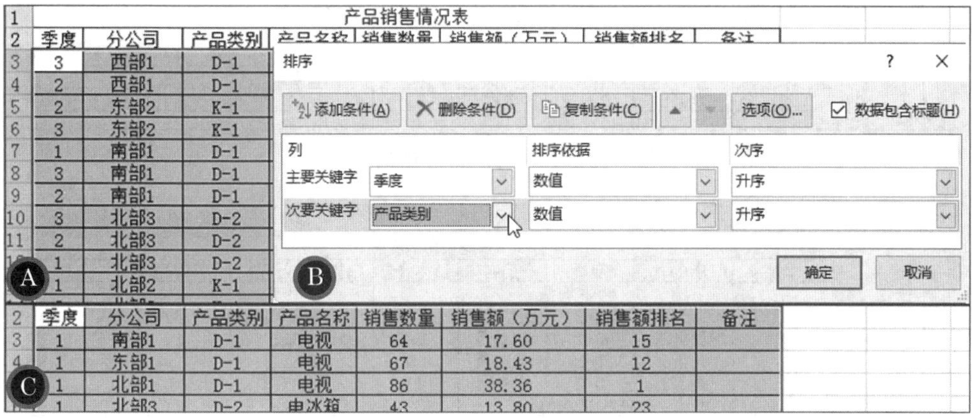

图 9-15 数据表多关键字排序示例

2. 分类汇总

按"季度"进行分类汇总;在对"产品类别"进行分类汇总时,不能选择 ☑ 替换当前分类汇总(C) 项,否则将替换掉"'季度'分类汇总"。两次分类汇总设置如图 9-16 所示,分类汇总结果如图 9-17 所示。通过分级按钮可以控制分级的显示,如图 9-18 所示。

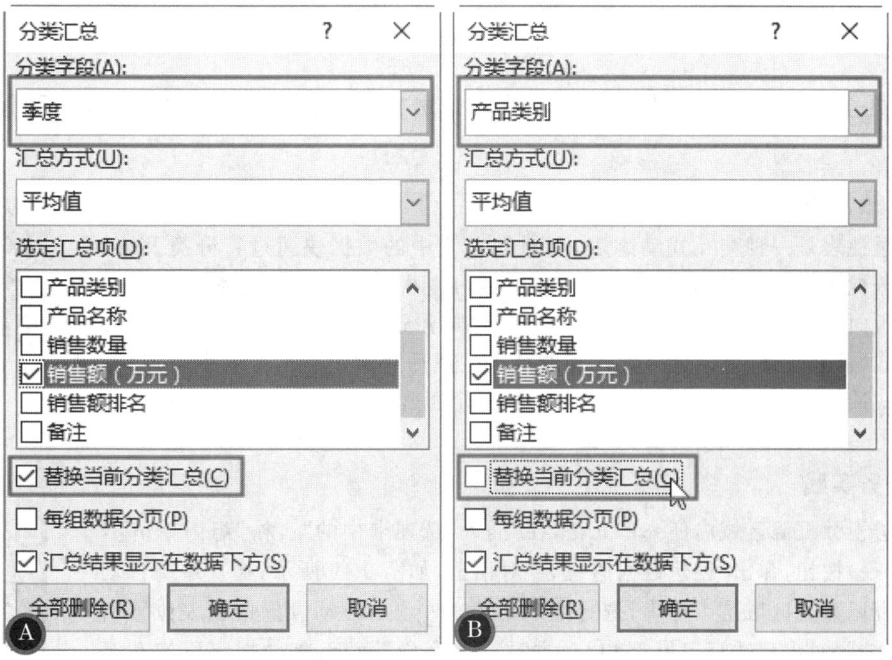

图 9-16 分类汇总示例

笔记区

1 2 3 4	A 季度	B 分公司	C 产品类别	D 产品名称	E 销售数量	F 销售额（万元）	G 销售额排名	H 备注
1	产品销售情况表							
3	1	南部1	D-1	电视	64	17.60	19	
4	1	东部1	D-1	电视	67	18.43	15	
5	1	北部1	D-1	电视	86	38.36	1	
6			D-1 平均值			24.79		
7	1	北部3	D-2	电冰箱	43	13.80	32	
8	1	西部3	D-2	电冰箱	58	18.62	14	
9	1	东部3	D-2	电冰箱	86	20.12	10	
10	1	南部3	D-2	电冰箱	89	20.83	8	
11			D-2 平均值			18.34		
12	1	北部2	K-1	空调	89	12.28	35	
13	1	南部2	K-1	空调	54	19.12	12	
14	1	西部2	K-1	空调	89	12.28	35	
15			K-1 平均值			14.56		
16	1 平均值					19.14		
17	2	西部1	D-1	电视	42	18.73	13	
18	2	南部1	D-1	电视	27	7.43	42	
19	2	东部1	D-1	电视	56	15.40	28	
20	2	北部1	D-1	电视	73	8.50	40	
21			D-1 平均值			12.51		

图 9-17 分类汇总结果

1 2 3 4	A 季度	B 分公司	C 产品类别	D 产品名称	E 销售数量	F 销售额（万元）	G 销售额排名	H 备注
1	产品销售情况表							
6			D-1 平均值			24.79		
7	1	北部3	D-2	电冰箱	43	13.80	32	
8	1	西部3	D-2	电冰箱	58	18.62	14	
9	1	东部3	D-2	电冰箱	86	20.12	10	
10	1	南部3	D-2	电冰箱	89	20.83	8	
11			D-2 平均值			18.34		
15			K-1 平均值			14.56		
16	1 平均值					19.14		
21			D-1 平均值			12.51		
26			D-2 平均值			15.82		
31			K-1 平均值			15.78		
32	2 平均值					14.70		
37			D-1 平均值			20.47		
42			D-2 平均值			15.58		
47			K-1 平均值			16.32		
48	3 平均值					17.46		
49	总计平均值					16.98		

图 9-18 嵌套分类汇总结果

▶ **子任务 9.2.3 在销售 6 表中，用数据透视表显示各种产品销售数量和销售额的总和**

◎ **任务分析**

数据透视表是一种交互式动态表，可对数据表中的数据快速进行分类及统计，但与数据透视表中字段排列有关。数据透视表可以根据字段的调整而自动动态进行统计及版面调整。数据透视表可以采用系统推荐统计样式（简单统计）或自行建立统计样式（复杂统计）。系统推荐样式透视表生成后存放于新工作表中，而自行建立统计样式透视表则可与透视源数据同存于一个工作表中。本任务是要求用户在销售 6 表中生成数据透视统计表。

数据透视表

◎ **任务实践**

选择透视数据源区域内任一单元格，在"插入"选项卡中的"表格"组内单击 🔁（数据透视表）按钮，弹出"创建数据透视表"对话框，如图 9-19 所示；检查系统自动识别的透视源数据区域是否正确，选择 ◉ 现有工作表(E) 项后自动设置透视表位置引用地址，系统同时出现透视表模型和"数据透视表字段"面板，将数据字段拖动至相应统计区域，透视模型区即刻显示统计结果，如图 9-20 所示。

数据透视图

笔记区

产品类别	产品名称	销售数量	销售额（万元）
K-1	空调	89	12.28
D-2	电冰箱	89	20.83
K-1	空调	89	12.28
D-2	电冰箱	86	20.12
D-1	电视	86	38.36
K-1	空调	86	30.44
K-1	空调	84	11.59
K-1	空调	79	27.97
D-1	电视	78	34.79
D-2	电冰箱	75	17.55
D-1	电视	73	32.56
D-2	电冰箱	69	22.15
D-1	电视	67	18.43
D-1	电视	66	18.15
D-2	电冰箱	65	15.21
D-1	电视	64	17.60
D-1	电视	64	28.54
K-1	空调	63	22.30
D-2	电冰箱	58	18.62
D-2	电冰箱	57	18.30

创建数据透视表

请选择要分析的数据

- ● 选择一个表或区域(S)
  - 表/区域(T): 销售5!$A$2:$H$36
- ○ 使用外部数据源(U)
  - 选择连接(C)...
  - 连接名称:
- ○ 使用此工作簿的数据模型(D)

选择放置数据透视表的位置

- ○ 新工作表(N)
- ● 现有工作表(E)
  - 位置(L): 销售5!$H$36

选择是否想要分析多个表

- □ 将此数据添加到数据模型(M)

图 9-19 创建数据透视表

数据透视表字段

选择要添加到报表的字段:

搜索

- □ 产品类别
- ☑ 产品名称
- ☑ 销售数量
- ☑ 销售额（万元）

在以下区域间拖动字段:

- ▼ 筛选
- ▦ 列
  - Σ 数值
- ▦ 行
  - 产品名称
- Σ 值
  - 求和项:销售数量
  - 求和项:销售额...

□ 推迟布局更新   更新

若要生成报表，请从数据透视表字段列表中选择字段

数据透视

行标签	求和项:销售数量	求和项:销售额（万元）
电冰箱	728	198.975
电视	669	242.628
空调	735	172.062
总计	2132	613.665

图 9-20 数据透视表统计结果

拓展技能

对教材配套资源包中的《图书销售表》按要求进行操作训练（见图 9-21）。

	A	B	C	D	E	F	G
1	某图书销售公司销售情况表						
2	经销部门	图书类别	季度	数量（册）	销售额（元）	销售量排名	备注
3	第3分部	计算机类	3	124	8680	42	
4	第3分部	少儿类	2	321	9630	20	
45							
46	1.用分类汇总方式对各类图书销售数量求总计。						
47	2.用分类汇总对各类图书销售量求平均值，汇总结果显示在数据上方。						
48	3.用分类汇总方式求各分部各类图书的销售总额。						
49	4.用数据透视表对各类图书销售数量求总计。						
50	5.用数据透视表各类图书销售量求平均值。						
51	6.用数据透视表求各分部各类图书的销售总额。						

数据记录行处于隐藏状态，操作时自行取消隐藏。

图书销售表案例

图 9-21 图书销售表操作训练

笔记区

强化技能

对教材配套资源包中的《人事档案简表》按要求进行操作训练(见图9-22)。

	A	B	C	D	E	F	G	H	I	J	K
1	某某公司——人事档案简表										
2	编号	姓名	性别	年龄	工龄	婚否	学历	职位	所属部门	分机	备注
3	CZ1001	葛大伟	男	31	5	否	硕士	办公室主任	办公室	800	
4	CZ1002	王博	男	40	18	是	大专	办公室副主任	办公室	801	
24											
25	1.对数据记录按姓名进行升序排序。										
26	2.筛选出所有男员工记录。										
27	3.筛选出姓"王"的所有记录。										
28	4.筛选出年龄在35岁以上(包含35)的员工记录。										
29	5.筛选出年龄在30-35岁的员工记录。										
30	6.筛选出年龄在30岁以上,学历为本科且已结婚的记录。										
31	7.筛选出年龄为30、31、40岁的所有记录。										
32	8.筛选出性别为女,或者年龄为40岁,或者学历为硕士的所有记录										
33	9.筛选出性别为"女"且学历为"本科"或者性别为"男"且职位为"市场调研"或者在"研发部"										
34	10.筛选出年龄在平均年龄以上的所有记录。										
35	11.快速删除EXCEL表中的所有工龄在5年及以下的记录。										

> 数据记录行处于隐藏状态,操作时自行取消隐藏。

图9-22 人事档案简表操作训练

人事档案简表
筛选案例

项目10

Excel 2016数据图表制作

图表是 Excel 中对数据进行直观表示的有力工具。Excel 支持多种类型的图表。创建图表或更改现有图表时,可以从各种图表类型及其子类型中进行选择,也可以通过在图表中使用多种图表类型来创建组合图表。

培养目标

【知识目标】

1. 掌握常见数据图表的特点。

2. 掌握 Excel 图表制作和修改的方法。

【能力目标】

1. 具有对数据图表化直观展示的操作能力。

2. 具有对典型示范案例迁移应用,解决岗位工作实际问题的能力。

3. 具有一定的 Excel 数据图表制作能力和创新能力。

【素质目标】

1. 具备尊重数据客观性、真实性和重视数据安全的素质。

2. 具备据需、据数分析及正确图表化的素质。

3. 具备图表效果设计与审美的素质。

图表的知识及
创建图表

任务 10.1 设计静态图表

任务描述

将"家用电器销售情况一览表"（见图10-1）数据按以下要求进行处理（本任务中的操作数据表可在教材配套资源包中调用）。

（1）根据"家用电器销售情况一览表"数据，制作各季度各产品间销售对比三维簇状柱形图。

（2）在"年合计"前增加"4季度对比迷你图"列，在其内对各产品的4个季度销售情况作柱形迷你图效果分析。

（3）将数据表格和图表同页整体排版打印输出。

	A	B	C	D	E	F
1	家用电器销售情况一览表					
2	品名	一季度	二季度	三季度	四季度	年合计
3	电视	500	600	900	400	
4	冰箱	600	500	800	900	
5	空调	800	900	700	200	
6	洗衣机	1000	800	820	930	
7	季合计					

图10-1 家用电器销售情况一览表

任务分析与实践

▶ **子任务10.1.1 根据"家用电器销售情况一览表"数据，制作各季度各产品间销售对比三维簇状柱形图**

◎ **任务分析**

本任务中首先选中图表所需数据区域，然后利用Excel 2016插入图表工具制作图表。

◎ **任务实践**

1. 插入图表

选定A2：E6区域数据，在"插入"选项卡中"图表"组内单击 ▮▮▾（插入柱形图或条形图）按钮。光标移至图表列表中相应图表按钮上时，工作表中即刻出现预览图表。单击"三维柱形图"组内的"三维簇状柱形图"按钮，在工作表中插入图表，如图10-2所示。

2. 美化图表

单击选中图表后，Excel功能区自动出现"图表工具"，包括"设计"和"格式"两个选项卡，可使用其内功能对图表进行所需效果设置。

制作创意图表

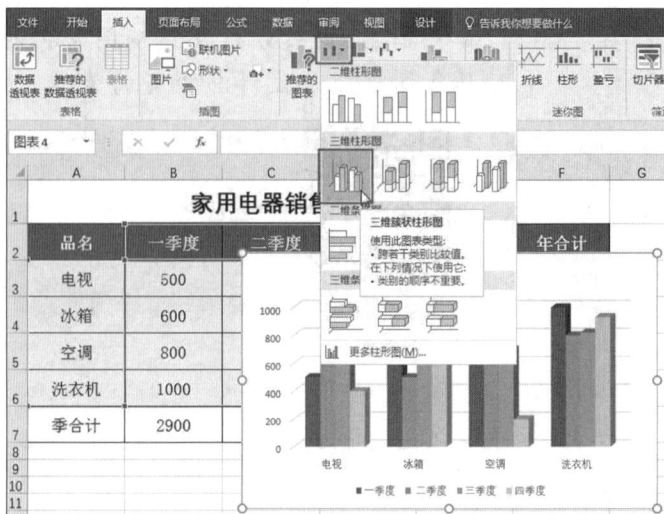

图10-2 插入图表示例

158

单击选中图表后,图表右侧出现![加号]、![画笔]和![筛选]三个按钮,通过其可以增删图表元素、设置图表样式及色彩、筛选图表数据类型与系列。也可以通过右键单击图表选择相应的功能完成图表的美化等设置。

(1)调整图表大小。单击选中图表后,其四周出现控制点,拖动控制点即可调整图表大小。

(2)套用图表样式。单击选中图表后,在"图表工具"的"设计"选项卡中"图表样式"组内单击选择所需的内置图表样式,如图10-3所示。

美化图表

(3)设置图表标题。单击选中图表中的图表标题,出现文本框,单击框内出现插入点后,将"图表标题"4个字符更改为"家用电器销售情况一览表",默认标题颜色为"黑色,文字1,淡色35%",颜色浅淡不明显,将其更改为"深色",并适当调整字号,如图10-3所示。

(4)美化纵坐标、横坐标。分别单击选中纵坐标、横坐标后,对其字体、字号、字形及颜色进行美化设置,如图10-4所示。

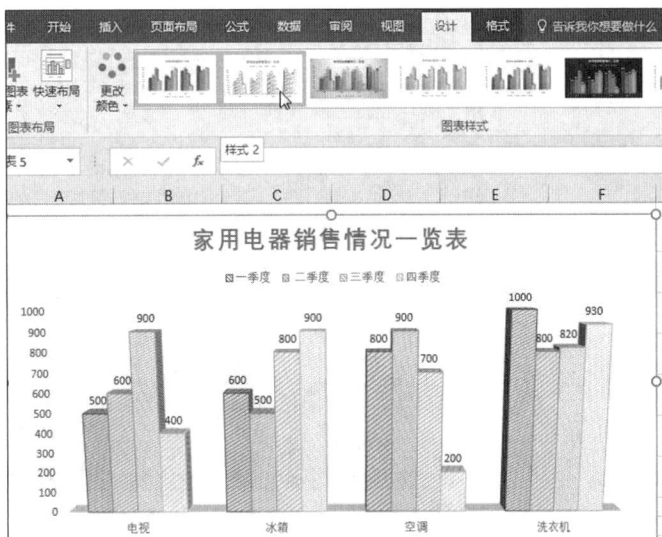

图 10-3 套用图表样式示例

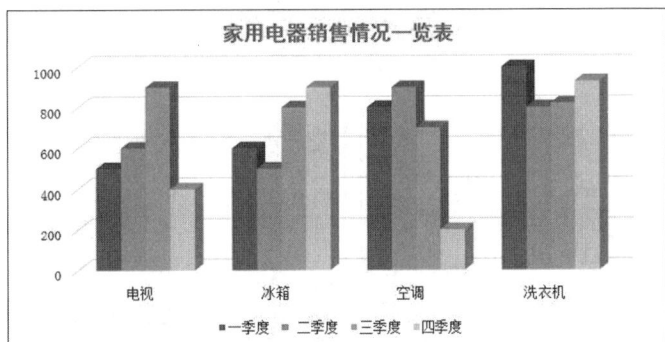

图 10-4 图表美化纵坐标、横坐标示例

(5)添加图表元素。单击选中图表后,在"图表工具"的"设计"选项卡中"图表布局"组内单击按钮,出现图表元素列表,如图10-5所示,单击选择所需添加的图表元素。

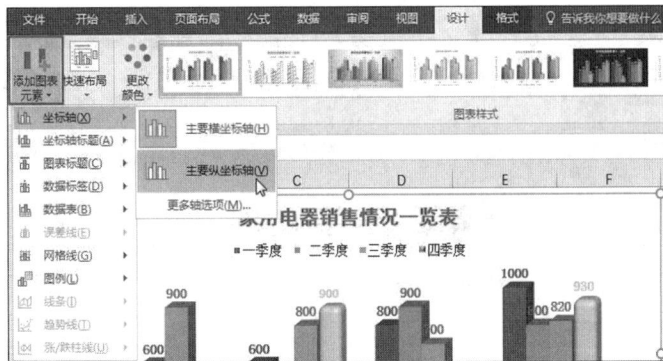

图 10-5 添加图表元素示例

（6）调整图表元素布局。单击选中图表后，在"图表工具"的"设计"选项卡中"图表布局"组内单击■（快速布局）按钮，出现布局样式列表，选中布局样式，图表即刻自动调整，如图 10-6 所示。将"图例"调整至图表之上标题之下，同时为各"数据系列"添加"数据标签"。对"数据标签"字体、字号、字形及颜色进行美化设置，如图 10-7 所示。

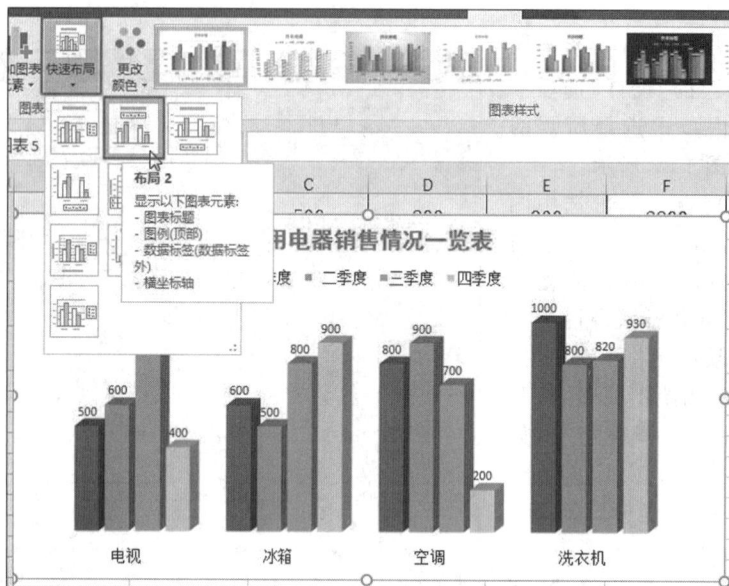

图 10-6　调整图表元素示例

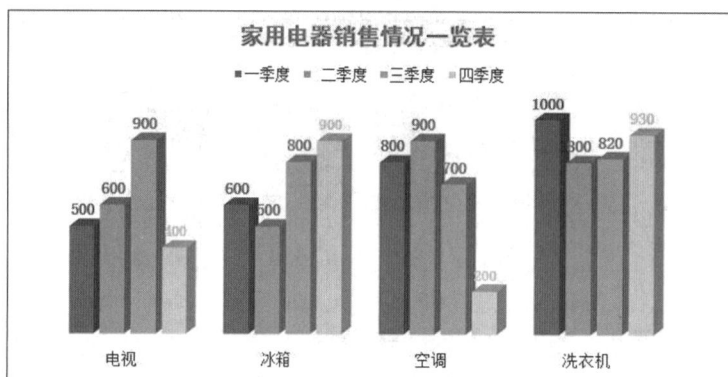

图 10-7　美化图表数据标志示例

（7）图表数据系列色彩更改。单击选中图表后，在"图表工具"的"设计"选项卡中"图表样式"组内单击■（更改颜色）按钮，出现颜色样式列表，如图 10-8 所示，单击选择所需的颜色组。

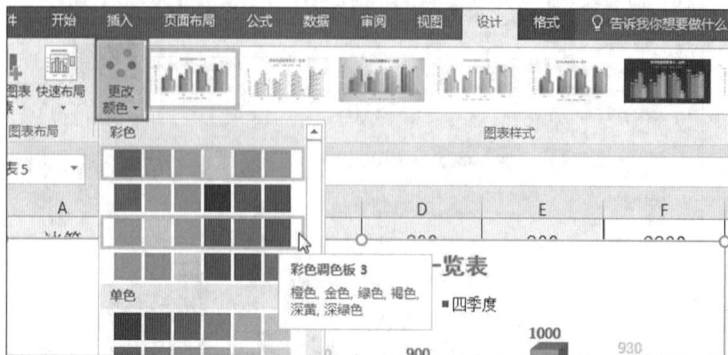

图 10-8　图表数据系列色彩更改示例

3. 更改图表类型

单击选中图表后,在"图表工具"的"设计"选项中"类型"组内单击▮▮(更改图表类型)按钮,弹出
"更改图表类型"对话框,在其内选择所需的图表类型,如图10-9所示。

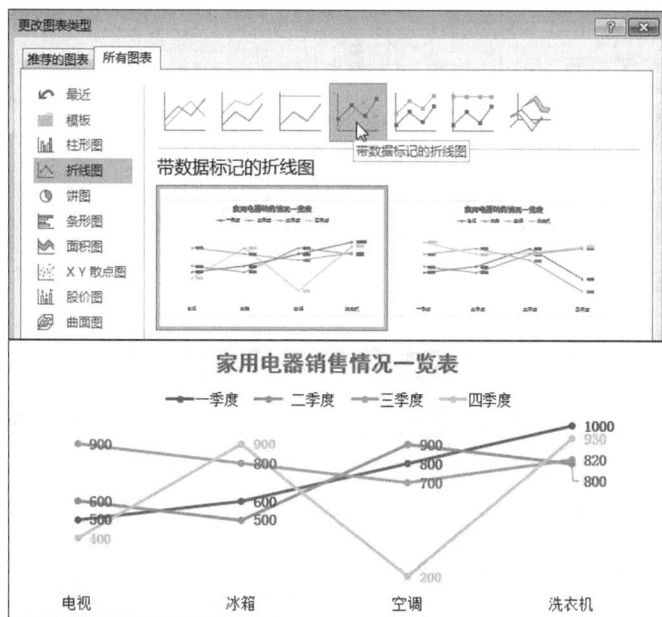

图 10-9 更改图表类型示例

4. 数据系列行列切换

单击选中图表后,在"图表工具"的"设计"选项卡中"数据"组内单击▦(切换行/列)按钮,图表
中行列数据系列自动交换,如图10-10所示。

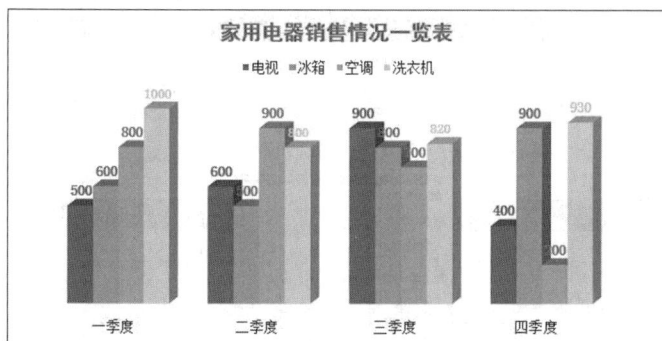

图 10-10 数据系列行列切换示例

5. 嵌入式图表与图表工作表中图表的互转

嵌入式图表是指图表位于创建图表的数据表工作表中,而图表工作表是指图表单独位于一个
特殊的工作表内,其内只有图表一个对象。

嵌入式图表转为图表工作表:右键单击图表选择 🖼 移动图表(V)… 项或者单击选中图表后,在
"图表工具"的"设计"选项卡中"位置"组内单击🖼(移动图表)按钮,弹出"移动图表"对话框,选择
◉ 新工作表(S): 项并在其后文本框内输入新工作表名称,如图10-11所示。图表移动生成图表工作表
后,原工作表中的图表消失。

图表工作表转为嵌入式图表:移动图表时选择 ◉ 对象位于(O): 项(见图10-11),并在其后下拉列表
框中选择目标工作表即可。图表工作表中图表移动至其他工作表后,该图表工作表自动被删除。

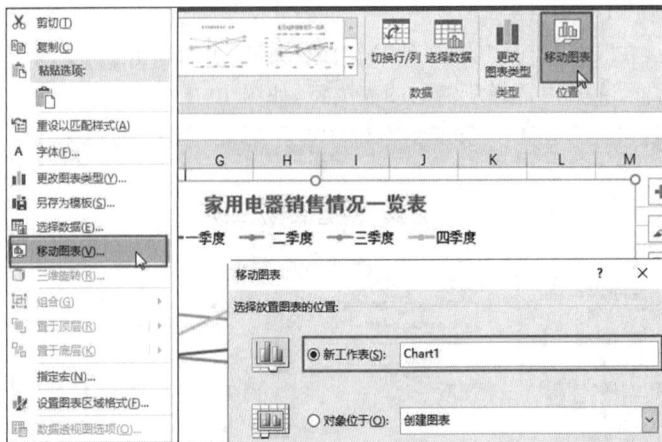

图 10-11　嵌入式图表与图表工作表中图表的互转示例

▶**子任务 10.1.2**　在"年合计"前增加"4 季度对比迷你图"列,在其内对各产品的 4 个季度销售情况作柱形迷你图效果分析

◎ **任务分析**

本任务采用迷你图分析。使用迷你图时,"选择所需的数据范围"即选择分析数据的单元格区域,"选择放置迷你图的位置范围"即选择迷你图存放的单元格区域。

迷你图

◎ **任务实践**

(1)在"年合计"左侧插入一列,列标题为"4 季度对比迷你图"。

(2)单击 F3 单元格后,在"插入"选项卡的"迷你图"组中单击 (柱形)按钮,弹出"创建迷你图"对话框,"选择所需的数据范围"选择为 B3:E3,确定后得出电视 4 个季度的迷你图,拖动填充柄将每类产品各季度迷你图制作出来,如图 10-12 所示。

图 10-12　迷你图示例

▶**子任务 10.1.3**　将数据表格和图表同页整体排版打印输出

◎ **任务分析**

本任务将数据表格和图表整体排版,即将图表嵌入数据表所在工作表中,而不是在新的图表工作表中。

◎ **任务实践**

(1)调整图表的大小、格式及位置。

(2)进行页面设置(包括纸张大小、纸张方向、页边距、页眉页脚、页面对齐方式等)。

(3)打印输出。

任务 10.2 设计数据对比图表

任务描述

目标与实际对比图

本任务为对某项任务制定预期目标后,经实际工作开展,以工作实际完成情况与预期目标的差异设计对比图表,让工作开展成效展示无遗,便于数据分析和决策。本任务以教材配套资源包中《任务完成情况统计表》的数据为操作对象,制作图 10-13 所示的目标与实际情况对比图,突出数据对比,表达一目了然。

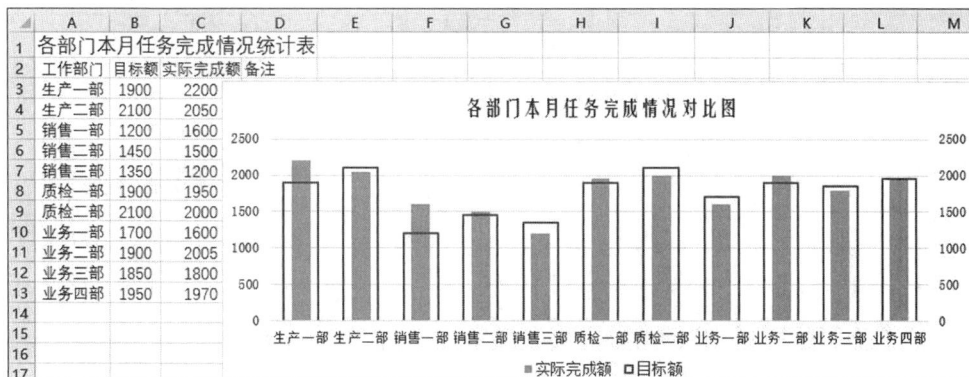

图 10-13　目标与实际对比图案例

任务分析与实践

◎ 任务分析

数据对比图最常用最简单的就是柱状图、条形图。本任务是通过对案例中目标与实际值数据柱状图作进一步的坐标和数据系列格式设置来变换图形展示效果。

◎ 任务实践

(1)选中数据区域 A2:C13,在"插入"选项卡中"图表"组内单击 (插入柱形图或条形图)按钮,选择"二维柱形图"类别中的"簇状柱形图",同时工作表中出现图表示意图,如图 10-14 所示。

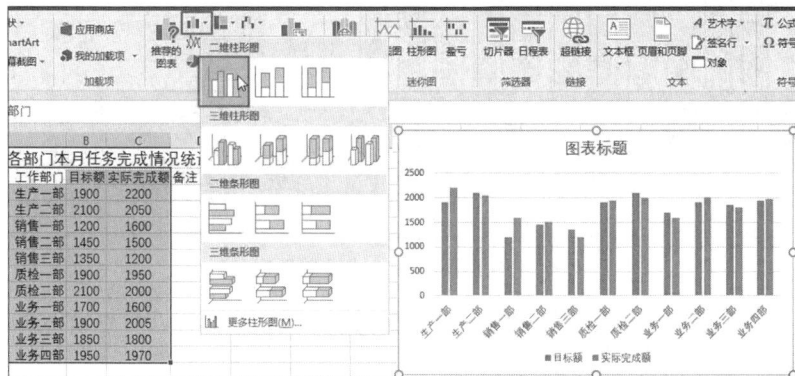

图 10-14　柱形图制作示例

笔记区

(2)对目标值和实际值的系列格式进行修改。在图表中单击选中"目标额"系列后单击鼠标右键,选择 设置数据系列格式(F)... 项,弹出"设置数据系列格式"面板,在"系列选项"组中选择 ◉次坐标轴(S) 项,将分类间距百分比调小以增大系列的柱形图宽度,如图10-15所示,设置效果如图10-16所示。

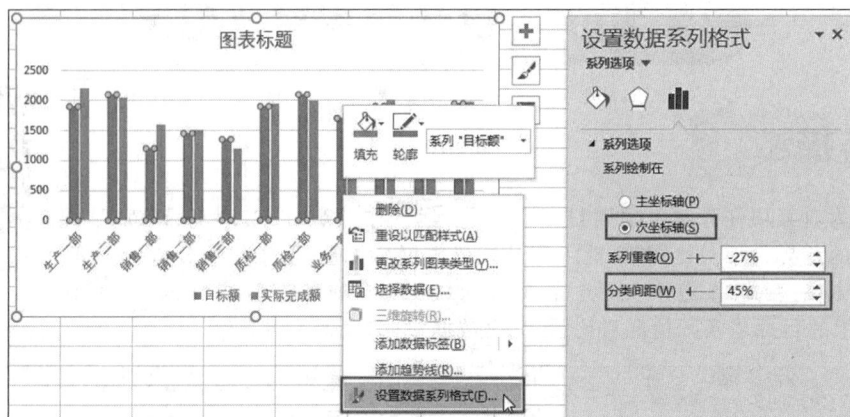

图10-15 柱形图系列格式设置示例(一)

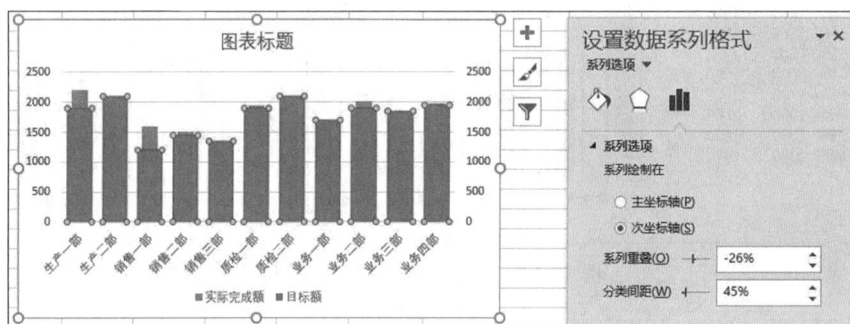

图10-16 柱形图系列格式设置示例(二)

(3)由于"目标额"系列柱形图宽度盖在"实际完成额"系列柱形图上层,不便于阅读,因此继续对"目标额"系列柱形图进行格式设置。在"设置数据系列格式"面板中单击 (填充与线条)按钮,在"填充"类别中选择 ◉无填充(N) (透明)项,在"边框"类别中选择 ◉实线(S) 项,并设置线条的宽度,如图10-17所示。

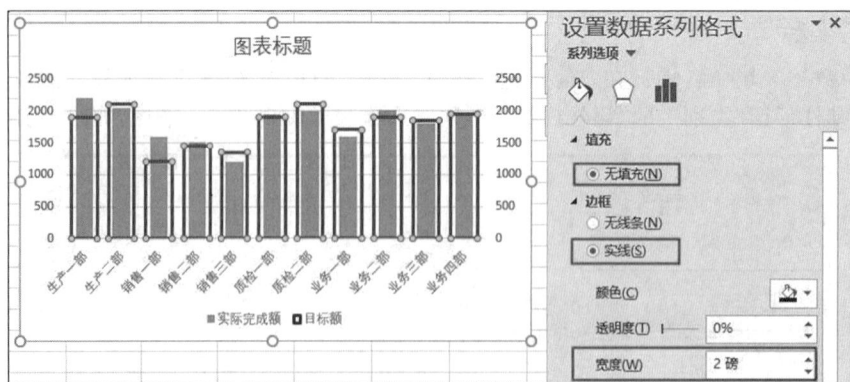

图10-17 柱形图系列格式设置示例(三)

(4)对图形进行调整美化。完成图表标题,对图例、水平轴系列名称及垂直轴格式进行设置。若主次坐标轴刻度不一致,可调整为一致。

任务 10.3 设计单变量动态图表

笔记区

任务描述

本任务以教材配套资源包中《产品销售记录表》的数据(如图 10-18)为操作对象创建动态图表,通过"月份"控件的变量值的变化(选择不同月份值),使得图表跟随变量特定值动态展示不同数据图效果。

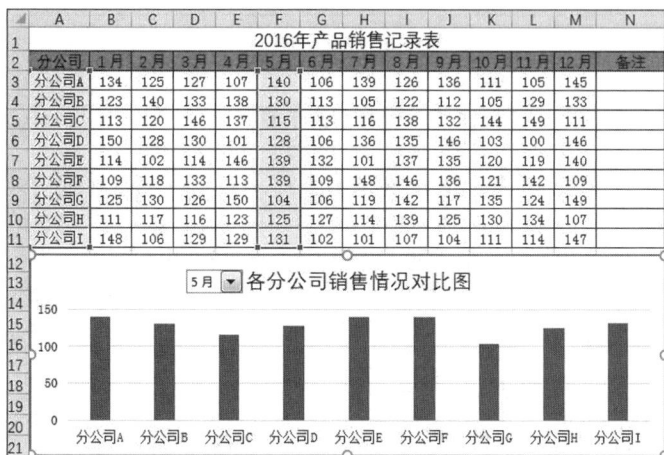

分公司	1月	2月	3月	4月	5月	6月	7月	8月	9月	10月	11月	12月	备注
分公司A	134	125	127	107	140	106	139	126	136	111	105	145	
分公司B	123	140	133	138	130	113	105	122	112	105	129	133	
分公司C	113	120	146	137	115	113	116	138	132	144	149	111	
分公司D	150	128	130	101	128	106	136	135	146	103	100	146	
分公司E	114	102	114	146	139	132	101	137	135	120	119	140	
分公司F	109	118	133	113	139	109	148	146	136	121	142	109	
分公司G	125	130	126	150	104	106	119	142	117	135	124	149	
分公司H	111	117	116	123	125	127	114	139	125	130	134	107	
分公司I	148	106	129	129	131	102	101	107	104	111	114	147	

图 10-18 创建动态图表示例(一)

简易动态图表

单变量动态
图表的制作

任务分析与实践

◎ 任务分析

月份动态选择,需要通过"Excel 选项"开启"开发工具"创建控件,并创建辅助列为该控件关联数据和选取存放控件值的临时单元格。动态图表的数据需要使用 INDEX 函数根据控件值进行动态选取。

◎ 任务实践

(1)自定义功能区。在"Excel 选项"功能类别中选择 自定义功能区 项,选择右侧"自定义功能区主选项卡"下的 ☑开发工具 ,单击"确定"按钮后 Excel 功能区增加了"开发工具"选项卡,如图 10-19 所示。

图 10-19 自定义选项卡示例

(2)添加组合框控件关联月份供选择。在"开发工具"选项卡中"控件"组内单击(插入)按钮,弹出控件列表,单击(组合框)控件后在工作表中拖动光标绘制出控件,如图 10-20 所示。

165

笔记区

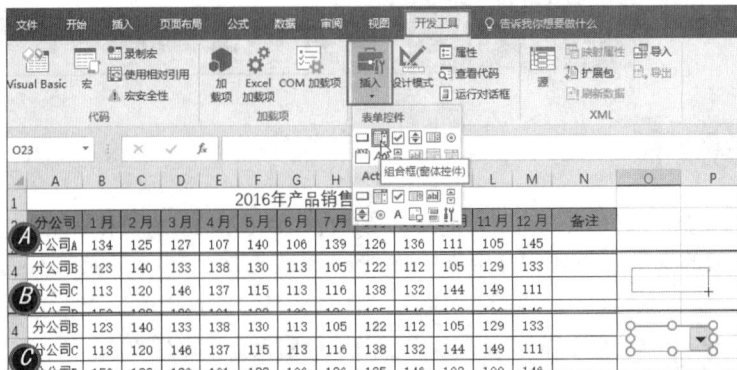

图 10-20　控件插入示例

（3）建立辅助列存放引用的临时数据。在原数据表下方 A14：A25 区域内输入数据表的数据列标题"1～12 月"，作为辅助列。

（4）为控件关联数据。右键单击组合框控件选择 ![设置控件格式(F)...] 项，弹出"设置对象格式"对话框，在"控制"选项卡内，数据源选择为辅助列数据"＄A＄14：＄A＄25"，单元格链接选择空白单元格"＄A＄13"，用于存放组合控件的值，如图 10-21 所示。

图 10-21　控件格式设置示例

（5）定义图表引用可变数据源的公式名称。在"公式"选项卡中单击 ![定义名称] 按钮，弹出"新建名称"对话框，"名称"自行定义，此处为"引用月份"，"范围"为"工作簿"，引用位置为"＝INDEX(动态图表示例！＄B＄3：＄M＄11,,动态图表示例！＄A＄13)"，表示通过 INDEX 函数是从"动态图表示例！＄B＄3：＄M＄11"区域中选取第"＄A＄13"单元格数值的列，如果＄A＄13 是 4，就返回＄B＄3：＄M＄11 区域的第 4 列数据，也就是 E3：E11，如图 10-22 所示。

图 10-22　定义公式名称示例

（6）建立"各分公司的 1 月"柱形图作为基础图表。选中区域 A2:B11,建立柱形图,如图 10-23 所示。

（7）将图表数据源关联到引用数据的可变公式。右键单击图表选择 选择数据(E)... 项,弹出"选择数据源"对话框,在"图例项（系列）"中单击 编辑(E) 按钮弹出"编辑数据系列"对话框,在"系列名称"框中输入"各分公司销售情况对比图",在"系列值"框中输入"＝动态图表示例！引用月份"（其中"引用月份"为前面创建的动态数据源公式名称）,依次确定后退出,如图 10-24 所示。

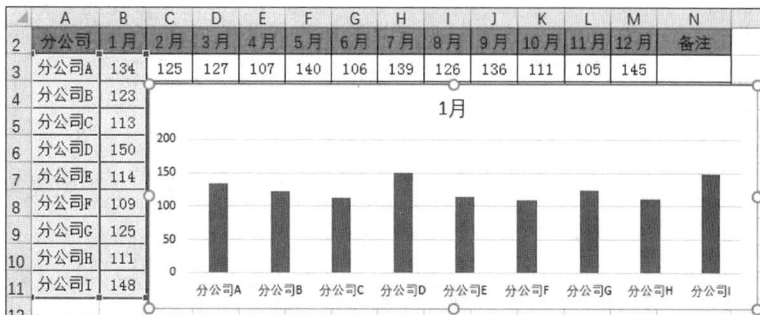

图 10-23　图表创建示例

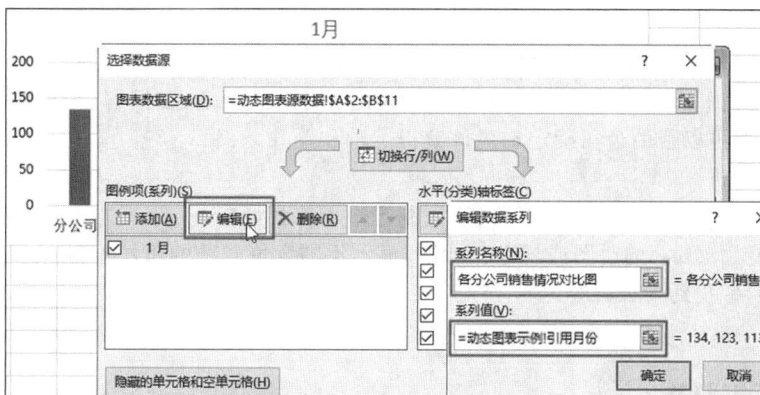

图 10-24　修改图表数据源示例

（8）美化图表。对图表进行大小调整,对其纵横向坐标轴标题和图表标题进行样式设置;将关联月份组合框控件移至图表标题前,并与图表进行组合,如图 10-25 所示。在组合框控件中选择月份,图表立即动态调整显示该月的数据图。

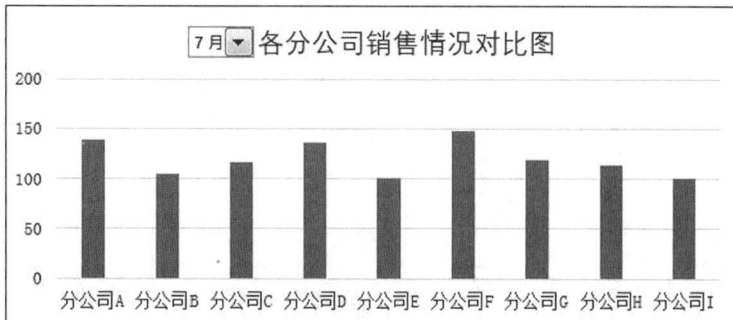

图 10-25　图表效果

笔记区

拓展技能

数据可视化案例——实际案例分析

1. 销售趋势分析

问题：一家电子零售商希望了解其产品销售的趋势，以确定最畅销的产品和销售时机。

解决方案：使用 Excel 的折线图，绘制每个产品的销售趋势图。横坐标表示时间，纵坐标表示销售额。这些图表可帮助识别销售高峰和低谷，找出销售趋势和季节性变化。

2. 客户满意度调查分析

问题：一家餐厅希望了解客户满意度，以改进其服务。

解决方案：使用 Excel 的柱状图或饼图，显示客户满意度调查结果。这些图表可以清晰地显示不同满意度级别的比例，帮助餐厅确定哪些方面需要改进。

3. 库存管理和预测

问题：一家零售商希望优化库存管理，以减少库存成本。

解决方案：使用 Excel 的条形图和数据透视表，分析库存数据，包括库存水平、销售速度、补货周期等。这可以帮助确定哪些产品需要补货，以及何时补货，以降低库存成本。

4. 员工绩效分析

问题：一家公司希望评估员工的绩效，并制定奖励计划。

解决方案：使用 Excel 的雷达图，以多维度方式比较员工的绩效，如销售、客户满意度、项目完成情况等。这些图表可以帮助公司确定谁应该获得奖励和晋升。

5. 市场份额分析

问题：一家电信公司希望了解市场份额，以制定市场扩张策略。

解决方案：使用 Excel 的饼图或堆叠柱状图，显示不同竞争对手的市场份额，这有助于确定公司在市场中的地位，并找到增长机会。

强化技能

根据教材资源包素材"2019—2023 年全国居民人均可支配收入及其增长速度"表格，制作组合图表，并对图表进行修饰、美化（如加数据标签、设置图表背景等），参考图表样式如图 10-26 所示。

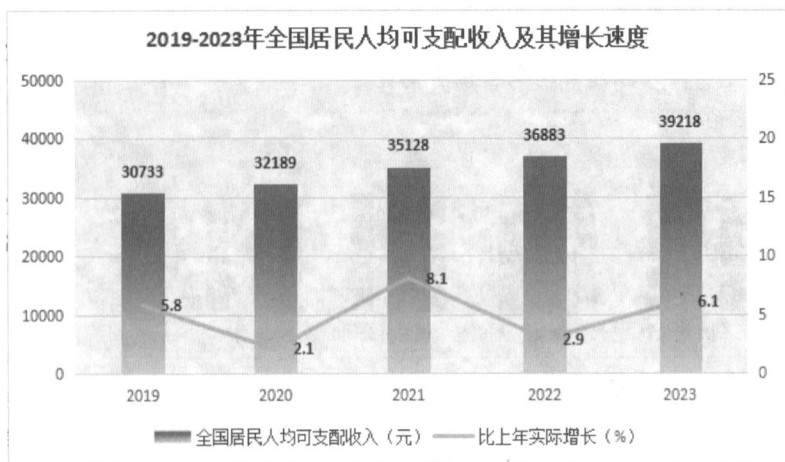

图 10-26　2019—2023 年全国居民人均可支配收入及其增长速度　　　　组合图表制作案例

项目11

Word和Excel邮件合并

本项目通过 Word 邮件合并功能,调用 Excel 表数据,一次性快速批量生成模板化对象,如证卡、标签、信函等。

培养目标

【知识目标】
掌握邮件合并的操作方法。

【能力目标】
1.具有利用邮件合并功能批量生成标签、证卡等模板化对象的操作能力。
2.具有对典型示范案例迁移应用,解决岗位工作实际问题的能力。
3.具有一定的邮件合并技术和创新应用能力。

【素质目标】
1.具备在 Word 和 Excel 之间准确、动态调用数据的素质。
2.具备模板化对象效果设计与审美的素质。

任务 11.1 制作工作吊牌

任务描述

本任务以教材配套资源包中的"员工信息.xlsx"和"吊牌模板.docx"为操作对象,通过邮件合并功能批量生成员工工作吊牌。

制作工作吊牌

任务分析与实践

◎ 任务分析

首先分析员工吊牌,找出规律,即区分出吊牌中的固定内容和可变内容。卡中说明性的字符是固定不变的,在每一张卡中都一样(见图 11-1);而卡中各员工具体的信息内容是可变的,如姓名、工作部门、职位、员工 ID、照片等。固定的信息在建立模板时予以设定,可变的信息来源于数据表(如 Excel 工作表、Access 数据库等)。

图 11-1　员工信息与吊牌效果

◎ 任务实践

1. 设定邮件合并的类型

打开"吊牌模板"文档,在"邮件"选项卡"开始邮件合并"组中单击（开始邮件合并）按钮,选择合并类型,这里选择 普通 Word 文档(N) 项,如图 11-2 所示。

2. 选择收件人

在"邮件"选项卡"开始邮件合并"组中单击（选择联系人）按钮,选择 使用现有列表(E)... 项(见图 11-3),弹出"选取数据源"对话框(见图 11-4),选择数据源后确认所用的"数据表格",如图 11-5 所示。

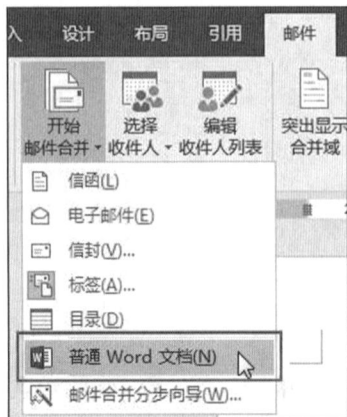

图 11-2　邮件合并示例(一)

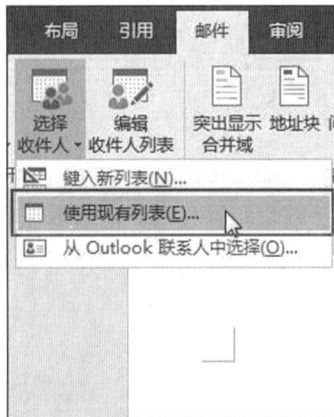

图 11-3　邮件合并示例(二)

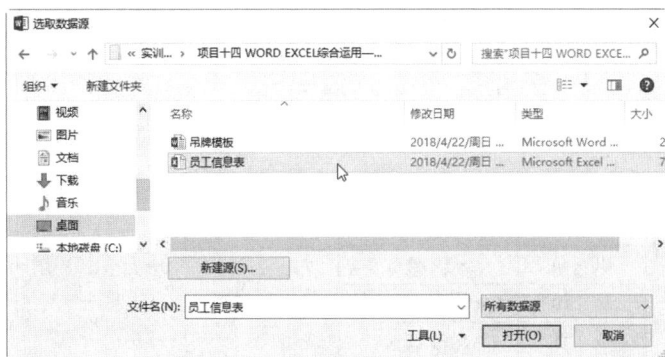

图 11-4　邮件合并示例(三)

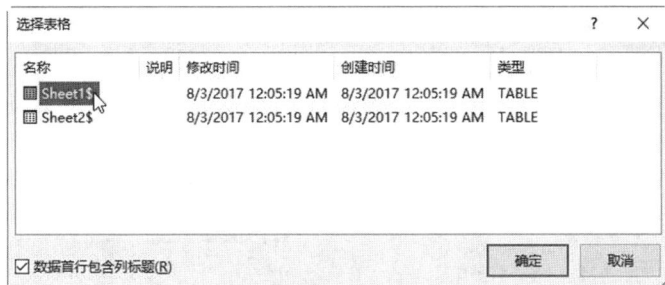

图 11-5　邮件合并示例(四)

3. 插入合并域(可变数据字段)

将插入点置于可变数据位置后,在"邮件"选项卡"编辑和插入域"组中单击▦(插入合并域)按钮,弹出域名(Excel 中的数据字段名)列表。选择相应域名后,在插入点处出现插入域,重复操作可插入除图片域外的多个域,如图 11-6 所示。

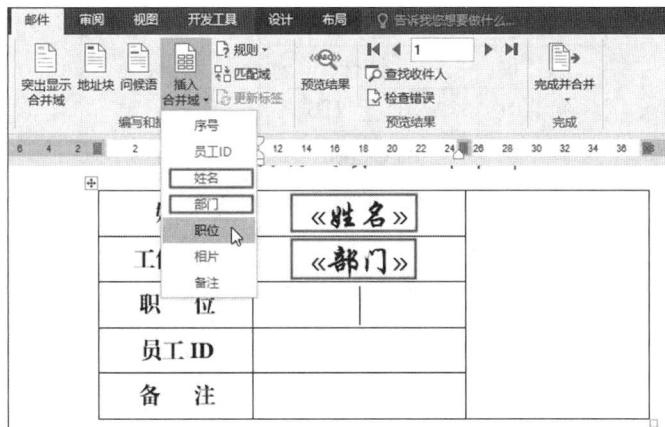

图 11-6　邮件合并示例(五)

4. 插入图片域

单击"相片"单元格后,在"插入"选项卡中"文本"组内单击▦(文档部件)按钮,在列表中选择 域(F)... 项(见图 11-7),弹出"域"对话框;在域名中选择 IncludePicture(图片域),在"域属性"的"文件名或 URL"文本框中输入图片的文件名称或链接地址。由于图片需要随着人员的变化而改变,因此,需要通过"合并域"功能来动态调整图片,此处可输入"任意字符值"仅作为标记,下一步再对标记用"域对象"进行替换(见图 11-8,此处输入"AA")。此时因图片还未准确链接进而图片显示暂不正确,如图 11-9 所示。

图 11-7 邮件合并示例(六)

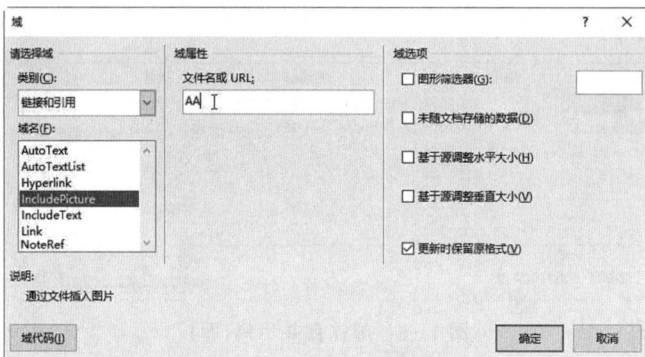

图 11-8 邮件合并示例(七)

图 11-9 邮件合并示例(八)

5. 修改图片域

按 Alt＋F9 组合键,各域显示为"域代码",选中图片域中的"AA",插入合并域"相片"替换掉"AA"标记字符(见图 11-10),再次按 Alt＋F9 组合键还原域;单击选择图像后按 F9 键更新图片域正常显示图像,如图 11-11 所示。

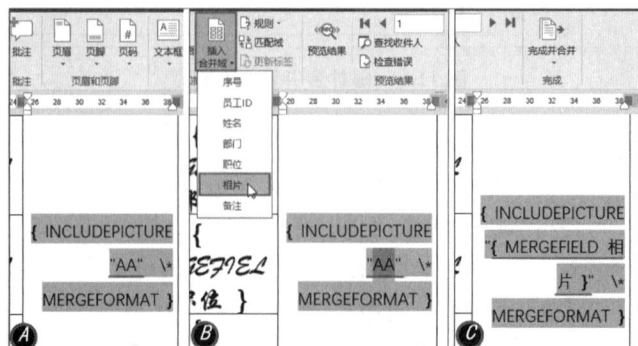

图 11-10 邮件合并示例(九)

图 11-11　邮件合并示例(十)

6. 预览域引用结果

在"邮件"选项卡中"预览结果"组内单击 ![按钮] (预览结果)按钮显示首记录效果,单击"下一记录"或"上一记录"按钮可浏览其余记录效果,文档中除图片外的插入域立即呈现引用的实际数据结果,用户可对其进行正误审核,如图 11-12 所示。

图 11-12　邮件合并示例(十一)

7. 合并文档

通过插入域引用数据,批量生成数据表单。在"邮件"选项卡中"预览结果"组内单击 ![按钮] (完成并合并)按钮,选择 ![编辑单个文档(E)...] 项,弹出"合并到新文档"对话框,设置合并的数据记录范围,如图 11-13 所示。

8. 文档保存与图片更新

当生成带有图像合并文档后,文档中所有图像与首页插入域的图像一致,即未根据各数据记录进行一对一更新。将合并新文档保存至图片同一文件夹中,全选文档内容后按 F9 键更新文档图片域。

图 11-13　邮件合并示例(十二)

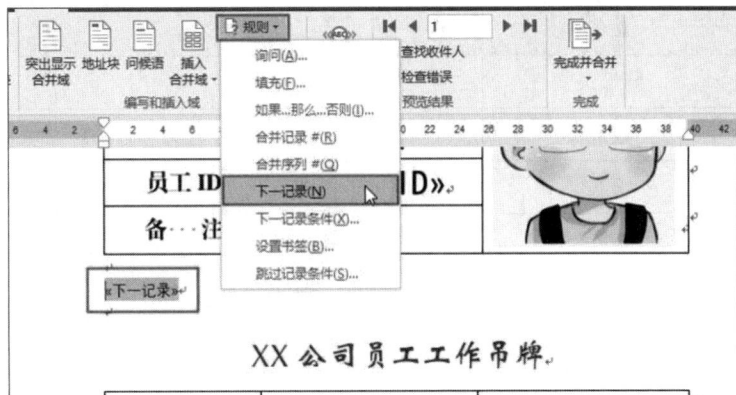

根据邮件合并经验,模版文档、数据源文件、照片最好存放于同一文件夹中,以提高合并文档中图片域的成功率,同时要灵活运用 Alt＋F9 组合键和 F9 键。

9. 同页面多标签处理

当一张页面上需要制作多张标签时,在制作好模板后,在前标签内插入合并域结束后,须在上下标签之间通过 ![规则] 中 ![下一记录(N)] 的将数据指针移至下一条记录,如图 11-14 所示,预览结果如图 11-15 所示。

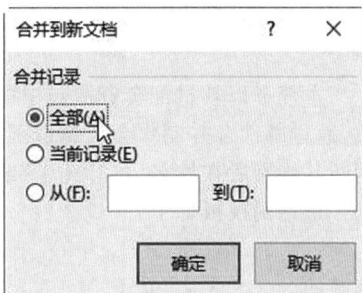

图 11-14　邮件合并数据指针移动示例(一)

笔记区

图 11-15 邮件合并数据指针移动示例(二)

任务 11.2 制作邀请函

任务描述

本任务以教材配套资源包中的《会议拟邀请人名单》和《邀请函模板》为操作对象,通过邮件合并制作会议邀请函。注意,邀请函抬头称呼中姓名自动获取,并同步判断其性别后在姓名后加"先生"或"女士"作尊称。

邀请函模板如下:

邀请函

尊敬的×××先生/女士:

为促进区域经济建设发展,我单位承办的×××厅第×次×××经济发展研讨会将于 2024 年 8 月 2 日 9:00 在我单位中心会议室举行,诚邀您参会。如有交流材料请于 7 月 25 日前发×××@163.com 邮箱,便于印刷装订。

×××研究所
2024 年 5 月 25 日

制作邀请函

拟邀请人员名单如表 11-1 所示。

表 11-1 拟邀请人员名单

编号	姓名	单位	性别
A001	陈松民	天津大学	男
A002	钱永	武汉大学	男
A003	王立	西北工业大学	男
A004	孙英	桂林电子学院	女
A005	张文莉	浙江大学	女
A006	黄宏	同济大学	男

任务分析与实践

◎ 任务分析

(1)邀请名单在 Word 文档中,须将其复制到 Excel 表形成数据源。

(2)自动根据性别判断加尊称"先生/女士",如"陈松民先生""孙英女士",此功能需要通过"邮件"选项卡的"编写和插入域"组中 [规则▾] 下的 [如果...那么...否则(I)...] 来实现,如图 11-16 所示。

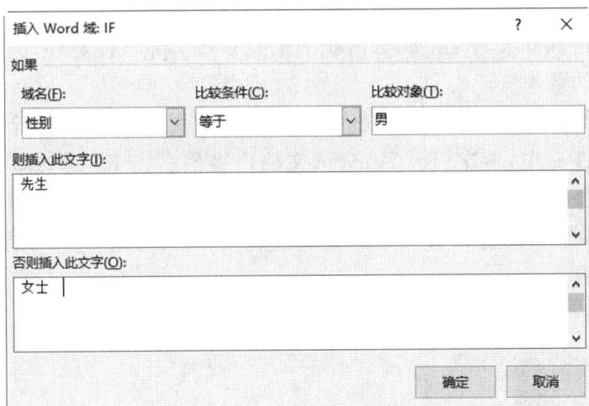

图 11-16　邮件合并 IF 规则示例

◎ 任务实践

略。

拓展技能

邮件合并常见问题解决方法:

在使用邮件合并功能时,常会有很多的地方不尽如人意,所以使用邮件合并时最好配合 Word 强大的域功能,才能发挥邮件合并的最大功效。

一、导入数据后小数点长度不正常

解决方法:

方法1:选中这个小数点后面变长了的地方用鼠标右键单击出现的"切换域代码",在已经存在的域代码后面的反括号内输入"0.00"(注意是在英文输入格式下)后右击鼠标选"更新域代码"就可以了。如果只想保留一位小数点就只输入"0.0"。但这种方法在需要变更的数据量大时比较麻烦,所以合并前最好就将代码输入。

方法2:在数据的 excel 表的第二行(标题行的下一行)插入一行,内容输入 a 或者任何字符(英文输入法下),保存数据表格后再进入邮件合并。这种办法比较简单。

二、导入日期后格式不正确

方法1:插入好合并域以后,右击有日期的合并域,选择"编辑域",从打开的对话框中的左边选择"Date"域,在右边的列表中选择一个现有的日期格式,当然,如果没有找到你需要的格式,可以在对话框中输入。

方法2:右击有日期的合并域,选择"编辑域代码"。可以在现有的代码后面输入"\@"YYYY 年 M 月 D 日""。以上格式开关中,"YYYY 年 M 月 D 日"表示日期格式,可以此灵活类推。如 \@ EEEE 年 O 月 A 日 ,表示大写日期。(注:输入的字母最好为大写,另外如 M 和 D 输入为 MM、DD,则显示为 2 位数的日期)

方法3:将数据源中日期列的单元格格式设为文本,在数据源中输入什么样的内容,合并邮件中

笔记区

就可得到同样的内容。

笔记区

三、合并照片

1. 使用"INCLUDEPICTURE"的 Word 域插入合并图像 INCLUDEPICTURE 域用法：
﹛ INCLUDEPICTURE "FileName" ﹝Switches﹞﹜，"FileName"：图形文件的名称和位置以双反斜杠替代单反斜杠。例如："C:\Manual\Art\Art 22. gif"

注：合并照片一定要做好素材的准备，这里的素材主要是每个要插入的图片，并按一定的顺序进行编号，如照片的编号顺序可以根据单位的数据库里的职工姓名、组别顺序来编排。

2. 邮件合并制作证卡时，可将所需图片与数据表存放在同一文件夹中，且在数据表中图片列存放图片在磁盘上的完整路径和文件名，如"E:\职工信息\001.jpg"（注意使用"双反斜杠"分隔），这样可以提高邮件合并功能的效率。

3. 若邮件合并后，所有文档中显示同一图片，可按 F9 对所有域进行刷新，如不能刷新更正，则将文档保存在图片同一文件夹中，再次打开后，全选文档内容然后击 F9 刷新即可。

4. 带图片的邮件合并，应在操作前将 Word 中图片的默认环绕方式设置为"嵌入型"，便于控制图片的位置。如确需要灵活的定位图片，可以通过建立文本框，通过对其内插入 INCLUDEPICTURE 域代码方式控制图片位置。

强化技能

小龙是某公司的前台文秘，新年将至，公司定于 2024 年 2 月 5 日下午 3:00，在公司行政办公楼五楼多功能厅举办联谊会，邀请人名单见素材资源包"邀请人名录. xlsx"文档中，公司联系电话：0830-00000000。根据上述内容制作请柬，具体要求如下：

1. 制作一份请柬，以"董事长：王某某"名义发出邀请，请柬中需要包含标题、收件人名称、联谊会时间、联谊会地点和邀请人。

2. 对请柬进行适当的排版，具体要求：改变字体、加大字号，且标题部分与正文部分采用不桢的字体和字号；加大行间距和段间距；对必要的段落改变对齐方式，适当设置左右及行，以美观且符合中国人阅读习惯为准。

3. 利用邮件合并功能制作内容相同、收件人不同的多份请柬，要求先将合并主文档以"请柬 1. docx"为文件名进行保存，再进行效果预览后生成可以单独编辑的单个文档"请柬"。

项目12

PowerPoint 2016演示文稿制作

本项目以创建基本对象使用讲解演示文稿制作,对普通演示文稿的母版式设计、对象样式设计与动画效果设置等进行了操作示范,提升读者PowerPoint演示文稿的设计与制作能力。

培养目标

【知识目标】

1.掌握新建幻灯片、幻灯片母版修改的方法。

2.掌握幻灯片基本对象元素的创建、调整以及对象动画效果设置的有关知识。

3.具有案例演示文稿迁移制作所需文稿的能力。

【能力目标】

1.具有幻灯片基本对象创建、美化设计的能力。

2.具有幻灯片对象元素动画效果设置的能力。

【素质目标】

1.具备耐心设计、美化幻灯片的素质。

2.具备演示文稿整体动画效果设计与审美的素质。

任务 12.1　设计与制作演示文稿

任务描述

本任务制作如图12-1所示的包含9页幻灯片的 PowerPoint 基本对象使用讲解演示文稿,其对文本、形状图形、图片、SmartArt、表格、图表、音视频、SWF 动画等对象的创建及调整进行应用讲解或示范,读者可根据示范触类旁通,推广应用至其他对象。本任务相关素材可在教材配套资源包中调用。

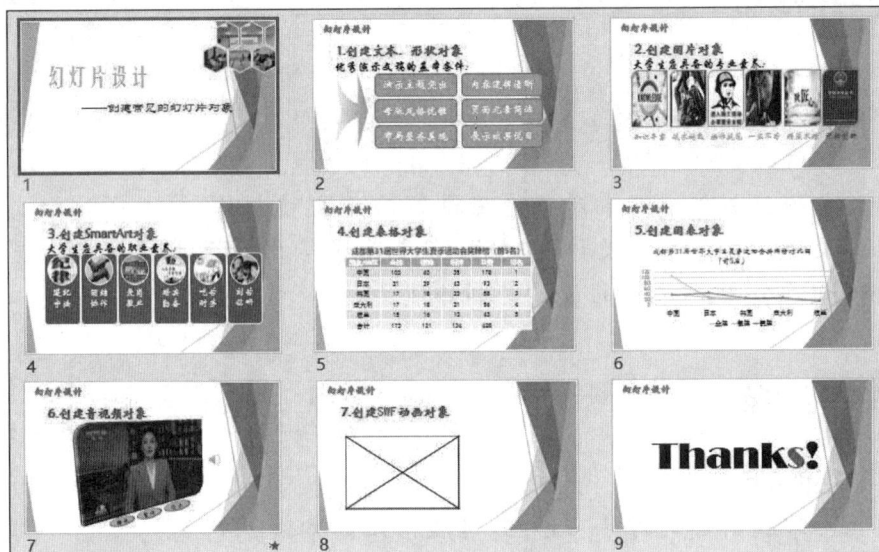

图 12-1　演示文稿示例

任务分析与实践

▶ 子任务 12.1.1　新建演示文稿

新建案例演示文稿,设计如图12-2所示的封面页。

初识 PowerPonit

图 12-2　演示文稿封面示例

◎ 任务分析

一个演示文稿必须有一个封面和结束页,封面一般包括概述整个文稿主题的标题和演讲者、时间等附加信息;结束页标志文稿的结束,一般包括谦虚的总结或感谢听众等信息。该案例演示文稿共9页,第1、第9两页分别为封面页和结束页,中间七页为正文内容页面。纵观该案例,其外观主题的主体是套用 PowerPoint 自带的"平面"主题。新建演示文稿实质为新建 PPT 文档,并在"设计"选项卡中选择 PowerPoint 自带的"平面"即可应用至幻灯片。当幻灯片页面内的占位不符合需要时,可调整或将其删除后重新绘制文本框来解决。

◎ 任务实践

启动 PowerPoint 2016 演示文稿,软件界面如图 12-3 所示。

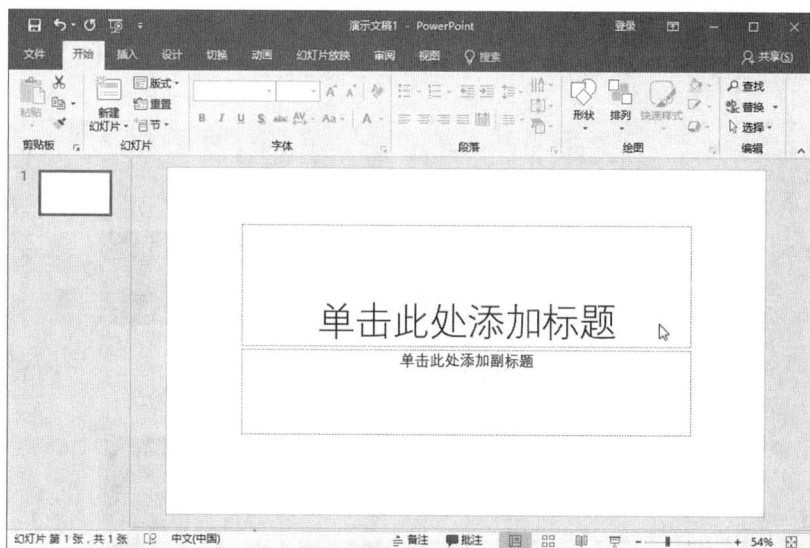

图 12-3　PPT 启动界面

在"设计"选项卡中"主题"组内单击主题列表框右下角的▽(其他)按钮,在展开的主题列表中选择"平面"主题,如图 12-4 所示。当光标移到主题缩略图上时,当前幻灯片页面立即预览该主题效果。

图 12-4　PowerPoint 主题选择套用示例

笔记区

设置幻灯片大小、
主题及背景

179

▶**子任务 12.1.2　设置幻灯片背景图案，本例设置背景为"水滴"图片效果**

◎ **任务分析**

当幻灯片默认主题及配色不能满足需要时，可以重新进行背景图案设置。通过"设置背景格式"功能可以对幻灯片背景进行纯色填充、渐变填充、图片或纹理填充、图案填充设计。

◎ **任务实践**

在"设计"选项卡的"自定义"组内单击 <kbd>🖐</kbd>（设置背景格式）按钮，系统弹出"设置背景格式"对话框（见图 12-5A），选择 <kbd>◉ 图片或纹理填充(P)</kbd> 项后，在"纹理"组内单击 <kbd>🖼 ▾</kbd>（纹理）列表按钮（见图 12-5B）；在弹出的"系统内置纹理图案"列表单击"水滴"纹理（见图 12-5B），当前幻灯片立即显示"水滴"背景图案。通过 <kbd>应用到全部(L)</kbd> 功能可以将该图案应用到当前 PPT 文档的所有幻灯片，即全部幻灯片设置同样的背景图案；通过 <kbd>重置背景(B)</kbd> 功能可以撤销当前设置的背景图案；通过 <kbd>插入(R)...</kbd> 功能可以插入指定图片作为幻灯片背景图案。

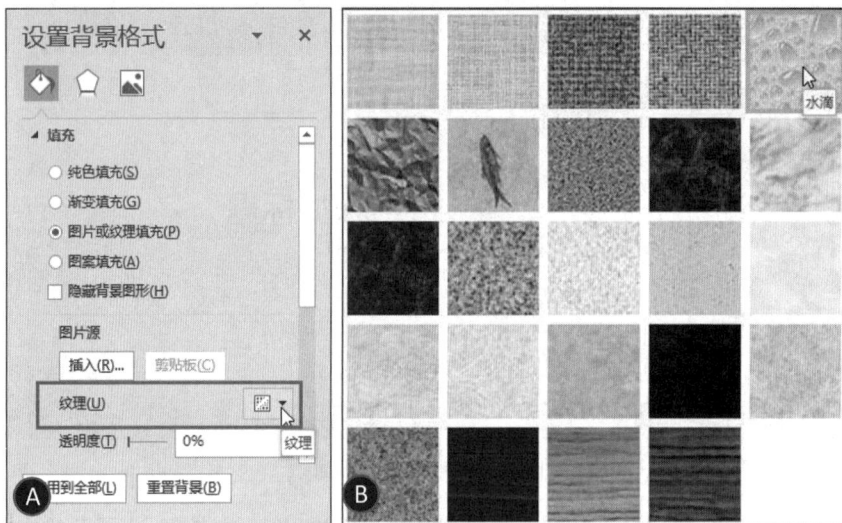

图 12-5　设置幻灯片背景样式示例

▶**子任务 12.1.3　修改幻灯片母版**

任务：如图 12-1 所示，在所有幻灯片（除标题幻灯片）水平位置 0.8 厘米自左上角，垂直位置 0.2 厘米自左上角，添加样式为"填充-白色，轮廓-着色 2，清晰阴影-着色 2"的艺术字——"幻灯片设计"，文本字号 36 磅，艺术字高度 2 厘米，宽度 7 厘米。

幻灯片母版　　　设置幻灯片
　　　　　　　　页眉页脚和编号

◎ **任务分析**

通过幻灯片母版功能可以对当前文稿的全部幻灯片设计同样的固定对象元素（如文本、图片、动作按钮等），显示在每张幻灯片的同一位置。同理，通过修改和使用母版功能可以对演示文稿中的每张幻灯片进行统一更改，避免对每张进行修改而提高工作效率。本任务在"幻灯片母版"视图下插入"艺术字"，并通过"绘图工具"的"格式"选项卡对艺术字进行大小和位置等相关设置。

◎ **任务实践**

（1）在"视图"选项卡中"母版视图"组内单击 <kbd>▦</kbd>（幻灯片母版）按钮，系统进入母版编辑环境，同时出现"幻灯片母版"选项卡，单击选择第一张幻灯片母版（见图 12-6）。

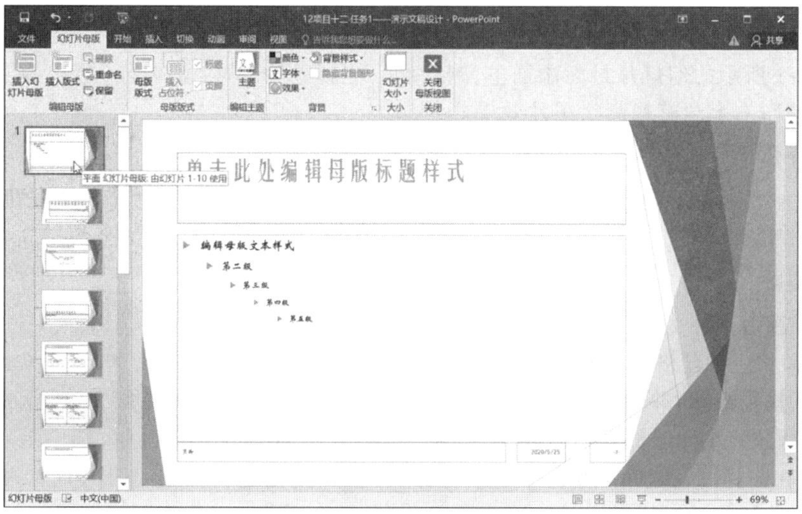

图12-6　选择幻灯片母版示例

(2)在"插入"选项卡"文本"组内单击 （艺术字），在弹出的下拉框中找到样式为"填充－白色，轮廓－着色2，清晰阴影－着色2"的艺术字（见图12-7A）；在艺术字编辑框内输入"幻灯片设计"（见图12-7A），设置字号为36磅。

图12-7　插入艺术字示例

(3)在"格式"选项卡大小组内单击 （其他）按钮，系统弹出"设置形状格式"对话框，在其内设置艺术字高度为2厘米，宽度为7厘米，水平位置0.8厘米自左上角，垂直位置0.2厘米自左上角（见图12-8）。母版修改结束后选择"幻灯片母版"选项卡，单击"关闭母版视图"按钮退出母版视图。

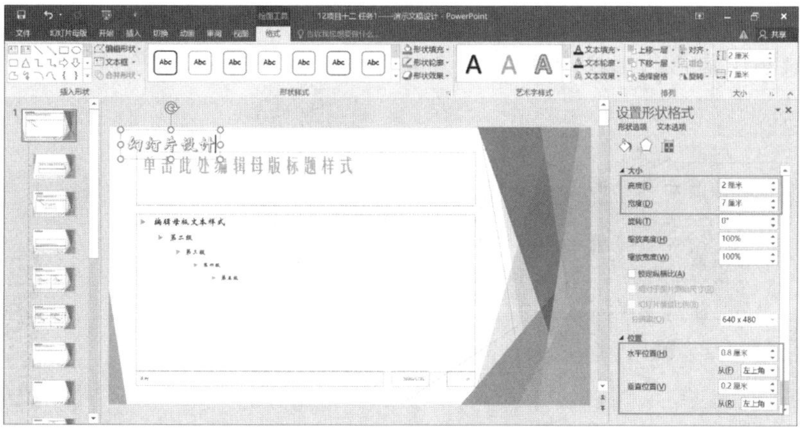

图12-8　设置形状格式示例

▶子任务 12.1.4　添加主、副标题

为如图 12-1 所示的幻灯片封面添加主、副标题。主标题为"华文姚体,80 磅",副标题为"紫色,华文隶书,48 磅";右上角有蜂窝状图片效果。

◎ 任务分析

本任务在主、副标题占位符中分别输入文本内容,并设置格式、调整位置。蜂窝状效果为"六边形"组合填充图片。

◎ 任务实践

(1)在主标题占位符文本框输入"幻灯片设计",在副标题占位符文本框中输入"——创建常见的幻灯片对象",并将主标题格式设置为"华文姚体,80 磅",副标题格式设置为"紫色,华文隶书,48 磅"。

(2)插入六边形形状,并旋转 90°(见图 12-9A);再复制 5 个后,排列为图 12-9B 所示的形状;对右上角六边形进行顶点编辑时删除右边两端点,6 个形状组合如图 12-9C 所示;选中组合对象,在"设置形状格式"中选择 ⊙ 图片或纹理填充(P) 项后单击 文件(F)… 按钮选择填充图片,效果如图 12-9E 所示(图 12-9D 为默认的最近使用的图片填充效果)。最后将填充的形状调整至所需位置。本"蜂窝状六边形"组合也可通过对 SmartArt 内置的"交替六边形"或"六边形群集"进行形状转换、调整、顶点编辑、图片填充等操作实现。

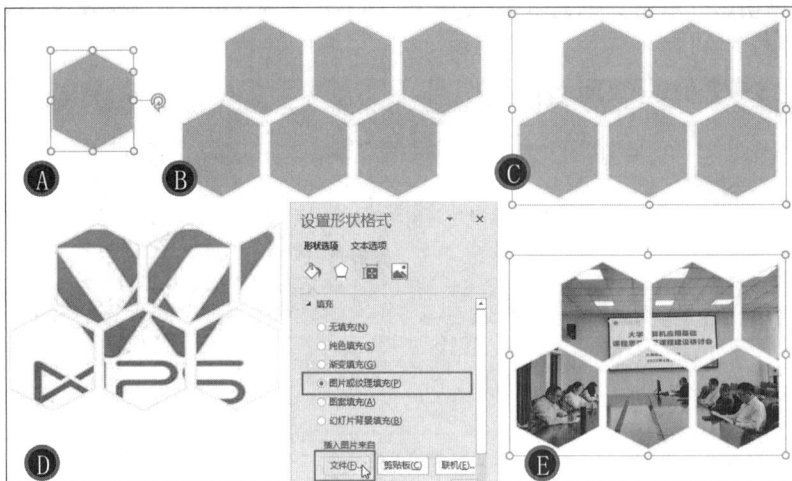

图 12-9　形状填充图片示例

▶子任务 12.1.5　创建文本、形状对象

本任务增加如图 12-10 所示的幻灯片,文本"1. 创建文本、形状对象"格式为"华文新魏,48 磅,加粗,红色";"优秀演示文稿的基本条件:"为"华文行楷,44 磅,黑色";箭头宽高 4.4 厘米和 9.56 厘米,无边框,填充"白—浅绿"渐变色;圆角矩形宽高为 10.6 厘米和 2.9 厘米,边框为 2.25 磅"绿色,个性 2",填充颜色为"绿色,个性 1"颜色,框内文本为"华文新魏,40 磅,白色,居中排列"。

图 12-10　文本、形状示例　　　　　　　　　形状对象的插入与编辑

◎ 任务分析

幻灯片的新建方法有多种,读者根据习惯掌握其中一两种即可。有时为了保持幻灯片的某些格式、内容上的一致,常采取"复制"方式来增加幻灯片。本幻灯片页面中的文本对象通过页面内的占位符录入或通过文本框录入;形状则通过"插入"功能创建,再对其进行调整,如本页面左侧的箭头需对普通箭头进行顶点编辑并填充渐变色来完成,6个圆角矩形内带的文本采取对圆角矩形添加文本来实现。

◎ 任务实践

1. 新建幻灯片

按 Ctrl+M 组合键或在幻灯片视图区单击鼠标右键选择 新建幻灯片(N) 项(见图 12-11 A),系统在最后新增了一张幻灯片(见图 12-11 B)。右键单击幻灯片新建或选中某张幻灯片区后按 Enter 键,则在当前幻灯片后新增一张空白幻灯片,如图 12-11 C 至图 12-11 E 所示,其中图 12-11 D 所示的方式需要选择幻灯片的版式。幻灯片可根据需要边设计边增加。

新建幻灯片
及版式设置

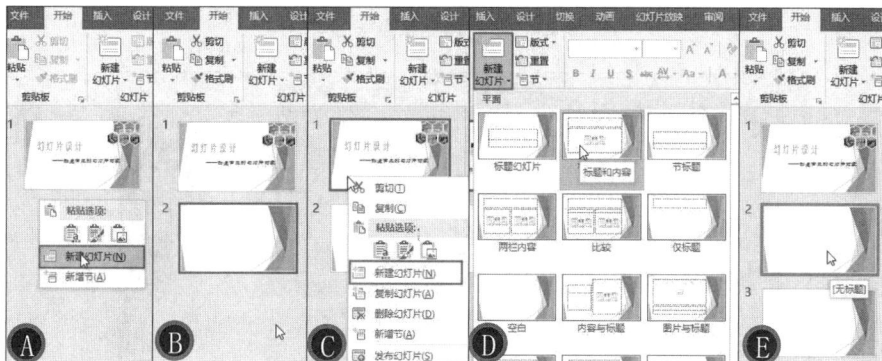

图 12-11　新增幻灯片示例

2. 添加文本对象

删除页面中原占位符,重新绘制文本框并输入本应文本,并将"1. 创建文本、形状对象"文本设置为"华文新魏,48 磅,加粗,红色",将"优秀演示文稿的基本条件:"文本设置为"华文行楷,44 磅,黑色"。

3. 添加形状

(1)左侧箭头。左侧箭头可通过基本形状➡对顶点进行编辑变形,并设置宽度 4.4 厘米、高度9.56 厘米,无边框轮廓,填充"白—浅绿"渐变色,如图 12-12 所示。

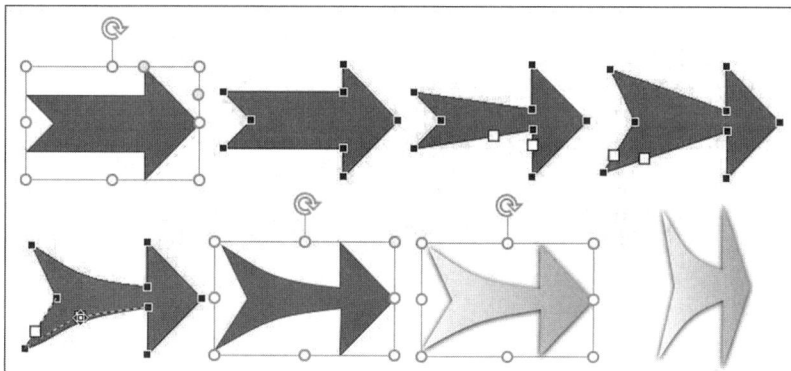

图 12-12　形状顶点编辑变形示例

(2)圆角矩形。绘制圆角矩形,并设置宽度、高度分别为 10.6 厘米和 2.9 厘米,边框为 2.25 磅"深绿色,个性色 2",填充颜色为"绿色,个性色 1",框内文本为"华文新魏,40 磅,白色,居中排列",

笔记区

如图 12-13 和图 12-14 所示。

将该圆角矩形复制生成得到另 5 个对象,并进行位置排列和修改框内文本字符即完成。

图 12-13　形状边框线型设置示例

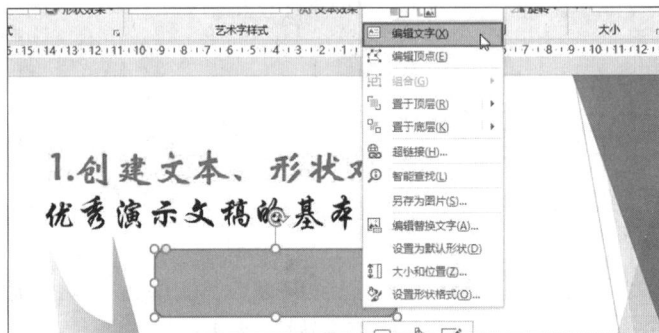

图 12-14　形状添加文本示例

▶子任务 12.1.6　创建图片对象

本任务增加如图 12-15 所示的幻灯片。其内各图片宽度、高度分别为 4.5 厘米和 7 厘米,样式为圆形对角,边框颜色为"红色,个性色 5,淡色 40%",粗细为 4.5 磅,图片效果无阴影;图片下方说明文本为"华文新魏,30 磅",前 5 个说明文本颜色为"浅绿,个性 1",最后一个为红绿蓝色为"68,114,196"的自定义颜色。

图片对象的
插入与编辑

图 12-15　图片示例

◎ 任务分析

通过复制上一张幻灯片得到本页,保持页面内部分格式与上页一致,减少重新设置的操作;图片插入方式简单,套用样式后进行边框修改;图片说明文本通过文本框实现。

◎ **任务实践**

(1)右键单击第2页幻灯片,执行 [复制幻灯片(A)] 命令得到第3页幻灯片,并修改文本内容、删除不需要的形状对象。

(2)依次插入各图片,选中6张图片统一设置大小、边框,或设置一张图片边框后通过格式刷应用至其他图片,如图12-16所示。

图 12-16   图片边框效果示例

(3)通过文本框为每一张图片添加说明文本,将各文本框对齐排列即完成。

▶ **子任务 12.1.7   创建 SmartArt 样式**

本任务增加如图12-17所示的幻灯片。SmartArt样式为"连续图片列表",宽度、高度分别为29.5厘米和9厘米,填充颜色RGB值为"68,114,196",边框为"白色,1磅";其内图片形状宽度、高度均为3.8厘米,边框为"白色,1.5磅",文本为"华文新魏,36磅",垂直方式为顶端对齐。在SmartArt未转换为形状时,不能删除其内的组成对象,要不显示对象原则上只能通过将其颜色设置为透明来达到不显示的效果。

SmartArt 对象的
插入与编辑

图 12-17   SmartArt 效果示例

◎ **任务分析**

通过复制上一张幻灯片得到本页,插入SmartArt"连续图片列表"样式,增加其内元素至6个,向其内圆形形状分别插入相应的图片,并设置填充、边框等格式。

◎ **任务实践**

(1)右键单击第3页幻灯片,执行 [复制幻灯片(A)] 命令得到第4页幻灯片,并修改文本内容、删除不需要的形状对象。

(2)在"插入"选项卡的"插图"组内单击 [图标] (SmartArt)按钮,弹出SmartArt对象样式框,浏览选择"连续图片列表",如图12-18所示。

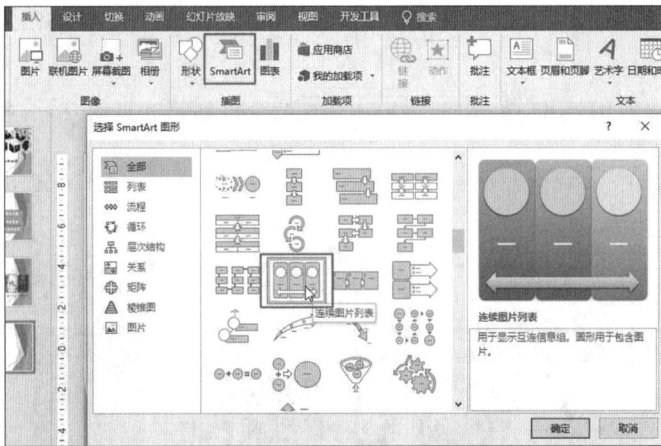

图 12-18　插入 SmartArt 对象示例

(3)增加"连续图片列表"内矩形形状数量。默认的"连续图片列表"内只有 3 个形状对象,选中 SmartArt 对象,单击"SmartArt 工具"下"设计"选项卡内"创建图形"组中的 □ 添加形状 ▾ 按钮,将形状增加至 6 个,并将整体宽度、高度分别设置为 29.5 厘米和 9 厘米;将其内圆角矩形形状选中,通过"格式"选项卡或"设置形状格式"面板设置边框、填充颜色、字体及字号。

(4)设置"连续图片列表"内圆形状格式。选中全部圆形形状,在"格式"选项卡中"大小"组内将高度、宽度均设置为 3.8 厘米,边框设置为"白色,1.5 磅宽度";逐一单击每个圆形形状中心图片标志,弹出"插入图片"对话框,选择所需图片完成图片插入,如图 12-19 所示。当插入的图片填充形状未自动符合需要时,可以在"设置图片格式"对话框中对填充偏移值进行微调,如图 12-20 所示。

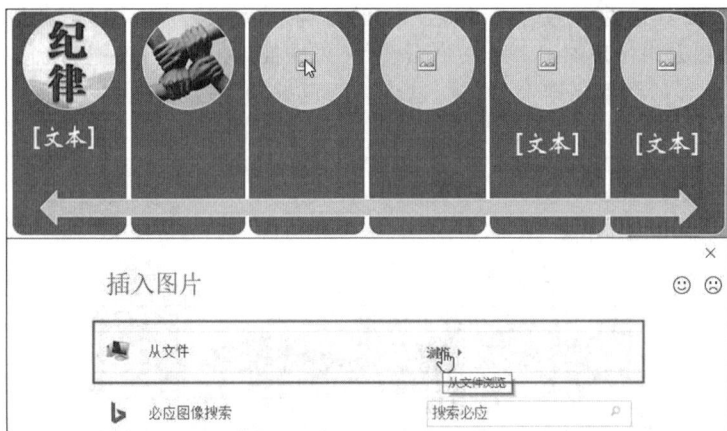

图 12-19　插入图片示例

图 12-20　图片填充微调示例

（5）添加"连续图片列表"中各图片的说明文字并设置其格式。单击各圆角矩形形状，通过"编辑文字"功能录入对应的说明文字，或在"文本窗格"中录入各项说明文字，如图12-21所示。当"文本窗格"未自动显示时，可右键单击 SmartArt 对象，选择 显示文本窗格(X) 调出。

图 12-21　SmartArt 文字录入示例

选中 SmartArt，逐一对其内文字设置字体、字号；逐一单击标明各说明文字后，在"开始"选项卡中"段落"组内单击 对齐文本 按钮，选择"顶端对齐"项，如图12-22所示。

图 12-22　文字对齐设置示例

（6）去除 SmartArt 中的箭头形状对象。选中箭头对象，将其填充和边框均设置为"无"。SmartArt 中的形状对象可以更改形状。

▶**子任务 12.1.8　创建表格对象**

本任务增加如图12-23所示的幻灯片。其内表格6行5列，宽度27厘米，高度10厘米，表内字符黑体28磅。

表格对象的
插入与编辑

◎**任务分析**

表格创建方式有多种，均简单易操作。表格宽度、高度可通过"表格工具"的"布局"选项卡来设置。

◎**任务实践**

（1）右键单击第4页幻灯片，执行 复制幻灯片(A) 命令得到第5页幻灯片，并修改文本内容，删除不需要的部分。

（2）通过表格创建工具创建出6行5列表格（见图12-24），选中表格，在"布局"选项卡中"表格尺寸"组内进行高度、宽度设置。

图 12-23　编辑表格案例

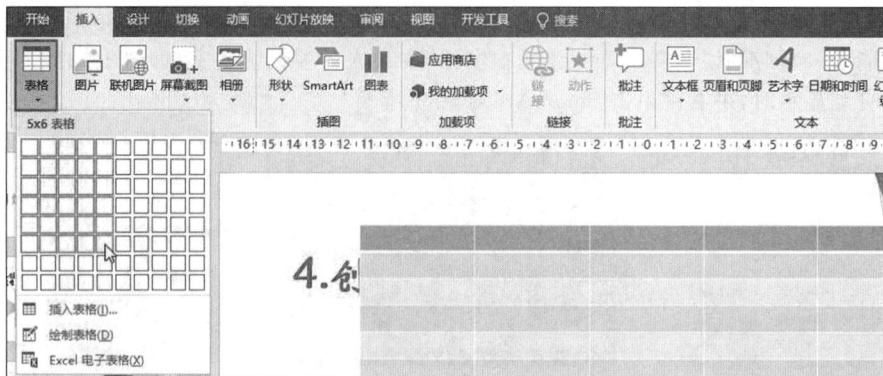

图 12-24　创建表格示例

（3）在右侧插入排名列，下方插入合计行，输入表格内容并设置其格式即完成。

▶子任务 12.1.9　创建图表对象

本任务增加如图 12-25 所示的幻灯片。建立"成都第 31 届世界大学生夏季运动会奖牌榜对比图"，图表数据来源于前页幻灯片。

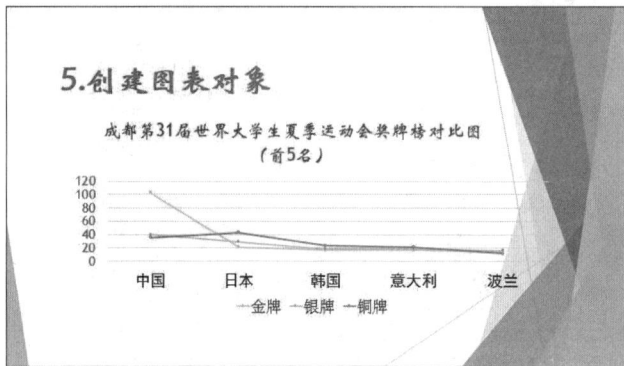

图 12-25　图表示例

图表对象的插入与编辑

◎ 任务分析

图表是通过对 Excel 表格数据进行分析生成的，此类图表通过 PowerPoint 调用 Excel，在其中进行数据处理及图表生成。

◎ 任务实践

（1）右键单击第 5 页幻灯片，执行 复制幻灯片(A) 命令得到第 6 页幻灯片，并修改文本内容，删除不需要的部分。

（2）复制上页幻灯片中前 6 行 4 列五国的奖牌数据，在"插入"选项卡中"插图"组内单击 （图表）按钮，弹出"插入图表"对话框，在"折线图"组内单击选择"折线图"缩略图标志，系统弹出 Excel 简化窗口，单击 A1 单元格后，粘贴出复制的前页数据，数据处理结束。单击 Excel 标题栏 按钮，关闭 Excel 后幻灯片页面上自动生成图表。在 Excel 标题栏单击 （在 Excel 中编辑数据）按钮，系统会转向 Excel 全功能窗口。

（3）对图表进行调整即完成。

▶子任务 12.1.10　创建音视频对象

本任务增加如图 12-26 所示的幻灯片。在幻灯片中插入音视频（中国职教唱响复兴.mp4），"视频样式"设置为"圆形对角，白色"、视频效果"设置为"预设 9"，并建立播放、暂停、停止三个播放控制按钮；音频播放设置为"自动播放、重复播放、从上一项之后开始播放、播放跨 2 张幻灯片（含当前页）"效果。

图 12-26　音视频示例

视频对象的插入与编辑

音频对象的插入与编辑

◎ 任务分析

音视频对象选中时,可通过"视频工具"中的"格式"和"播放"选项卡中的命令对音视频进行控制设置。播放动画通过触发器关联至播放控件。

◎ 任务实践

(1)新增幻灯片。右键单击第 6 页幻灯片,执行"复制幻灯片"命令得到第 7 页幻灯片,并修改文本内容,删除不需要的部分。

(2)插入视频。在"插入"选项卡"媒体"组内单击 ▮▮(视频)按钮,选择 ▮ PC 上的视频(P)... 项,系统弹出"插入视频文件"对话框,选择素材文件中的"新闻联播:职业教育为产业强国夯实技能技术基础 1.mp4"视频文件后,幻灯片中生成视频对象。选中视频对象,在"视频工具"的"格式"选项卡中"视频样式"组内选择"圆形对角,白色"(见图 12-27),再将"视频效果"设置为"预设 9"(见图 12-28)。视频形状样式也可以通过"视频样式"组内的"视频形状"下的形状进行样式个性化设计。

图 12-27　视频样式示例

图 12-28　视频效果示例

(3)插入音频。在"插入"选项卡中"媒体"组内单击 🔊(音频)按钮,选择 🔊 PC 上的音频(P)... 项,系统弹出"插入音频文件"对话框,选择素材文件中的"中国职教唱响复兴.mp3"音频文件完成插入后,幻灯片中生成音频对象"喇叭"标记;选中音频标记,在"音频工具"的"播放"选项卡中"音频选项"组内设置 ▶开始: 自动(A) 和 ☑ 跨幻灯片播放 项;在"动画"选项卡中"高级动画"组内单击 🔊 动画窗格 按钮,系统弹出"动画窗格"对话框,在其中右键单击音频记录标志,选择 🕐 从上一项之后开始(A) 项(见图 12-29A),再选择 效果选项(E)... ,弹出"播放音频"对话框,在"停止播放"组中将停止范围设置为 2,如图 12-29B 所示。

图 12-29　动画窗格与播放音频设置

（4）添加控件。音视频在播放时，一般可以设置播放控制器对其进行播放、暂停、停止等行为控制。

通过插入"形状"方式在视频下绘制 3 个文本框椭圆，编辑文本分别为播放、暂停、停止，并设置相应的外观格式，如图 12-26 所示。

（5）添加播放控件动画。单击选中视频对象，调出"动画窗格"，在"动画"选项卡中"高级动画"组内单击 ★（添加动画）按钮，在弹出的"动画列表"中"媒体"组内单击 ▶（播放）按钮，"动画窗格"中出现新增动画，如图 12-30 所示。

图 12-30　视频添加动画示例

（6）播放动画与播放控件关联。在"动画窗格"中右键单击添加的播放动画，选择 计时(T)... 项（见图 12-31 A），弹出"播放视频"对话框，单击 触发器(T) ▼ 按钮，选择 ◉单击下列对象时启动效果(C): 项并在其右侧列表中选择创建的播放控件（见图 12-31 B），以达到动画与控件的关联。重复以上步骤，对视频添加"暂停"和"停止"动画，并关联至相应控件，"动画窗格"显示如图 12-31 C 所示。

图 12-31　动画与控件的关联示例

▶**子任务 12.1.11　创建 SWF 动画对象**

本任务增加如图 12-32 所示的幻灯片,在其内插入 SWF 动画。

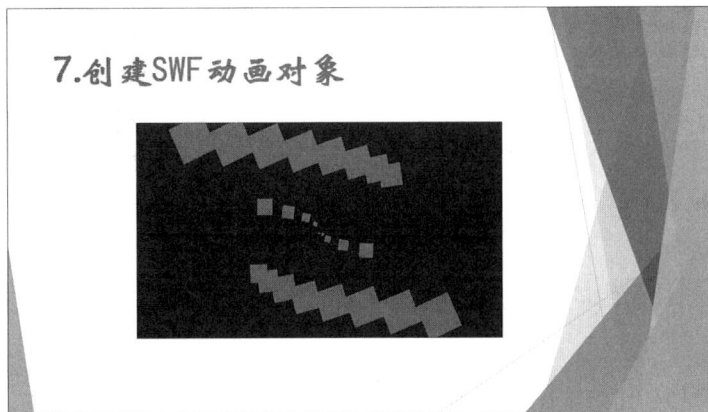

图 12-32　SWF 动画示例

◎ **任务分析**

SWF 动画实质是 Flash 动画,通过"开发工具"中的控件 Shockwave Flash Object 来实现。

◎ **任务实践**

(1)新增幻灯片。右键单击第 7 页幻灯片,执行 复制幻灯片(A) 命令得到第 8 页幻灯片,并修改文本内容,删除不需要的部分。

(2)在"开发工具"选项卡的"控件"组内单击 (其他控件)按钮,弹出"其他控件"对话框(见图 12-33 A),选择 Shockwave Flash Object 项后,在幻灯片中画出 SWF 动画的播放窗口(见图 12-33 B)。单击 属性 按钮,在"属性"对话框的 Movie 项中填写 SWF 动画的完整路径及文件全名,如图 12-33 C 所示。

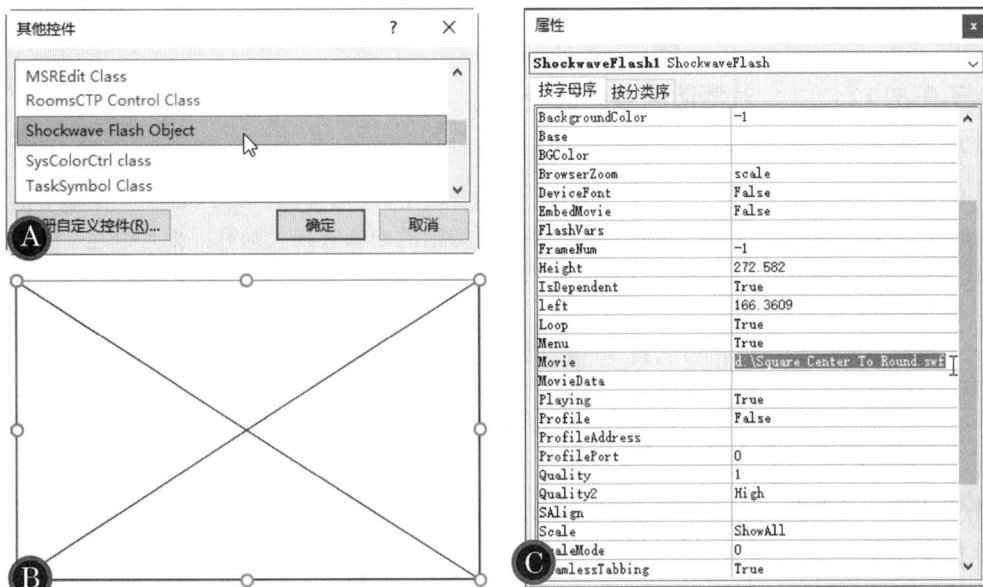

图 12-33　插入 SWF 动画示例

▶**子任务 12.1.12　设计结束幻灯片**

本任务增加如图 12-34 所示的结束页幻灯片。

图 12-34　结束页示例

PPT 结尾页的设计——艺术字

◎ **任务分析**

本幻灯片页面只包含 1 个文本对象,通过文本框占位符完成。

◎ **任务实践**

参考前面示范的文本对象的创建操作,详细过程省略。

任务 12.2　设置幻灯片对象动画效果

任务描述

本任务以任务 12.1 演示文稿中对象元素的动画设置为示范讲解,让读者掌握幻灯片对象动画设置、动画播放次序、幻灯片切换效果及播放方式的基本设置方法,具备对幻灯片对象设置动画效果的操作能力。

任务分析与实践

▶ 子任务 12.2.1　对象动画效果的设置

◎ **任务分析**

在 PowerPoint 演示文稿中,可以为幻灯片中的文本、图片、形状、表格、SmartArt 图形等各种对象添加动画,让对象在进入、停留、强调及退出时呈现特定的动画效果。动画效果可以在一定程度上聚集观众的注意力,起到对演讲关键点的突出、强调、信息流控制作用,提高观众对演示文稿的兴趣,但动画不宜过于复杂。

PowerPoint 中对象动画有进入、强调、退出和路径动画四类,各类动画可单一设置,也可以对同一对象添加多种动画效果,但动画效果越复杂,播放耗用的资源也越多,越容易出现卡顿现象。当对同一对象设置多种动画效果时必须通过"添加动画"功能添加,直接设置动画会使后一种动画效果替换掉前一种动画效果。同一对象多动画设置的思路一般是:进入(路径)动画—强调动画—退出(路径)动画的先后设置顺序。

◎ **任务实践**

1. 对象单一动画设置

选中动画设置对象,在"动画"选项卡中"动画"组内单击样式列表的 ▽（其他）按钮,弹出常用动画样式列表(见图 12-35),根据需要单击选中所需的动画效果。通过列表左下角的"更多"项可以列出更多的动画效果。添加到对象的动画,还可通过 效果选项 进一步设置动画的效果。

对象单一动画设置

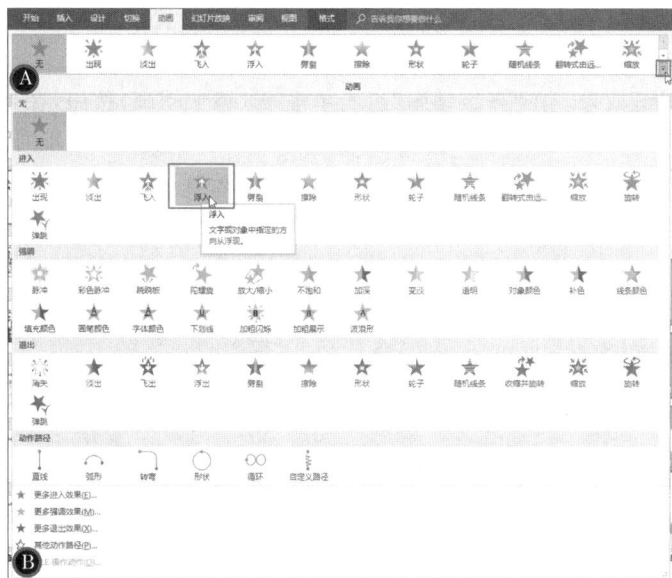

图 12-35 动画样式列表

如果 PowerPoint 内置的动画路径达不到所需要求,设计者可以自定义动画路径。选中添加动画的对象后,在"动画"选项卡中"动画"组内单击 ⯆ (其他)按钮后选择所需"动作路径",若选择"自定义路径",需用户用鼠标自行绘制动作路径(见图 12-36 A);若单击 ☆ 其他动作路径(P)... 按钮,则系统弹出图 12-36 B 所示的"更多动作路径"对话框,供用户选择动画样式。

图 12-36 动作路径设计示例

2. 对象多重动画设置

在图 12-37 中选中的文本对象设置有 2 重动画,第 1 重动画效果是"进入,擦除,自左侧",第 2 重动画效果是"强调,陀螺旋",第 2 重动画效果在第 1 重动画效果后自动播放。

图 12-37 多重动画示例

对象多重动画设置

（1）设置第 1 重动画效果。选中"幻灯片设计"文本框,对其设置第 1 重动画（最先呈现的动画）,即在"进入"类别中选择"擦除",在 效果选项 中选择"自左侧"。

（2）设置第 2 重动画效果。在"高级动画"组内单击 ★（添加动画）按钮,在弹出的动画样式"强调"组内选择"陀螺旋"动画（见图 12-38A）。注意图 12-38B 中动画数的序号排列。

（3）播放控制。在"动画窗格"中右键单击第 2 重动画标记行,选择 🕐 从上一项之后开始(A) 项。在"动画窗格"中拖动对象动画标记行可以改变对象的先后呈现顺序。

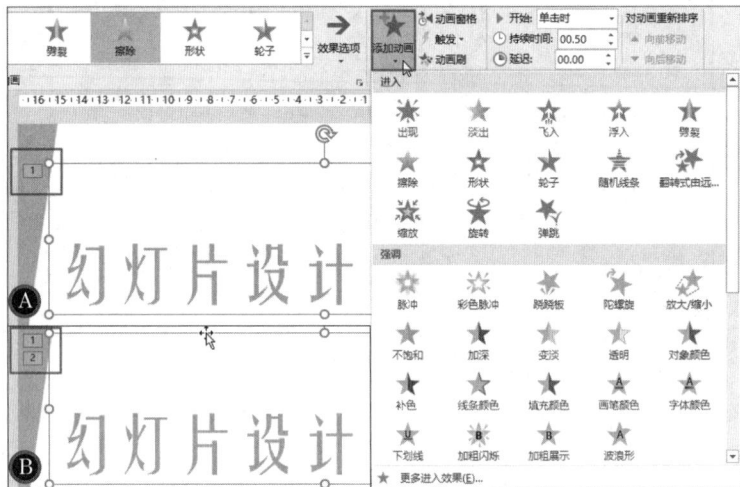

图 12-38　多动画设置示例

▶ 子任务 12.2.2　幻灯片的切换设置

◎ 任务分析

PowerPoint 中可以对每张幻灯片单独设置切换效果,也可以统一设置一种切换效果（全部应用）,还可以让系统随机切换效果。将"任务 12.1"中的演示文稿第 1 页切换设置为"自右侧,擦除",第 2～8 页切换设置为"垂直,随机线条",第 9 页切换设置为"自右侧,摩天轮"。各幻灯片切换持续时间为 1 秒,切换方式为"鼠标单击"。

幻灯片切换
效果设置

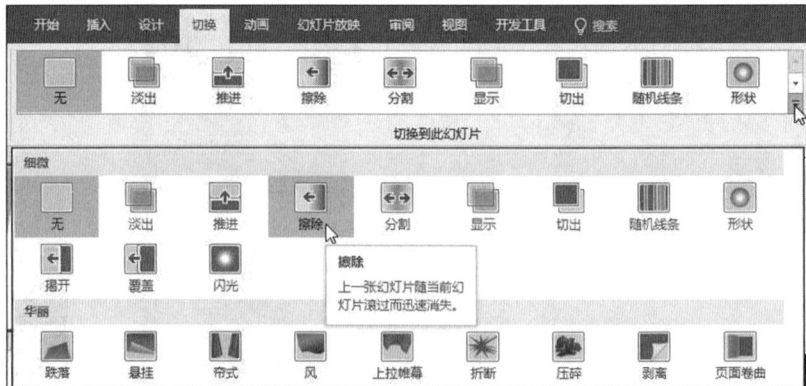

◎ 任务实践

（1）设置第 1 页单页切换效果。在幻灯片视图窗格中选中单页幻灯片;在"切换"选项卡中"切换到此幻灯片"组中单击切换样式右下角 ▾（其他）按钮,选择"擦除"样式（见图 12-39）,在"效果选项"中选择"自右侧"。

图 12-39　幻灯片切换设置示例

（2）设置第 2～8 页切换效果。在幻灯片视图窗格选中置第 2～8 页，设置切换效果为"随机线条"，切换效果为"垂直"。

（3）第 9 页切效果设置类似第 1 页设置方式。

（4）切换持续时间及切换方式设置。全选所有幻灯片，在"计时"组内设置切换持续时间 1 秒 ⏱ 持续时间(D)：01.00 ，并选择 ☑ 单击鼠标时 项。

拓展技能

如何将 Word 文档转换成 PPT 文件

方法 1：使用 PPT 的大纲选项转换。首先打开 PPT，点击开始选项卡，然后选择新建幻灯片；从大纲选项中选中要转换的 Word 文档，点击插入，等待加载完成即可。

方法 2：在 Word 中设置样式后转换。在 Word 中设置标题和正文的样式，确保大纲级别正确（例如，标题一级，正文二级），然后保存并关闭文档。在 PPT 中新建一个文档，选择幻灯片，从大纲中选择合适的模板，找到 Word 文档并插入。

方法 3：直接复制内容到 PPT。在 Word 中复制内容，然后在 PPT 中粘贴。根据需要选择粘贴选项，如"保留源格式"或"仅粘贴文字"，并在 PPT 中调整布局和样式。

方法 4：使用 Word 的导出功能。在 Word 中打开文档，然后选择"文件"菜单中的"导出到 PowerPoint 演示文稿"，选择设计主题后点击"导出"，Word 会自动转换文档并应用所选的设计主题。

方法 5：百度文库、AI 等一键生成。

强化技能

参照教材资源包素材"弘扬奥运精神.pptx"，如图 12-40 所示，自行设计一份主题鲜明，内容丰富、动画多样的 PPT 文档。

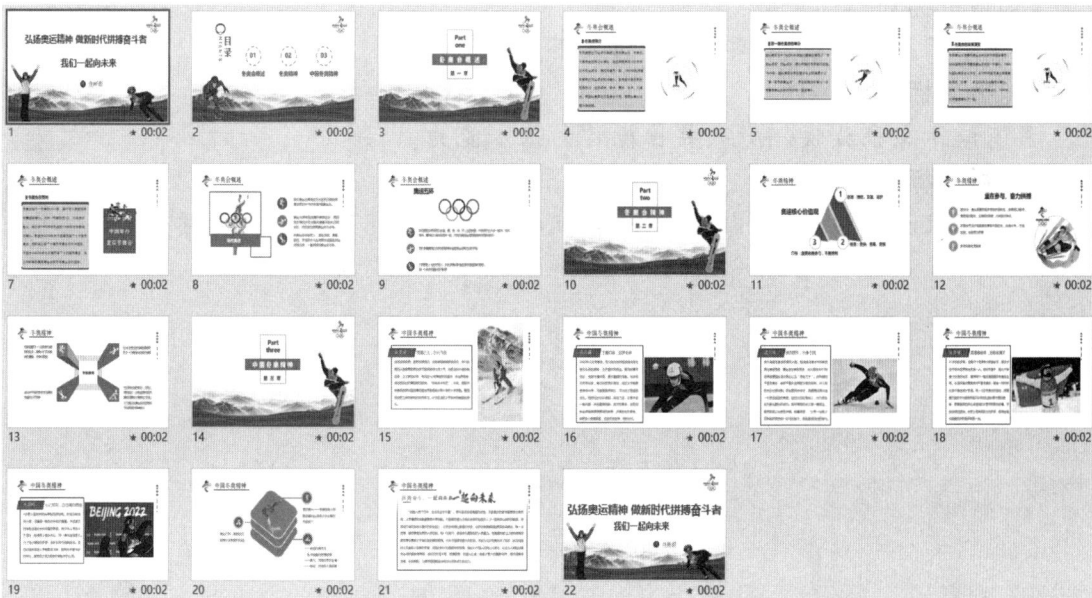

图 12-40

笔记区

项目13

PowerPoint演示文稿的放映与导出

演示文稿在设计过程中,需要审阅演示效果,有必要及时进行幻灯片放映,调整演示效果。根据工作的需要,常常会在其他计算机上播放PowerPoint 演示文稿,但不同计算机等设备安装的软件(版本)、字体、系统设置等存在区别,因此直接在不同的计算机上播放演示文稿有时会产生意想不到的异常现象。为了做到演示文稿在不同设备的正常放映,可以将演示文稿导出成其他格式文件进行使用。本项目通过讲解演示文稿的放映控制和导出方法,提升读者的演示文稿放映技能。

培养目标

【知识目标】
掌握演示文稿放映、打印、导出的常用方法。

【能力目标】
具有演示文稿放映、打印、导出操作的基本能力。

【素质目标】
具备精准放映、准确导出演示文稿,沉稳处置放映问题的职业素质。

任务 13.1　放映演示文稿

任务描述

本任务以任务12.1的演示文稿为例进行放映参数设置及放映控制。

任务分析与实践

▶ 子任务 13.1.1　设置放映参数及放映控制

◎ 任务分析

幻灯片的放映方式有演讲者放映、观众自行浏览和在展台浏览三种类型,设计者根据需要进行相应设置。在"设置放映方式"对话框中完成设置。放映过程的控制可以使用键盘、鼠标等输入设备来完成。

◎ 任务实践

1. 设置放映方式

在"幻灯片放映"选项卡中单击🖵(设置幻灯片放映)按钮,系统弹出图 13-1 所示的"设置放映方式"对话框,根据需要设置相应项目。

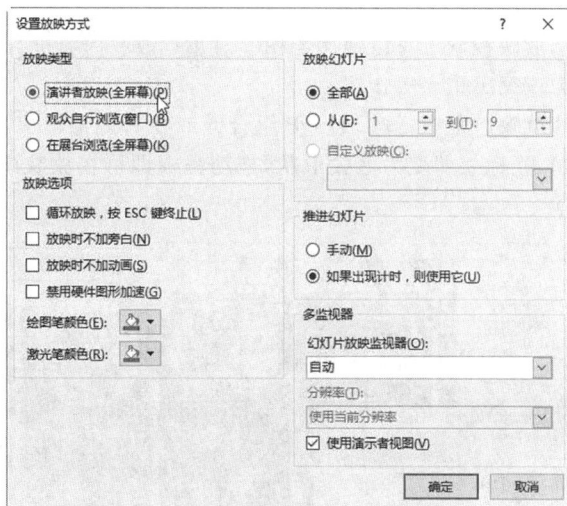

演示文稿的放映设置及放映

图 13-1　幻灯片放映方式设置示例

2. 演示文稿放映

演示文稿放映设置完成后,可以使用以下方法进行放映。

方法一:在键盘上按 F5 键,系统从第 1 张幻灯片开始播放幻灯片。

方法二:在"幻灯片放映"选项卡中单击🖵(从头开始)按钮,系统从第 1 张幻灯片开始播放幻灯片。

方法三:在 PowerPoint 状态栏的右端视图控制区中单击🖵(幻灯片放映)按钮,系统从当前幻灯片开始播放幻灯片。

演示文稿放映设置及绘画笔的使用

197

3. 放映控制

在幻灯片放映过程中,默认情况下按空格键、Enter 键或单击页面可以逐项、逐页放映幻灯片内容。其他常用的播放控制快捷键如表 13-1 所示。当右键单击放映区时可以选择菜单项对播放进行控制(见图 13-2 A)。

表 13-1　PowerPoint 播放控制快捷键

快捷键	作用
F5	从头开始播放演示文稿 Shift＋F5 从当前页播放演示文稿
N、Enter、Page Down、向右键、向下键或空格键	执行下一个动画或前进到下一张幻灯片
P、Page Up、向左键、向上键或退格键	执行上一个动画或返回到上一张幻灯片
编号＋Enter	转至第编号张幻灯片
B 或句号	幻灯片黑屏或从黑屏返回幻灯片放映 W 或逗号,白屏或从白屏返回幻灯片放映 S 或加号,停止或者重新启动幻灯片播放
Esc	结束演示文稿播放
E	擦除屏幕上的勾画信息
A	显示或隐藏鼠标指针
Ctrl＋P	将指针由常规箭头变为绘图笔状
Ctrl＋A	将指针由绘图笔变状为常规箭头

4. 幻灯片放映的绘图笔与激光笔

在幻灯片放映过程中,放映控制者可以使用绘图笔对重点放映内容进行勾画注释或使用激光笔指示内容,起到引起注意力或突出重点等作用。

(1)绘图笔。在幻灯片放映过程中,按 Ctrl＋P 组合键或在右键菜单 指针选项(O) 下选择"笔"(铅笔状)或"荧光笔"(笔刷状),光标立即变为笔尖形状,拖动鼠标即可在放映画面中进行勾画或注释,如图 13-2 B 所示。

图 13-2　播放控制和注释示例

(2)激光笔。在幻灯片放映过程中,按 Ctrl 键的同时按下鼠标左键,光标变为红色激光笔,移动鼠标即移动激光笔。

5. 激光笔翻页笔

采用激光笔翻页笔(见图 13-3)可以进行遥控翻页和激光指示操作。

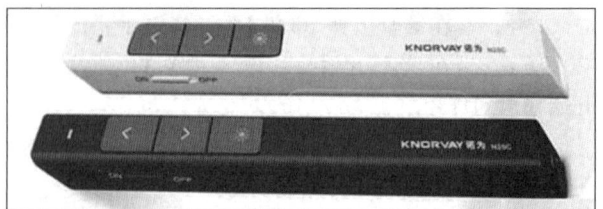

图 13-3　激光翻页笔样式

▶ **子任务 13.1.2　设置演示者视图**

◎ **任务分析**

在幻灯片播放中,可能有大量的讲解内容,但又不便于或条件不允许显示在幻灯片上,这时用户可将这些内容在制作幻灯片时输入幻灯片"备注"中,在幻灯片放映时通过启动"演示者视图",这样演讲者在演示过程中可以在自己屏幕上看到备注内容,方便讲解,但观众却不能在播放中看到备注的任何信息。在"演示者视图"下演讲者可以看到幻灯片的注释内容和播放的内容,以保证演示内容取得更好的效果。"演示者视图"的启用需要对显示属性进行相应的设置。

◎ **任务实践**

(1)连接投影仪。笔记本除了屏幕显示外还带有 VGA 输出,通过 VGA 输出接口连接投影仪,并将计算机屏幕正常输出到投影仪幕布。

(2)设置显示属性。在"幻灯片放映"选项卡的"监视器"组或在"设置幻灯片放映"中选择 ☑ 使用演示者视图 项,同时 监视器(M) 选择为"自动"。

(3)启动放映幻灯片。放映幻灯片,演示者屏幕切换为图 13-4 所示,左侧主图被投影到屏幕,右上小图为"下一页"预览,右下方框中为当前页的"备注内容"。通过视图中的相应按钮可以控制幻灯片的插放。在没有接连投影仪的情况下,可以通过 Alt＋F5 组合键来体验"演示者视图"。若经过以上设置未能呈现"演示者视图",则需在"显示属性"中进行"多监视器"的"扩展"设置。

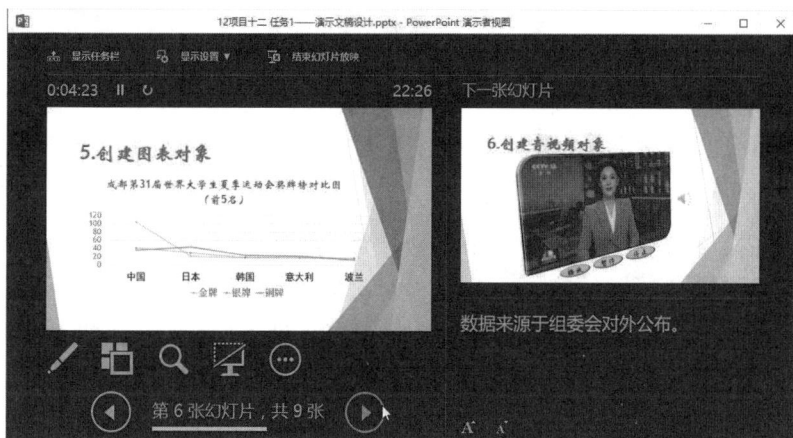

图 13-4　演示者视图示例

任务 13.2　输出与导出演示文稿

任务描述

本任务以项目 12 中制作的演示文稿为例进行输出及转换。

任务分析与实践

▶ **子任务 13.2.1　将演示文稿嵌入字体文件另存**

◎ **任务分析**

为确保演示文稿在不同计算机上播放时避免"缺字体"的异常情形,可以通过

"保存"功能将"文稿中使用的字体"嵌入到演示文稿中,当在其他电脑中打开演示文稿时,自动加载嵌入的字体。

笔记区

◎ 任务实践

单击"文件"标签选择"保存"或"另存为"菜单项,系统弹出"另存为"对话框(见图 13-5A);单击 工具(L) ▼ 选择 保存选项(S)... ,弹出"PowerPoint 选项"对话框(见图 13-5B),在其中选择 ☑ 将字体嵌入文件(E) 项后,确认字体嵌入的类型即可。

图 13-5　字体嵌入保存示例

▶ 子任务 13.2.2　打印幻灯片或演示文稿讲义

◎ 任务分析

演讲者为了演讲的方便,可以将演示文稿的幻灯片逐一或选页打印至纸张介质,供演讲时翻阅。幻灯片进行常规式打印设置后即可打印。

演示文稿的打印

◎ 任务实践

单击"文件"标签选择"打印"菜单项,系统进入打印检视视图(见图 13-6),用户可以选择幻灯片打印版式、设置每页纸张打印的幻灯片页数、打印的颜色等参数,完成设置后即可打印。

图 13-6　打印示例

▶ 子任务 13.2.3　演示文稿导出到 PDF 文件

◎ 任务分析

通过系统功能将演示文稿导出为 PDF 文件。

演示文稿的导出

◎ 任务实践

单击"文件"标签选择"导出"菜单项,系统进入导出视图(见图13-7),选择"创建PDF/XPS文档"后单击"创建PDF/XPS"按钮,弹出文件保存对话框进行保存设置,完成导出操作。

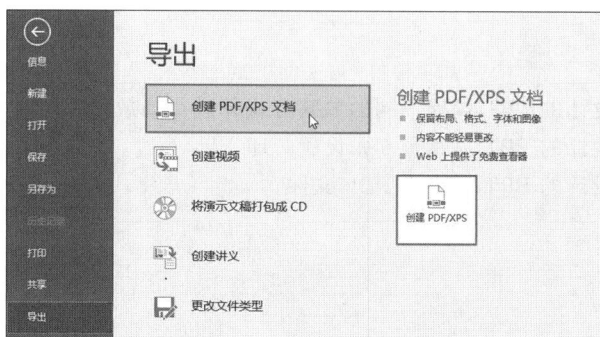

图13-7 演示文稿导出示例

▶ 子任务13.2.4 将演示文稿创建为视频

◎ 任务分析

通过系统功能将演示文稿创建为视频。

◎ 任务实践

单击"文件"标签选择"导出"菜单项,系统进入导出视图(见图13-8),选择"创建视频"及视频清晰度规格后,单击"创建视频"按钮,弹出文件保存对话框进行保存设置,完成导出操作。

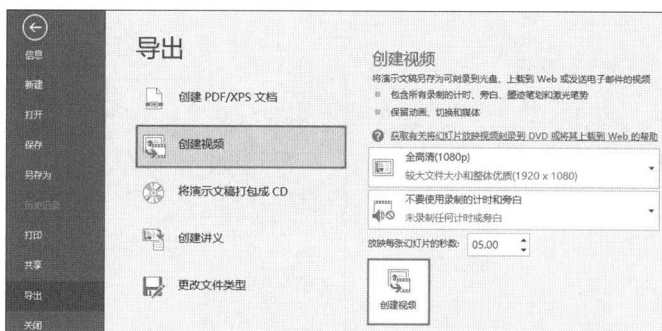

图13-8 演示文稿导出为视频示例

拓展技能

幻灯片切换设置的常用四种方式:

1. 使用空格(或回车)键:这是默认设置,无需额外设置。在任何模式下,单击键盘空格(或回车)键都可以切换到下一页幻灯片。

2. 鼠标单击左键:默认使用单击鼠标左键来切换到下一页幻灯片。如果仅勾选了自动换片时间,没有勾选"单击鼠标时"切换,鼠标点击则无效,但空格和回车键切换依旧生效。可以通过点击PPT的切换菜单,勾选"单击鼠标时",再点击左侧全部应用来设置。

3. 设置时间自动切换:需要提前排练好时间,对演讲者要求比较高,同时也适用于演播室仅放映不互动的播放形式。在切换菜单中找到设置自动换片时间,输入时间后,该页会计时自动切换。如果需要当前PPT所有内容都按照时间设置自动切换,点击左侧的"应用到全部"即可。

4. 选择与设置切换效果:在切换面板中,可以看到一列预设的切换效果,如淡出、推进、擦除等。

笔记区

这些效果通常会以缩略图的形式展示,以便您预览效果。还可以调整切换速度,添加过渡效果,音效与音乐,以及自定义动画与动态效果,以增强视觉动态,并提升演示的吸引力。

强化技能

1.将项目12自行设计的PPT设置不同的放映方式并进行播放。

2.将项目12自行设计的PPT以每页6张设置打印。

3.将项目12自行设计的PPT导出为PDF文件。

项目14
计算机网络基本应用

自从有了互联网（Internet），人们就可以通过网络即时了解网上信息、获取资源。在互联网上，既可发布信息、浏览信息，也可下载网上资源至本地使用，还可以进行网络即时通信等。本项目通过网络连接、路由器配置、浏览器应用、资源下载及电子邮件等操作，培养学生的网络基本应用能力。

培养目标

【知识目标】

1. 掌握宽带路由器的连接与基本设置方法。
2. 掌握网页浏览的常规方法。
3. 掌握文件下载的基本方法。
4. 掌握收发电子邮件的方法。
5. 掌握家庭共享网络的原理。

【能力目标】

1. 具有利用无线路由器解决家庭共享网络连接的能力。
2. 具有利用 IE 浏览器浏览网页的能力。
3. 具有利用常见下载工具获取网络资源的能力。
4. 具有利用 Outlook 等进行收发电子邮件的能力。

【素质目标】

1. 具备遵守网络相关法律法规的素养。
2. 具备重视信息安全和正确应用网络的素养。

网络基础知识　　　　　Internet 基础与简单应用练习

任务 14.1 宽带路由器连接与参数配置

任务描述

通过对宽带路由器的配置,可以让其他网络终端设备共享路由器接入网络。家用无线路由器价格便宜,品牌众多,本任务以一款 FAST FW300R 无线路由器为例进行讲解。

任务分析与实践

▶子任务 14.1.1 路由器的物理连接

◎ 任务分析

本子任务是通过物理连接设备对路由器进行物理连接,使网络物理连通。

◎ 任务实践

将路由器 POWER 接口连接上外部电源;将路由器 LAN 接口中的其中一个接口利用网线连接到计算机的网卡接口;将路由器 WAN 接口利用网线连接到 MODEM 的 LAN 接口,如图 14-1 所示。

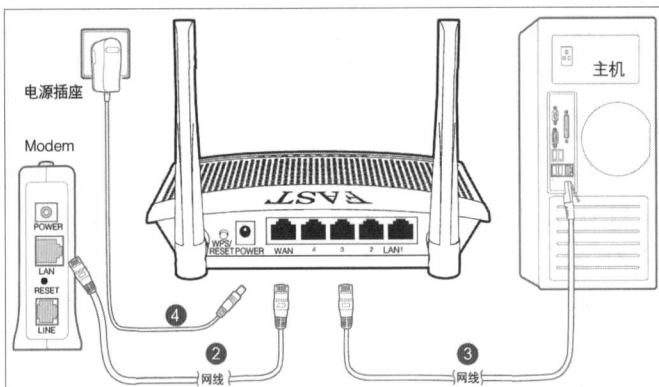

图 14-1 路由器物理连接示例

▶子任务 14.1.2 对宽带路由器进行配置

◎ 任务分析

对宽带路由器进行参数配置,使其他网络终端设备通过路由器正常接入网络。完成本子任务的主要思路是:先登录到路由器管理系统对拨号、WAN、LAN、无线和账户等有关参数进行设置。

◎ 任务实践

1. 登录路由器

启动网页浏览器,在地址栏中输入该路由器的 IP 地址,有的路由器首次登录需要设置登录密码。路由器的 IP 地址、登录用户名和默认密码一般在路由器底部或说明书中有标记,IP 地址一般默认值为 192.168.0.1 或 192.168.1.1。

2. 参数设置

各路由器都提供了设置向导,以方便用户快速配置。单击 下一步 按钮,逐步完成设置即可。选择"上网接入方式"为"PPPoE(ADSL 虚拟排号)"方式,如图 14-2 所示;设定 ISP 服务商(互联网接入服务商,如电信、移动等)提供的用户名和密码;在无线设置中,为减少非法连接蹭网或网络攻击等,SSID 标识一般不用默认名称,PSK 共享密码采用字母、数字及符号组合进行复杂设置,如图 14-3 所示。配置结束后,路由器自动拨号接入网络并切换到"运行状态"页面,显示当前网络状态信息。

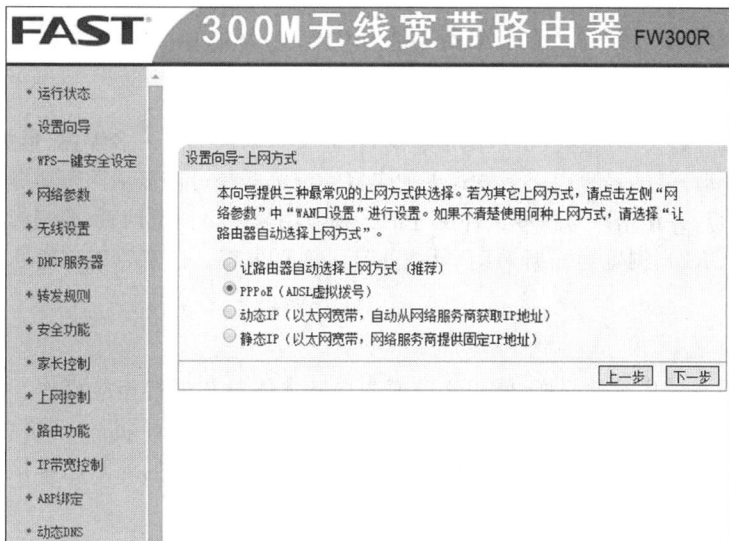

图 14-2　FAST FW300R 无线路由器接入设置示例(一)

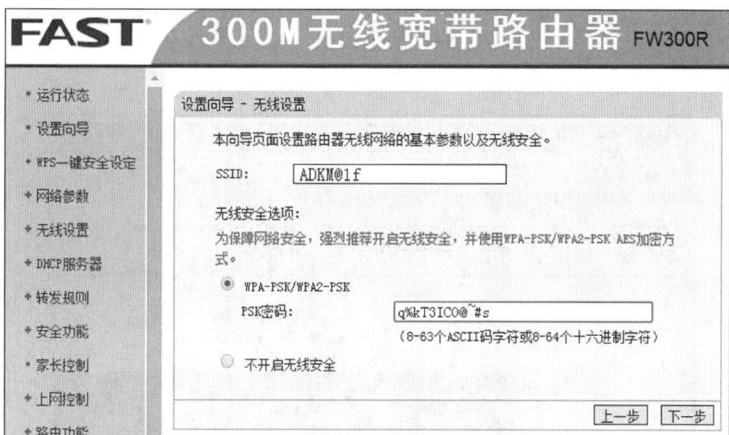

图 14-3　FAST FW300R 无线路由器无线设置示例(二)

　　通过以上基本设置后,网络终端设备选择该路由网络并输入正确的网络密码即可通过该路由器接入网络。以上设置过程也可以在页面左侧导航栏选择 设置向导 或 网络参数 项完成设置。其他路由器设置操作类似。

任务 14.2　IE 浏览器的基本应用

任务描述

　　随着计算机信息技术的日益普及和飞速发展,互联网(Internet)已深入我们的日常工作和生活中,如即时通信、新闻和消息发布、知识传播、软件供给及媒体材料共享等。要在丰富的信息海洋中获取信息,浏览器是出色的工具。本任务对 IE 浏览器(8.0)的基本使用进行示范讲解。

笔记区

任务分析与实践

网页基本设置

▶ 子任务 14.2.1 使用 IE 浏览器打开 http://www.qq.com 网页

◎ 任务分析

网页信息是通过超文本信息技术组织形成的,在超文本基础上融入多媒体,形成了超媒体技术,使网页界面更加生动,信息表达和交互方式更加丰富。浏览器是可以显示网页服务器或者文件系统的 HTML 文件内容,并让用户与这些文件交互的一种应用软件。浏览网页,是通过在浏览器的地址栏输入网页地址(URL),浏览器根据 URL 寻找并显示网页内容。注意,URL 地址只能是英文半角字符。

◎ 任务实践

IE 浏览器和其他程序软件一样,使用之前要先启动才能对其进行相应操作。启动 IE 浏览器,在地址栏中输入欲访问网页的地址,如 http://www.qq.com 或 www.qq.com,并按 Enter 键确认,进入腾讯网站首页页面,如图 14-4 所示。网页打开即可浏览其内信息,通过超链接的使用可实现网页之间的链接跳转、信息的变换。

图 14-4 IE 浏览器使用示例

▶ 子任务 14.2.2 将 http://www.udangjia.com 地址指向的网页添加到收藏夹

◎ 任务分析

对经常访问或以后方便访问的网页,可将其地址添加到收藏夹中。当需要访问时通过收藏夹内的收藏地址即可将其打开,不必每次都要在地址栏内输入网页地址。将网页添加到收藏夹是通过网页收藏功能实现的。

◎ 任务实践

在 IE 浏览器中打开 http://www.udangjia.com 网页;单击收藏夹栏的 ☆(添加到收藏夹)按钮,即可将当前网页地址添加到收藏夹。若收藏夹栏未显示,可单击工具栏中的 ☆ 收藏夹 按钮,在弹出的收藏夹列表中单击 ☆ 添加到收藏夹... 按钮也可以将当前网页地址添加到收藏夹,并可在弹出的"添加收藏"对话框中确认或修改添加到收藏夹内的记录名称,如图 14-5 所示。

在收藏夹内单击网页收藏地址,即可打开收藏地址所指向的网页,如图 14-6 所示。

图 14-5 IE 浏览器"收藏夹"使用示例(一)

图 14-6 浏览器"收藏夹"使用示例(二)

▶子任务 14.2.3 将 http:// www.qq.com 设置为主页地址

◎ 任务分析

启动浏览器,默认自动打开的网页称为浏览器主页。用户可将指定的网页设定为主页,方便自己使用。主页设定是通过浏览器"选项"中的"主页"设置功能实现的。

◎ 任务实践

启动 IE 浏览器,在菜单栏的"工具"菜单中执行 Internet 选项(O) 命令,弹出"Internet 选项"对话框,在主页地址文本框内输入"www.qq.com",并单击"确定"按钮关闭对话框即可,如图 14-7 所示。

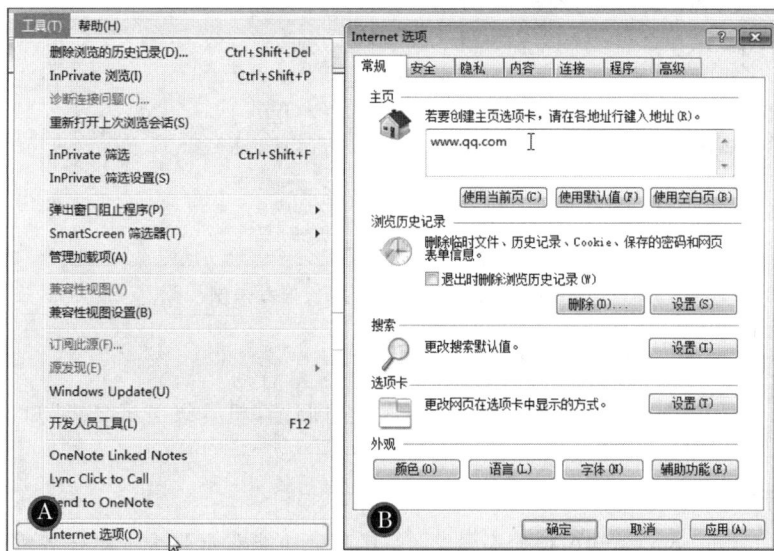

图 14-7 IE 浏览器"主页"设置示例

▶子任务 14.2.4 保存网页

将 www.qq.com 地址的网页以"腾讯.txt"文件格式保存到本地计算机的"我的文档"文件夹中;将网页底部的"工商网监"标志图片以"gswj.jpg"文件格式保存至"我的文档"文件夹中。

◎ 任务分析

在网页浏览过程中,可对当前网页以 HTML 或 TXT 等文件格式保存到本地计算机存储器内。网页保存是通过浏览器的"另存为"功能实现的;图片保存是通过右键菜单"图片另存为"实现的。

◎ 任务实践

在 IE 浏览器中打开 www.qq.com 网页;在菜单栏的"文件"菜单中单击"另存为"项,弹出"保存网页"对话框;选择文件的保存位置为"我的文档",在文件名称文本框中输入"腾讯",在"保存类型"下拉列表框中选择"文本文件(＊.txt)",如图 14-8 所示;右键单击网页底部的"工商网监"标志图片,选择 图片另存为(S)... 菜单项(见图 14-9),弹出"保存图片"对话框,在其内完成保存操作。

图 14-8 IE 浏览器保存网页对话框

图 14-9 IE 浏览器网页图片保存示例

▶ 子任务 14.2.5 网络搜索引擎的使用

使用百度(www.baidu.com)搜索引擎搜索有关"全国计算机等级考试二级"知识讲解的 Word 文件。

◎ 任务分析

百度(www.baidu.com)是知名搜索引擎之一,其搜索功能非常强大。本任务需要启动百度搜索引擎,先搜索出"全国计算机等级考试二级"相关的内容,再将百度搜索工具的"过滤条件"选择为"Word"文件即可。当然搜索出的项目也可能非常多,这就需要用户再对搜索内容进行人为确认。

◎ 任务实践

在 IE 浏览器中打开 www.baidu.com 网页;在搜索关键字文本框中输入"全国计算机等级考试二级"(见图 14-10),然后按 Enter 键或单击右侧 百度一下 按钮,出现若干搜索结果,如图 14-11 所示;单击 搜索工具 按钮,左侧出现"过滤条件",在 所有网页和文件▼ 下拉列表中选择 微软 Word(.doc) 项(见图 14-12)。通过 Word 类型过滤后,搜索出若干个 Word 文档,如图 14-13 所示。也可以在搜索框中搜索关键字后跟空格分隔的文件类型(此处为 DOC 或 DOCX)来实现。

笔记区

图 14-10   IE 浏览器搜索示例(一)

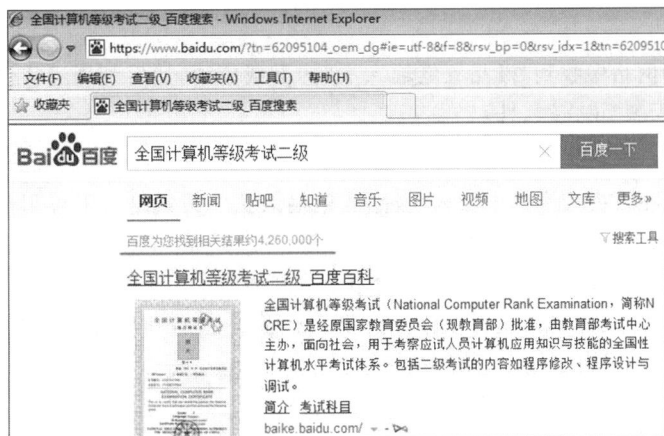

图 14-11   IE 浏览器搜索示例(二)

图 14-12   IE 浏览器搜索示例(三)

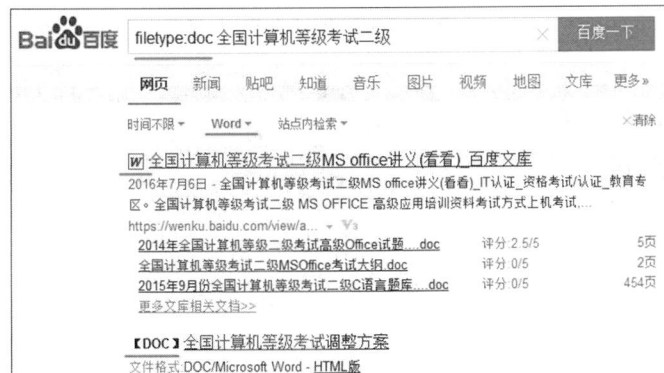

图 14-13   IE 浏览器搜索示例(四)

任务 14.3 迅雷文件下载应用

任务描述

互联网中专业的文件下载工具软件很多,支持多线程和断点续传,功能强大,易于操作。迅雷是一款比较早的下载工具。本任务利用迅雷下载"极品五笔输入法"软件。

任务分析与实践

◎ 任务分析

本任务首先要到网络中找到"极品五笔输入法"的下载资源,然后利用迅雷进行下载(计算机中需安装"迅雷"软件)。

使用迅雷进行
文件下载

◎ 任务实践

启动 IE 浏览器,在百度搜索框中输入"极品五笔输入法",搜索出若干可用于下载"极品五笔输入法"的站点链接(见图 14-14);单击"极品输入法 — 极品输入法下载"链接,跳转至 http://www.jpwb.net/jp.asp 页面,右键单击 立即下载 按钮,在右键菜单中选择 使用迅雷下载 项,迅雷弹出"文件保存"对话框(见图 14-15),选择文件保存位置并单击 立即下载 按钮后迅雷开始下载该软件。

图 14-14 IE 浏览器搜索示例(五)

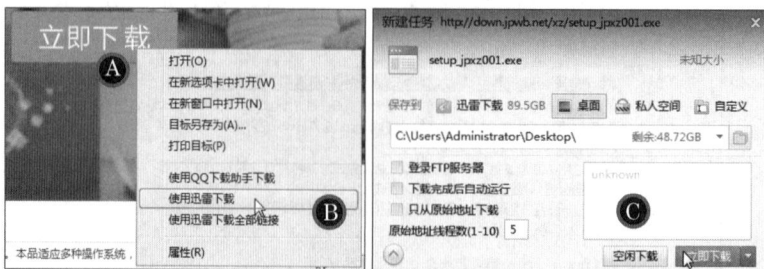

图 14-15 浏览器下载示例

任务 14.4 收发电子邮件

任务描述

在网络上收发电子邮件一般有两种方式，即基于 Web 的电子邮件服务和借助第三方电子邮件客户端软件的电子邮件服务。用户可根据个人需要、使用习惯等综合进行选择使用。

收发电子邮件

任务分析与实践

（1）基于 Web 的电子邮件服务。基于 Web 的电子邮件服务是在 Web 页面中直接通过网站的邮件系统完成邮件的收发，前提条件是要先登录电子邮件信箱。图 14-16 所示为登录 QQ 邮箱的 Web 页面，在左侧的"邮件文件夹"区单击打开文件夹，可对其中的邮件进行操作。单击 写信 按钮，可打开邮件书写页面（见图 14-17）。邮件书写结束，单击 发送 按钮发送邮件。当同时向多个收件人发送邮件时，信箱地址之间用分号分隔。

图 14-16 邮箱使用示例（一）

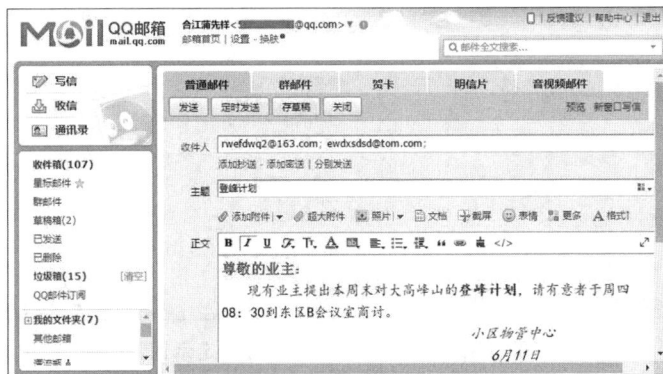

图 14-17 邮箱使用示例（二）

（2）基于客户端软件的电子邮件服务。常见的电子邮件客户端软件有 Windows Live Mail、Foxmail 等。邮件客户端软件基于 Internet 标准收发电子邮件、支持数字签名和加密、本地邮箱邮件搜索及反垃圾邮件等功能，方便实用。此处以 Windows Live Mail 为例进行介绍。Windows Live Mail 是微软推出的一个小巧但功能强大的电子邮件客户端软件。

▶**子任务 14.4.1　邮件信箱授权客户端软件登录设置**

◎ **任务分析**

　　为了邮件信息的安全,各邮件服务器对使用第三方邮件客户端软件进行收发邮件时,都需要对邮件客户端软件进行授权许可,该授权一般在各邮件信箱服务器的邮箱帮助中有说明,对照设置即可。本处以网易邮箱为例示范设置。

◎ **任务实践**

　　进入网易信箱,在 设置 中找到 POP3/SMTP/IMAP 项,选中 □ POP3/SMTP服务 复选框,系统弹出"设置客户端授权码"对话框,输入手机号,免费获取授权验证码;之后弹出"设置授权码"对话框,输入授权码,确认后即完成,如图 14-18 所示。

图 14-18　邮箱授权客户端软件登录设置示例

▶**子任务 14.4.2　邮件客户端账号绑定设置**

◎ **任务分析**

　　使用邮件客户端软件进行邮件收发,需要在客户端对由收发邮件的邮箱账号进行相应的设置。

◎ **任务实践**

　　首次启动 Windows Live Mail,弹出"添加电子邮件账户"对话框,在其内设置收发邮件邮箱的相关信息(见图 14-19),其内"密码"为邮箱允许客户端软件的"授权码"(QQ 邮箱为独立密码)。待收、待发邮件服务器及其端口一般在邮箱服务器设置中有相关说明。

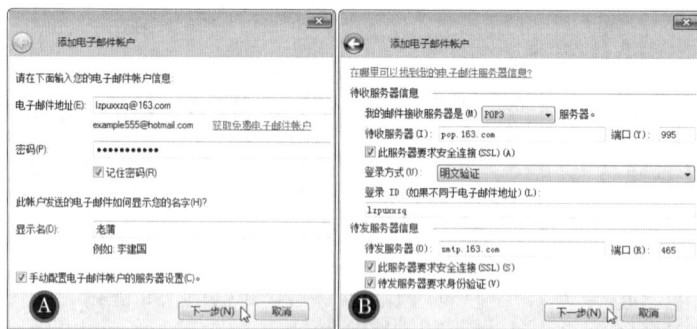

图 14-19　Live Mail 登录账号绑定示例

▶**子任务 14.4.3　收取电子邮件**

◎ **任务分析**

　　使用邮件客户端软件收取指定邮箱账号中的电子邮件。

◎ **任务实践**

　　单击 Live Mail 菜单栏的 同步 按钮,Live Mail 客户端软件开始登录设定账号的邮箱,并将邮箱中的邮件情况同步到本地且显示在窗口中;单击邮件标题,邮件内容显示在右侧内容空格中,如图 14-20 所示。

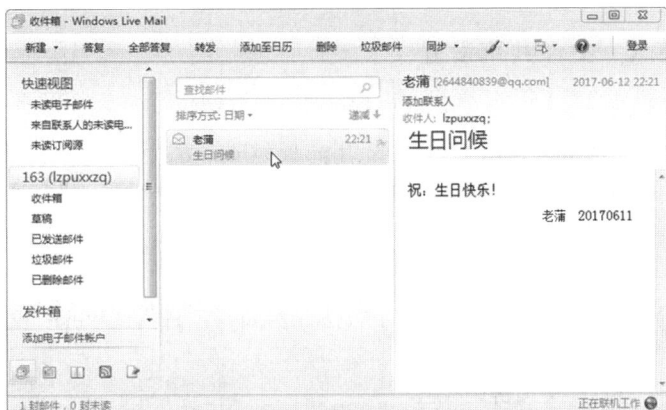

图 14-20 Live Mail 收取邮件示例

▶子任务 14.4.4 回复电子邮件

◎ 任务分析

对收到的电子邮件,通过"回复"功能可以答复邮件;通过"新建"功能可以建新邮件。

◎ 任务实践

单击 Live Mail 菜单栏的 答复 按钮,弹出"答复邮件"对话框,在其内书写答复邮件内容,并可对邮件内容进行格式设置。设置完毕,单击 发送 按钮将邮件予以发送。由于是直接"答复",因而在"收件人"栏中自动填写了收件人的昵称和邮件地址。

单击 Live Mail 菜单栏的 新建 按钮,弹出"新邮件"对话框(见图 14-21),在其内填写收件人邮件地址。如有抄送人及密件抄送人,请分别在相应文本框中填入邮件地址。当有多个接收邮件地址时,用英文分号或逗号分隔。

图 14-21 Live Mail 新邮件示例

任务 14.5 设置资源网络共享

任务描述

在计算机网络使用过程中,为了提高计算机资源的利用率及提高工作效率,可通过网络设置对软硬件资源进行共享使用。在计算机网络广泛使用的今天,日常的网络信息获取就是计算机网络资源共享的典型实例。本任务主要讲解在局域网中的共享设置。

笔记区

任务分析与实践

网络资源共享设置

▶ 子任务 14.5.1　文件共享设置

◎ 任务分析

计算机中文档共享方法可以是用 U 盘拷贝、用光盘刻录等方式，但是互联网的出现使问题变得简单、方便。通过利用计算机操作系统自带的程序来完成文件共享设置，即实现局域网内成员相互间文件共享。

◎ 任务实践

在 Windows 中局域网共享设置可参考如下方法。例如，将"H:\1\WorK"文件夹设置为完全控制式共享。

1. 启用来宾账户（Guest）及其密码设置

在桌面上右键单击 （此电脑）执行 管理(G) 命令，系统弹出如图 14-22 所示的"计算机管理"窗口，展开 本地用户和组 并单击 用户 按钮，接着在右侧用户列表中双击或右键单击 Guest 账户执行 属性(R) 命令，在"Guest 属性"对话框中取消 帐户已禁用(B) 的选择；在账户右键菜单中执行 设置密码(S)... 命令即可对账户进行密码设置。

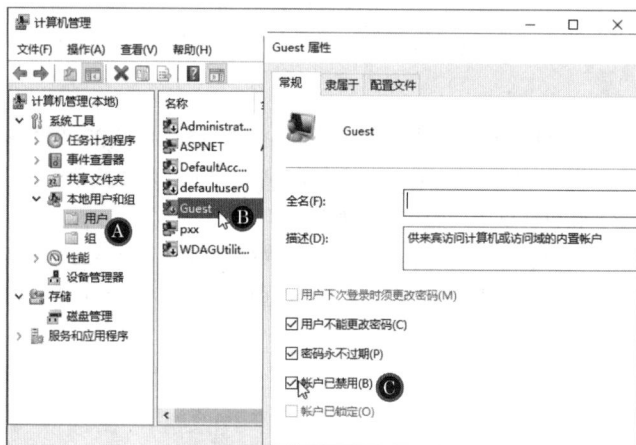

图 14-22　Guest 账户启用示例

2. Windows 系统本地连接属性设置

在系统"设置"窗口中单击 网络和 Internet 按钮打开"设置"页面，在左侧选择 以太网 项、右侧选择 更改高级共享设置 项，弹出"高级共享设置"对话框，在其中选中 启用网络发现 、 启用文件和打印机共享 、 启用共享以便可以访问网络的用户可以读取和写入公用文件夹中的文件 项，如图 14-23 所示；在"网络和共享中心"的"以太网"属性中选中 Microsoft 网络的文件和打印机共享 ，如图 14-24 所示。

图 14-23　高级共享设置

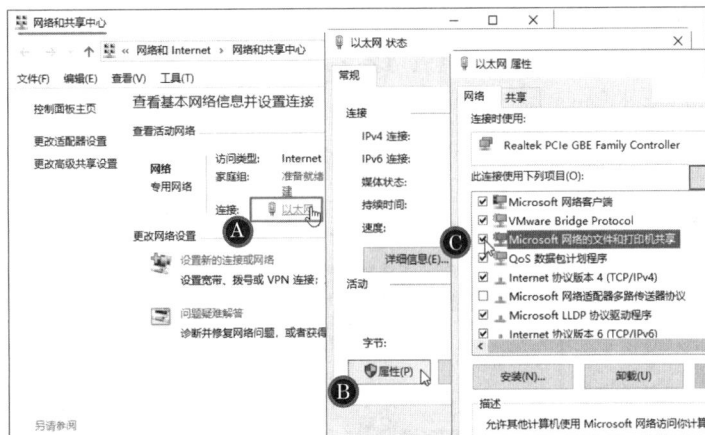

图 14-24　本地连接属性

3.设置共享文件夹

(1)添加来宾账户(Guest)进共享账户。在"文件资源管理器"中打开"H:\1",右键单击"Work"文件夹执行 **属性(R)** 命令,弹出"Work 属性"对话框,选择"共享"选项卡,在其中单击 **共享(S)…** 按钮,系统弹出"网络访问"对话框,在"选择要与其共享的用户"下拉列表框中选择或输入"Guest",单击 **添加(A)** 按钮,将"Guest"账户添加进共享,"Guest"立即显示在共享账户列表。操作过程如图 14-25 所示。

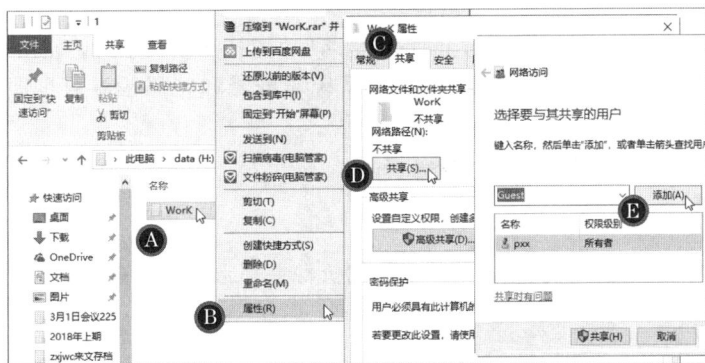

图 14-25　文件夹共享设置示例(一)

(2)来宾账户(Guest)共享权限设置。在"网络访问"对话框中单击"Guest"账户右端"权限级别"中的下拉箭头,在权限列表中选择赋予分配的权限,然后单击 **共享(H)** 按钮,系统显示共享结果,单击 **完成(D)** 按钮结束共享权限设置。操作过程如图 14-26 所示。

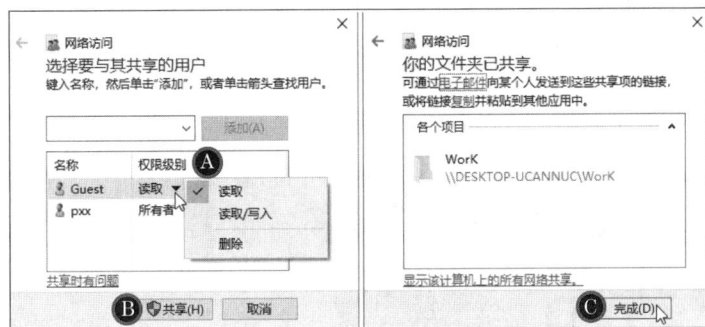

图 14-26　文件夹共享设置示例(二)

4.高级共享设置

(1)文件夹共享设置。在"文件夹属性"对话框的"共享"选项卡中单击 **高级共享(D)…** 按钮,系统弹出图 14-27A 所示的"高级共享"对话框,选择 **☑共享此文件夹(S)** 项,系统自动在"共享名"文本框中填入共享名。

(2)高级共享权限设置。单击 权限(P) 按钮,系统弹出"Work 的权限"对话框;单击 添加(D)... 按钮,系统弹出"选择用户或组"对话框,在"输入对象名称来选择"文本框中输入账户名"Guest"并单击"确定"按钮返回上级,选择 Guest 账户并赋予分配的权利;检查无误后依次单击"确定"按钮退出完成共享权限设置。操作过程如图 14-27 所示。

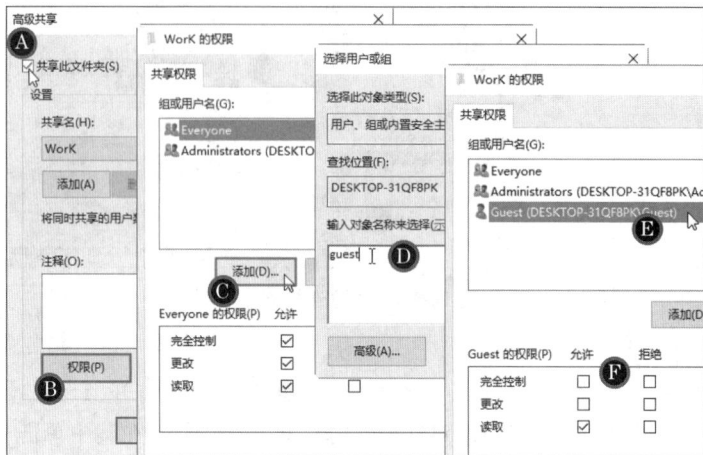

图 14-27　高级共享权限设置

5. 访问共享文件

经过以上共享设置后,在网内计算机上通过"网络"功能打开该共享时,会弹出填写用户名和密码的对话框,正确填入用户名"Guest"和"密码",系统对账号和密码检测通过即提供相应的访问权限。

▶ 子任务 14.5.2　打印机共享设置

◎ 任务分析

通过网络共享打印机是一种典型的节约成本的资源共享形式。共享打印机是通过系统的内置程序,向导式完成的。

◎ 任务实践

1. 打印服务器设置

在打印共享情形下,安装打印机的计算机被作为打印服务器可以为网络内其他客户机提供打印服务。在系统"设置"页面的 🖨 打印机和扫描仪 右侧单击共享打印机图标,在展开显现的打印机选项中单击 管理 按钮,弹出打印机页面,单击 打印机属性 按钮,在弹出的打印机属性对话框中选择 ☑共享这台打印机(S)项,系统自动在"共享名"文本框中填入默认的打印机共享名称,如图 14-28 所示。

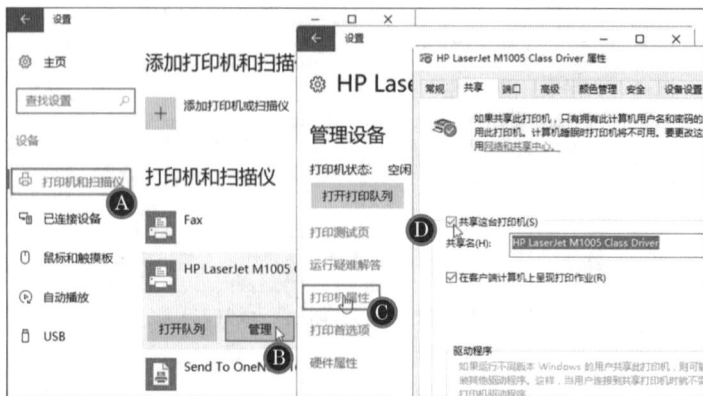

图 14-28　打印机共享设置

2. 客户机添加共享打印机

方法一:在桌面上双击"网络"图标打开"网络"窗口,在其中找到共享打印机所在的计算机名称并双击,在弹出的计算机资源窗口中找到共享打印机并双击(见图 14-29),系统显示连接打印机,并自动安装打印机驱动程序。

图 14-29 添加共享打印机示例(一)

方法二:在客户机系统"设置"页面右侧单击 添加打印机或扫描仪 按钮,系统自动搜索打印机。若未搜寻到共享打印机,则单击 我需要的打印机不在列表中 按钮,弹出"添加打印机"对话框,选择 按名称选择共享打印机(S) 后,在下方文本框中输入共享打印机的地址或单击 浏览(R)... 按钮(见图 14-30),系统弹出如图 14-29 所示的"网络"窗口供用户查找并安装共享打印机。

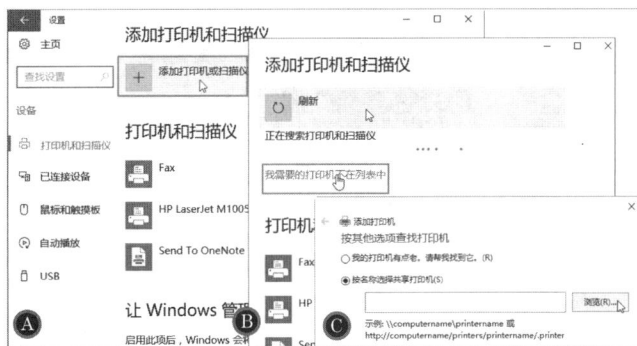

图 14-30 添加共享打印机示例(二)

▶子任务 14.5.3 文件共享访问与问题排除

◎ 任务分析

将计算机中文档设置共享以后,通过局域网、指定目标共享对象地址即可访问,但由于系统设置的原因,有可能出现不能访问的现象。对共享文件访问故障,通过"组策略"设置排除问题。

◎ 任务实践

1. 局域网访问

在局域网中访问共享文件夹时,系统自动搜寻过程较慢,若知道共享计算机的 IP 或计算机名及文件存放路径,则可通过在"文件管理器"地址栏中输入"\\IP 或计算机名\路径\共享文件夹名"的方式快速打开共享。

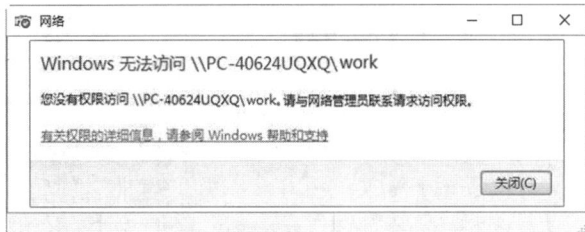

图 14-31 共享访问错误示例

当访问局域网出现图 14-31 所示的错误时,可在供给共享打印机的计算机系统中参照以下方法进行调整,尝试解决问题。

（1）运行"组策略"程序"gpedit.msc"，在"用户权限分配"中双击 从网络访问此计算机 策略添加"Guest"用户，如图14-32所示。

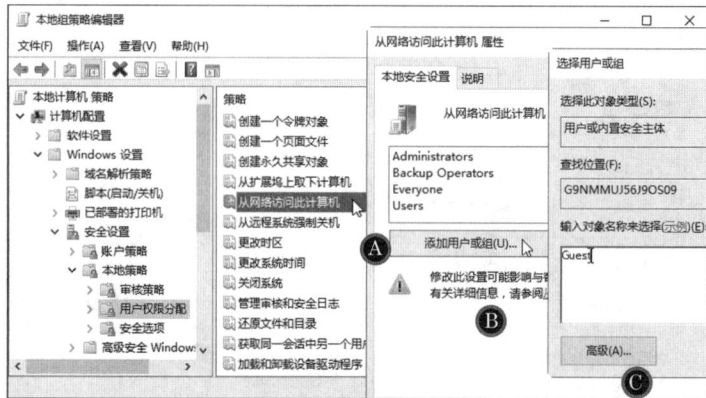

图 14-32 组策略示例（一）

（2）在"用户权限分配"中 拒绝从网络访问这台计算机 策略下删除"Guest"用户，如图14-33所示。

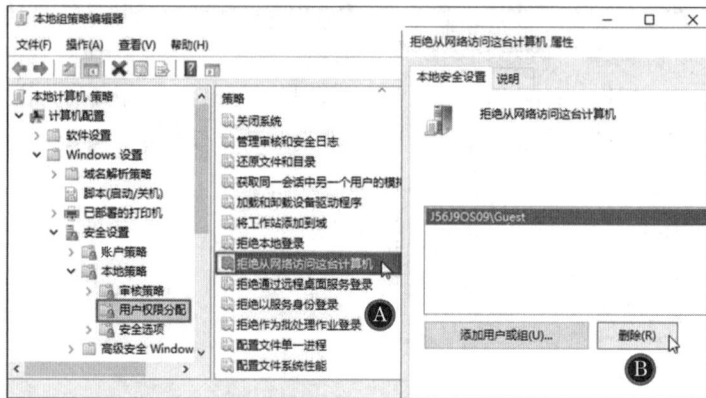

图 14-33 组策略示例（二）

（3）由于启用了 Guest 账户，对该计算机产生了 Guest 用户本地登录的危险，因此可以在"用户权限分配"的 拒绝本地登录 策略中将"Guest"用户添加进去。

（4）在"安全选项"组策略中将 网络安全：LAN 管理器身份验证级别 策略设置为"仅发送 NTLM 相应"；将 网络访问：本地账户的共享和安全模型 策略设置为"经典"选项；将 网络访问：不允许 SAM 账户的匿名枚举 和 网络访问：不允许 SAM 账户和共享的匿名枚举 策略设置为"已禁用"，如图14-34所示。

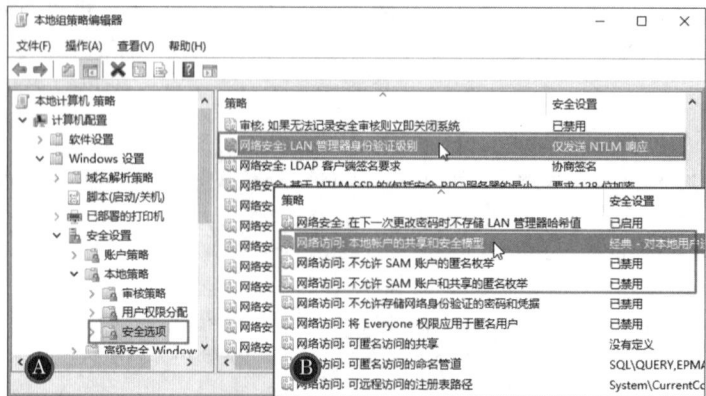

图 14-34 组策略示例（三）

当参考以上方法仍不能安装共享打印机时,可在供给打印机共享的计算机系统中将以下"服务"项目的"启动类型"设置为"自动","服务状态"设置为"已启动"。

①Computer Browser。

②DHCP Client。

③DNS Client。

④Function Discoverv Resource Publication。

⑤Remote Procedure Call。

⑥Remote Procedure Call（RPC）Locator。

⑦Print Spooler。

⑧Server。

⑨SSDP Discovery。

⑩TCP/IP NetBIOS Helper。

⑪UPnP Device Host。

⑫Workstation。

2. 映射网络驱动器

"映射网络驱动器"是指把网络中共享文件夹映射为本地计算机的一个逻辑驱动器盘符,以便使用。

在桌面上右键单击"我的电脑"图标选择 映射网络驱动器(N)... 选项,系统弹出"映射网络驱动器"对话框,在 驱动器(D): 右侧驱动器列表中选择映射后显示的逻辑驱动器盘符号;单击 浏览(B)... 按钮,系统弹出"浏览文件夹"对话框,在其下列表中选择共享文件夹,被选中的共享文件夹的地址显示在文本框中;选择 ☑登录时重新连接(R) 项后系统就会保持其开机时自动连接。配置完成后,系统自动打开映射驱动器,列出其内的共享内容。操作过程如图 14-35 所示。

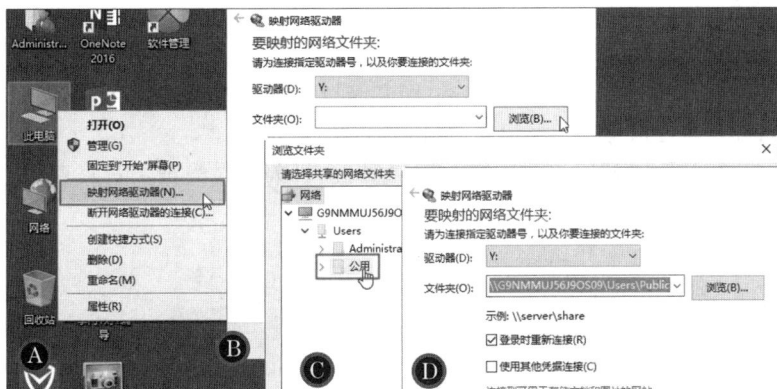

图 14-35　映射网络驱动器

拓展技能

计算机网络安全保护基本技能

随着互联网的普及和信息化的进程,计算机网络已成为人们日常生活和工作中不可或缺的一部分。然而,随之而来的是计算机网络安全问题的不断凸显。在使用计算机网络时,我们需要重视网络安全,采取一些措施来保护个人和机构的信息资产。

一、确保计算机和网络设备的安全

1.保持操作系统和应用程序的更新

2.安装可信赖的杀毒软件和防火墙

3.使用强密码并定期更改密码

4.备份重要的数据

二、保护个人隐私信息

1.保护个人身份信息

2.谨慎点击链接和下载附件

3.注意电子邮件的安全

三、安全使用互联网

1.小心使用公共 Wi-Fi

2.注意社交网络的安全设置

3.谨慎下载和安装软件

四、学习网络安全知识和技能

1.参加网络安全培训和课程

2.使用多层次的认证方式

3.教育和引导身边人的网络安全知识

五、及时报告安全问题并寻求帮助

1.发现安全漏洞及时报告

2.寻求专业的网络安全帮助

保护个人隐私和网络安全是我们每个人都应该重视的事情。只有了解并遵守计算机网络安全的使用注意事项,我们才能更好地保护自己的信息资产和隐私,远离网络安全的风险。同时,不断学习和提高网络安全知识和技能,加强安全意识,才能更好地适应和应对不断变化的网络安全环境。

强化技能

根据下述要求,完成操作。

1.打开网址 https://www.chsi.com.cn(中国高等教育学生信息网),在里面找到"国家大学生就业服务平台",查阅"职位信息""专场招聘""24365 校招"等信息。

2.打开网址 https://www.12339.gov.cn/(国家安全机关举报受理平台),查阅"法律法规""举报指南"相关知识。

项目15

常用工具软件使用

常用工具软件的应用,能够快速提高计算机应用的质量和效果。本项目介绍了关于文件的压缩与解压、PDF 文档操作、图形图像处理、视频编辑、文字识别等种常用工具软件,提升读者的工具软件应用能力。

培养目标

【知识目标】

1. 掌握文件压缩与解压的方法。
2. 掌握 PDF 电子文件的生成与阅读方法。
3. 掌握图形图像处理的方法。
4. 掌握常见的视频编辑方法。
5. 了解常见的 OCR 文字识别方法。

【能力目标】

1. 具有使用文件压缩软件进行文件压缩与解压的能力。
2. 具有能生成与正常查阅 PDF 文档内容的常用软件操作能力。
3. 具有使用美图秀秀软件对图片进行常规简单处理的能力。
4. 具有使用剪映软件进行视频简单编辑的操作能力。
5. 具有使用天若等 OCR 文字识别操作的能力。

【素质目标】

1. 具备压缩电子资料节约存储空间的素质。
2. 具备图片处理效果审美的素质。
3. 具备信守信息社会的道德与伦理准则,有效维护信息活动中个人、他人的合法权益和公共信息安全的素质。

笔记区

任务 15.1 文件的压缩与解压

任务描述

　　文件压缩后体积更小,可以节省磁盘存储空间或便于网络传输。压缩后的文件需要使用时须将其进行解压。常见的压缩工具软件有 WinRAR、WinZIP、7-ZIP 等,本任务以 WinRAR 软件为例进行文件的压缩和解压。

文件压缩

任务分析与实践

▶子任务 15.1.1　利用 WinRAR 软件对"C:\17-06-11-2.doc"文件进行压缩,生成名为"17-06-11-2"的压缩文件

◎ 任务分析

　　对文件进行压缩,可以右键单击压缩对象将其添加进压缩包,也可以先启动 WinRAR 后添加压缩对象。

◎ 任务实践

　　打开 Windows 资源管理器,找到"17-06-11-2.doc"文件;单击鼠标右键选择 添加到 "17-06-11-2.rar"(T) 菜单项(菜单中自动给出压缩后的文件名,默认是文件主名为原文件主名),自动按默认压缩参数设置生成压缩文件,如图 15-1 所示。

　　如果要对压缩的参数进行设置,则右键单击压缩对象后选择 添加到压缩文件(A)... 菜单项,系统弹出"压缩文件和参数设置"对话框(见图 15-2),在其内可进行压缩参数设置。在"压缩方式"中可选择压缩率,压缩率越高,压缩花费的时间越长,但占用磁盘空间越少。

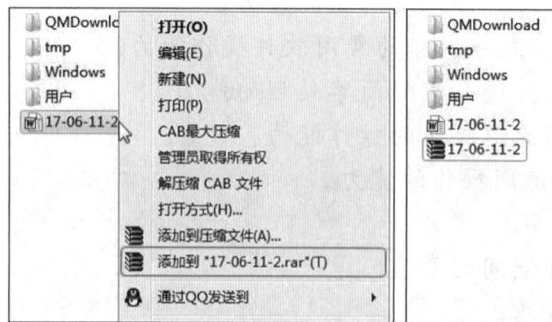

图 15-1　WinRAR 压缩示例

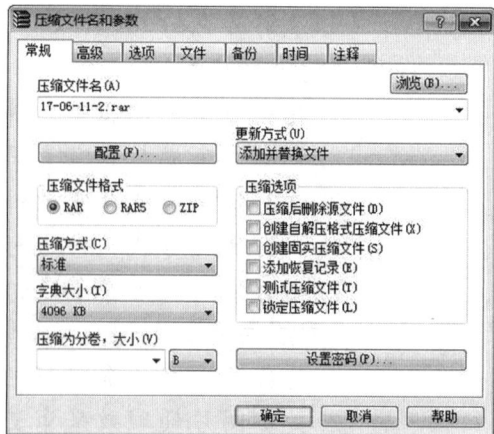

图 15-2　WinRAR 压缩参数设置示例

▶子任务 15.1.2　利用 WinRAR 软件对"C:\17-06-11-2.RAR"进行解压缩,还原未压缩原文件

◎ 任务分析

　　对文件进行解压缩,可以右键单击压缩文件对象将其解压,也可以先启动 WinRAR 后选择压缩

文件对象进行解压。

◎ **任务实践**

打开 Windows 资源管理器，找到"17-06-11-2. RAR"文件；单击鼠标右键选择 解压文件(A)... 菜单项，弹出"解压路径和选项"对话框(见图 15-3)，在其内选择解压后文件的位置。

若双击压缩对象则启动 WinRAR 软件，可在工具栏中单击 ⬛(解压到)按钮(见图 15-4)，然后进行"解压路径和选项"设置后进行解压。

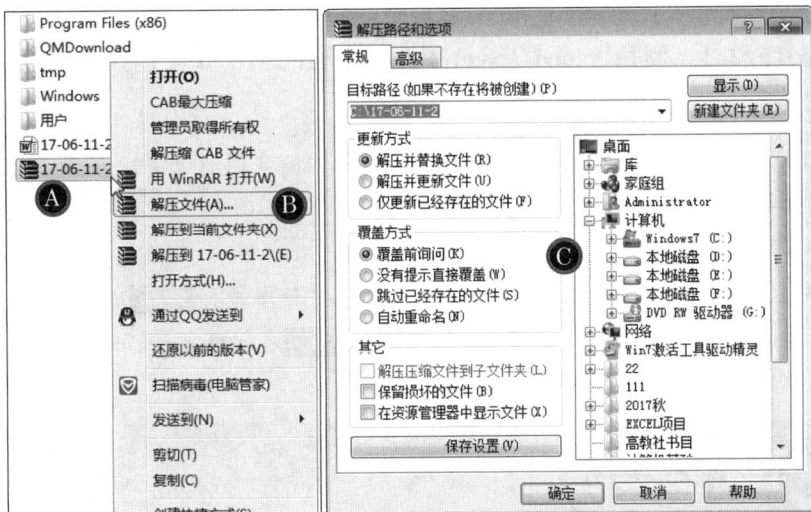

图 15-3　WinRAR 解压示例(一)

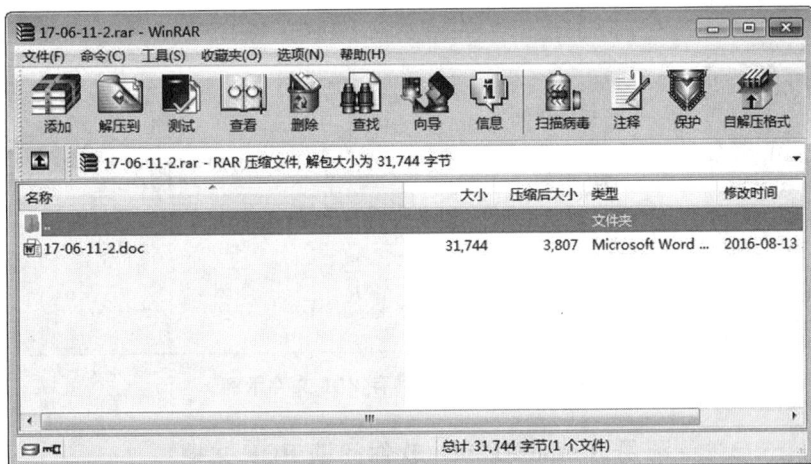

图 15-4　WinRAR 解压示例(二)

任务 15.2　PDF 文件的生成与阅读

任务描述

PDF(Portable Document Format)，即便携文档格式，是一种电子文件格式，其与操作系统平台无关，即在任何操作系统中都是通用的。PDF 文件格式可以将文字、字形、格式、颜色及独立于设备

笔记区

和分辨率的图形图像等封装在一个文件中(可包含超文本链接、声音和动态影像等),支持特长文件,集成度和安全可靠性都较高,有利于计算机与网络在日常生活中的普及。

本任务利用 Microsoft Office 2016 文档(Word/Excel/PowerPoint)软件创建 PDF 文档,并利用 Adobe Reader 软件阅读文档。

任务分析与实践

▶子任务 15.2.1 利用 Word/Excel/PowerPoint 2016 软件创建 PDF 文档

◎ 任务分析

在 Word/Excel PowerPoint 2016 软件中,可将排好版面的文档通过"另存为"功能另存为 PDF 文档。

◎ 任务实践

启动 Word 2016 软件,对文档版面进行编排;在"文件"菜单选择 另存为 项,弹出"另存为"对话框(见图 15-5),在"文件类型"中选择 PDF (*.pdf) 项保存文件。Excel 和 PowerPoint 软件创建 PDF 文档操作类似。

PDF 文件的生成与阅读

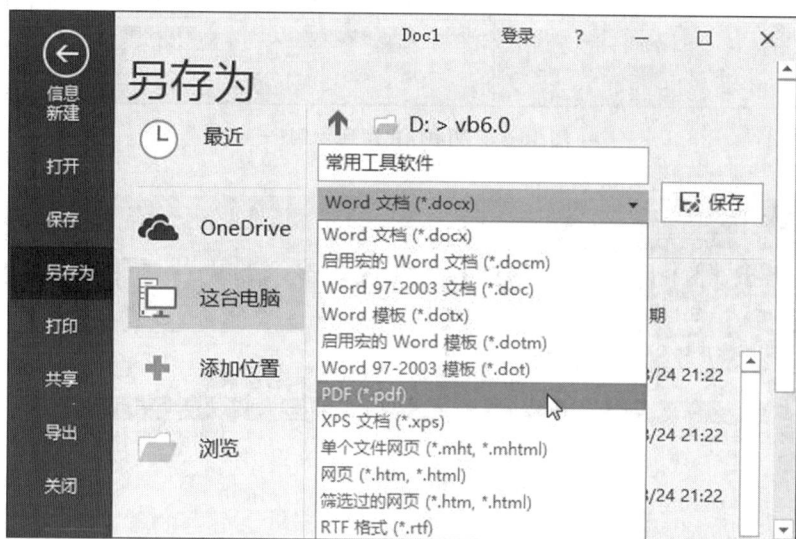

图 15-5 Word 文档另存 PDF 文件示例

▶子任务 15.2.2 利用 Adobe Reader 软件阅读 PDF 文档

◎ 任务分析

PDF 文档需要相应的阅读器软件才能进行阅读及打印文档内容。Adobe Reader 是常用于阅读 PDF 文档的工具软件之一,使用之前须先安装。

◎ 任务实践

启动 Adobe Reader 软件,选择主页中的 打开... 项或"文件"菜单下的 打开... 项(见图 15-6),弹出"打开"对话框,选择素材文档"中华人民共和国劳动法.pdf"并打开(见图 15-7)。通过使用 Adobe Reader 工具栏工具,可以对文档内容进行注释、查找及打印等。

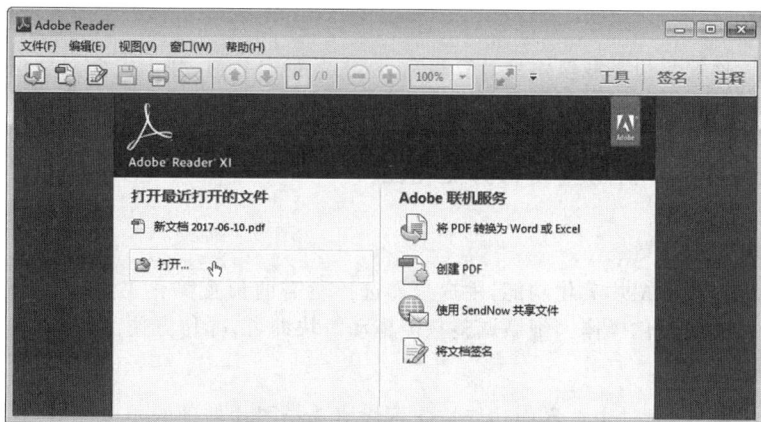

图 15-6　Adobe Reader 软件界面

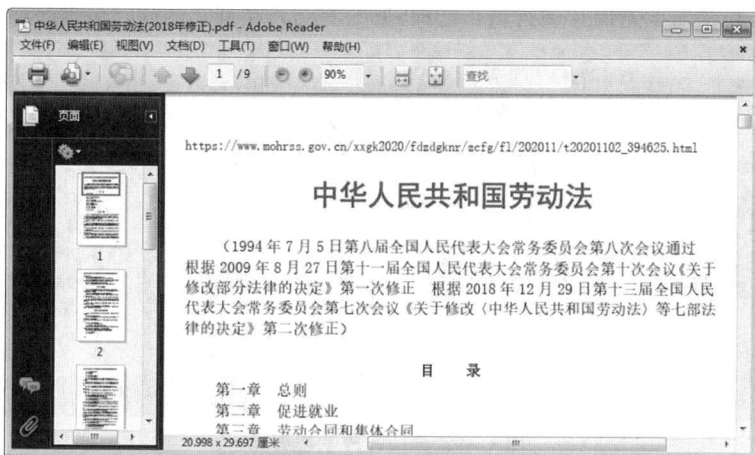

图 15-7　Adobe Reader 使用示例

任务 15.3　美图秀秀图片编辑

任务描述

　　美图秀秀是一款很好用的免费图片处理软件,基本实现零基础使用。美图秀秀独有的图片特效、美容、拼图、场景、边框、饰品等功能,软件商不断更新的精选素材,可以让用户快速处理出优质、靓丽、个性的照片效果。本任务让用户了解美图秀秀的基本图片处理技术。

美图秀秀应用

任务分析与实践

▶ 子任务 15.3.1　美图秀秀软件安装

◎ 任务分析

　　软件下载至本地计算机后,一般需要安装配置后才能正常使用。软件安装是根据软件开发商制作的安装程序进行的。在软件安装过程中,一般包括但不限于有确认接受软件许可和软件安装路径两个步骤,有的软件在安装过程中还带有广告或附加软件安装,用户须加以注意,据需选择。

笔记区

◎ 任务实践

将美图秀秀软件安装包下载至本地计算机后,双击运行安装包,弹出安装对话框,勾选"我已阅读并接受(用户协议和隐私)",点击"安装"后系统自动进行安装。

▶ 子任务 15.3.2　利用美图秀秀美化图片

◎ 任务分析

通过美图秀秀内置的图片美化功能,用户只需选择所需的预置美化工具、内置美化效果及进行参数细微调整即可完成美化操作。细微调整只需拖动滑块即可,操作方便。

◎ 任务实践

启动美图秀秀软件,通过主页界面功能按钮可快捷选择图片处理的操作类型(见图 15-8)。打开处理图片(以软件自带示例图片为例),在左侧可选择所需的操作功能,部分功能会展开多项子功能,并搭配调节滑块,根据需要对图片进行美化处理(见图 15-9),在调节的同时展现处理效果。

图 15-8　美图秀秀软件界面

图 15-9　美图秀秀使用示例

▶ 子任务 15.3.3　利用美图秀秀进行人像美颜

◎ 任务分析

通过美图秀秀内置的图片美化功能,用户只需选择所需的预置人像美颜工具、内置人像美颜效果及进行参数细微调整即可完成人像美颜操作。

◎ 任务实践

启动美图秀秀软件,通过主页界面功能按钮可快捷选择图片处理的操作类型。打开处理图片

（以软件自带示例图片为例），在左侧选择"人像"，在展开的"人像功能"列表最上端选择"一键美颜"（见图15-10）后，单击预置的"白皙"美颜项，图上人物立即预览"皮肤白板"美容效果，此时还可以手动预置效果图下的滑块进一步调节强度参数，美化效果符合需求后，单击"应用"按钮生效。

笔记区

图15-10 美图秀秀人像美颜示例

任务 15.4 剪映视频编辑

任务描述

将教材配套资源包中的"新闻联播：职业教育为产业强国夯实技能技术基础 2.mp4"和"中国职教唱响复兴 MV.mp4"两个视频依次序合并为一个整体，合并之处添加"风车"转场效果，并添加"视频封面.jpg"图片为封面。

任务分析与实践

▶子任务 15.4.1 向编辑轨道上添加媒体对象

◎ 任务分析

视频编辑工具剪映

剪映是一个功能强大、操作简单的视频编辑软件。连接合并视频媒体应在同一轨道且按先后排列次序合并；多个不同轨道音视频媒体进行合并时，实则是叠加合并，此时位于最上面轨道视频遮盖其下轨道的，声音叠加不受多轨道的影响。剪映是一款功能强大、操作简单的免费视频编辑器，有电脑版、移动版和在线版。使用该软件可以对视频、音频、图片等媒体文件进行分割裁剪、合并、叠加、抠图、调速等加工编辑，以及添加表情包、贴纸、花字、特效、滤镜等效果，可满足常规创作的需要。使用中，可根据需要添加多条编辑轨道，对多个媒体进行分别编辑，但合成时是由上而下进行叠加，即上层轨道媒体逐层叠加在下层轨道媒体之上（上层媒体遮盖对应时间轴的下层媒体内容）。声音轨道叠加不产生多轨道叠加的影响，但会在对应时间轴内形成多种音效同时播放的情况。

◎ 任务实践

启动剪映软件，在软件首页单击"开始创作"选择工作类型后进入软件操作主界面。在左侧"素

笔记区

材"列表框内单击"导入"按钮,在"选择媒体资源"窗口中选择并导入两个视频文件后,素材框内出现视频预览。将两个视频拖到下方"轨道"框内"封面"右侧轨道上(见图15-11),可在轨道上拖动视频以调整视频的先后顺序或不同轨道层次。

图 15-11　插入视频示例

▶ **子任务 15.4.2　为合并视频添加图片封面;在两个视频间添加"风车"转场效果**

◎ **任务分析**

视频封面可以是指定视频帧图像,也可是指定图片;已设置的视频封面可以进行裁剪、删除或更改。本任务是将指定图片设置为封面,需要人为去选择封面图片。在封面插入对话框中可以拖动图片四角的控制点调整封面的大小,拖动矩形位置截取封面的范围。

◎ **任务实践**

单击轨道左端的"封面"按钮,弹出封面"封面选择"对话框,单击封面预览图下方的"本地"按钮(见图15-12 A)后,点击"添加"按钮弹出"选择封面图片'对话框'",选择指定的封面图片"视频封面.jpg"(见图15-12 B),依次单击右下角的"去编辑"、"完成设置"按钮,返回视频编辑界面,完成封面添加。

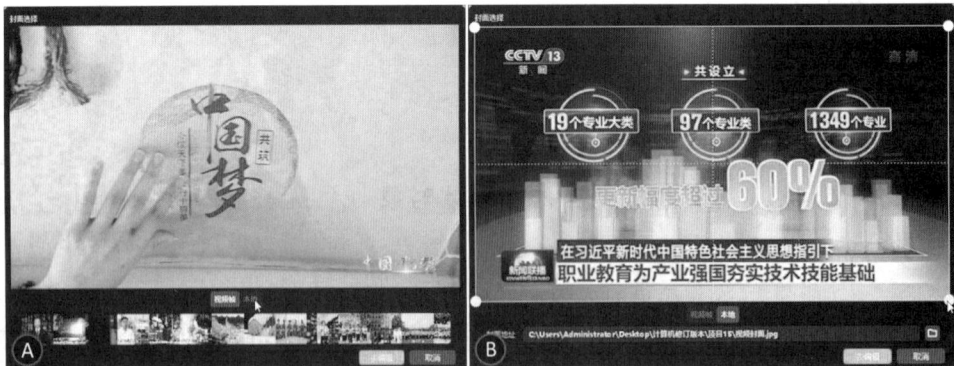

图 15-12　插入封面示例

▶ **任务 15.4.3　在两视频连接处添加"风车"转场效果**

◎ **任务分析**

"风车"转场效果是系统预置效果,只需在"转场"预览中将其拖至视频连接处即可。单击转场预览图右下角的"+"按钮,默认是将转场效果添加到当前桢所在媒体的前面(首段媒体是添加后面),只有一段媒体时不能添加在其转场效果。

◎ 实务实践

单击"转场"菜单其下列出转场类别及转场名称及其预览图。在"幻灯片"类别中找到"风车"项，将其拖到两个视频的连接处。

任务 15.4.4　视频的导出

◎ 任务分析

剪映中编辑视频，系统自动以草稿方式暂存，用户要将编辑的视频形成独立的视频文件，就需要在剪映中将其导出。视频导出是通过系统的"导出"功能完成的。视频导出前，可在右上角媒体参数设备空格中进行画面、音频、动画等进行优化设置。

◎ 任务实践

单击剪映软件界面右上角的"导出"按钮，弹出"导出"对话框，在其内对导出视频的标题（文件名称）、导出存放的位置等信息设置后（见图 15-13 A），单出击下方的"导出"按钮，剪映软件进入导出状态（见图 15-13 B），视频导出完成后，即可退出剪映软件。

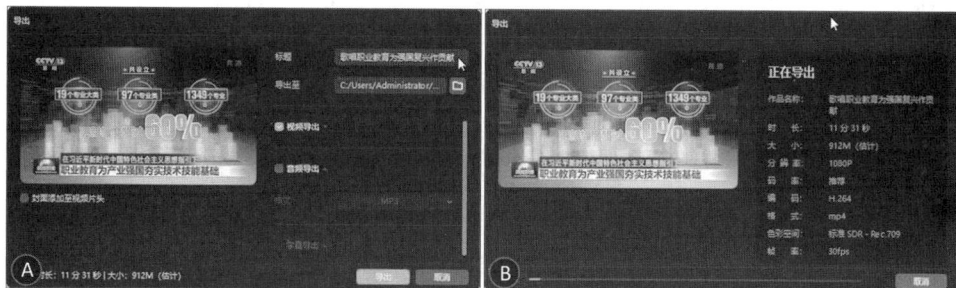

图 15-13　插入封面示例

任务 15.5　天若 OCR 文字识别

任务描述

使用天若 OCR 识别网页文本（也可以是 PDF、图片等文件的文本识别）。本任务以《教育部关于印发〈大中小学劳动教育指导纲要（试行）〉的通知》（http://www.moe.gov.cn/srcsite/A26/jcj_kcjcgh/202007/t20200715_472808.html）"'劳动教育目标和内容'中'学段要求'之'职业院校'"项内容为例。

天若 OCR 文字识别

任务分析与实践

◎ 任务分析

天若 OCR 是一款具备文本、表格、竖排、公式识别，以及截图、录制 gif 图片等功能的软件。软件下载后解压直接运行主程序启动软件（新版本首次使用需要注册账号并登录），屏幕上出现工具条，通过功能按钮开展文本识别等相应操作。OCR 文字识别软件种类繁多，也可以借助 QQ 提取图片中的文字等功能实现文字识别。

◎ 任务实践

打开网页链接，找到目标内容"教育部关于印发《大中小学劳动教育指导纲要（试行）》的通知"

中"学段要求"的职业院校区域,单击天若 OCR 工具栏中的▢(文字识别)按钮,进入文本识别状态,鼠标指针变为✛,单击确定矩形识别区域的一个角点(见图 15-14A)后拖动鼠标至对角点释放鼠标(见图 15-14B),程序立即对两对角点标识的矩形区域进行文本识别,并将识别结果显示在程序窗口内(见图 15-14C),通过粘贴功能将识别结果复制到目标处;可在该窗口内对识别结果进行修改,修改结果须手动执行复制后粘贴。

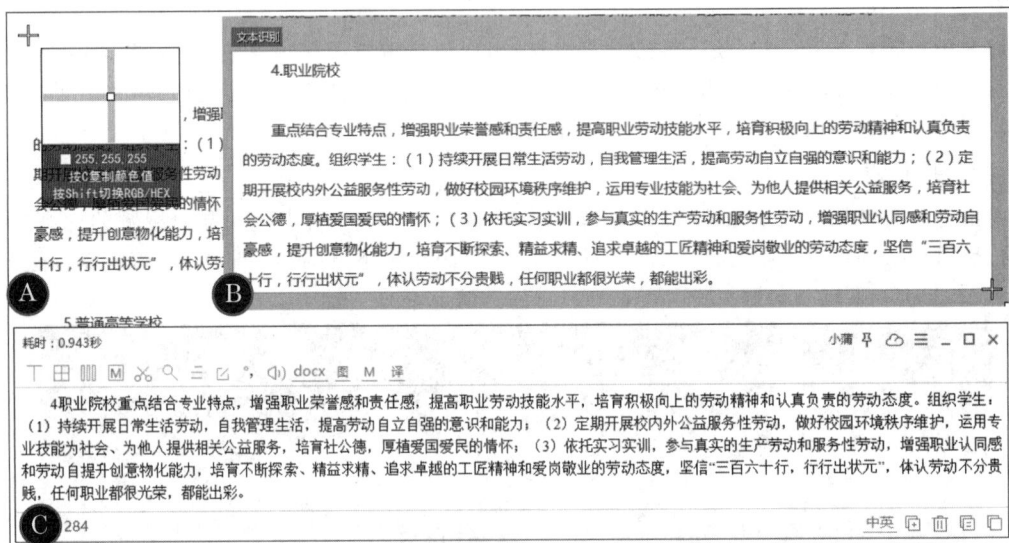

图 15-14 天若 OCR 文字识别示例

拓展技能

1. 了解 7Z、WinZIP、360ZIP 等压缩软件的操作。
2. 了解 Word 等文档转换为 PD 文档 F 的操作。
3. 了解 PhotoShop 图形图像处理软件的基本操作。
4. 了解微信、QQ 等文字识别的操作。
5. 了解剪辑师等视频编辑软件的操作。

强化技能

在手机中使用"剪映 APP"进行如下视频编辑操作。

1. 剪辑视频:打开剪映 APP,点击左下角"新建",在手机相册中选择要编辑的视频素材。在剪辑界面中,可以使用剪刀图标进行视频的剪辑操作。通过拖动剪刀图标,将视频分割成多个片段,并删除不需要的片段。在剪辑界面中,还可以使用其他工具进行视频的裁剪、旋转、调整速度等操作,以及添加特效、滤镜、字幕等元素。

2. 添加音乐:在剪辑界面中,点击下方的"音乐"按钮,选择要添加的音乐素材。在音乐界面中选择剪映提供的音乐库,也可以在手机本地选择自己喜欢的音乐。添加音乐后,可以调整音乐的音量大小、起始时间等参数,以及设置音乐的淡入淡出效果。

3. 添加字幕:在剪辑界面中,点击下方的"字幕"按钮,选择要添加的字幕样式。在字幕界面中,可以输入自己想要展示的文字内容,并调整字幕的颜色、大小、位置等参数。还可以设置字幕的动画效果,让字幕在视频中有更加生动的呈现。

4. 制作转场效果:在剪辑界面中,点击下方的"转场"按钮,选择要添加的转场效果。选择剪映提供的多种转场效果,如淡入淡出、闪白、幻灯片等。

5.导出和分享:在剪辑界面中,点击右上角的"导出"按钮,选择要导出的视频格式和分辨率。选择导出为高清视频、适配社交平台等不同选项。导出后的视频可以保存到手机相册中,也可以直接分享到社交平台,如微信、抖音等。

剪映提供了丰富的视频编辑功能,除了上述几种外,还可以调整画面、添加贴纸和动画、使用画中画效果、调整声音、使用画中画效果、调整视频速度等设置,用户可以轻松地制作出精美的视频作品。无论是个人生活记录、旅行纪实,还是商业宣传、产品展示,剪映都能满足用户的各种视频编辑需求。

笔记区

项目16

台式计算机组装与系统维护

随着计算机的广泛应用,计算机成为人们工作、学习和生活中不可缺少的重要工具。计算机在使用过程中难免会出现一些故障,影响到用户的使用,因此,计算机使用者应当掌握一些基础的计算机软、硬件问题处理技术,为使用计算机带来方便。本项目包括对台式计算机基本组成硬件的认识及组装、计算机启动U盘的制作与使用、计算机数据的Ghost备份与还原三部分内容。

培养目标

【知识目标】

1.了解计算机各功能部件的基本功能。

2.掌握启动U盘的制作方法。

3.掌握U盘启动进行系统备份与还原的方法。

4.掌握计算机常见故障的判断与处理的基本知识。

【能力目标】

1.具有认识台式计算机常见的一些功能部件的能力。

2.具有对台式计算机进行组装与拆卸的能力。

3.具有制作启动U盘并利用Ghost软件进行数据的备份和还原的能力。

4.具有处理计算机常见故障的判断与处理能力。

【素质目标】

1.具备计算机组装过程中细致、耐心、团结协作的素质。

2.具备电子设备使用与操作的安全素质。

3.具备计算机信息安全与软件保护的素质。

笔记区

任务 16.1 台式计算机硬件组装

任务描述

台式计算机硬件组装,就是将一台完整的台式计算机硬件系统按照技术规范操作流程,对各功能硬件组成部分进行拆卸,或者将各功能硬件组成部分按技术规范进行连接,组成一台完整的计算机硬件系统。

本任务主要介绍台式计算机常见硬件,以及主要硬件连接的正确操作和注意事项。

任务分析与实践

▶子任务 16.1.1 认识台式计算机常见的硬件部件及有关连接接口

◎ 任务分析

本任务通过对当前常见的台式计算机硬件介绍,让读者认识计算机硬件以及掌握硬件基本连接的方法和操作技术。

◎ 任务实践

1. 台式计算机主机后面板常见接口认识

以 MSI X99A RAIDER Motherboard 主板台式主机为例,如图 16-1 所示。

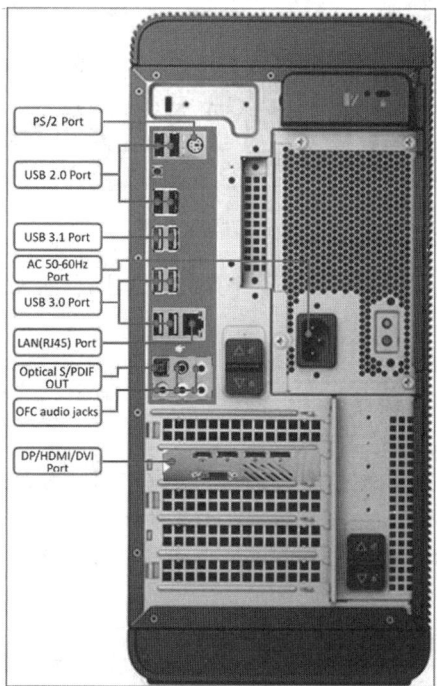

图 16-1 主机后面板接口示例(MSI X99A RAIDER Motherboard 主板)

台式机的组装

2. 计算机常见部件认识

(1)主板。主板又称主机板(Mainboard)、系统板(Systemboard)或母板(Motherboard),其提供了一系列接口,承载其他相关硬件部件的接入,如图 16-2 所示。

笔记区

图 16-2　主板示例（MSI X99A RAIDER Motherboard）

（2）CPU 及散热器。CPU（Central Processing Unit）即中央处理器,俗称"芯片",是计算机最核心的部件之一,是一块超大规模的集成电路(见图 16-3),包括运算器和控制器。因此,CPU 是一台计算机的运算核心和控制核心。运算器的作用是执行指令进行算术运算和逻辑运算;控制器的作用是控制和调整计算机各部分协调地工作。由于 CPU 高速运转,发热量较高,因此一般都为其配置散热器,如图 16-3C 所示。目前各种智能化设备均离不开相应的 CPU 作为支撑部件。目前市场上国产 CPU 有龙芯、飞腾、鲲鹏、海光、兆芯、申威六大品牌,国外主要有 Intel 和 AMD 两大品牌。

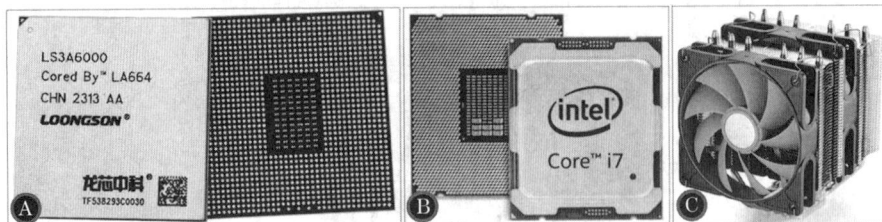

图 16-3　常见 CPU 及散热风扇示例

CPU 是整个电脑系统的核心,它的性能基本决定了计算机的性能,其主要性能指标有:
①主频:CPU 的时钟频率,单位是 GHz。
②外频:CPU 的总线频率,单位是 MHz。
③缓存:封闭在 CPU 芯片内部的高速缓存。
④总线宽度、扩展指令集、工作电压、制造工艺等。
（3）存储器。存储器分为内存储器和外存储器两种。内存储器（Memory）也称为内存（见图 16-4）,是计算机中重要的部件之一,是与 CPU 进行数据沟通的桥梁,其用于存放计算机当前工作中正在运行的程序、数据,以及与硬盘等外部存储器交换的数据。计算机中所有程序的运行都是在内存中进行的。

图 16-4　内存条示例

内存储器按其功能分为随机存储器(Random Access Memory,RAM)和只读存储器(Read-Only Memory,ROM)。前者的内容既可读又可写,但关闭电源后其内部信息完全消失;而后者的内容一般只能读取而不可写入(一般由厂商在生产时写入),关闭计算机后其内容不会消失。随机存储器又分为静态随机存储器(SRAM)和动态随机存储器(DRAM);只读存储器又分为可编程存储器(PROM)和可擦写可编程存储器(EPROM)。

外存储器简称外存,其能长期保存信息。常见的外存储器有硬盘、光盘(VCD/DVD)、优盘(U盘)等。存储器的衡量标准主要是存储容量和读写速度。计算机中信息的最小单位是二进制"位"(bit),简写为 b;而存储的基本单位是"字节"(Byte),简写为 B。一个字节由 8 个二进制位组成。比 B 大的存储容量单位还有 KB(千字节)、MB(兆字节)、GB(千兆字节)、TB、PB、EB、ZB、YB等,换算关系如下:

1 KB=1 024 B 1 MB=1 024 KB 1 GB=1 024 MB 1 TB=1 024 GB 1 PB=1 024 TB

文件的大小以其需要的存储空间来表达,一般情况下,信息数据越多文件越大,需要的存储空间越多;存储器的存储容量越大,存储的信息数据越多。日常生活中 MB、GB、TB 容量较为常见,但在大数据、区块链专业领域中,已出现 PB、EB、ZB 等更大单位的广泛应用。

外存储器目前常见的基本上都是 GB 级别的容量,如 250 GB、500 GB、1 TB、2 TB 等;VCD 光盘一般为 650 MB,而 DVD 光盘则可达 4.7 GB;U 盘常见容量为 4 GB、8 GB、16 GB、32 GB 等;3.5 英寸高密软盘容量为 1.44 MB,软盘容量相对较小,读取速度也较慢,且易损坏,因而早已被淘汰。

(4)硬盘。硬盘是计算机系统中非常重要的外存储器,用来存储各种类型的数据文件,如图 16-5 所示。硬盘一般固定在主机箱内的硬盘支架上,通过专用数据线与主板相连。常见的国产硬盘有联想、朗科、忆捷、光威、致钛、易拓、纽曼、爱国者、康佳等品牌。

硬盘

(5)显卡。显卡又称显示适配器或显示接口卡(见图 16-6),承担着数据的显示输出处理及显示任务。常见的国产显卡的华硕、七彩虹、影驰、微星、蓝宝石、丽台、索泰、铭鑫、盈通、耕升等品牌。

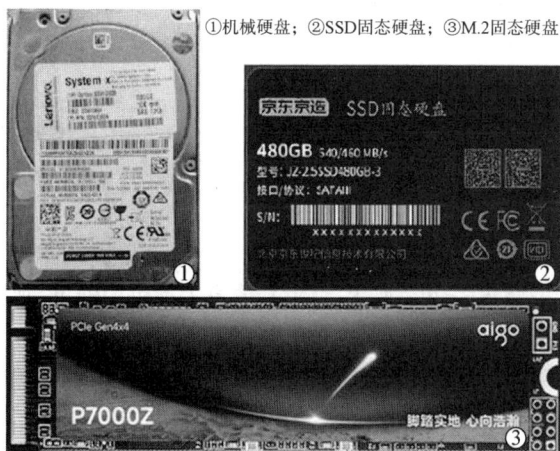

①机械硬盘;②SSD固态硬盘;③M.2固态硬盘

图 16-5　硬盘示例

图 16-6　显卡示例

(6)网卡。网卡又称计算机网络接入卡,连接网络必不可少。网卡有独立网卡和集成网卡(计算机主板在设计时置入网络模块,在主板后面板中提供 LAN 接口)之分,也有有线和无线之分(见图 16-7)。

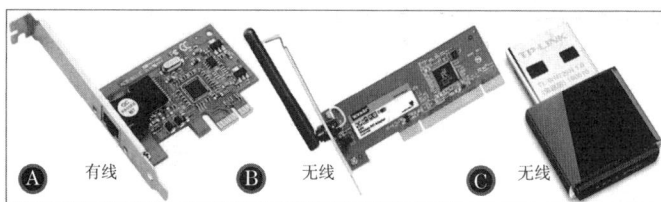

图 16-7　网卡示例

笔记区

(7)电源。电源是为计算机提供电力的部件,它负责将市用交流电转换为计算机所需的低压直流电。电源输出端附带有多种接口为不同的设备供电,如图16-8所示。

(8)输入输出设备。输入输出设备(I/O设备)统称为外部设备(简称外设),是操作者和计算机之间进行信息交换的基本设备。

①显示器。显示器是计算机系统中最基本的输出设备,其需要与显示适配器(一般称显卡)搭配才能输出信息。目前显示器普遍使用LCD(液晶)显示器,比传统的CRT显示器更加节能、环保。

②打印机。打印机是一种将计算机中的信息输出到纸张等介质上的输出设备,其一般需用专用线缆与计算机

图16-8　电源示例

连接,并安装相应驱动程序后才能正常工作。常见打印机按工作原理分为针式打印机、喷墨打印机、激光打印机三种;按输出色彩可分为黑白打印机和彩色打印机两种。近年来集打印、扫描、传真、复印等功能的一体机的发展速度很快,品种繁多,同时彩色激光打印机也进入市场并得到广泛应用。

③输入设备。输入设备是操作者向计算机输入各种信息(如文字、数字、指令等)的设备。常见的输入设备有键盘和鼠标。

▶子任务16.1.2　台式计算机的组装

◎ 任务分析

计算机配件都是高精密电子器件,虽然一些防错设计,但在使用时必须做好有关准备。

1. 工具准备

拆装计算机时需要准备一些工具,包括螺丝刀、尖嘴钳、镊子、扎带、敞口器皿等。

(1)螺丝刀。计算机设备的螺丝钉一般为十字形,螺丝刀一般用PH2#大小即可。

(2)尖嘴钳。尖嘴钳主要用于拆卸各类挡板挡片或剪除捆扎线。

(3)镊子。镊子用来夹起掉落在机箱内的螺丝钉。

(4)扎带。扎带用于捆扎机箱内各种连接线。

(5)敞口器皿。敞口器皿用于盛放各类螺丝钉。

2. 注意事项

(1)认真阅读产品手册。各部件出厂时均配备有产品手册,通过阅读产品手册掌握部件的安装参数设置、注意事项。

(2)防静电。计算机各部件均是高精密电子设备,静电积聚到一定程度下可能将集成电路内部元件击穿而损坏设备。因此,在拆装计算机前最好触摸一下接地导电体,释放身上携带的静电,或戴上防静电手套。

(3)轻拿轻放。在装机过程中各部件要轻拿轻放,以免跌落、碰撞造成部件损坏。

(4)严禁带电插拔。在拆装各种部件时,不能带电操作,避免将设备烧毁。

(5)严禁强行安装。在安装过程中一定要注意正确的安装方法,不要强行安装,以防用力不当造成部件引脚折断或变形。计算机的大多数部件都有"防呆"设计,当安装不能到位时,对接口进行再观察,或更改参数再试装。

◎ 任务实践

1. 认识主板中的主要接口

以MSI X99A RAIDER Motherboard主板为例,如图16-9所示。

2. 安装CPU

从包装盒中取出主板,将其放置在平整的绝缘垫板上。CPU底座卡扣双杆开启注意先后,CPU安装注意方向。LGA2011-3 CPU的表面有4个对齐点和一个黄色三角形指示,将CPU放入CPU插座时,注意CPU上标志与插座上相应标志对准,且CPU Pin 1(黄色三角形指示位)位置准确,压紧后扣回CPU压标杆,如图16-10所示。

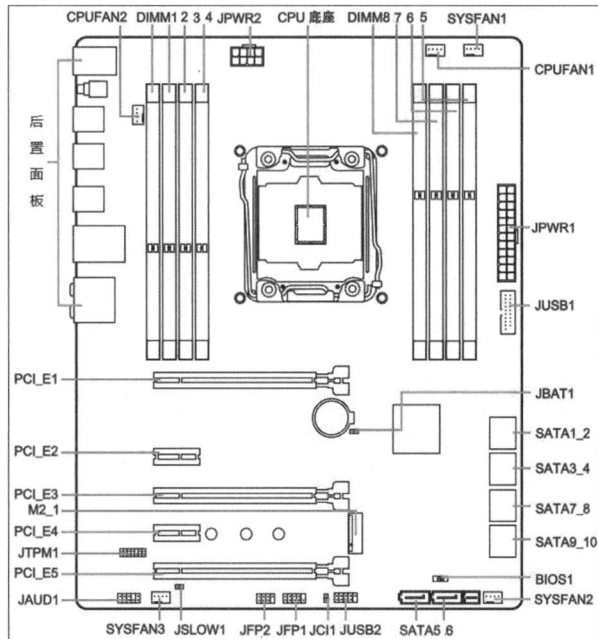

图 16-9　主板常见接口布局(MSI X99A RAIDER Motherboard)

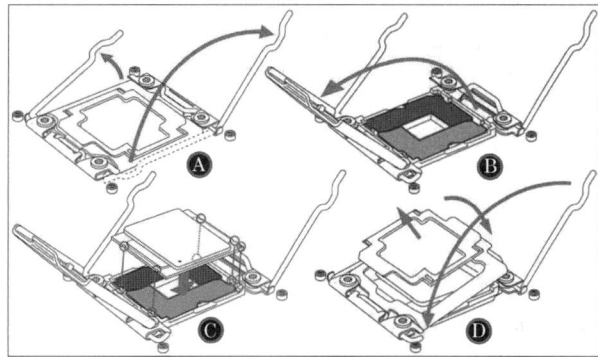

图 16-10　CPU 安装示意图

3. 安装 CPU 散热器

将散热硅胶均匀涂抹在 CPU 表面,以增强散热效果。散热器固定好后,将其电源插入在相应的接口上,如图 16-11 所示。

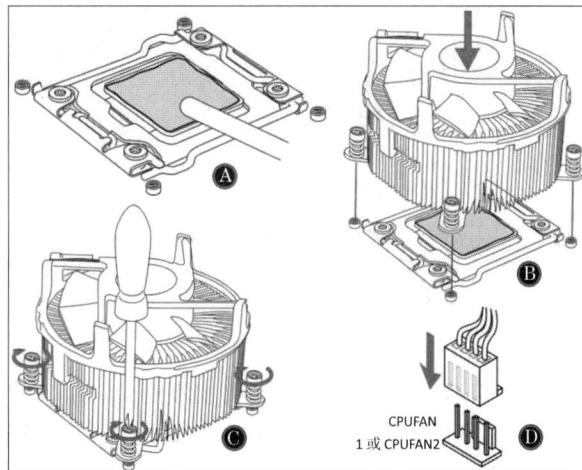

图 16-11　CPU 散热器安装示意图

4. 安装内存条

安装内存条时,注意多通道的插槽搭配。先将插槽端的扣具打开,然后将内存条垂直对准插槽,轻微向下压插入,听到"啪"的一声,示意内存条安装到位,卡扣自动锁住,如图16-12所示。内存插槽使用了防反插设计,方向相反无法插入。

5. 连接机箱前面板线

由于机箱内部空间较小,若将主板安装入主机箱后再连接机箱面板接线,则操作起来相对比较困难,因此可先连接机箱前面板线后再固定主板。

(1)连接开关及信号线。将机箱面板开关连接线(POWER SW、REST SW)和信息线(HD_LED、POWER_LED、Speaker、Front Panel Audio)插至主板上相应的插针接口,如图16-13所示。

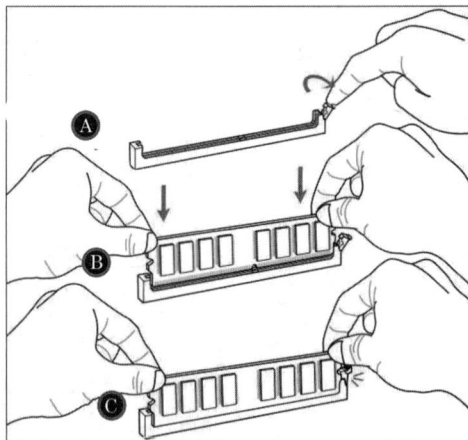

图16-12　内存条安装示意图

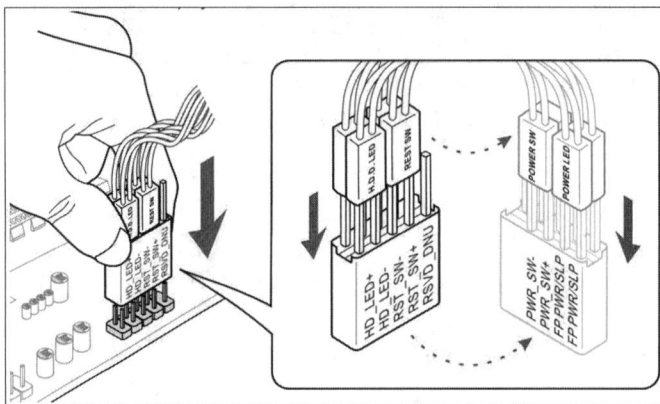

图16-13　机箱前面板线插接示意图

(2)USB扩展连接线。将机箱前面板USB 2.0或USB 3.0扩展线插至主板上相应的插针接口,如图16-14所示。

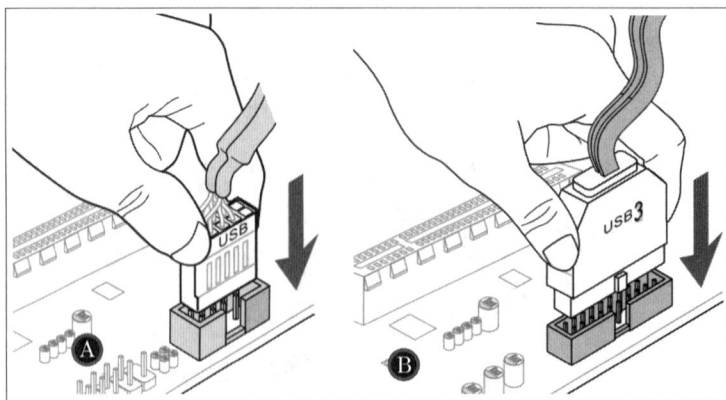

图16-14　USB扩展插接示意图

6. 安装主板

先在机箱后面板上安装好主板后置面板挡板,然后将主板放入机箱,确保主板后板各类I/O接口与挡板孔一一对应、主板固定螺孔与机箱内的主板底座螺孔一一对应,最后用螺丝固定主板。注意主板固定螺丝口吻合,平稳转入,主板不松动即可,不要旋转过紧(避免主板受力过大龟裂而损坏电路),如图16-15所示。

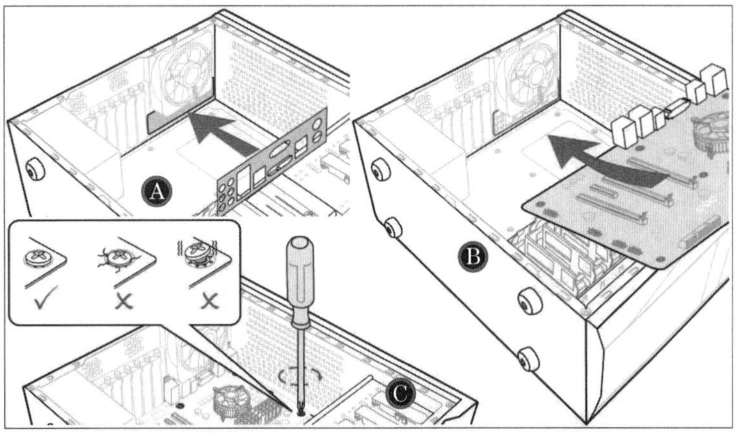

图 16-15　主板安装示意图

7. 安装电源

将电源按安装固定螺丝位置正确置入主机箱内的电源卡位,并用螺丝固定。

8. 连接主板电源线

将 ATX 电源适配器分别正确连接至主板相应供电接口(见图 16-16),插入要到位,防脱钩要扣紧。

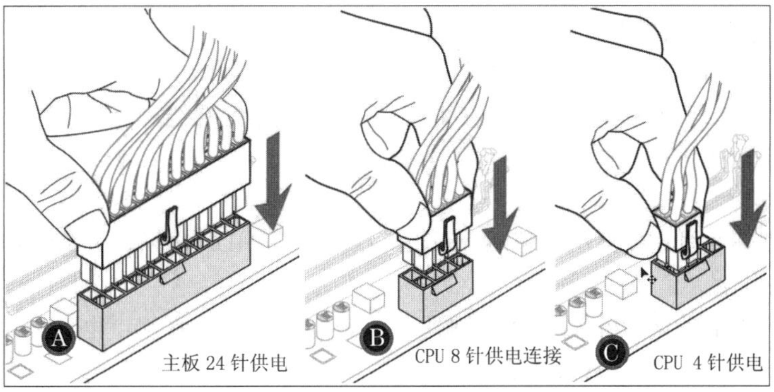

图 16-16　主板电源插接示意图

9. 安装硬盘

将硬盘放入主机箱内硬盘托架,用固定螺丝将其固定,并连接好数据线和电源线,如图 16-17 所示。注意 SATA 数据线的防呆接口。

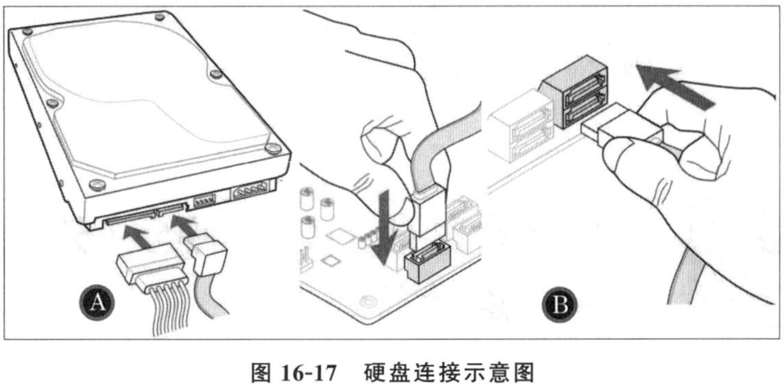

图 16-17　硬盘连接示意图

10. 安装显卡、网卡等扩展卡

取下主机箱后板上相应扩展槽对应的挡板,将显卡、网卡等扩展卡插入对应的插槽,扣紧卡扣,并用螺丝固定;如需单独供电的显卡,还需插上供电电源线,如图 16-18 所示。

笔记区

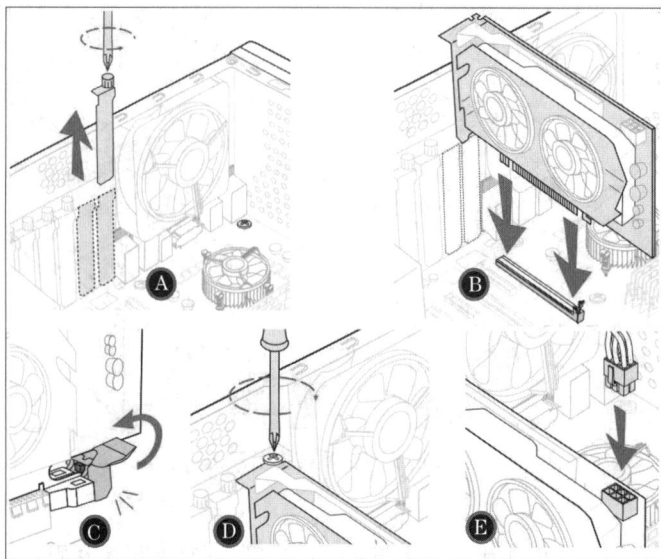

图 16-18　显卡安装示意图

11. 规范各种连接线走向

用扎带将主机箱内的各种连接线按走向进行捆扎,保持机箱内线条整齐。再次仔细检查各设备部件的连接情况,完全正确后盖上机箱侧盖。

12. 连接键盘、鼠标

鼠标、键盘接口有 PS/2 和 USB 两种,其中 USB 连接又分为有线和无线两种,正确连接至主机箱前或后面板相应插孔。

13. 连接显示器

将显示器数据信号线连接至主机箱后面板的 VGA/DVI/HDMI 接口,并旋紧固定螺丝。

14. 通电、试机

当完成计算机以上常见设备连接后,分别将主机和显示器接通常用市电,测试计算机各部件安装是否正确、计算机能否按默认的设置启动。

15. BIOS 设置

根据计算机系统各组成部件的性能参数,在 BIOS 中进行相应设置。BIOS(Basic Input-Output System)即计算机的基本输入输出系统,是集成在主板上的一个 ROM 芯片,其中保存有计算机系统最重要的基本输入/输出程序、系统信息设置、自检程序和系统启动自举程序等,正确设置 BIOS 可大大提高系统性能。

通过以上各环节,完成了计算机基本部件组装及基本参数设置,计算机虽然能通电开机,但还不能正常工作,因为硬件系统还需要软件系统的支持,软件的安装可参照"项目 1"中相关内容进行操作。

任务 16.2　U 盘启动盘的制作与硬盘(分区)数据的整体备份与还原

任务描述

在使用计算机的过程中,难免会因为计算机病毒、错误操作等原因造成计算机系统崩溃而影响计算机的正常使用。可"启动 U 盘"是维护计算机所常见的工具之一,本任务将学习 U 盘启动盘的制作、磁盘分区备份与映像文件的还原。一个硬盘的数据可参考分区数据备份方式生成一个映像文件,需要时予以整盘还原。可将一个硬盘整体数据备份至同容量(或以上)的硬盘之中,形成两个数据完全一样的磁盘。

任务分析与实践

▶子任务 16.2.1　制作 U 盘启动盘

◎ 任务分析

随着 U 盘的普及使用,光驱已不是计算机的标配,当需要对计算机进行维护时,用 U 盘启动电脑成为最常见的方法。U 盘启动盘的制作软件很多,常见的有"老毛桃 U 盘启动盘制作工具""大白菜超级 U 盘制作工具"等软件。本任务以"大白菜超级 U 盘制作工具"为例进行讲解。

制作 U 盘启动盘

◎ 任务实践

大白菜超级 U 盘制作工具是一款制作启动 U 盘的专业工具软件,用 U 盘启动电脑避免了光驱启动的烦琐,简单易用,一盘两用,携带方便,读写速度快,安全稳固。大白菜超级 U 盘制作工具是装机版和 UEFI 版的"二合一"版本,支持 BIOS 设置 U 盘启动和 UEFI 启动菜单选择 U 盘启动双模式。

(1)软件安装。登录"大白菜"官方网站,下载"大白菜超级 U 盘制作工具"软件并安装。

(2)启动 U 盘。将一个容量在 4G 以上并能够正常使用的 U 盘插入电脑 USB 接口。

(3)制作启动盘。运行大白菜超级 U 盘制作工具,完成制作流程,如图 16-19 所示。

图 16-19　U 盘启动盘制作示例

制作 U 盘启动盘时会删除 U 盘上的数据,务必慎重,要先对 U 盘中数据做好备份;在向 U 盘写入启动程序的整个过程需要几分钟,在此期间切勿进行其他操作,避免数据写入错误及损坏 U 盘。

"大白菜超级 U 盘启动盘"集中了许多常用的工具软件,当用户使用装机版时,启动菜单中直接列出了部分工具选项供选择使用(见图 16-20)。Windows PE 系统启动后,在系统中集成了许多工具软件(见图 16-21),用户可据需使用。

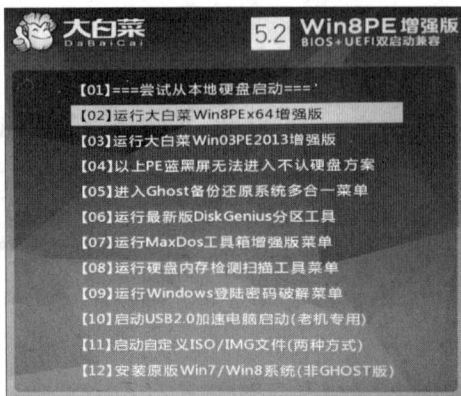

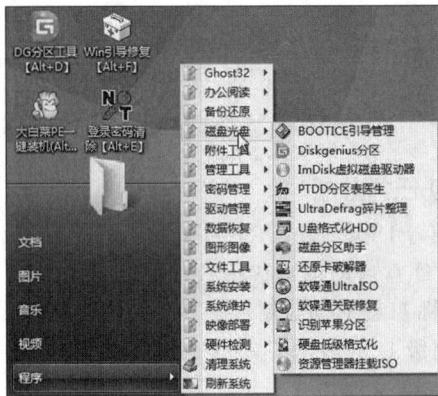

图 16-20 大白菜超级 U 盘启动盘启动菜单示例

图 16-21 大白菜超级 U 盘启动盘集中工具软件示例

▶ 子任务 16.2.2 还原映像文件至硬盘分区

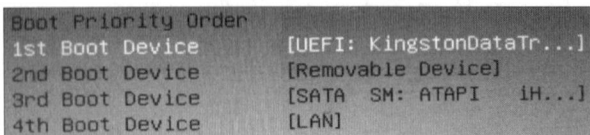

◎ 任务分析

要将映像文件恢复至硬盘分区,前提是硬盘分区要存在。对未有分区的新硬盘或已有分区的旧硬盘在恢复时可通过"大白菜 PE 系统"内置的工具软件进行硬盘分区的建立或删除。将映像文件还原至硬盘分区,将重写分区内容,因此在还原分区映像文件之前,确保对重要数据备份至其他分区。

还原映像文件
至硬盘分区

用于还原的映像文件可存在于计算机的硬盘内,也可存在于 U 盘启动盘内。本任务是将 D 盘的映像文件 D:\System. gho 恢复至 C 盘。

◎ 任务实践

1. 用 U 盘启动盘启动计算机

(1)插入启动 U 盘。将"大白菜启动 U 盘"插入计算机 USB 接口。

(2)设置 U 盘为启动设备。在 BIOS 中将 1st Boot Device 设置为启动 U 盘(见图 16-22)或在启动菜单中选择 USB 项(见图 16-23),确保计算机从 U 盘引导启动。不同的 BIOS 模块启动菜单热键可能不一样,如 F12 键、F8 键等。图 16-23 中"KingstonDataTraveler 2.0PMAP"项为装机版启动项("Kingston"为 U 盘厂商名,不同 U 盘可能不同)。

图 16-22 BIOS 启动顺序设置示例

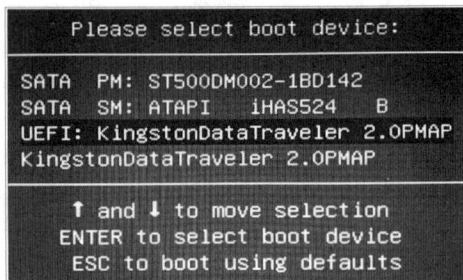

图 16-23 启动菜单示例

2. 将映像文件恢复至硬盘 C 分区

U 盘启动计算机进入 Windows PE 系统;在桌面上双击"大白菜 PE 一键装机"程序图标,在软件窗口中选择操作类型、映像文件和还原的分区(见图16-24)并确认,系统弹出图16-25所示的信息提示,确认后计算机开始还原映像文件。Ghost程序窗口显示还原的进度及有关信息(见图16-26)。还原结束重启计算机,新系统自动匹配当前计算机硬件信息,可能因硬件设备驱动程序残缺而性能低劣,用户还需手动对有关硬件设备进行驱动更新至最佳状态。

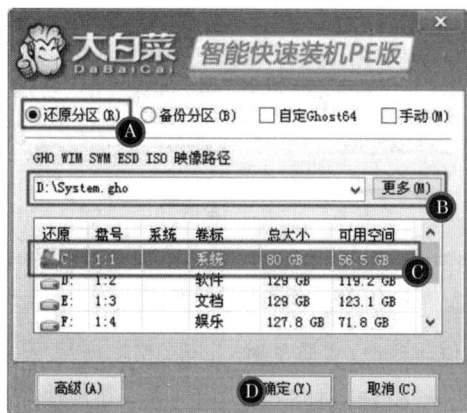

图16-24 映像文件还原示例(一)

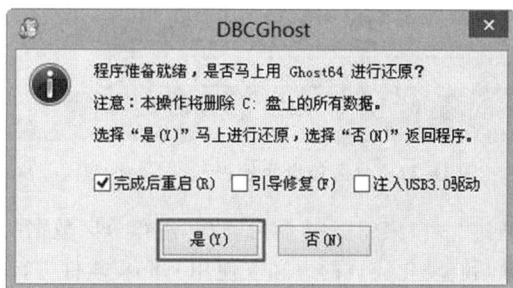

图16-25 映像文件还原示例(二)

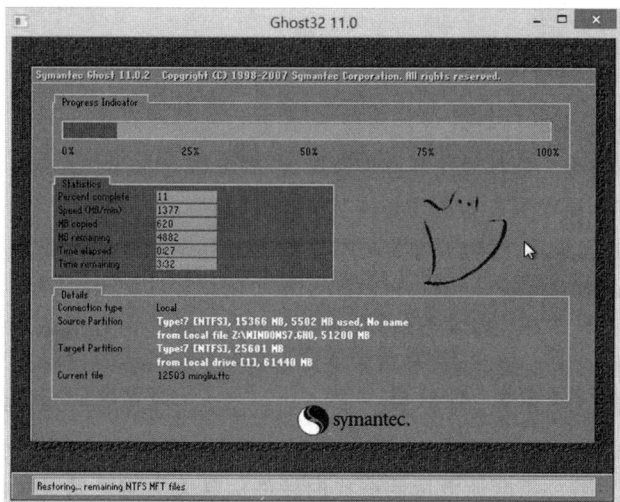

图16-26 映像文件还原示例(三)

▶子任务16.2.3 备份分区数据至映像文件

◎ 任务分析

计算机维护的重要经验就是在计算机的操作系统及必要的软件安装完成后,立即对C盘做好映像文件,当C盘数据出现错误(如操作系统崩溃等)时用其还原至初始状态。本任务即使用"大白菜U盘"将C盘数据备份至System.gho映像文件。

备份分区数据
至映像文件

◎ 任务实践

(1)用U盘启动计算机。

(2)将硬盘C分区数据备份至System.gho映像文件。

在Windows PE系统桌面双击"大白菜PE一键装机"程序图标,在软件窗口中选择操作类型、保存位置及名称(见图16-27)后确认备份的分区(默认为对C分区),系统弹出图16-28所示的信息提示,确认后计算机开始备份数据;Ghost程序窗口显示还原的进度及有关信息,备份结束关闭程序窗口。

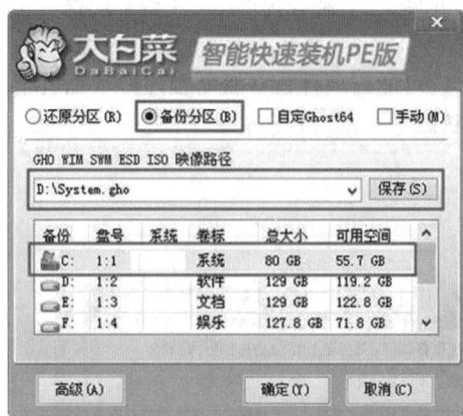

图 16-27　分区备份示例(一)

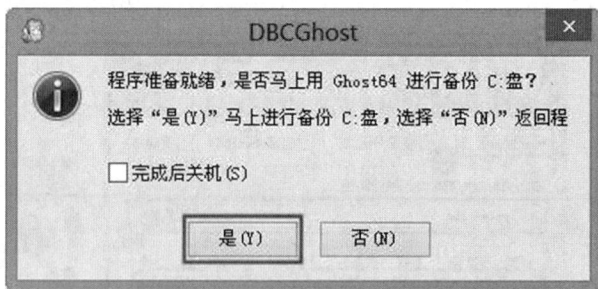

图 16-28　分区备份示例(二)

通过"大白菜超级 U 盘启动盘"进行分区数据的备份与还原,实质是对 Ghost(克隆)软件设置系列参数后自动化完成的。独立使用 Ghost 软件进行数据备份与还原的操作图解,请读者自行参考有关文章。

拓展技能

1.计算机常见故障的判断与处理

计算机的常见故障可分为硬件故障和软件故障,分别分析处理。

(1)主机无电源显示:检查主机电源是否连接,市电供电是否正常。

(2)主机正常显示器无显示:检查显示器电源及数据信号线是否正确连接。

(3)主机蜂鸣报警无法启动:不同的主板故障报警功能设置不完全一样。正常情况下主机开机自检正常,会有"嘀"的一声提示。当持续"嘀嘀嘀"报警时,通常是内存故障,如接触不良,取下内存条,用橡皮擦擦拭金属针脚后重新安装。

(4)显示器提示出错信息但无法进入系统:根据提示信息判断故障出处,再针对性处理。

①开机自检后,屏幕停留在计算机设备信息界面,左下角提示"Press F1 to continue":此故障一般是由于 BIOS 设置不当或主板电池电量低造成的硬件信息丢失需重新设置,按 F1 键可继续开机工作,修正 BIOS 设置或更换电池解决。

②开机自检后,在引导操作系统时停滞不前或蓝屏(Windows 的重要故障特征):此故障一般为硬件设备信息错误导致操作系统故障,或操作系统自身受到破坏,可尝试重新启动计算机时通过 F8 键进入"安全模式"诊断、初始化设备信息,若仍不能解决,则考虑通过 U 盘启动计算机后,对 C 盘重要数据进行备份,再重装或还原操作系统。

(5)软件间冲突导致软件使用不正常:查找冲突因素,更改软件设置,严重情况下,重新安装最新版的软件。

①一般不将软件目录指定在 C 盘中(因 C 盘是系统磁盘,其空余空间过少会造成电脑卡死),建议安装在 D 盘或 E 盘等。

②现在的"牛虻软件""寄生软件"太多,安装软件时切记不要一直点"下一步",在每一步都要认真阅读提示信息后再进入下一步,对不必要的软件不要"勾选"安装;多数软件默认开机自动启动,这样拖延了开机速度,所以可去掉该选项。

③同类软件只安装一种,否则易相互冲突而不正常工作。

④软件要正确卸载,不是简单删除。借助操作系统的"添加删除软件"功能、软件自动卸载程序或第三方软件完成卸载(如优化大师、腾讯电脑管家、360 软件管家等)。

（6）无法上网：一般为硬件连接、网络软件问题，或服务商网络管理问题。

①硬件：检查上网设备电源、线路。

②软件：尝试启动其他浏览器，重新输入其他网址或点击其他链接；重新安装或更换网络应用软件。

③服务商：查看网络连接参数、连接错误代码，向 ISP 服务商申报故障。

2.计算机的日常保养

（1）存储器。硬盘、U 盘等存储器正在进行读、写操作时不可插拔、强行突然关闭电源；硬盘要特别注意防摔、防震。

（2）显示器。不要用手触摸显示器的液晶屏，以免变脏、受腐蚀而产生坏点；设置合适的分辨率和刷新率。

（3）键盘、鼠标。键盘的接口分为 PS/2 接口、USB 接口（含无线键鼠）；保持清洁，防水防潮防尘；敲击力度适中，不要使劲按、敲、打。

3.日常工作中使用计算机的注意事项

（1）计算机的工作环境

要使一台计算机工作在正常状态并延长使用寿命，必须使它处于一个适合的工作环境，一般情况下计算机工作环境温度不宜过高或过低，防尘，防震动，防静电，防磁场干扰，防强光照射，防液体，通风，散热可靠，电源可靠，电压稳定。

（2）做好文件的收集和备份

保留计算机系统的原始资料和对重要文件进行备份，是对计算机进行预防性维护的重要保证。

·收藏好计算机各种设备的说明资料、使用手册、随配光盘等，方便故障时查阅、调用。

·数据文件、程序文档使用时及时保存，异地备份，做到有备无患。资料备份原则上不保存在系统盘（C 盘），避免操作系统故障而重新安装系统时造成资料丢失。

4.防治电脑病毒

计算机病毒是计算机操作者有意或无意制造的一种特殊计算机程序，并不是生物病毒，因此它不能感染计算机操作者。计算机病毒具有破坏性、传染性、潜伏性、寄生性和自我繁殖性等特点。

计算机病毒程序寄生在程序或数据中，发作时控制用户计算机、修改计算机中的正常程序和数据等，使计算机不能正常使用、用户数据丢失及泄密等。1998 年 4 月 26 日出现的 CIH 病毒是第一款既破坏软件又破坏硬件的恶性病毒，时至今日，计算机新病毒层出不穷，危害越来越大，涉及的范围也越来越广，成为广大计算机用户的公敌。

计算机一经使用，就有感染上病毒的可能。计算机病毒的主要传播途径有网络（电子邮件等）和移动存储器（如 U 盘、光盘等）。应对计算机病毒的最佳策略是预防，常见的预防措施有以下几种。

（1）安装正版杀毒软件及防火墙软件，并随时升级到最新病毒库，开启防病毒监控程序，定时对计算机系统进行查毒，发现病毒及时清除。

（2）全新安装操作系统时，杀毒软件优于其他软件安装。

（3）不使用来历不明、无法确定是否带有病毒的软盘、光盘和 U 盘等。

（4）不随意在网络上下载软件、文档，确需下载则及时对其查杀病毒。

（5）不非法复制软件，不使用盗版软件。

（6）上网过程中开启网络防火墙，不进入不明网站，网页中不随意点击不明链接。

（7）对陌生电子邮件直接删除，不要出于好奇而打开；对邮件中的链接，不要轻易点击，以防木马。

（8）打开（特别是第一次打开）可执行文件、Word 文档和 Excel 工作簿等文件时，最好先查杀病毒，以防激活病毒。

笔记区

笔记区

强化技能

1. 打开"https://www.bilibili.com/video/BV1Yu4y1a7Jk"链接页面,通过"【超级详细】全网最适合新手电脑装机教程电脑组装教程【电脑安装教程】"页面的学习,巩固、强化装机技能。

2. 将手机文件备份到电脑(复制、第三方软件搬家、克隆等方式,操作中应特别注意数据的安全性)

附录1

信息技术基础

第一部分 信息技术基础知识

本附录介绍信息、信息技术,计算机的产生、发展及应用,以及网络基础知识,让读者获得一定的信息技术基本知识。

信息

在人类社会和自然界的时时处处都存在着信息,信息在一定程度上可将其理解为消息、通知、知识等人类可获取和传递的各种内容,其通常依附于文字、符号、声像等载体予以呈现。人类每时每刻都在通过视觉、听觉、味觉、触觉、嗅觉等感官收集信息,通过人脑分析、加工、处理信息,通过人的行为应用信息为自己服务。如从烽火传信、飞鸽传书、书信往来、书报传阅、广播通知、电报电话传达、电视传播、QQ微信即时飞聊、电子邮件等行为展现了信息传递方式从传统时代到当今网络时代的演变。

信息具有传递性、依附性、时效性、真伪性、扩充性、价值相对性、共享性,以及可预测、可加工处理、可再生、可存储、可转化等特性。人类在进步中总在不断探索先进工具充分挖掘信息价值,将其最大利用,为工作、学习、生活、生产等提供强大服务支撑,促进自我和经济与社会的发展。

信息技术

信息技术(Information Technology, IT)是指在信息科学的基本原理和方法的指导下扩展人类信息功能的技术。一般说,信息技术是以电子计算机和现代通信为主要手段实现信息的获取、表示、传输、存储、加工、应用等功能的技术总和。人的信息功能包括:感觉器官承担的信息获取功能、神经网络承担的信息传递功能、思维器官承担的信息认知功能和信息再生功能、效应器官承担的信息执行功能。

信息技术已成为经济社会转型发展的主要驱动力,是建设创新型国家、制造强国、网络强国、数字中国、智慧社会的基础支撑。提升国民信息素养,增强个体在信息社会的适应力与创造力,对个人的生活、学习和工作,对全面建设社会主义现代化国家具有重大意义。

1. 基本信息技术

信息技术是一门多学科交叉综合技术,是实现信息化的核心手段,是当代世界范围内新技术革命的核心。传感技术、通信技术、计算机技术和控制技术是信息技术的四大基本技术,其主要支柱是通信(Communication)技术、计算机(Computer)技术和控制(Control)技术,即"3C"技术。计算机技术、通信技术和多媒体技术、网络技术互相渗透、互相作用、互相融合,形成以智能多媒体信息服务为特征的时空大规模信息网。信息科学、生命科学和材料科学一起构成了当代的三种前沿科学。信息科学和技术是现代科学技术的先导,是人类进行高效率、高效益、高速度社会活动的理论、方法与技术,是国家现代化的一个重要标志。

2.信息技术的分类

按工作流程中基本环节的不同信息技术通常分为:信息获取技术、信息传递技术、信息存储技术、信息加工技术及信息标准化技术。

信息获取技术包括信息的搜索、感知、接收、过滤等,如显微镜、望远镜、气象卫星、温度计、钟表、Internet 搜索器中的技术等。信息传递技术指跨越空间共享信息的技术,又可分为不同类型,如单向传递与双向传递技术,单通道传递、多通道传递与广播传递技术。信息存储技术指跨越时间保存信息的技术,如印刷术、照相术、录音术、录像术、缩微术、磁盘术、光盘术等。信息加工技术是对信息进行描述、分类、排序、转换、浓缩、扩充、创新等的技术,信息加工技术的发展经历了从人脑信息加工到使用机械设备(如算盘、标尺等)进行信息加工,再发展为使用电子计算机与网络进行信息加工的两次飞跃性突破。信息标准化技术是指使信息的获取、传递、存储、加工各环节统一标准,有机衔接,以提高信息交换共享能力的技术,如信息管理标准、字符编码标准、语言文字的规范化等。

按使用的信息设备不同信息技术通常分为:电话技术、电报技术、广播技术、电视技术、复印技术、缩微技术、卫星技术、计算机技术、网络技术等。

按技术的功能层次(体系)不同信息技术通常分为:基础层次的信息技术(如新材料技术、新能源技术)、支撑层次的信息技术(如机械技术、电子技术、激光技术、生物技术、空间技术等)、主体层次的信息技术(如传感技术、通信技术、计算机技术、控制技术)、应用层次的信息技术(如文化教育、商业贸易、工农业生产、社会管理中用以提高效率和效益的各种自动化、智能化、信息化应用软件与设备)。

3.信息技术的特点

(1)高速化。计算机和通信的发展追求的均是高速度,大容量。例如,每秒运算千万次的计算机已经进入普通家庭。在现代技术中,我们迫切需要解决的涉及高速化的问题是,抓住世界科技迅猛发展的机遇,重点在带宽"瓶颈"上取得突破,加快建设具有大容量、高速率、智能化及多媒体等基本特征的新一代高速带宽信息网络,发展深亚微米集成电路、高性能计算机等。

(2)网络化。信息网络分为电信网、广电网和计算机网。三网有各自的形成过程,其服务对象、发展模式和功能等有所交叉,又互为补充。信息网络的发展异常迅速,从局域网到广域网,再到国际互联网,以及有"信息高速公路"之称的高速信息传输网络,计算机网络在现代信息社会中扮演了重要的角色。

(3)数字化。数字化就是将信息用电磁介质或半导体存储器按二进制编码的方法加以处理和传输。在信息处理和传输领域,广泛采用的是只用"0"和"1"两个基本符号组成的二进制编码,二进制数字信号是现实世界中最容易被表达、物理状态最稳定的信号。

(4)个人化。信息技术将实现以个人为目标的通信方式,充分体现可移动性和全球性,实现个人通信需要全球性的、大规模的网络容量和智能化的网络功能。

(5)智能化。在面向 21 世纪的技术变革中,信息技术的发展方向之一将是智能化。智能化的应用体现在利用计算机模拟人的智能,如机器人、医疗诊断专家系统及推理证明等方面,再如,智能化的 CAI 教学软件、自动考核与评价系统、视听教学媒体以及仿真实验等。

4.信息技术的功能

信息技术的功能是多方面的,从宏观上看,主要体现在以下几个方面。

(1)辅人功能。信息技术能够提高或增强人们的信息获取、存储、处理、传输与控制能力,促进人们的素质、生产技能管理水平与决策能力等得到提高。

(2)开发功能。利用信息技术能够充分开发信息资源,不仅推动社会文献大规模的生产,而且大大加快了信息的传递速度。

（3）协同功能。人们通过信息技术的应用,可以共享资源、协同工作,如电子商务、远程教育等。

（4）增效功能。信息技术的应用使得现代社会的效率和效益大大提高,如通过卫星照相、遥感遥测,人们可以更多更快地获得地理信息。

（5）先导功能。信息技术是现代文明的技术基础,是高技术群体发展的核心,也是信息化、信息社会、信息产业的关键技术,它推动了世界性的新技术革命。大力普及与应用新技术可实现对整个国民经济技术基础的改造,优先发展信息产业可带动各行各业的发展。

5.信息技术的影响

信息技术对人类社会的影响的主流是积极的,体现在以下几个方面。

（1）对经济的影响:信息技术有助于个人和社会更好地利用资源,使其充分发挥潜力,缩小国际社会中的信息与知识差距;有助于减少物质资源和能源的消耗;有助于提高劳动生产率,增加产品知识含量,降低生产成本,提高竞争力;提高国民经济宏观调控管理水平、经济运行质量和经济效益。

（2）对教育的影响:随着科学技术的飞速发展、素质教育的全面实施和教育信息化的快速推进,信息技术已逐渐成为服务于教育事业的一项重要技术。信息技术有助于教学手段的改革(如电化教学、远程教育等),能够打破时间、空间的限制,使教育向学习者全面开放并实现资源共享,大大提高了学习者的积极性、主动性和创造性。

（3）对管理的影响:信息技术有助于更新管理理念、改变管理组织,使管理结构由金字塔形变为矩阵形;有助于完善管理方法,以适应虚拟办公、电子商务等新的运作方式。例如,政府通过网络互联逐渐建立网络政府,开启了政府管理的全新时代,树立了各级政府的高效办公、透明管理的新时代形象,同时为广大人民群众提供了极大的便利。

（4）对科研的影响:应用信息技术有助于科学研究前期工作的顺利开展;有助于提高科研工作效率;有助于科学研究成果的产生和及时发表。

（5）对文化的影响:信息技术促进了不同国度、不同民族之间的文化交流与学习,使文化更加开放化和大众化。

（6）对生活的影响:信息技术给人们的生活带来了巨大的变化,电脑、互联网、信息高速公路、纳米技术等在生产生活中的广泛应用,使人类社会向着个性化、休闲化方向发展。在信息社会里,人们的行为方式、思维方式甚至社会形态都发生了显著的变化。

6.信息技术的负面影响

（1）信息泛滥:信息技术的发展导致信息爆炸,信息量的增加大大超出了人们的接受能力,有可能带来各种各样的社会问题。

（2）信息污染:随着信息流动量的增大,"信息污染"也成为人们关注的问题。例如,一些错误信息、冗余信息、污秽信息、计算机病毒等侵占了信息存储资源,影响了信息处理和传输的速度,污染了信息环境,尤其是计算机病毒造成信息利用的严重障碍。

（3）信息犯罪:近年来,利用计算机和信息网络进行高科技信息犯罪的现象时有产生。例如,利用计算机网络进行经济诈骗,贩卖色情信息,散布谣言,窃取个人、企业、政府的机密等。

（4）信息渗透:信息化发展的渗透性表现为对国家或世界社会、政治、经济、文化、日常生活等各个层面的深刻影响或改变,这使得各民族文化的独特性和差异性也受到了挑战。

7.信息技术的发展趋势

（1）高速、大容量:传输的速度越来越高、单位传输容量越来越大。

（2）综合化:业务系统的综合和网络发展、应用的综合。

（3）数字化:数字设备单元式便于大规模生产,数字电路二进制化有利于综合。

（4）个人化:即可移动性和全球性。一个人在世界任何一个地方都可以拥有同样的通信手段,可以利用同样的信息资源和信息加工处理的手段。

8.信息技术在企业管理中应用

（1）策略资讯系统:策略资讯系统能透过信息系统而创造公司的策略性优势。

（2）办公自动化:提高企业日常管理的自动化处理水平,趋近"无纸化"。

（3）生产自动化:产品开发、制造和经营的全过程实现电脑自动化、熄灯化,有效执行操作控制

笔记区

自动化系统,强化物料管理,保证产品质量体系的完善。

(4)电信与配销系统:透过高速及宽频的电信传输系统,提高配销资料处理效率,目前最普遍使用的系统就是实时销售 POS 系统和电子数据交换 EDI 系统。

(5)人工智慧系统:以精密、高速的电脑为基础,开发能模拟人类智慧的系统,以解决复杂而没有固定模式的问题并做出相关决策。

9.信息技术对企业的影响

信息技术对企业的影响主要表现在以下几个方面。

(1)降低企业成本:如广泛使用的 POS 系统、EDI 系统等,不仅确保了工作的准确性和及时性,而且能改善产品库存,而制造业普遍使用的 MRPII 系统能合理安排生产,提高零部件配套率,缩短生产周期,加速资金周转。

(2)缩短新产品的开发周期:如在汽车制造夜中,在日本和美国,由于运用 CAD 设计新型车型,将原来的开发周期由 5 年缩短至 1 年,效率之高可见一斑。

(3)提高产品和服务的差异化:企业运用信息技术,进行产品服务的创新,一般是不容易被同行效仿的,从而提高了产品的服务的差异化,增加了竞争优势。

(4)提高转换成本,改善企业与客户、供应商的关系:信息技术的引入及应用,使企业能在同行中做到"人无我有、人有我优",不仅能锁定原有市场,还能不断吸引新客户开拓新市场。

新一代信息技术在经济社会各领域广泛开展应用和模式创新,支撑制造业、农业、金融、能源、物流等传统产业优化升级,为传统产业"赋智赋能",出现越来越多的典型应用案例,特别是在工业领域的应用加快,工业互联网正在成为新一轮工业革命和产业变革的焦点。

10.学习信息技术的重要意义

培养信息意识、计算思维、数字化创新与发展、信息社会责任四个方面的学科核心素养。

(1)培养信息意识。信息意识是指个体对信息的敏感度和对信息价值的判断力。具备信息意识的学生,能了解信息及信息素养在现代社会中的作用与价值,主动地寻求恰当的方式捕获、提取和分析信息,以有效的方法和手段判断信息的可靠性、真实性、准确性和目的性,对信息可能产生的影响进行预期分析,自觉地充分利用信息解决生活、学习和工作中的实际问题,具有团队协作精神,善于与他人合作、共享信息,实现信息的更大价值。

(2)培养计算思维。计算思维是指个体在问题求解、系统设计的过程中,运用计算机科学领域的思想与实践方法所产生的一系列思维活动。具备计算思维的学生,能采用计算机等智能化工具可以处理的方式界定问题、抽象特征、建立模型、组织数据,能综合利用各种信息资源、科学方法和信息技术工具解决问题,能将这种解决问题的思维方式迁移运用到职业岗位与生活情境的相关问题解决过程中。

(3)培养数字化创新与发展。数字化创新与发展是指个体综合利用相关数字化资源与工具,完成学习任务并具备创造性地解决问题的能力。具备数字化创新与发展素养的学生,能理解数字化学习环境的优势和局限,能从信息化角度分析问题的解决路径,并将信息技术与所学专业相融合,通过创新思维、具体实践使问题得以解决;能合理运用数字化资源与工具,养成数字化学习与实践创新的习惯,开展自主学习、协同工作、知识分享与创新创业实践,形成可持续发展能力。

(4)培养信息社会责任。信息社会责任是指在信息社会中,个体在文化修养、道德规范和行为自律等方面应尽的责任。具备信息社会责任的学生,在现实世界和虚拟空间中都能遵守相关法律法规,信守信息社会的道德与伦理准则;具备较强的信息安全意识与防护能力,能有效维护信息活动中个人、他人的合法权益和公共信息安全;关注信息技术创新所带来的社会问题,对信息技术创新所产生的新观念和新事物,能从社会发展、职业发展的视角进行理性的判断和负责的行动。

新一代信息技术概述

新一代信息技术是以云计算、物联网、大数据、人工智能、移动互联网、数字虚拟、先进半导体、量子信息、区块链、超高速光纤与无线通信、虚拟现实应用技术等为代表的新兴技术。它既是信息技术的纵向升级,也是信息技术之间及其与相关产业的横向融合。

1.云计算

云计算是分布式计算、并行计算、网格计算、效用计算、网络存储、虚拟化、负载均衡、热备份冗余等传统计算机和网络技术发展融合的互联网产物,是一种超级计算方式,是通过网络"云"将巨大的数据计算处理分解至多部服务器组成的系统而运行若干程序,快速得到结果并返回给用户。云计算又称为网格计算、并行计算,可以在很短的时间内完成对数以万计的数据的处理,从而达到强大的网络服务。云计算具有计算机群规模庞大、虚拟化技术应用、动态可扩展性高、按需部署灵活性高、可靠性高、通用性强、按需服务性价比高、易于节约成本、具有潜在的危险性等特点。云计算根据用户的应用场景可分为公有云、私有云、混合云;根据行业属性可分为电商云、金融云、游戏云、医疗云、政务云等。

云计算　　　　大数据　　　　物联网　　　　移动互联　　　　人工智能　　　　区块链

2.大数据

麦肯锡全球研究院定义:大数据(Big Data)是一种规模大到在获取、存储、管理、分析方面无法在一定时间范围内用常规数据库软件工具进行捕捉、管理和处理的数据集合。IBM 提出大数据的5V 特点:Volume(海量的数据规模)、Velocity(高速的数据流转)、Variety(多样的数据类型)、Value(低价值密度)、Veracity(真实性高)。

大数据的战略意义不在于拥有庞大的数据信息资源,而在于对巨大信息源进行分析、加工、处理后获得巨大的利用价值。

从技术层面上看,大数据与云计算的关系就像一枚硬币的正反面一样密不可分。大数据必然无法用单台的计算机进行处理,必须采用分布式架构、分布式数据云存储、虚拟化技术,对海量数据进行分布式数据挖掘。

3.物联网

物联网(Internet of Things,IoT)是指通过信息传感设备,按约定的协议将任何物品与互联网相连接进行信息交换和通信,以实现智能化识别、定位、跟踪、监控和管理的网络。物联网主要解决物品与物品、人与物品、人与人之间的互联。

4.移动互联

移动互联网的简称,是通过将移动通信与互联网融合的产物,工作原理为用户通过手机、平板电脑、可穿戴设备等移动线终端,通过高速移动网络,在移动状态下随时、随地访问 Internet 获取信息(如移动电子阅读、移动支付、移动电子商务、搜索与移动定位服务提供个性化信息等)。移动互联的核心是互联网。

5.人工智能

人工智能(Artificial Intelligence,AI)是计算机科学的一个分支,是研究、开发用于模拟、延伸和扩展人的智能的理论、方法、技术及应用系统的一门新的技术科学。人工智能系统是指具备感知、理解、行动和学习能力的信息技术系统,如无人驾驶汽车、智能家居、虚拟医疗、智能手机私人助理、智能家电、智能制造、智能安防、智能金融、智能医疗、人机对话等。

6.区块链

区块链(Blockchain)是分布式数据存储、点对点传输、共识机制、加密算法等计算机技术的新型应用模式。从本质上讲,它是一个分布式共享账本和数据库,存储于其中的数据或信息,具有去中心化、不可伪造、全程留痕、可以追溯、公开透明、集体维护等特征,奠定了坚实的"信任"基础,创造了可靠的"合作"机制,具有广阔的运用前景。

2019 年 10 月 24 日,在中央政治局第十八次集体学习时,习近平总书记强调,"把区块链作为核

笔记区

心技术自主创新的重要突破口""加快推动区块链技术和产业创新发展"。"区块链"已走进大众视野,成为社会的关注焦点。

笔记区

信息化与信息系统

1997年首届全国信息化工作会议将信息化定义为:信息化是指培育、发展以智能化工具为代表的新的生产力并使之造福于社会的历史过程;将国家将信息化定义为:在国家的统一规划和组织下,在农业、工业、科学技术、国防及社会生活各个方面应用现代信息技术,深入开发和利用信息资源,加速实现国人现代化的进程。

信息化是当今世界社会和经济发展的必然趋势,也是产业优化升级和实现工业化、现代化的关键环节,对人们的工作、生活、学习和文化传播方式产生了深刻的影响,促进着国民素质的提高和人们的全面发展。

信息社会,也称为信息化社会,是以电子信息技术为基础,以信息资源为基本发展资源,以信息服务性产业为基本社会产业,以数字化和网络化为基本社会交往方式的新型社会。

信息系统(Information System)是指由计算机软硬件、网络和通信设备、信息资源、信息用户和规章制度组成的以处理信息为目的的人机一体化系统。简单地说,信息系统是一个由人、计算机及其他外围设备等组成的能进行信息的收集、传递、存储、加工、维护和使用的系统。

信息系统的目的是基于计算机、通信网络等现代化的工具和手段服务于管理领域,提高企业的管理水平和经济效益。信息系统包括输入、处理、输出和反馈4个部分。输入是指输入数据;处理是对原始输入数据进行转换或变换;输出指输出有用的信息,以服务于信息系统;反馈则是进行有效控制的重要手段,用于调整前3个部分。信息系统包括信息采集、加工、存储、传输、检索等处理功能。信息采集指把分布在各部门的有关信息进行收集,记录数据并转换成信息系统所需的形式,采集到的信息由信息系统进行存储并进行数据的统计、分析处理等,得到有用的信息,进行传输或输出展示。信息系统的开发涉及计算机技术基础与运行环境,主要包括计算机软硬件技术、网络技术和数据库技术等技术。

信息安全

信息安全,ISO(国际标准化组织)的定义为:为数据处理系统建立和采用的技术、管理上的安全保护,为的是保护计算机硬件、软件、数据不因偶然和恶意的原因而遭到破坏、更改和泄露,通常信息安全指信息产生、制作、传播、收集、处理、选取等信息使用过程中的信息资源的安全。

数据库安全　　**网络与信息安全**

1. ISO参考模型信息安全

根据《信息处理系统开放系统互连基本参考模型 第2部分:安全体系结构》(GB/T 9387.2－1995,ISO－7498－2－1989),描述了开放系统互联安全的体系结构,提出设计安全的信息系统的基础架构中应该包含5种安全服务(安全功能)能够对这5种安全服务提供支持的8类安全机制和5种普遍性安全机制,以及需要进行的5种OSI安全管理方式。

(1)五种安全服务。

认证(鉴别)服务:在网络交互过程中,对收发双方的身份及数据来源进行验证。

访问控制服务:防止未授权用户非法访问资源,包括用户身份认证和用户权限确认。

数据保密性服务:防止数据在传输过程中被破解、泄露。

数据完整性服务:防止数据在传输过程中被篡改。

抗否认性服务:也称为抗抵赖服务或确认服务。防止发送方与接收方双方在执行各自操作后,否认各自所做的操作。

(2)八类安全机制。

加密机制:加密机制对应数据保密性服务。加密是提高数据安全性的最简便方法。通过对数据

进行加密,有效提高了数据的保密性,能防止数据在传输过程中被窃取。常用的加密算法有对称加密算法(如 DES 算法)和非对称加密算法(如 RSA 算法)。

数字签名机制:数字签名机制对应认证(鉴别)服务。数字签名是有效的鉴别方法,利用数字签名技术可以实施用户身份认证和消息认证,它具有解决收发双方纠纷的能力,是认证(鉴别)服务最核心的技术。在数字签名技术的基础上,为了鉴别软件的有效性,又产生了代码签名技术。常用的签名算法有 RSA 算法和 DSA 算法等。

访问控制机制:访问控制机制对应访问控制服务。通过预先设定的规则对用户所访问的数据进行限制。通常,首先是通过用户的用户名和口令进行验证,其次是通过用户角色、用户组等规则进行验证,最后用户才能访问相应的限制资源。一般的应用常使用基于用户角色的访问控制方式,如 RBAC(Role Basic Access Control,基于用户角色的访问控制)。

数据完整性机制:数据完整性机制对应数据完整性服务。数据完整性的作用是为了避免数据在传输过程中受到干扰,同时防止数据在传输过程中被篡改,以提高数据传输完整性。通常可以使用单向加密算法对数据加密,生成唯一验证码,用以校验数据完整性。常用的加密算法有 MD5 算法和 SHA 算法等。

认证机制(数据交换):认证机制对应认证(鉴别)服务。认证的目的在于验证接收方所接收到的数据是否来源于所期望的发送方,通常可使用数字签名来进行认证。常用算法有 RSA 算法和 DSA 算法等。

业务流填充机制:也称为传输流填充机制。业务流填充机制对应数据保密性服务。业务流填充机制通过在数据传输过程中传送随机数的方式,混淆真实的数据,加大数据破解的难度,提高数据的保密性。

路由控制机制:路由控制机制对应访问控制服务。路由控制机制为数据发送方选择安全网络通信路径,避免发送方使用不安全路径发送数据,提高数据的安全性。

公证机制:公证机制对应抗否认性服务。公证机制的作用在于解决收发双方的纠纷问题,确保两方利益不受损害。类似于现实生活中,合同双方签署合同的同时,需要将合同的第三份交由第三方公证机构进行公证。

(3)五种普遍性安全机制:可信功能、安全标号、事件检测、安全审计跟踪、安全恢复。

2.信息安全威胁

信息安全是任何国家、政府、部门、行业都十分重视的工作,威胁信息安全因素很多,常见的有:

(1)计算机病毒。计算机病毒是计算机操作者有意或无意制造的一种特殊计算机程序,并不是生物病毒,因此它不能感染计算机操作者。计算机病毒具有破坏性、传染性、潜伏性、寄生性和自我繁殖性等特点。

计算机病毒程序寄生在程序或数据中,发作时控制用户计算机、修改计算机中的正常程序和数据等,使计算机不能正常使用、用户数据丢失及泄密等。1998 年 4 月 26 日出现的 CIH 病毒是第一款既破坏软件又破坏硬件的恶性病毒,时至今日,计算机新病毒层出不穷,危害越来越大,涉及的范围也越来越广,成为广大计算机用户的公敌。

(2)网络黑客。"黑客"一词是英语 Hacker 的音译,是指那些拥有丰富计算机知识和高超的计算机操作技能、能在未经授权的情况下非法访问计算机系统或网络的人。目前,全世界有 20 多万个"黑客"网站。在无所不在的信息网络世界里,"无网不入"的"黑客"已经成为信息安全的严重威胁。"黑客"的动机很复杂,有的是为了获得心理上的满足,在黑客攻击中显示自己的能力;有的是为了追求一定的经济利益和政治利益;有的则是为恐怖主义势力服务,甚至就是恐怖组织的成员;更有甚者直接受政府的指挥和操纵。

(3)网络犯罪。网络犯罪是随着互联网的产生和广泛应用而出现的。在我国,网络犯罪多表现为诈取钱财和破坏信息,犯罪内容主要包括金融欺诈、网络赌博、网络贩黄、非法资本操作和电子商务领域的侵权欺诈等。犯罪主体将更多地由松散的个人转化为信息化、网络化的高智商集团和组织,其跨国性也不断增强。日趋猖獗的网络犯罪已对国家的信息安全以及基于信息安全的经济安全、文化安全、政治安全等构成了严重威胁。

笔记区

（4）预置陷阱。预置陷阱就是在信息系统中人为地预设一些"陷阱"，以干扰和破坏计算机系统的正常运行。在对信息安全的各种威胁中，预置陷阱是其中最可怕也是最难以防范的一种威胁。海湾战争爆发前夕，美国特工从伊拉克的通信中截获了伊拉克从法国购买一批用于防空系统的计算机打印机的情报，遂秘密派遣特工将带有固化病毒的芯片安装在这批打印机上。当美国发动空袭时，先通过遥控激活这些病毒，使病毒迅速侵入伊拉克防空系统的主计算机，致使伊拉克的整个指挥系统瘫痪，从而轻而易举地获得了战争的局部胜利。

（5）垃圾信息。垃圾信息是指利用网络传播的违反所在国法律及社会公德的信息。垃圾信息种类繁多，主要有政治反动信息、种族和宗教歧视信息、暴力信息、黄色淫秽信息、虚假欺诈信息、冗余过时信息、人们所不需要的广告信息等。全球互联网上的垃圾信息日益增多、泛滥成灾，已对信息安全造成了严重威胁。垃圾邮件是垃圾信息的重要载体和表现形式之一。通过发送垃圾邮件进行阻塞式攻击，成为垃圾信息侵入的主要途径。其对信息安全的危害主要表现在，攻击者通过发送大量邮件污染信息社会，消耗受害者的宽带和存储器资源，使之难以接收正常的电子邮件，从而大大降低工作效率。或者某些垃圾邮件中包含病毒、恶意代码或某些自动安装的插件等，只要打开邮件，它们就会自动运行，破坏系统或文件。

（6）隐私泄露。伴随着移动互联网、物联网、云计算等信息技术日新月异，全球数据量剧增，人类已经进入"大数据时代"。伴随大数据而来的就是大量包含个人敏感信息的数据（隐私数据）存在于网络空间中：电子病历涉及患者疾病等的隐私信息，支付宝记录着我们的消费情况，GPS完全掌握我们的行踪，谷歌、百度知道我们的偏好，微信知道我们的朋友圈等。这些带有"个人特征"的信息碎片正汇聚成细致全面的大数据信息集，可以轻而易举地构建网民个体画像。

2. 常见的信息安全产生原因

（1）个人信息没有得到规范采集。在当今信息时代，生活方式简单而快捷，但背后伴有诸多信息安全隐患。一些未经批准的商家、调查公司等机构或个人对个人信息实施无权、过度、非法收集行为，使得个人信息安全遭到极大影响，严重侵犯公民的隐私权。例如，诈骗电话、大学生"裸贷"问题、推销信息以及人肉搜索信息等均对个人信息安全造成影响。不法分子通过各类软件或者程序来盗取个人信息，并利用信息来获利，严重影响了公民生命、财产安全。

（2）公民欠缺足够的信息保护意识。网络上个人信息的肆意传播、电话推销源源不绝等情况时有发生，从其根源来看，这与公民欠缺足够的信息保护意识密切相关。公民在个人信息层面的保护意识相对薄弱给信息被盗取创造了条件。比如，随便点进网站便需要填写相关资料，有的网站甚至要求精确到身份证号码等信息。很多公民并未意识到上述行为是对信息安全的侵犯。日常生活中随便填写传单等资料也存在信息被违规使用的风险。

（3）相关部门监管力度有待加强。政府针对个人信息采取监管和保护措施时，可能存在界限模糊的问题，这主要与管理理念模糊、机制缺失联系密切。部分地方政府并未基于个人信息设置专业化的监管部门，引起职责不清、管理效率较低等问题。此外，大数据需要以网络为基础，网络用户较多并且信息较为繁杂，因此政府也很难实现精细化管理。再加上与网络信息管理相关的规范条例等并不系统，使得政府很难针对个人信息做到有效监管。

4. 信息安全技术

信息安全技术主要用于防止系统漏洞，防止外部黑客入侵，防御病毒破坏和对可疑访问进行有效控制等，同时还应该包含数据灾难与数据恢复技术，即在计算机发生意外、灾难时，还可使用备份还原及数据恢复技术将丢失的数据找回。典型信息安全技术有以下几大类。

（1）加密技术。在保障信息安全的诸多技术中，密码技术是信息安全的核心和关键技术。使用数据加密技术，可以在一定程度上提高数据传输的安全性，保证传输数据的完整性。信息加密的目的是保护网内的数据、文件、口令和控制信息，保护网上传输的数据。数据加密技术主要分为数据传输加密技术和数据存储加密技术。数据传输加密技术主要是对传输中的数据流进行加密。

一个数据加密系统包括加密算法、明文、密文及密钥。密钥控制加密过程和解密过程。加密过程是通过加密系统把明文（原始的数字信息）按照加密算法变换成密文（变换后的数字信息）的过程。加密系统的密钥管理是非常重要的，因为一个加密系统的全部安全性都是基于密钥的。

（2）防火墙。防火墙技术指的是一个由软件和硬件设备组合而成的在内部网和外部网之间、专用网与公共网之间的一道防御系统的总称，是一种获取安全性方法的形象说法。

防火墙可以监控进出网络的通信量，仅让安全、核准了的信息进入，同时又抵制对企业构成威胁的数据。防火墙主要有包过滤防火墙、代理防火墙和双穴主机防火墙3种类型，在计算机网络中得到了广泛的应用。

随着安全性问题的缺陷越来越普遍，对网络的入侵有时不需要高超的攻击手段，也有可能来自配置上的低级错误或不合适的口令选择。因此，防火墙的作用是防止不希望的、未授权的通信进出被保护的网络。防火墙可以达到以下几个目的：一是可以限制他人进入内部网络，过滤掉不安全服务和非法用户；二是防止入侵者接近用户的防御设施；三是限定用户访问特殊站点；四是为监视Internet安全提供方便。

（3）入侵检测。随着网络安全风险系数不断提高，作为对防火墙及其有益的补充，入侵检测系统（Intrusion Detection Systems，IDS）能够帮助网络系统快速发现攻击的发生，它扩展了系统管理员的安全管理能力，提高了信息安全基础结构的完整性。

入侵检测系统是一种对网络活动进行实时监测的专用系统。该系统处于防火墙之后，可以和防火墙及路由器配合工作，用来检查一个LAN网段上的所有通信，记录和禁止网络活动，可以通过重新配置来禁止从防火墙外部进入的恶意流量。入侵检测系统能够对网络上的信息进行快速分析或在主机上对用户进行审计分析，通过集中控制台来管理、检测。

理想的入侵检测系统的功能：用户和系统活动的监视与分析；异常行为模式的统计分析；重要系统和数据文件的完整性监测及评估；操作系统的安全审计和管理；入侵模式的识别与响应，包括切断网络连接、记录事件和报警等。

本质上，入侵检测系统是一种典型的"窥探设备"。它不跨接多个物理网段，无须发任何流量，而只需要在网络上被动地、无声息地收集它所关心的报文即可。

（4）系统容灾。一个完整的网络安全体系，只有"防范"和"检测"措施是不够的，还必须具有灾难容忍和系统恢复能力。因为任何一种网络安全设施都不可能做到万无一失，一旦发生漏防漏检事件，其后果将是灾难性的。此外，天灾人祸、不可抗力等所导致的事故也会对信息系统造成毁灭性的破坏。这就要求即使发生系统灾难，也能快速地恢复系统和数据，这才能完整地保护网络信息系统的安全。系统容灾技术主要基于数据备份和基于系统容错。

数据备份是数据保护的最后屏障，不允许有任何闪失，但离线介质不能保证安全。数据容灾通过IP容灾技术来保证数据的安全。数据容灾使用两个存储器，在两者之间建立复制关系，一个放在本地，另一个放在异地。本地备份存储器供本地备份系统使用，异地容灾备份存储器实时复制本地备份存储器的关键数据。

存储、备份和容灾技术的充分结合，构成一体化的数据容灾备份存储系统。随着存储网络化时代的发展，传统功能单一的存储器将越来越让位于一体化的多功能网络存储器。

为了保证信息系统的安全性，除了运用技术手段外，还需要必要的管理手段和政策法规支持：确定安全管理等级和安全管理范围，制定网络系统的维护制度和应急措施等进行有效管理；借助法律手段强化保护信息系统安全，防范计算机犯罪，维护合法用户的安全，有效地打击和惩罚违法行为。

信息素养

信息素养（Information Literacy）是人们适应全球信息化社会的基本信息能力，主要体现在对信息基本知识的掌握和信息技术基本技能的应用两方面，包括信息意识、信息知识、信息能力、信息道德四个有机不可分的素养要素，其中信息意识是先导，信息知识是基础，信息能力是核心，信息道德是保证。在信息化社会中，人们需要具有捕捉信息的敏锐性、筛选信息的果断性、评估信息的准确性、交流信息的自如性和应用信息的独创性四大素养特征。

笔记区

第二部分 计算机基础理论知识

计算机(computer)是20世纪人类最卓越、最伟大的科技成就之一。今天,计算机技术的迅速发展,其技术应用已触及人类的生活、生产、学习和工作的各个角落,如移动电话、数字电视机、自动提款机、网络学习、科研、邮政、银行、通信、航天、交通、工业生产、过程控制各种领域。

计算机是一门学科,也是一个高科技的信息技术工具,掌握计算机基础应用技术,是当今信息社会中必须具备的基本素质能力。通过本内容学习,掌握计算机的产生与发展、分类、特点、主要应用领域及发展方向、病毒及防治及计算机中数据的表示、多媒体基础等知识,扩展读者的计算机常识。

计算机的产生与发展

自从数学发明以来,人们就离不开计数与计算。古代,人类用数手指、摆石头、打草结的方法计数。唐朝末年,中国人发明了简便、快速的计算工具——算盘。由于人脑的计算和记忆能力有限,因此复杂的计算就只能借助于功能更强大的外部工具来实现。20世纪,电子技术的发展取得了巨大的进步,特别是电子管的发明,将电子理论和电子元器件水平推到了一个新的高度,数理逻辑、脉冲技术、信息论、控制论等日趋成熟,为电子计算机的诞生提供了必要的技术条件。

计算机的诞生

1.世界上第一台计算机

电子计算机是一台可以根据一组"指令"或"程序"执行任务或进行计算的机器。世界上第一台电子计算机,于1946年2月诞生于美国宾夕法尼亚大学,英文名为Electronic Numerical Integrator And Calculator(缩写为ENIAC),中文名为电子数字积分计算机,如附图1所示。

附图1　第一台计算机(ENIAC)

ENIAC体积非常巨大,采用电子管、电容器、继电器、电阻器等电子元件,重达30吨,占地约170平方米,其运算速度为每秒5000次加法。虽然ENIAC存在体积庞大、功能单一、电子元件容易烧坏,必须不断进行更换等许多不足,但至今人们仍然公认它标志着计算机时代的到来,它的出现是人类科技发展的重要里程碑。在短短半个多世纪里,计算机技术迅猛发展,计算机不仅可以进行科学计算,还可以进行文字、图像、声音、动画和视频等多种信息的处理。

2.计算机发展年代及其特点

从第一台计算机问世之后,随着电子技术、半导体和集成电路等技术的飞速发展,计算机技术发展异常迅速,人们普遍认为其发展过程可分为四个阶段,各阶段及其特点如附表1所示。

计算机的发展

附表1 计算机发展阶段及其特点

发展阶段	起止年份	主要元器件	特点	主要应用
第一代	1946—1957	电子管	运算速度较低,耗电量大,存储容量小	科学计算
第二代	1958—1964	晶体管	体积、功耗减小,运算速度提高,价格下降	事务管理、工业控制
第三代	1960—1970	中小规模集成电路	体积、功耗进一步减小,可靠性及速度进一步提高	科学计算、事务管理、过程控制
第四代	1971年至今	大规模及超大规模集成电路	性能大幅度提高,价格大幅度下降	网络应用、智能应用

3.我国计算机的发展概况

我国从1957年开始研制通用数字电子计算机,1958年8月我国第一台电子计算机诞生,命名为"103型"计算机(DJS-1型)。1973年,北京大学与北京有线电厂等单位合作研制成功运算速度每秒100万次的大型通用计算机。进入80年代,我国高速计算机有了新的发展。1983年,中国科学院计算所完成我国第一台大型向量机——757机,计算速度达到每秒1000万次。

1983年国防科技大学研制出运算速度每秒1亿次的"银河-Ⅰ"巨型计算机,是我国高速计算机研制的一个重要里程碑。其后,有关单位研制的"银河-Ⅱ""曙光一号""曙光1000""银河-Ⅲ""曙光1000A""曙光2000-Ⅰ""曙光2000-Ⅱ""神威Ⅰ"等巨型计算机。2004年上半年推出"曙光4000A"超级服务器,当年位列全球第十,此后超级计算机进入大发展。2009年,"曙光5000A"全球排名第十。2010年11月,"天河一号"超级计算机雄踞全球首位;2013—2015年"天河二号"排名全球超级计算第一。2016—2017年"神威·太湖之光"(见附图2)以峰值每秒运算为9.3亿亿次排名全球超级计算第一,"天河二号"排行第二。2018年11月我国超算上榜总数仍居世界第一,在全球超级计算机500强中227台占45%,2019年11月的228台占45.6%,2020年11月的217台占43.4%,遥遥领先其他国家(美国113台,日本34台,德国18台,法国18台,荷兰15台,爱尔兰14台,英国12台,加拿大12台,其他47台),虽然"神威·太湖之光"超级计算机在2020年排名第四,但中国仍是世界第一超算大国。

附图2 中国"神威·太湖之光"超级计算机系统

超级计算机功能超强、运算速度超快、存储容量巨大,主要用于国防科技、航空航天、气候预测、人工智能、先进制造、新材料、生物制药、基因工程、金融分析、交通设计与管控、社会健康与安全、地震预测等国家高科技尖端技术研究和国计民生的重大领域。超级计算机水平是衡量一个国家科技发展水平和综合国力的重要标志之一。超级计算机是国之重器,近年我国超级计算机迅猛发展,不断提供高质量的科技供给,支撑了我国现代化建设和发展。

计算机的分类及特点

1.常见的计算机分类方式

计算机的分类按不同的标准有不同的形式,一般可以从下面几个方面来划分。

(1)从计算机规模来分,一般分为巨型机、大型机、中型机、小型机和微型机(PC)。

(2)从信息表现形式和被处理的信息来分,一般分为数字计算机、模拟计算机和数字模拟混合计算机。

（3）从采用操作系统来分，一般分为单用户机系统、多用户机系统、网络系统和实时计算机系统。

（4）从主机形式来分，一般分为台式机、便携式机、微型笔记本式机、手持式计算机（也称为"个人数字助理"（PDA））、平板电脑（Tablet Personal Computer，Tablet PC，是结合了便携式计算机和手持式计算机功能的移动 PC）和智能电话等。

（5）从用途来分，一般分为通用计算机、专用计算机。

（6）从字长来分，一般分为 4 位、8 位、16 位、32 位和 64 位计算机。

2.计算机的特点

计算机在产生之初主要用于数值计算，随着科技的发展，计算机的应用范围逐渐扩大，除了进行科学计算外，还能处理文字、图像、声音、动画和视频等各种各样的数据。计算机的特点概括起来有：运算速度快、计算精度高、存储功能强、具有一定的逻辑判断能力、自动化工作能力强、应用领域广。

3.计算机的主要应用领域及发展方向

随着计算机技术的发展和计算机的普及应用，其应用的领域发生了很大的变化，如在工作场所，许多人用计算机进行记录、分析数据、进行研究，以及管理项目；在家里，可以用计算机查找信息、存储图片和音乐、跟踪财务、玩游戏、与他人进行交流以及其他一些有可能的事情。比较突出的应用有以下几种。

（1）科学计算（或数值计算）。

（2）数据处理（或信息处理）。数据处理从简单到复杂已经历了电子数据处理（EDP）、管理信息系统（MIS）、决策支持系统（DSS）三个发展阶段。

（3）辅助应用技术。常见的计算机辅助技术应用有计算机辅助设计（Computer Aided Design，CAD）、计算机辅助制造（Computer Aided Manufacturing，CAM）、计算机辅助教学（Computer Aided Instruction，CAI）、计算机辅助测试（Computer Aided Test，CAT）、计算机集成制造（Computer Integrated Manufacturing System，CIMS）、计算机仿真技术（computer simulation technology）。

（4）过程控制（或实时控制应用）。

（5）人工智能（或智能模拟及应用）。

（6）网络应用（电子邮件、网络即时通信等）。

（7）大数据、云计算机、物联网、区块链、移动互联等应用。

当前，随着科技的发展，计算机的发展主要呈现五种趋向：巨型化、微型化、网络化、智能化和多媒体化。

计算机系统

1.计算机冯·诺依曼结构原理

现代计算机硬件体系结构的奠基人普遍认为是著名美籍匈牙利裔科学家冯·诺依曼。1946 年6 月，冯·诺依曼和高法斯坦等人发表了《电子计算机装置逻辑结构初探》论文，其中最重要的内容如下：

（1）新型电子计算机应该以二进制为基础，而不是使用十进制。

（2）"存储程序、程序控制"设计思想，即程序设计者按计算要求编好程序，再把程序和数据以二进制的形式存放在计算机存储器内，让机器自动执行程序，从而完成预定工作。

（3）计算机硬件体系结构由运算器、存储器、控制器、输入设备、输出设备五大基本部件组成，并初步阐述了五大部件的基本功能。

这些理论的提出，解决了运算自动化的问题和速度配合问题，对后来的计算机发展起了决定性作用。根据这个方案构成的计算机称为"冯·诺依曼"计算机，其硬件体系及工作流程如附图 3 所示。

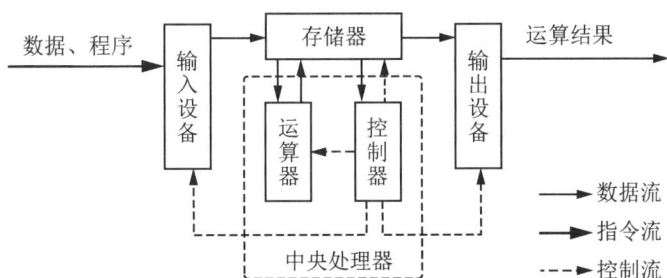

附图3 冯·诺依曼结构计算机的硬件体系及工作流程

2.计算机组成系统

一个完整的计算机系统由硬件系统和软件系统两大部分组成,二者相辅相成,缺一不可。硬件是指看得见、摸得着的实物设备,而软件则是支持计算机进行工作的指令或程序和运行程序所需的相应数据,以及各种软件的说明资料。只有硬件没有软件的计算机称为裸机,其无法正常工作。计算机系统组成示意图如附图 4 所示。

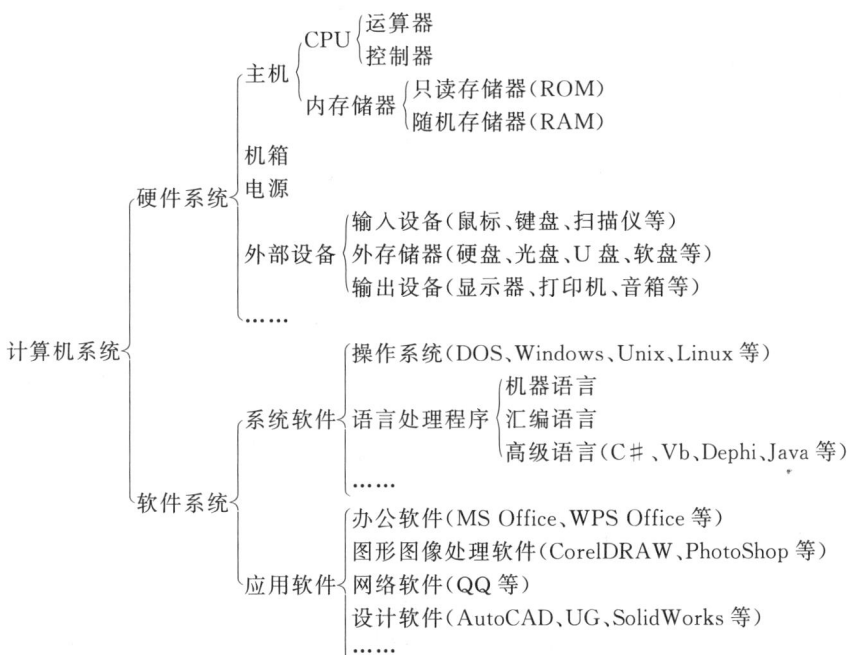

附图4 计算机系统组成示意图

计算机软件系统通常分为系统软件和应用软件两大类

(1)系统软件。系统软件是指控制和协调计算机各设备,支持应用软件开发和运行的系统,是无须用户干预的各种程序的集合,主要功能是调度、监控和维护计算机系统,负责管理计算机系统中各种独立的硬件,使得它们可以协调工作。

操作系统(OperatingSystem,OS)是最重要的系统软件之一,它是用户和计算机之间的接口,它的功能主要是管理计算机的软件、硬件资源,组织、控制、协调计算机的工作流程,给用户提供操作计算机的方便环境。离开了操作系统,用户将无法操作计算机。

(2)应用软件。应用软件是为用户某种实际应用或解决某种特殊问题而编制的各种程序,它具有较强的实用性和针对性。

一台计算机只安装了操作系统,则只能完成一些操作系统自带的简单事务工作,要充分发挥计算机的强大功能,切实应用于工作、学习、生活等,还要安装相应的应用软件,如 Office(办公软件)、AutoCAD(计算机辅助设计软件)、QQ(即时通信软件)、Photoshop(图形图像处理软件)等软件。

(3)软件道德规范。任何计算机软件都是劳动的产物,我们每个人都应该使用合法软件,树立

笔记区

使用正版软件的观念,不能非法复制软件,也不要使用盗版软件。

1990年9月,我国颁布的《中华人民共和国著作权法》(2010年进行了修订)中将计算机软件列为享有著作权保护的作品。1991年6月,国务院颁布了《计算机软件保护条例》(2001年进行了修订),其中明确规定:未经软件著作权人的同意,复制其软件是侵权行为,侵权者要承担相应民事责任。

计算机的主要性能指标

评价计算机的性能是一个复杂而细致的工作,同时,对于不同用途的计算机,对其不同部件的性能指标要求也有所不同,一般情况下参照以下几项指标来评价计算机的性能。

1. 主频

主频即CPU的时钟频率,是指计算机的CPU在单位时间内发出的脉冲数目,它在很大程度上决定了计算机的运行速度。主频的单位是兆赫兹(MHz)。

2. 字长

字长指CPU一次能处理的二进制数据的位数。字长都是字节的1、2、4、8倍,如8位、16位、32位等,目前64位计算机已基本普及。

3. 运算速度

运算速度是衡量计算机性能的一项重要指标。通常所说的计算机运算速度(平均运算速度)是指计算机每秒所能执行的指令条数,一般用"百万条指令/秒"(MIPS)来描述。

4. 存储容量

存储容量分为内存容量和外存容量。内存储器是CPU可以直接访问的存储器,需要执行的程序与需要处理的数据就是存放在主存中的,其容量的大小反映了计算机即时存储信息的能力;外存储器容量通常是指硬盘容量(包括内置硬盘和移动硬盘)。外存储器容量越大,可存储的信息就越多,可安装的应用软件就越丰富。存储容量目前基本都达到GB,甚至达到TB级别容量。

5. 兼容性

兼容性是指一台设备、一个程序或一个适配器在功能上能容纳或替代以前版本或型号的能力。

计算机中数据的表示

计算机中使用和处理的数据有两大类,即数值数据和字符数据。任何形式的数据,无论是数字、文字、图形、图像、声音或视频,在计算机中都要进行数据的数字化,以一定的数制进行表示。信息在计算机中是以二进制数制进行处理和存储的。数制就是用一组固定的数字符号和一套统一的规则来表示数值的方法,也称计数制。在计算机领域中常用的计数进位制有4种:十进制、二进制、八进制和十六进制,附表2列出了这4种常用进位制的表示。

附表2 计算机中常用的进位制的表示

进位制	基数	基本符号	权	表示符号
二进制	2	0,1	2^n	B
八进制	8	0,1,2,3,4,5,6,7	8^n	O
十进制	10	0,1,2,3,4,5,6,7,8,9	10^n	D
十六进制	16	0,1,2,3,4,5,6,7,8,9,A,B,C,D,E,F	16^n	H

权值是以小数点为起点,向左以"0"为"起数"数数,向右以"-1"为"起数"数数,进制数与权值之间关系如附图5所示。

权值：16^3 16^2 16^1 16^0 向左数位   向右数位 16^{-1} 16^{-2}

数位：3   2   1   0 ← | → −1   −2

数值：7   9   E   F   .   8   3   H

小数点   进制标志

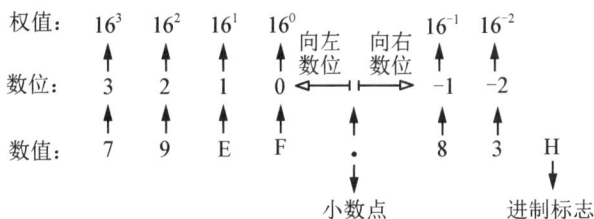

附图5 进制数与权值关系示例

1. R 进制数与十进制数间的互转

计算机中常用的十进制、二进制、八进制和十六进制统称 R 进制,运算规则均为"逢 R 进一,借一当 R"。4 种进位制中人们最为熟悉的是十进制,而二进制、八进制和十六进制与十进制之间的转换方法类似。

(1)R 进制转换为十进制:将 R 进制数按权展开求和法,通用公式如下(整数为 n 位且带小数):

$(M)_R = M_{n-1} \times R^{n-1} + M_{n-2} \times R^{n-2} + \cdots + M_1 \times R^1 + M_0 \times R^0 . M_{-1} \times R^{-1} + M_{-2} \times R^{-2} + \cdots$

例如,将二进制数$(11010.01)_2$转换成十进制数的计算如下:

$(10110.11)_2 = 1 \times 2^4 + 0 \times 2^3 + 1 \times 2^2 + 1 \times 2^1 + 0 \times 2^0 . 1 \times 2^{-1} + 1 \times 2^{-2} = (22.75)_{10}$

(2)十进制转换为 R 进制:整数部分采用"短除反取余法(除以 R 取余,逆序排列)"计算,小数部分采用"乘 R 取整法(乘 R 取整,顺序排列)"计算。

例如,将十进制数 117.8125 转换成二进制数的方法如下:

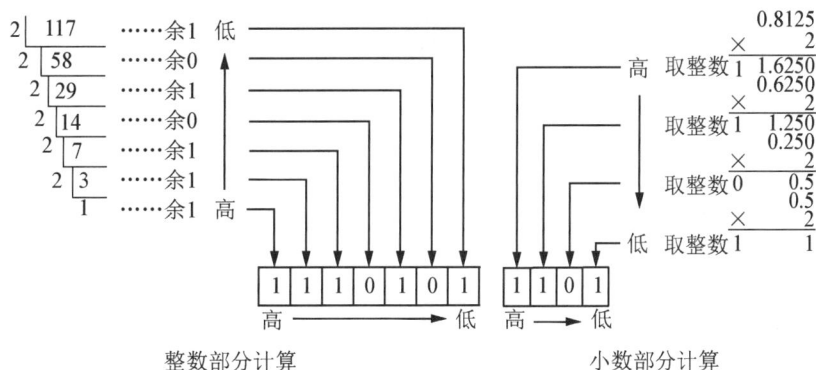

整数部分计算:
2 | 117 ……余1 低
2 | 58 ……余0
2 | 29 ……余1
2 | 14 ……余0
2 | 7 ……余1
2 | 3 ……余1
1 ……余1 高

小数部分计算:
0.8125 × 2 取整数 1 1.6250
0.6250 × 2 取整数 1 1.250
0.250 × 2 取整数 0 0.5
0.5 × 2 取整数 1 1

1 1 1 0 1 0 1 （高→低） 1 1 0 1 （高→低）

整数部分计算   小数部分计算

转换结果:$(117.8125)_{10} = (1110101.1101)_2$

2. 二进制数与八进制数的互转

由于二进制数和八进制数之间存在着 $8^1 = 2^3$ 的特殊关系,因此二进制与八进制之间可以直接互转。

(1)二进制数转换成八进制数:将二进制数以小数点为界,分别向左、向右进行 3 位分组(不足 3 位补无效 0,整数部分左补,小数部分右补),再将每组二进制数换算为十进制数并数依次排列即可。

例如,将$(111011101000.10001)_2$转换为八进制数的方法如下:

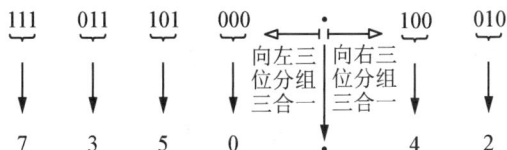

111   011   101   000   .   100   010

向左三位分组三合一 | 向右三位分组三合一

7   3   5   0   .   4   2

转换结果:$(111011101000.10001)_2 = (7350.42)_8$

(2)八进制数转换成二进制数:以小数点为界,分别向左、向右将每一位八进制数转换成相应的 3 位二进制数(不足 3 位左补无效 0),再将每组二进制数依次排列即可。

例如,将$(6041.35)_8$转换为二进制数的方法如下:

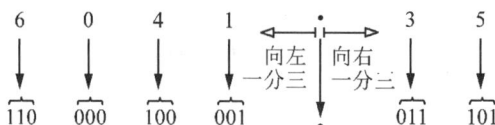

转换结果：$(6041.35)_8 = (110000100001.011101)_2$

3. 二进制与十六进制的互转

由于二进制数和十六进制数之间存在着 $16^1 = 2^4$ 的特殊关系，因此二进制与十六进制可以直接互转。

(1)二进制数转换成十六进制数：将二进制数以小数点为界，分别向左、向右进行 4 位分组（不足 4 位补无效 0，整数部分左补，小数部分右补），再将每组二进制换算为十进制数并数依次排列即可。

例如，将二进制数 $(111111101101001.101001)_2$ 转换为十六进制数的方法如下：

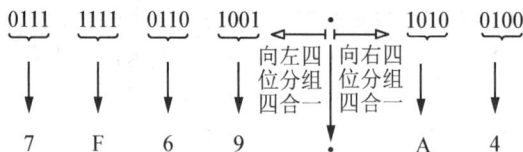

转换结果：$(111111101101001.101001)_2 = (7F69.A4)_{16}$

(2)十六进制数转换成二进制数：以小数点为界，分别向左、向右将每一位十六进制数转换成相应的 4 位二进制数（不足 4 位左补无效 0），再将每组二进制数依次排列即可。

例如，将 $(B5E3.C8)_{16}$ 转换成二进制数的方法如下：

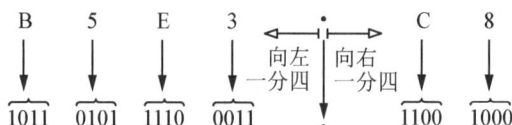

转换结果：$(B5E3.C8)_{16} = (1011010111100011.11001)_2$

字符编码

计算机中的信息都是用二进制编码的形式进行存储和处理的。信息是能够用计算机处理的有意义的内容或消息，以字符（数据）的形式表现，因此字符是信息的载体，字符是对客观事物的符号表示。数据处理之后产生的结果为信息，信息具有时效性、针对性，因此信息有意义，而数据则没有。

用来表示字符的二进制编码称为字符编码，字符编码的转换是在计算机进行数据处理时自动进行的。计算机中常用的字符编码有 EBCDIC、ASCII 码和 GB2312 码（简体中文字符编码集）。

1. ASCII 码

ASCII 是美国标准信息交换码，是微机普遍采用的一种编码方式。标准的 ASCII 码是 7 位，用 7 位二进制数表示一个字符的编码，共有 $2^7 = 128$ 个不同的编码值，即可表示 128 种可能的字符。扩展的 ASCII 码是 8 位，可以表示 256 种可能的字符。附表 3 列出了用十六进制表示的 ASCII 字符编码对照表。

附表 3　ASCII 字符编码表

十六进制 高四位			非打印字符				打印字符									
		0		1		2		3		4		5		6		7
十六进 制低四位		0000		0001		0010		0011		0100		0101		0110		0111
		码值	代码	码值	代码	码值	代码	码值	代码	码值	代码	码值	代码	码值	代码	码值	代码
0000	0	0	NUL	16	DEL	32	SP	48	0	64	@	80	P	96	`	112	p

续表

十六进制低四位	高四位	非打印字符 0 0000		1 0001		打印字符 2 0010		3 0011		4 0100		5 0101		6 0110		7 0111	
		码值	代码	码值	代码	码值	代码	码值	代码	码值	代码	码值	代码	码值	代码	码值	代码
0001	1	1	SOH	17	DC1	33	!	49	1	65	A	81	Q	97	a	113	q
0010	2	2	STX	18	DC2	34	"	50	2	66	B	82	R	98	b	114	r
0011	3	3	ETX	19	DC3	35	♯	51	3	67	C	83	S	99	c	115	s
0100	4	4	EOT	20	DC4	36	MYM	52	4	68	D	84	T	100	d	116	t
0101	5	5	ENQ	21	NAK	37	%	53	5	69	E	85	U	101	e	117	u
0110	6	6	ACK	22	SYN	38	&	54	6	70	F	86	V	102	f	118	v
0111	7	7	BEL	23	ETB	39	′	55	7	71	G	87	W	103	g	119	w
1000	8	8	BS	24	CAN	40	(	56	8	72	H	88	X	104	h	120	x
1001	9	9	HT	25	EM	41	)	57	9	73	I	89	Y	105	i	121	y
1010	A	10	LF	26	SUB	42	*	58	:	74	J	90	Z	106	j	122	z
1011	B	11	VT	27	ESC	43	+	59	;	75	K	91	[	107	k	123	{
1100	C	12	FF	28	FS	44	,	60	<	76	L	92	\	108	l	124	|
1101	D	13	CR	29	GS	45	—	61	=	77	M	93	]	109	m	125	}
1110	E	14	SO	30	RS	46	.	62	>	78	N	94	^	110	n	126	~
1111	F	15	SI	31	US	47	/	63	?	79	O	95	_	111	o	127	DEL

2. 字符编码

字符编码主要有以下几种。

(1)交换码(国标码)。字符信息交换码是用于字符信息处理系统之间或者与通信系统之间进行信息交换的字符代码,简称交换码,又称国标码。我国1981年颁布了国家标准——《信息交换用汉字编码字符集——基本集》,代号为 GB 2312—1980。该字符集共收集了汉字和各种图形符号 7 445 个,其中图形符号 682 个,汉字 6 763 个。按照使用的频度分为:一级常用汉字 3 755 个,按汉语拼音字母顺序排列;二级次常用汉字 3 008 个,按部首排列。这些汉字和图形符号共排列成 94 行、94 列,形成汉字编码表,其内字符所对应的行号、列号即为该字符的区码和位码。区位码和国标码的换算关系是:

将十进制区码和位码分别转换成十六进制再分别加上 20H 得到国标码。如"人"字在表中的 40 行 43 列,其区位码为 4043D,换算为十六进制为 282BH,国标码是 484BH。

(2)输入码(机外码)。字符的输入码,是指利用英文键盘输入字符时的输入编码,也称字符的外码。按字符编码规则主要分为区位码(数字码)、音码、形码和音形结合码 4 种。

区位码:区位码主要根据字符在区位码表中的区号和位号进行编码。优点是无重码或重码率低;缺点是难于记忆。

音码:音码主要根据汉字的读音进行编码。优点是大多数人都易于掌握;缺点是同音字多,重码率高,影响输入的速度。常用的音码有微软拼音、搜狗拼音等。

形码:形码主要根据汉字的字形进行编码。优点是重码率低;缺点是编码的规则较多,导致难于记忆,因此必须经过训练才能较好地掌握,如五笔字型等。

音形结合码:音形结合码是将音码和形码结合起来编码。优点是减少重码率,提高汉字输入速度,如自然码和郑码等。

(3)机内码(存储码)。字符的机内码是指计算机系统内部进行字符存储、处理加工、传输时使用的编码,简称内码,其由二进制组成。通过键盘键入的字符外码,计算机内部自动转换将其为机内码。一个汉字的机内码一般用两个字节即 16 个二进制位来表示。机内码和国标码的换算关系是：将十六进制的字符的国标码每个字节分别加上 80H 得到机内码,如"人"字的国标码是 484BH,机内码则是 C8CBH。

字符在字库中通常采用的是数字化点阵字模表,如附图 6 所示。一般的点阵规模有 16×16,24×24,32×32,64×64 等模式,每一个点在存储器中用一个二进制位(bit)存储。例如,在 16×16 的点阵中,其占用 16×16＝32×8bit,即 32 字节的存储空间(每 8 bit 为 1 字节),在相同点阵中,不管其笔画繁简,每个字符所占的字节数相等。

(4)输出码(字形码)。字符的输出码是由字符的字模信息所组成的。在需要输出字符时,首先根据其机内码找出其字模信息在字库中的位置,再将其字模信息在屏幕上显示或打印出来。字符在点阵字模形式下,点阵越多,字符笔画越平滑,字符就越精美,但所占的存储空间也越大。点阵字符在逐渐放大过程中逐渐失真,变得越发模糊。为了克服点阵字模的失真缺点,研究出现了矢量字模。矢量字模是把每个字符的笔画分解成各种直线和曲线,在显示的时候,根据具体的显示尺寸,通过对原参数信息的分析,快速绘出线条轮廓,还原字符原形。矢量字模的特点是可以随意放大缩小字符而不失真,且所需存储量和字符大小无关。

附图 6 字符点阵字模及编码示例

键盘的使用

键盘和鼠标是计算机系统中最常见的输入设备,掌握它们的基本用法对于提高计算机的输入控制水平非常重要。

1.键盘的分区及常规键的作用、用法

键盘上按键的数量一般有 101 键、104 键、107 键等,目前最普遍使用的是 107 键键盘。键盘上无论有多少按键,基本键的操作方法大致相同。键盘一般按照按键的排列位置大致可分为五个键区:主键区、功能键区、编辑键区、副键区和指示灯区。键盘分区示意图如附图 7 所示。

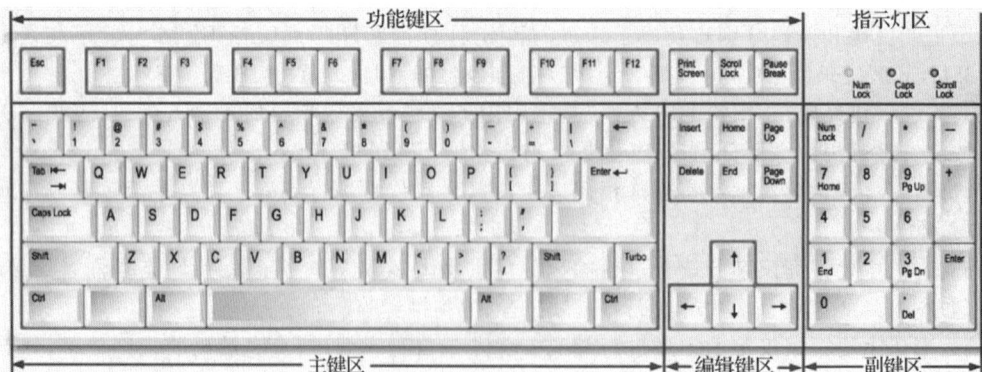

附图 7 键盘分区示意图

(1)主键区。主键区是键盘的主要使用区域,该区包括所有数字键、英文字母键、常用西文运算符、西文标点及常用特殊符号和控制键等。

Enter:俗称为回车键,其功能是在文本编辑、录入中表示换行,在命令键入中表示确定作用。

Backspace：退格键，也称左删除键，常用于删除光标左侧（前面）的字符。

Shift：上档键，键盘的左右各一个，一般情况下二者作用相同，常用于输入上档字符和转换英文大小写字母输入。

在附图7所示键盘排列分布中我们可以看到，主键区除字母键外，许多键面上都有两个符号，这些键位被称为双字符键。对双字符键来讲，直接按键是键入下面的字符，而通过 Shift 键的配合则可键入上面的字符，如@2键，直接按该键，键入的字符是"2"，而先按住 Shift 键不放，再按该键则键入的字符是"@"。

键盘上的字母键，若没有特别设定，启动计算机后默认是处于小写字母状态，此时按键则键入小写字母；如果先按住 Shift 键不放，再按相应字母键，则输入的是该字母的大写字母。

Tab：制表位，用于快速移动光标及对齐设置，每按一次，光标跳到下一设定位置。

Caps Lock：大写字母锁定键。计算机启动后默认键盘字母处于小字状态，即输入小写字母，当按一次该键，键盘右上角的大写指示灯亮，表明转入大写字母输入状态，此时键入字母为大写字母；再按该键一次切换回输入小写字母状态，同时相应指示灯熄灭。

Space：空格键，位于主键区最下一排中长度最长的那个键，其一般用于输入空白字符，在特定软件下可表示功能选择或锁定作用。

Esc：强制退出键，按该键可以中断当前某种工作状态或退出当前相应软件。

Ctrl 和 Alt：控制键，左右各一个，其通常不单独使用，一般与其他相应键组合来表示特定作用，进行某个特殊控制或操作。如 Ctrl＋Alt＋Del 组合键表示热启动计算机（DOS系统）或调用任务管理器（Windows系统）。

Win：控制键，左右各一个。单独使用，用于在 Windows 系统中弹出"开始"菜单；与其他特定键组合使用可以快速启动指定的 Windows 程序。如 Win＋E 组合键为打开"资源管理器"；Win＋F 组合键为调用"搜索"命令。

（2）功能键区。功能键主要是指 F1～F12 键，其中除 F1 键通常都表示获取帮助信息外，其余11个键在不同软件中，由于软件设计定义或用户自定义其功能等原因功能可能不同。

（3）编辑键区。编辑键区又称导航键区，其内键主要用于移动光标，以及对输入的字符进行编辑修改等操作，各键作用如附表4所示。

附表4 编辑键区键作用

按 键	名 称	功 能
Insert	插入键	在插入/改写字符状态之间切换，当"插入"模式处于打开状态时，在光标处插入输入的文本，当"插入"模式处于关闭状态时（改写状态），输入的文本将替换相应的原有字符
Delete	删除键	删除光标后面（右边）的字符，在 Windows 中，删除选择的项目
Home	Home键	光标移到当前行行首，或移动到网页顶端
End	End键	光标移到当前行行尾，或移动到网页底端
PageUp	向前翻屏	屏幕向上移一屏（一页）
PageDown	向后翻屏	屏幕向下移一屏（一页）
↑	向上光标	光标向上移一行
↓	向下光标	光标向下移一行
←	向左光标	光标向左移一列（一个字符）
→	向右光标	光标向右移一列（一个字符）

（4）副键区。副键区又称数字光标键区或小键盘区。该区键有双重功能：一是代表数字字符，此时与主键区中对应键的作用相同；二是作为第二组编辑导航功能，此时与编辑区中相对应键功能相同。利用该区左上角的数字锁定键（Num Lock）可在这两种功能之间进行切换。数字键盘排列

保证能够使用一只手即可迅速输入数字数据或数学运算符。

Num Lock 键：锁定键，只对该区有效，按一次该键，"指示灯区"的 Num Lock 指示灯亮，此时进入数字功能状态；再按该键一次，Num Lock 指示灯熄灭，进入编辑导航控制状态，此时该键区各键功能与编辑键区中相应键作用相同（参见附表4）。

（5）其他控制键。PrtScn(或 Print Screen)：按 PrtScn 键将捕获整个屏幕图像（"屏幕快照"），并将其复制到计算机内存中的剪贴板。可以从剪贴板将其粘贴（Ctrl＋V）到其他程序中。Alt＋PrtScn 将只复制活动窗口而不是整个屏幕图像。

ScrLk(或 Scroll Lock)：在大多数程序中按 Scroll Lock 键都不起作用。在少数程序（如 Excel）中，按 Scroll Lock 键将更改箭头键、Page Up 和 Page Down 键的行为，按这些键将滚动文档，而不会更改光标或选择的位置。"指示灯区"有一个指示 Scroll Lock 是否处于打开状态的指示灯。

Pause/Break：一般不使用该键。在 DOS 系统中，该键用于暂停程序，或者按 Ctrl＋Pause/Break 停止（中断）程序运行。

2.键盘的操作

键盘上的按键看似排列杂乱无章，实则是科学家们根据人手指的灵活度和按键的使用频率等因素来进行科学研究、巧妙编排的。因此，正确地掌握键盘的操作方法对操作者的健康和提高工作效率都有很大的好处。

（1）操作计算机的正确姿势。正确的计算机操作姿势有利于快速准确地输入内容，即使长时间操作计算机操作者也不易感到疲劳。计算机操作坐姿示意图如附图8所示。

长期在计算机前工作的人，容易出现眼、肩、背、手和颈部的疲劳症状，如腰酸背痛、颈部酸痛等，甚者还会引发关节炎等病症。只有遵循一些操作计算机正确姿势的要点，才能轻松愉快地操作计算机。操作计算机正确姿势的要点包括以下几点。

脚踏板、坐椅的高度以脚部、腿部感觉舒适为宜

附图8　计算机操作坐姿示意图

①调整自己的姿势和椅子的高度，坐时要背部挺直，双脚要能踩到脚踏板或地面，手指自然落于键盘，并保持手腕到手指的自然曲线。

②调整屏幕高度，保持在比眼睛略低的位置，视线对准屏幕中央时的俯角应为 $10°\sim20°$，视线自然落于屏幕上。

③与屏幕保持一个手臂以上的距离，但不要距离太远。屏幕后方及侧方是辐射较强的地方，最好不要停留在屏幕后方或侧方约1米以内。

④同样姿势操作计算机不要超过30分钟，并应定时离开座位活动活动筋骨。

⑤要保持视线充足、屏幕不反光，不要让眼睛过度疲劳或长时间干涩，同时要注意保持屏幕的清洁。

（2）按键的手指分工。为了准确高效地按键，对键盘上的按键进行了科学的手指分工，排出基本键位用于规范手指击键时的基本位置，不同手指分管不同的键域，如附图9所示。当手指不按键时，每个手指都应放在其相应的基本键位上，当手指按某键后，也应迅速返回到其相应的基本键位上。

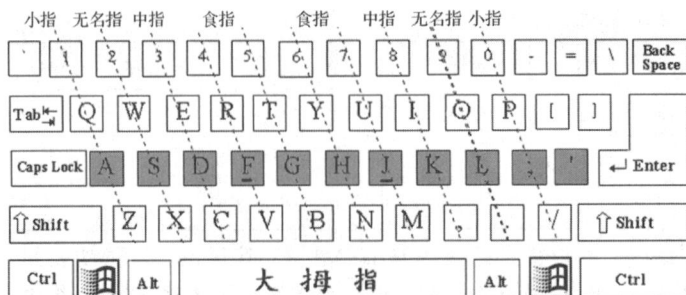

附图9　键盘的基本键位及指法

用户通过键盘向计算机输入内容时,应采用"击"键,而不"按"键,也就是手指要快速、有力地敲击某个键,击下键后再立即松开手指并迅速回到基本键位上。

笔记区

第三部分 计算机网络基础知识

互联网触及人们工作、生活和学习的各个角落,网络应用简单而方便。本节对网络基本常识、网络工作原理等进行介绍,为读者更好地使用网络奠定基础。

计算机网络常识

计算机网络是利用通信线路和通信设备将分散在不同地理位置上的具有独立功能的计算机连接起来,共同遵守一定的协议,在通信软件的支持下实现数据传输和软硬件资源共享为目标的通信系统。如果将两台计算机通过铜线、光纤、微波或通信卫星等连接起来,它们就可以相互交换信息。那么,这两台计算机就是相互连接的,它们构成最简单的计算机网络。通过本任务的学习,让读者了解计算机网络的基本知识,掌握计算机网络的特点、网络的分类依据及局域网的工作模式等内容。

计算机网络的主要功能是:数据通信、资源共享、分布式处理、提高系统的可靠性和可用性。

1.数据通信

数据通信是通信技术和计算机技术相结合而产生的一种新的通信方式。数据通信是指在两台计算机或终端之间以二进制的形式进行信息交换和数据传输。数据通信系统的主要技术指标有带宽、比特率、波特率、误码率。

(1)信道。信道指信息传输的媒介或渠道,其作用是把带有信息的信号从它的输入端传递到输出端。信道分有线信道和无线信道两种。

①有线信道:双绞线、同轴电缆、光缆等。

②无线信道:地波传播、短波、人造卫星中继等。

(2)数字信号和模拟信号。

①数字信号。数字信号是离散时间信号的数字化表示,通常可由模拟信号获得。计算机中用二进制数(0,1)表示数字信号的两种物理状态。

②模拟信号。模拟信号是一种用连续变化的物理量表示的信息,如电话线上传输的按声音强弱幅度连接变化所产生的电信号。

(3)调制与解调。模拟信号与数字信号之间的转换,常见的转换设备是调制解调器(Modem)。

①调制:将数字信号转换为模拟信号。

②解调:将模拟信号转换为数字信号。

(4)带宽与传输速率。带宽与数据传输率是通信系统主要的技术指标。在模拟信号中,以带宽表示信道传输的能力。带宽是以信号的最高频率与最低频率之差表示,即频率的范围。

频率是模拟信号波每秒的周期数,以 Hz、kHz、MHz 或 GHz 为单位。带宽越宽,其可用频率就越多,其传输的数据量就越大。

数据传输率表示信道的传输能力,最小单位为 bps(比特/秒)。常用单位有 bps、kbps、Mbps、Gbps、Tbps,其转换关系如下:

1kbps＝1024bps,1Mbps＝1024×1024bps,1Gbps＝1024×1024×1024bps,1Tbps＝1024×1024×1024×1024bps

(5)误码率。误码率是指二进制比特在数据传输系统中被传错的概率,是通信系统的可靠性指标。在计算机网络系统中要求低于 10^{-6}。

2.计算机网络的特点

计算机通过通信介质连接形成计算机网络。计算机网络与单机相比,有以下几个突出特点:数据通信、资源共享、负载均衡、高可靠性和可用性、高性能价格比、易扩展性。

3.计算机网络的分类

计算机网络根据不同的标准,可分为不同的类别,一般按通信的范围分为以下三类。

(1)局域网。局域网(Local Area Network,LAN)是在一个建筑物、一个校园或一个公司内的网络,分布范围为几千米。LAN适用于在一个较小地理范围内将计算机、外部设备通过传输媒体连接起来,以实现区域信息资源共享。

LAN的特点:传输速度高、误码率低、结构简单、成本低、组网容易、易管理、易维护、使用灵活方便。

(2)广域网。广域网(Wide Area Network,WAN)涉及很大的地理环境,经常跨一个国家或一个大洲。国际互联网就是典型的广域网。WAN包含很多用来运行用户应用程序的机器,通常把这些机器称为主机。把这些主机连接在一起的是通信子网,通信子网的任务是在主机之间传送信息。

(3)城域网。介于局域网和广域网之间的就是城域网(Metropolitan Area Network,MAN),通常分布在一个城市范围内,覆盖距离一般在10 km以内,通常采用与局域网相似的技术,传输主要采用光纤,传输速率在100 Mbps以上。MAN的主要作用是承担骨干网,通过它将位于同一城市内不同地点的主机、数据库以及局域网等相互连接起来。

目前世界上有许多网络,而不同网络的物理结构、协议和所采用的标准是各不相同的。如果连接到不同网络的用户需要进行相互通信,就需要将这些不兼容的网络通过网关连接起来,并由网关完成相应的转换功能。多个不同的网络系统相互连接,就构成了世界范围内的互联网。将多个小型的局域网通过广域网连接起来,是形成互联网的常见形式。

4.网络的拓扑结构

拓扑(Topology)是将各种物体的位置表示为抽象位置。在网络中,拓扑形象地描述了网络的安排和配置,包括各种节点及节点之间的相互关系。网络中的计算机等设备要实现互联,就需要以一定的结构方式进行连接,这种连接方式就是拓扑结构。通俗地讲,拓扑结构就是这些网络设备是如何连接在一起的。目前,常见的网络拓扑结构主要有以下四大类。

(1)星形结构。星形结构是目前在局域网中应用最为普遍的一种拓扑结构,在企业网络中几乎都是采用这一方式。星形网络几乎是Ethernet(以太网)网络专用。其拓扑结构是:网络中的各工作站节点设备通过一个网络集中设备(如交换机)连接在一起,各节点呈星状分布,如附图10所示。这类网络目前用得最多的传输介质是双绞线,如常见的五类、超五类双绞线等。

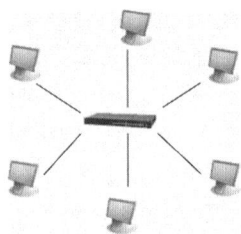

附图10 星形网络拓扑示意图

星形拓扑结构网络主要有以下几个特点。

①容易实现。它所采用的传输介质一般都是通用的双绞线或同轴电缆。这种拓扑结构主要应用于IEEE 802.2、IEEE 802.3标准的以太局域网中。

②扩展、移动节点方便。扩展节点时只需要从集线器或交换机等集中设备上接入一条传输介质即可,而要移动一个节点只需把相应的节点设备移到新节点,而不会像环形网络那样"牵其一而动全局"。

③维护容易。一个节点出现故障不会影响其他节点的连接,可任意拆除故障节点。

④采用广播信息传送方式。任何一个节点发送信息,在整个网中的节点都可以收到,这在网络方面存在一定的隐患,但在局域网中使用影响不大。

⑤网络传输数据快。目前最新的以太网接入速度为1000 Mbps。

但是这种结构的缺点也是明显的,如成本高、可靠性较低、资源共享能力较差。

(2)环形结构。环形结构的网络形式主要应用于令牌网中。在这种网络结构中,各设备是直接通过电缆来串接的,最后形成一个闭合环型。整个网络发送的信息在这个环中传递,通常把这类网络称为"令牌环网",如附图11所示。

环形拓扑结构网络主要有以下几个特点。

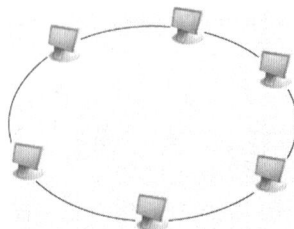

附图11 环形网络拓扑示意图

①适用范围窄。这种网络结构一般仅适用于 IEEE 802.5 的令牌网(Token ringnetwork)。在这种网络中,"令牌"是在环形连接中依次传递,所用的传输介质一般是同轴电缆。

②实现简单,投资小。从环形网络结构示意图中可以看出,组成这个网络的除各工作站外是传输介质——同轴电缆以及一些连接器材,没有价格昂贵的节点集中设备,如集线器和交换机。

③传输速度较快。在令牌网中允许有 16 Mbps 的传输速度,它比普通的 10 Mbps 以太网要快许多。随着以太网的广泛应用和以太网技术的发展,其速度也得到了极大提高,目前普遍都能提供 100 Mbps 的网速,远比 16 Mbps 要高。

环形拓扑结构网络也有其缺点,主要有以下两点。

①维护困难。从环形网络结构可以看到,整个网络各节点间是直接串联。这样,任何一个节点出了故障都会造成整个网络的中断、瘫痪,维护起来非常不便。另外,因为同轴电缆所采用的是插针式的接触方式,所以非常容易造成接触不良、网络中断,而且这样查找起来也非常困难。

②扩展性能差。也是因为环形结构,决定了其扩展性能远不如星形结构。如果要新添加或移动节点,就必须中断整个网络,在环的两端做好连接器才能连接。

(3)总线型结构。在总线型网络拓扑结构中,所有设备都直接与总线相连,如附图12所示。它所采用的介质一般也是同轴电缆(包括粗缆和细缆),不过现在也有采用光缆作为总线型传输介质的。

附图 12　总线型网络拓扑示意图

总线型拓扑结构主要有以下几个特点。

①组网费用低。从附图12可以看出,总线型拓扑结构根本不需要另外的互联设备,是直接通过一条总线进行连接,所以组网费用较低。

②网络用户扩展较灵活。需要扩展用户时只需添加一个接线器即可,但所能连接的用户数量有限。

③维护较容易。单个节点失效不影响整个网络的正常通信,但是如果总线断开,则整个网络或者相应的主干网段就断了。

这种网络拓扑结构的缺点是一次仅能给一个端用户发送数据,其他端用户必须等到获得发送权,维护难,分支节点故障查找难,并且因为各节点是共享总线带宽的,所以在传输速度上会随着接入网络的用户的增多而下降。

(4)混合型拓扑结构。混合型网络拓扑结构是前面所讲的星形结构和总线型结构的网络结合在一起的网络结构,如附图13所示。这种网络拓扑结构主要用于较大型的局域网中,如果一个单位有几栋在地理位置上分布较远的办公楼,单纯用星形网来组建整个公司的局域网很难成功,因为会受到星形网传输介质——双绞线的单段传输距离(100 m)的限制;如果单纯采用总线型结构来布线,则很难承受公司的计

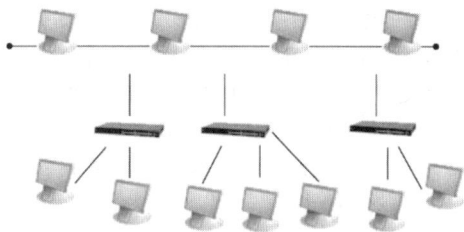

附图 13　混合型网络拓扑示意图

算机网络规模的需求。结合这两种拓扑结构,在同一楼层可以采用双绞线的星形结构,而不同楼层可采用同轴电缆的总线型结构,而在楼与楼之间也必须采用总线型。传输介质要视楼与楼之间的距离而定,如果距离较近(500 m 以内),可以采用粗同轴电缆作为传输介质;如果在 180 m 之内,可以采用细同轴电缆来作为传输介质;如果超过 500 m,需要采用光缆或者粗缆加中继器。混合型拓扑结构的布线方式就是我们常见的综合布线方式。

混合型拓扑结构主要有以下几个特点。

①应用广泛。这主要是因为它解决了星形和总线型拓扑结构的不足,满足了大公司组网的实际需求。

②扩展灵活。这主要是因为它继承了星形拓扑结构的优点,但由于仍采用广播式的消息传送

笔记区

方式,所以在总线长度和节点数量上也会受到限制,不过在局域网中不存在太大的问题。同样具有总线型网络结构的网络速率会随着用户的增多而下降的弱点。

③维护较难。这主要受到总线型网络拓扑结构的制约,如果总线断开,则整个网络瘫痪;如果是分支网段出现故障,虽然不影响整个网络的正常运作,但是整个网络非常复杂,维护起来不容易。

④速度较快。因为其骨干网采用高速的同轴电缆或光缆,所以整个网络在速度上不受太多的限制。

在计算机网络中还有其他类型的拓扑结构,如树形拓扑结构、分布式拓扑结构和蜂窝拓扑结构等。在局域网中,使用最多的是总线型和星形结构。蜂窝拓扑结构是无线局域网中常用的结构,它以无线传输介质(微波、卫星、红外等)点到点和多点传输为特征,是一种无线网,适用于城市网、校园网和企业网。

(5)计算机网络拓扑结构的选择。不管是局域网或广域网,其拓扑的选择需要考虑诸多因素。

①网络既要易于安装,又要易于扩展。

②网络的可靠性是考虑选择的重要因素。要易于故障诊断和隔离,以使网络的主体在局部发生故障时仍能正常运行。

③网络拓扑的选择还会影响传输媒体的选择和媒体访问控制方法的确定,这些因素又会影响各个站点的运行速度和网络软、硬件接口的复杂性。

5.局域网的工作模式

局域网的工作模式是根据局域网中各计算机的位置来决定的。目前,局域网主要存在着"客户/服务器(C/S)模式"和"对等式网络(点对点 Peer-to-Peer)模式"两种工作模式,它们涉及用户存取和共享信息的方式。

(1)客户/服务器(C/S)模式。客户/服务器模式是一种基于服务器的网络,其中一台或几台较大的计算机集中进行共享数据库的管理和存取,称为服务器;而将其他的应用处理工作分散到网络中的其他微机上,构成分布式的处理系统,服务器控制管理数据的能力已由文件管理方式上升为数据库管理方式。因此,C/S网络模式的服务器也称为数据库服务器,如附图14所示。

客户/服务器模式主要注重于数据定义、存取安全、备份及还原,并发控制及事务管理,

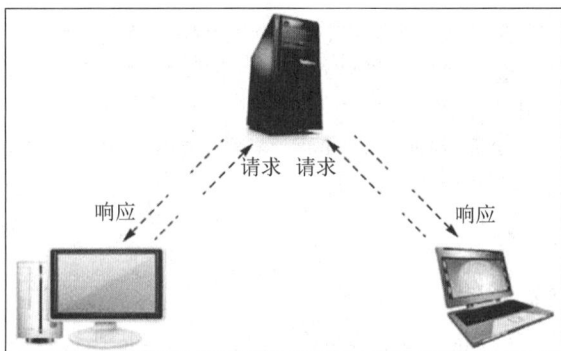

附图14　客户/服务器(C/S)模式示意图

执行选择检索和索引排序等数据库管理等功能。它有足够的能力把通过其处理后用户所需的那部分数据而不是整个文件通过网络传送到客户机去,减轻了网络的传输负荷。C/S网络模式是数据库技术的发展和普遍应用与局域网技术发展相结合的结果。

(2)对等式网络(Peer-to-Peer)模式。在拓扑结构上与具备专用服务器的 C/S 不同,在对等式网络结构中,没有专用服务器。在这种网络模式中,每一个工作站既可以起客户机作用,也可以起服务器作用。

点对点对等式网络具有造价低、分布广等优点。当然其缺点也是非常明显的,即提供的服务功能较少,并且难以确定文件的位置,使得整个网络难以管理。

6.计算机网络的组成

计算机网络系统由网络软件系统和网络硬件系统组成。

(1)网络硬件。网络硬件设备是网络连接中的物理实体。网络设备的种类繁多,常见的有手机、计算机、交换机(Switch)、路由器(Router)、网络接口卡(NIC)、无线接入点(AP)、调制解调器(Modem)和网线等。

①路由器(Router)。路由器是网络中的连接设备,其能根据信道情况自动选择而设定路由,以最佳路径及顺序发送信号。宽带路由器是伴随着宽带的普及应用而产生一种新兴的网络产品,集成

了路由器、防火墙、带宽控制和管理等功能,具备快速转发能力、灵活的网络管理和丰富的网络状态等特点。宽带路由器一般集成有一个 10/100Mb/s 宽带以太网 WAN 接口,多个 10/100Mb/s 自适应 LAN 交换机接口,以及无线发射与接收模块,方便多台网络终端接入 Internet。宽带路由器广泛应用于家庭、学校、办公室、网吧等场所。

②调制解调器(Modem)。调制解调器是 Modulator(调制器)与 Demodulator(解调器)的简称,是实现在发送端通过调制将数字信号转换为模拟信号进行传输,而在接收端通过解调再将模拟信号转换为数字信号的一种装置。随着光纤应用的普及,"光猫"得以广泛应用。光猫即光调制解调器、光端机,是利用一对光纤进行点到点式的光传输终端设备,一般为专业人士采用专业工具进行光纤连接安装。

(2)网络软件。计算机网络的软件系统包括网络操作系统和网络应用服务系统等。

网络操作系统除具有常规操作系统所应具有的功能外,还应具有网络管理功能,如网络通信功能、网络资源管理功能和网络服务功能等。常见的网络操作系统有 Windows server 2008、Unix 等。

网络应用服务系统是根据工作应用的需要,基于网络技术而建立的各种网络应用服务的总称。常见的网络应用服务系统有搜索引擎、信息浏览服务、电子邮件系统、网络学习系统等。

7.网络体系结构与网络协议

网络体系结构是指计算机网络各层次及其协议的集合。层次结构一般以垂直分层模型来表示,开放系统互连(OSI)基本参考模型分七层。

网络协议是为计算机网络中进行数据交换而建立的规则、标准或约定的集合,它是网络上所有设备(网络服务器、计算机及交换机、路由器、防火墙等)之间通信规则的集合。TCP/IP 协议(传输控制协议/网际协议)规范了网络上的所有通信设备,尤其是一个主机与另一个主机之间的数据往来格式及传送方式。OSI 模型与 TCP/IP 协议模型的对应关系如附图 15 所示。

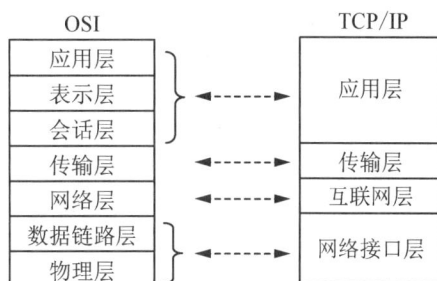

附图 15 TCP/IP 协议模型与 OSI 模型的对应关系

常用的网络协议有:

(1)Telnet(Remote Login):远程登录协议。

(2)FTP(File Transfer Protocol):文件传输协议。

(3)POP3(Post Office Protocol 3):邮件收发协议。

(4)SMTP(Simple Mail Transfer Protocol):邮件传输协议。

(5)PPPoE:基于以太网的点对点通信协议(Point to Point Protocol over Ethernet,也称 PPP over Ethernet,PPPoE)。通过调制解调器拨号上网,使用的是 PPP 协议,即 Point to Point Protocol(点到点协议),该协议具有用户认证及通知 IP 地址的功能。PPP over Ethernet(PPPoE)协议,在以太网络中实现 PPP 帧信息转播技术。PPPoE 上网方式在小型区域组网建设中被广泛采用。

互联网基础知识

互联网(Internet)也称因特网,是由美国 ARPANET 网发起来的,它是当前世界上最大的开放网际网,连接了世界上不同国家与地区无数不同硬件、不同操作系统与不同软件的计算机,即由众多的计算机网络互连而成的互联网络,如附图 16 所示。

互联网可以看成由通信子网和互联网主机所组成。为了保证这些计算机之间能够畅通无阻地交换信息,必须有统一的通信协议。网络中常见的通信协议有 IPX、POP3、TCP/TP、FTP 等。通信协议要提供数据传输的目

附图 16 互联网示意图

笔记区

的地址和保证数据迅速可靠传输的措施。这是因为数据在传输的过程中很容易丢失或传错,所以互联网使用 TCP/IP 作为一个标准的通信协议,使用 IP 地址或域名地址作为确认计算机位置的依据。通过本任务学习,让读者了解互联网的基本概念、主要功能,掌握 IP 地址的含义及表示方法、域名与 IP 地址的关系等知识。

1. 互联网的重要概念

(1) TCP/IP 协议。TCP/IP 协议又称为传输控制/网际协议,或网络通信协议。该协议是国际互联网络(Internet)的基础。虽然从名字上看 TCP/IP 包含两个协议,即传输控制协议(TCP)和网际协议(IP),但 TCP/IP 实际上是一组协议。它包括上百个各种功能的协议,如远程登录、文件传输和电子邮件等,而 TCP 协议和 IP 协议是保证数据完整传输的两个最基本的重要协议。

(2) 互联网的地址。在互联网上有成千上万台互联网主机和路由器,每一台互联网主机和路由器都至少有一个互联网的地址以示区分。一个互联网地址有两种表示形式。

① 用 IP 地址表示。目前,互联网中普遍使用的 IP 地址是 32 位 IP 地址,64 位 IP 地址使用已在起步,但还没普遍使用,不过随着 IP 地址的紧缺,64 位 IP 地址将逐渐取代 32 位 IP 地址。

32 位 IP 地址是 IP 协议规定每个互联网地址的长度为 32 位。这 32 位二进制网络地址分为四组,每组八位,常用十进制数来表示,取值范围为 0～255,组间用小圆点分隔。例如:

221.221.193.23

② 用域名地址表示。IP 地址是使用一串枯燥乏味的数字表示网络中计算机的地址,很难被用户理解和记住,于是人们想到了使用有意义的字符串来代替 IP 地址,即域名地址。为了使每台互联网主机的名字具有唯一性,互联网采用了分层的、基于域的命名系统。

域是同一类事物的集合,如国家、政府部门、学校等就是不同层次的域。像文件系统一样,域名系统也是一个倒树型结构:最上层是顶级域,每个顶级域包含一个或多个子域,每个子域又包含一个或多个下一级子域,以此类推,最下一层没有子域的就是底层域。底层域包含一个或若干个互联网主机(服务器)。

在互联网上的顶级域分为两大类:一类是国家和特殊地区类,另一类是基本类。常见的国家和特殊地区类及基本类域名如附表 5 所示。

附表 5　常见的国家和特殊地区类及基本类域名

域　类	地区/类别	顶级域名	地区/类别	顶级域名
国家	中国	.cn	法国	.fr
	俄罗斯	.ru	日本	.jp
	澳大利亚	.au	朝鲜	.kp
基本类	商业机构	.com	教育机构	.edu
	政府部门	.gov	国际组织	.int
	非盈利组织	.org	网络组织	.net
	网络信息服务组织	.info	商业	.biz

在网络上,由 DNS(域名服务器)来进行域名与 IP 之间的相互转换。人们输入的域名在 DNS 上转换为对应的 IP,找到相应的服务器,打开相应的网页。

(3) 统一资源定位器 URL。在互联网上,可用资源一般以文件的形式保存在有关的服务器中。为了能够访问这些资源,网络中给每个可用资源都分配一个统一的资源定位器 URL(Uniform Resource Locator)。

统一资源定位器由使用的协议、保存资源文件所在互联网主机的域名、唯一指定该文件的路径和文件名三部分组成。这样,就保证了该资源在互联网上的唯一性。

例如,http://sq.newhua.com/sort/196_1.htm。其中 http 表示使用的是超文本传输协议 HTTP;sq.newhua.com 表示域名名称;/sort/196_1.htm 表示网站上的某一个网页页面的路径及文件名。

URL 是网页的地址,这种地址会在浏览器顶部附近的 Location 或者 URL 框内显示。将光标移至网页上的某个超链接上方时,URL 也会在浏览器的状态栏中显示出来。

(4)超链接。超链接在本质上属于一个网页的一部分。它是一种允许用户与其他网页或站点之间进行连接的元素。各个网页链接在一起,才能真正构成一个网站。超链接是指从一个网页指向一个目标的连接关系,这个目标可以是另一个网页,也可以是同一网页上的不同位置,还可以是一个图片、一个电子邮件地址、一个文件,甚至是一个应用程序。而在一个网页中用来做超链接的对象,可以是一段文本或者是一个图片。当浏览者单击已经链接的文字或图片后,链接目标将显示在浏览器上,并且根据目标的类型来打开或运行它。

在网页中,网页设计者一般为超链接设置有一种颜色,当将移动光标到该超链接上时,光标会变成一只手的形状，同时设置了链接的文本会出现下划线。这时用鼠标单击,就可直接跳到与超链接所指向的网页、WWW 网站或其指定位置。

2.互联网的主要功能

Internet 发展至今天,已经不再是简单的计算机网络,而是已发展成为人们工作、生活、学习、娱乐等各方面获取和交流信息不可缺少的工具,其主要表现在以下几个方面。

(1)WWW 服务。万维网(World Wide Web,WWW)将检索技术与超文本技术结合起来,是最受欢迎的信息检索与浏览服务。

(2)电子邮件。电子邮件(E-mail)是 Internet 上使用十分广泛的服务之一,其使用简洁、快速、高效、价廉,可以发送文本、图片和程序等。

(3)文件传输。用户可以在 Internet 上通过 FTP 等上传和下载远程服务器资源。

(4)电子公告牌(论坛)。电子公告牌(BBS)是一种发布并交换信息的在线服务系统,可以使更多的用户通过电话线以简单的终端形式实现互联,从而得到廉价的丰富信息,并为其会员提供进行网上交谈、发布消息、讨论问题、传送文件、学习交流和游戏等的机会和空间。

(5)电子商务。电子商务是一项新兴的业务,正处于迅猛发展阶段。电子商务是指在互联网(Internet)、企业内部网(Intranet)和增值网(VAN)上以电子交易的方式进行交易活动和相关服务的活动,是传统商业活动各环节的电子化、网络化。电子商务正改变着人们购物的方式,同时网上购物也推动着快递物流行业的发展。

(6)移动互联。用户通过手机、平板电脑、可穿戴设备等移动线终端,通过高速移动网络,在移动状态下随时、随地访问 Internet 获取信息(如移动电子阅读、移动支付、移动电子商务、搜索与移动定位服务提供个性化信息等)

笔记区

笔记区

附录2

计算机等级考试专项实践

（Office 不同版本描述有所区别，以下是以 Office 2016 版本设计）

综合练习1（见素材－计算机等级练习1）

（一）Windows 部分

（1）在 HUOW 文件夹中创建名为 DBP8.TXT 的文件，并设置为只读属性。

（2）将 JPNEQ 文件夹中的 AEPH.BAK 文件复制到 MAXD 文件夹中，文件名为 MAHF.BAK。

（3）为 MPEG 文件夹中的 DEVAL.EXE 文件建立名为 KDEV 的快捷方式，并存放在计算机等级练习 1 文件夹下。

练习 1 Windows 部分

（4）将 ERPO 文件夹中 SGACYL.DAT 文件移动到 ZHICHENG 文件夹下，并改名为 ADMICR.DAT。

（5）搜索当前文件夹下的 ANEMP.FOR 文件，然后将其删除。

（二）Word 部分

打开文档 WORD1.docx，按照要求完成下列操作并以该文件名（WORD1.docx）保存文档。

（1）将文中所有错词"中朝"替换为"中超"；自定义页面纸张大小为"19.5 厘米（宽）×27 厘米（高）"；设置页面左、右边距均为 3 厘米；为页面添加 1 磅、深红色（标准色）、"方框"型边框；插入页眉，并在其居中位置输入页眉内容"体育新闻"。

练习 1 Word 部分

（2）将标题段文字（"中超第 27 轮前瞻"）设置为小二号、蓝色（标准色）、黑体、加粗、居中对齐，并添加浅绿色（标准色）底纹；设置标题段段前、段后间距均为 0.5 行。

（3）设置正文各段落（"北京时间……目标。"）左右各缩进 1 字符、段前间距 0.5 行；设置正文第一段（"北京时间……产生。"）首字下沉 2 行（距正文 0.2 厘米），正文其余段落（"6 日下午……目标。"）首行缩进 2 字符；将正文第三段（"5 日下午……目标。"）分为等宽 2 栏，并添加栏间分隔线。

（4）将文中最后 8 行文字转换成一个 8 行 6 列的表格，设置表格第一、第三至第六列列宽为 1.5 厘米，第二列列宽为 3 厘米，所有行行高为 0.7 厘米；设置表格居中、表格中所有文字水平居中。

（5）设置表格外框线为 0.75 磅红色（标准色）双窄线，内框线为 0.5 磅红色（标准色）单实线；为表格第一行添加"白色，背景 1，深色 25%"底纹；在表格第四、第五行之间插入一行，并输入各列内容分别为"4""贵州人和""10""11""5""41"。对"平"列按"数字"类型降序排列表格内容。

（三）Excel 部分

（1）打开 EXCEL.xlsx 文件。

①将 Sheet1 工作表的 A1:F1 单元格合并为一个单元格，内容水平居中；按表中第 2 行中各成绩所占总成绩的比例计算"总成绩"列的内容（数值型，保留小数点后 1 位），按总成绩的降序次序计算"成绩排名"列的内容（利用 RANK.EQ 函数，降序）。

②选取"学号"列（A2:A10）和"总成绩"列（E2:E10）数据区域的内容建立"簇状柱形图"，图表标题为"成绩统计图"，不显示图例，设置数据系列格式为纯色填充（紫色，个性色 4，深色 25%），将图插入到表的 A12:D27 单元格区域内，将工作表命名为"成绩统计表"，保存 EXCEL.xlsx 文件。

（2）打开工作簿文件 EXC.xlsx，对工作表"产品销售情况表"内数据清单的内容建立数据透视表，按行标签为"季度"，列标签为"产品名称"，求和项为"销售数量"，并置于现工作表的 I8:M13 单元格区域，工作表名不变，保存 EXC.xlsx 工作簿。

练习 1 Excel 部分

（四）PowerPoint 部分

打开演示文稿 yswg.pptx，按照下列要求完成对此文稿的修饰并保存，内容请按照题干所示的全角或半角形式输入。

（1）使用"徽章"主题修饰全文，全部幻灯片切换方案为"推进"，效果选项为"自顶部"，放映方式为"观众自行浏览"。

（2）第 2 张幻灯片的版式改为"两栏内容"，标题为"全面公开政府'三公'经费"，左侧文本设置为仿宋、23 磅字，右侧内容区插入"ZHICHENG"文件夹中图片 ppt1.png，图片动画设置为"进入""旋转"。

练习 1 PPT 部分

（3）第 1 张幻灯片前插入版式为"标题和内容"的新幻灯片，内容区插入 3 行 5 列的表格。表格行高均为 3 厘米，表格所有单元格内容均按居中对齐和垂直居中对齐，第 1 行的第 1～5 列依次录入"年度""因公出国费用""公务接待费""公务车购置费"和"公务车运行维护费"，第 1 列的第 2～3 行依次录入"2011 年"和"2012 年"。其他单元格内容按第 2 张幻灯片的相应内容填写，数字后单位为万元。标题为"北京市政府某部门'三公'经费财政拨款情况"。备注区插入"财政拨款是指当年'三公'经费的预算数"。

（4）移动第 3 张幻灯片，使之成为第 1 张幻灯片。然后删除第 3 张幻灯片。

（5）第 1 张幻灯片前插入版式为"标题幻灯片"的新幻灯片，主标题为"全面公开政府'三公'经费"，副标题为"2018 年之前实现全国市、县级政府全面公开'三公'经费"。

综合练习 2（见素材－计算机等级练习 2）

（一）Word 部分

（1）将 WORD.docx 文档标题"中共中央办公厅……的意见"设置为黑体小三号、红色并居中排列；将正文设置为仿宋四号。

（2）将全文中"人材"替换为"人才"。

（3）为正文最后 4 段文字添加项目符号"▲"；删除段首破折号并首行缩进 1 厘米。

练习 2 Word 部分

（4）将页面设置为纵向，上下左右边距分别为 3.7 厘米、3.5 厘米、2.8 厘米、2.5 厘米，页脚为 1.8 厘米。

（5）以页脚模式居中插入纯数字页码，页码字体为仿宋小四号。

（二）Excel 部分

（1）对 EXCEL.xlsx 文档的"分公司"和"销售数量"按主关键字降序、次关键字升序排序。

（2）用 RANK 函数对数据表按销售额降序排名。

（3）将"3 季度"的销售记录筛选出来存放在 A40 起的单元格内。

练习 2 Excel 部分

(4)对"3季度"筛选数据的"分公司"和"销售数量"数据建立"三维簇状柱形图",图表放置在数据表格下方,标题为"各公司销售数量对比图"。

(5)对源数据表利用条件格式将销售额排名前十名单元格填充红色。

(6)以插入行方式为源数据表添加标题"产品销售情况统计表",并以合并单元格方式居于表格正中,格式为黑体23磅;对源数据表格套用"蓝色,表样式中等深浅2"表格样式。

（三）PowerPoint 部分

(1)使用"画廊"主题修饰全文,全部幻灯片切换方案为"百叶窗",效果选项为"水平"。

(2)将第2页正文内容分为2栏。

(3)将第3页正文内容进入动画设置为"自左侧飞入"。

(4)在第2页前插入新幻灯片,标题设置为"中共中央办公厅 国务院办公厅印发",正文文本为"中央全面深化改革领导小组召开中央全面深化改革领导小组第二十九次会议审议通过"。

练习 2 PPT 部分

综合练习3（见素材－计算机等级练习3）

（一）Word 部分

打开文档 WORD1.docx,按照要求完成下列操作并以该文件名(WORD1.docx)保存文档。

(1)将文中所有"背景"替换为"北京";自定义页面纸张大小为"19厘米(宽)×27厘米(高)";为页面添加内容为"高考"的文字水印;设置页面颜色为"橙色,个性色2,淡色80％";设置页面左、右边距均为3.5厘米。

练习 3 Word 部分

(2)将标题段文字("北京2008－2013年高考报名人数逐年下降")设置为16磅、深蓝色(标准色)、宋体、加粗、居中、段后间距1行,并设置文字效果的"映像"样式为"全映像:8磅 偏移量"。

(3)将正文各段文字("从北京教育考试院……连续6年下降。")的中文设置为五号宋体、西文设置为五号 Arial 字体;将各段落设置为1.2倍行距、段前间距0.5行;设置正文第一段("从北京教育考试院……85％左右。")首字下沉2行,距正文0.3厘米;为正文其余段落("据了解……连续年下降。")添加"1,2,3,…"样式的编号。

(4)将文中最后9行文字转换成一个9行3列的表格,设置表格列宽为3.5厘米、行高为0.7厘米;设置表格居中,表格所有文字水平居中;分别合并第1列的第2行至第4行、第5行至第7行、第8行至第9行单元格。

(5)设置表格外框线、第1行与第2行之间的表格线为0.75磅红色(标准色)双窄线,其余表格框线为0.75磅红色(标准色)单实线;为表格添加"橄榄色,个性色3,淡色40％"底纹;设置表格所有单元格的左、右边距均为0.2厘米;设置表格第1行为"重复标题行"。

（二）Excel 部分

(1)打开 EXCEL.xlsx 文件,将 Sheet1 工作表的 A1:F1 单元格合并为一个单元格,内容水平居中;按表中第2行中各成绩所占总成绩的比例计算"总成绩"列的内容(数值型,保留小数点后1位),按总成绩的降序次序计算"成绩排名"列的内容(利用 RANK.EQ 函数,降序)。

练习 3 Excel 部分

(2)选取"学号"列(A2:A12)和"成绩排名"列(F2:F12)数据区域的内容建立"簇状柱形图",图表标题为"学生成绩统计图",图例位于底部,设置数据系列格式为纯色填充(橄榄色,个性色3,深色25％),将图插入到表的 A14:D29 单元格区域内,将工作表命名为"学生成绩统计表",保存 EXCEL.xlsx 文件。

(3)打开工作簿文件 EXC.xlsx,对工作表"产品销售情况表"内数据清单的内容建立数据透视表,按行标签为"分公司",列标签为"产品名称",求和项为"销售额(万元)",并置于现工作表的 I6:M20 单元格区域,工作表名不变,保存 EXC.xlsx 工作簿。

（三）PowerPoint 部分

打开演示文稿 yswg.pptx，按照下列要求完成对此文稿的修饰并保存。

（1）使用"深度"主题修饰全文，全部幻灯片切换方案为"旋转"，效果选项为"自顶部"。

练习3 PPT部分

（2）第2张幻灯片的版式改为"两栏内容"，标题为"世界第一高人苏丹·克森"，左侧内容区的文本设置为25磅字，右侧内容区域插入"考生"文件夹中图片 ppt1.png。

（3）移动第1张幻灯片，使之成为第2张幻灯片，幻灯片版式改为"标题和竖排文字"，标题为"土耳其文化与美食节"。

（4）在第1张幻灯片前插入版式为"空白"的新幻灯片，并在"水平位置:2.5厘米，从:左上角，垂直位置:5.63厘米，从:左上角"位置插入样式为"填充:白色;边框:绿色，主题色1;发光:绿色，主题色1"的艺术字"世界第一高人苏丹克森"，艺术字高度为 6.77 厘米。艺术字文本效果为"转换—弯曲—双波形 1"。艺术字的动画设置为"强调""波浪形"，效果选项为"整批发送"。第1张幻灯片的背景设置为"水滴"纹理。

综合练习 4（见素材－计算机等级练习 4）

（一）Word 部分

打开文档 WORD1.docx，按照要求完成下列操作并以该文件名（WORD1.docx）保存文档。

练习4 Word部分

（1）将文中所有"奥林匹克运动会"替换为"奥运会"；在页面底端按照"普通数字 2"样式插入"Ⅰ，Ⅱ，Ⅲ，…"格式的页码，起始页码设置为"Ⅳ"；为页面添加"方框"型 0.75 磅、红色（标准色）、双窄线边框；设置页面颜色的填充效果样式为"纹理/蓝色面巾纸"。

（2）将标题段文字（"伦敦奥运会绚烂落幕"）设置为二号、深红色（标准色）、黑体、加粗、居中、段后间距 1 行，并设置文字效果的"发光"样式为"预设/发光变体/红色，11 磅发光，个性色 2"。

（3）将正文各段落（"新华社……里约热内卢。"）设置为 1.3 倍行距；将正文第一段（"新华社……在伦敦闭幕。"）起始处的文字"新华社 2012 年 8 月 14 日电"设置为黑体；设置正文第一段首字下沉 2 行，距正文 0.3 厘米；设置正文第二段（"昨晨……掌声不息。"）首行缩进 2 字符；为正文其余段落（"在闭幕式……里约热内卢。"）添加项目符号"◆"。

（4）将文中最后 9 行文字转换成一个 9 行 6 列的表格，设置表格列宽为 2.3 厘米、行高为 0.7 厘米；设置表格居中，表格所有文字水平居中；在"总数"列分别计算各国奖牌总数（总数＝金牌数＋银牌数＋铜牌数）。

（5）设置表格外框线、第 1 行与第 2 行之间的表格线为 0.75 磅红色（标准色）双窄线，其余表格框线为 0.75 磅红色（标准色）单实线；为表格第 1 行添加橙色（标准色）底纹；设置表格所有单元格的左、右边距均为 0.3 厘米；按"总数"列依据"数字"类型降序排列表格内容。

（二）Excel 部分

（1）打开工作簿文件 EXCEL.xlsx，将工作表 Sheet1 的 A1:G1 单元格合并为一个单元格，内容水平居中；计算"去年销售额""今年销售额""销售额增长比例"列的内容；利用条件格式将 G3:G10 区域设置为渐变填充蓝色（标准色）数据条。

练习4 Excel部分

（2）选取工作表的"产品型号"列和"销售额增长比例"列的内容，建立"簇状条形图"，图表标题为"销售额增长比例图"，图例位于底部，设置数据系列格式为纯色填充（红色，个性色 2，深色 25%），插入表的 A12:F27 单元格区域内，将工作表命名为"近两年产品销售情况表"。

（3）打开工作簿文件 EXC.xlsx，对工作表"产品销售情况表"内数据清单的内容按主要关键字"产品类别"的升序、次要关键字"销售额排名"的升序次序进行排序，对排序后的数据进行分类汇

总,分类字段为"产品类别",汇总方式为"求和",汇总项为"销售额(万元)",汇总结果显示在数据下方,工作表名不变,保存 EXC. xlsx 工作簿。

(三)PowerPoint 部分

打开演示文稿 yswg. pptx,按照下列要求完成对此文稿的修饰并保存。

(1)使用"时装设计"主题修饰全文,全部幻灯片切换方案为"百叶窗",效果选项为"水平"。

(2)将第 2 张幻灯片的版式改为"两栏内容",标题为"火爆的'十一黄金周'",右侧内容区插入"考生"文件夹中图片 ppt2. png。

练习 4 PPT 部分

(3)在第 3 张幻灯片后插入版式为"标题和内容"的新幻灯片,标题为"中国员工难以带薪休假的原因";内容区插入 3 行 2 列的表格,第 1 行的第 1、2 列依次录入"原因"和"具体内容",将表格样式套用为"中度样式 2—强调 1"。

(4)将第 1 张幻灯片的第 1 段和第 2 段文本依次移到表格第 2 行的第 1、2 列;将第 1 张幻灯片的第 3 段和第 4 段文本依次移到表格第 3 行的第 1、2 列;删除第一张幻灯片。

(5)第 2 张幻灯片版式改为"比较",标题为"黄金周'人山人海之痛'",右侧内容区插入"考生"文件夹中图片 ppt1. png,图片和文本动画均设置为"进入""轮子",效果选项为"轮辐图案"。动画顺序为先文本后图片。

(6)在第 1 张幻灯片前插入版式为"标题幻灯片"的新幻灯片,主标题为"如何改变'人山人海'的中国式旅游",副标题为"根本方法是落实带薪休假"。

综合练习 5(见素材—计算机等级练习 5)

(一)Word 部分

将素材文档"邀请函"进行如下操作。

(1)调整文档的版面,方向:横向;上下页边距 3 厘米,左右页边距 4 厘米;页面高度 20 厘米,页面宽度 28 厘米。

(2)设置文档格式。调整文档字体、字号、颜色、段间距、行间距、段落缩进等内容,使整个邀请函版面符合常规要求。

练习 5 Word 部分

(3)将文中英文标点符号用替换的方式改为中文标点符号。

(4)在邀请函下方新建一页,设置成默认的 A4 纸张,制作如下表格。

基本情况表

姓　名		性别		出生年月			民族	
政治面貌		婚姻状态		现行政职务及 任职时间				
家庭住址						邮箱		
联系电话			QQ 号		E-mail			

(二)Excel 部分

将素材文档"学生成绩单. xlsx"进行如下处理。

(1)对工作表"第一学期期末成绩"中的数据列表进行格式化操作。将第 1 列"学号"列设为文本,将所有成绩列设为保留两位小数的数值;适当加大行高列宽,改变字体、字号,设置对齐方式,增加适当的边框和底纹以使工作表更加美观。

练习 5 Excel 部分

(2)利用"条件格式"功能进行下列设置:将语文、数学、英语三科中不低于110 分的成绩所在的单元格以一种颜色填充,其他四科中高于 95 分的成绩以另一种字体颜色标出,所用颜色深浅以不遮挡数据为宜。

(3)利用 SUM 和 AVERAGE 函数计算每个学生的总分及平均成绩。

（4）复制工作表"第一学期期末成绩"，将副本放置到原表之后；改变该副本表标签的颜色，并重新命名，新表名需包含"分类汇总"字样。

（5）通过分类汇总功能求出每个班各科的平均成绩，并将每组结果分页显示。

（6）以分类汇总结果为基础，创建一个簇状柱形图，对每个班各科平均成绩进行比较，并将该图表放置在一个名为"柱状分析图"的新工作表中。

（三）PowerPoint 部分

根据素材文件"百合花 .docx"制作演示文稿，具体要求如下。

（1）幻灯片不少于 5 页，选择恰当的版式并且版式要有变化。

（2）第 1 页上要有艺术字形式的"百年好合"字样；有标题页，并且演示文稿中的幻灯片至少要有 2 种以上的主题。

练习 5 PPT 部分

（3）幻灯片中除了有文字外还要有图片，要求用所给的百合花图。

（4）采用由观众手动自行浏览方式放映演示文稿，动画效果要贴切，幻灯片切换效果要恰当、多样。

计算机基础知识练习题　　　　计算机系统练习题

参考文献

[1]龙敏. 现代信息技术应用项目教程[M]. 上海：上海交通大学出版社，2018.

[2]龙敏. 计算机应用基础[M]. 上海：上海交通大学出版社，2015.

[3]未来教育教学与研究中心. 全国计算机等级考试模拟考场 一级 计算机基础及 MS Office 应用[M]. 成都：电子技术大学出版社，2013.

[4]于辉，蒲先祥，龙敏. 计算机应用基础[M]. 北京：中国青年出版社，2013.

[5]眭碧霞,张静,信息技术基础[M],北京:高等教育出版社,2019.